新时代教师专业发展丛书

U0809400

小学教师
专业化发展导论

丛书主编　赵　怡　|　主编　丁相平

中国石化出版社
HTTP://WWW.SINOPEC-PRESS.COM

内容提要

本书的编写依据是《小学教师专业标准（试行）》。全书围绕“是什么”“为什么”“怎么做”对《小学教师专业标准（试行）》的基本内容进行了详尽诠释，旨在回答专业化小学教师应该具备什么样的素质，怎样才能成长为一名专业化教师。全书共十三章，包含了专业理念与师德、专业知识和专业能力等内容。

本书可作为小学教师培训用书，也可作为师范院校学生及其从事小学教育教学研究人员的参考书。

图书在版编目（CIP）数据

小学教师专业化发展导论 / 丁相平主编. — 北京：中国石化出版社，2019.9 (2025. 8 重印)

（新时代教师专业发展丛书 / 赵怡主编）

ISBN 978-7-5114-5549-9

Ⅰ. ①小… Ⅱ. ①丁… Ⅲ. ①小学教师－师资培养－研究 Ⅳ. ① G625.1

中国版本图书馆 CIP 数据核字（2019）第 215662 号

中国石化出版社出版发行

地址：北京市东城区安定门外大街58号

邮编：100011 电话：（010）57512500

发行部电话：（010）57512575

http：//www. sinopec-press. com

E-mail：press@ sinopec. com

北京科信印刷有限公司印刷

全国各地新华书店经销

*

787毫米×1092 毫米 16 开本 22.5 印张 562 千字

2019 年 10 月第 1 版 2025年 8 月第 4 次印刷

定价：72.00 元

序

百年大计，教育为本；教育大计，教师为本。

教师不仅是人类灵魂的工程师，而且是人类文明的传承者和创造者；教师不仅是知识的传授者，而且是学生健康成长的引路人和指导者；教师不仅是社会美好价值的坚守者，而且是托起中华民族伟大复兴的重要力量。新中国成立以来，特别是改革开放以来，党和国家高度重视教师队伍的建设，始终保持教师在教育事业中的优先发展地位，广大教师坚决贯彻党的教育方针，教书育人，呕心沥血，默默奉献，自觉承担起传播知识、传播思想、传播真理，塑造灵魂、塑造生命、塑造新人的时代重任，为党和国家培养了一批又一批优秀人才，为中华民族的繁荣与昌盛做出了应有的贡献，赢得了全社会广泛赞誉和尊重。

教师是立教之本、兴教之源。党的十九大报告把教育放在改善民生和加强社会建设之首，强调党和国家事业发展需要一支师德高尚、业务精湛、结构合理、充满活力的高素质专业化教师队伍。号召广大教师要做有理想信念、有道德情操、有扎实学识、有仁爱之心的好老师，要做学生锤炼品格、学习知识、创新思维、奉献祖国的引路人，要坚持教书与育人相统一、言传与身教相统一、潜心问道与关注社会相统一。2018年1月，中共中央、国务院发布了《关于全面深化新时代教师队伍建设改革的意见》，发出了全面加强教师队伍建设的进军令。

要建设一支人民满意的教师队伍，教师的专业化发展是必由之路。为此，教育部发布了《幼儿园教师专业标准（试行）》《小学教师专业标准（试行）》和《中学教师专业标准（试行）》三个《专业标准》。

《专业标准》明确指出，教师是履行教育工作职责的专业人员，需要经过严格的培养与培训，具有良好的职业道德，掌握系统的专业知识和专业技能。《专业标准》是国家对合格教师的基本专业要求，是教师实施教育教学行为的基本规范，是引领教师专业发展的基本准则，是教师培养、准入、培训、考核等工作的重要依据。

《专业标准》由基本理念、基本内容和实施建议三部分组成。基本理念包括：学生为本、师德为先、能力为重和终身学习。基本内容包括：三个维度（专业理念与师德、专业知识和专业能力），多个领域（幼儿园教师14个，小学教师13个，中学教师14个）和若干条要求（幼儿园教师62条，小学教师60条，中学教师63条）；实施建议涉及四层面：教育行政部门、教师教育院校、学校和教师。

当前，我国基础教育改革已经进入全面提高教育质量、努力办好人民满意教育的历史新阶段，如何理解《专业标准》，加强教师队伍建设，锤炼一支高素质、高水平的“四有”教师队伍，是每一位教育工作者义不容辞的责任和义务。为此，我们组织了长期工作在教育一线的高校教师、中学教师、小学教师和幼儿园教师，根据《专业标准》，围绕教师专业化“是什么”“为什么”和“怎么做”对《专业标准》的基本内容进行了详解和诠释，编写了《新时代教师专业发展丛书》。旨在通过对《专业标准》的详解与诠释，为幼儿园、中小学教师和即将成为教师这个读者群构建一个专业教师应具备的专业框架结构，为他们提供一个可以借鉴的方法，帮助教师自我更新、自我超越，早日成为一名专家型教师，实现自我人生价值，为我国的基础教育事业做出自己应有的贡献。

本丛书广泛汇集了专家学者、一线优秀教师的思想智慧，总结推广了教师队伍建设的最新研究成果，生动展示了教育教学改革的成功案例，是大家集体智慧的结晶，相信丛书的出版对新时期我国教师队伍的建设工作具有一定的指导意义。

本丛书的出版得到2017年山西省教育厅“山西乡村教师人才培养体系和培养模式的研究与实践”重点项目研究和太原师范学院“山西农村小微学校面临的困境与对策”指令性教改项目支持，在此向山西省教育厅和太原师范学院表示感谢。

赵怡

2019年6月

前言

教师专业化发展是指教师在职业生涯中，通过专门训练和终身学习，逐步习得教育专业的知识与技能并在教育专业实践中不断提高自身的从教素质，从而成为教育专业工作者的专业成长过程。

从社会学角度讲，教师的专业发展是我国科教兴国的重要保证。随着时代的发展，对教师专业素质的要求不仅仅体现在传统意义上的品德、知识、能力等方面，而更重要的是教师专业素质的内涵要随时代的变化不断丰富和发展。因此，只有清楚地认识教师职业的专业性，建立教师职业的专业标准体系，加快教师专业化进程，才能不断提高教师的专业素质，保证学校的教育教学质量，为科教兴国提供重要的人才保障和智力支持。

从教育学角度讲，教师专业化发展是我国教育改革的必由之路。随着基础教育课程的进行，基础教育在课程目标、课程功能、课程结构、课程实施、课程评价和课程管理等方面提出了许多新的要求，只有当教师成为学生学习的组织者、引导者、参与者、促进者，成为课程的研究者、开发者、决策者，才能担当起教育改革的重任。

2012年2月，教育部发布了《小学教师专业标准（试行）》，从基本理念、基本内容和实施建议三个方面对小学教师的专业化发展做出了新的规范。

在理念上要求教师做到“德育为先、学生为本、能力为重、终生学习”；基本内容上要求教师从专业理念与师德、专业知识和专业能力三个维度，职业理解与认识、对小学生的态度与行为、教育教学的态度与行为、个人修养与行为、小学生发展知识、学科知识、教育教学知识、通识性知识、教育教学设计、组织与实施、激励与评价、沟通与合作、反思与发展十三个方面，对教师提出了规范性要求；在实施时建议各级教育行政部门要将《专业标准》作为小学教师队伍建设的基本依据，开展小学教师教育的院校要将《专业标准》作为小学教师培养培训的主要依据，小学要将《专业标准》作为教师管理的重要依据，小学教师要将《专业标准》作为自身专业发展的基本依据。

《小学教师专业化发展导论》是为了适应新时期小学教师专业化发展，落实习近平总书记“有理想信念、有道德情操、有扎实知识、有仁爱之心”的指示精神，根据《小学教师专业标准（试行）》而编写的教师专业化发展培训教材。全书围绕“是什么”“为什么”“怎么做”对《小学教师专业标准（试行）》的基本内容进行了详尽诠释，旨在回答新时期专业化教师应该具备什么样的素质和怎样才能成为新时期专业化教师。

本书由太原师范学院赵怡教授担任总主编，丁相平担任主编。陈亚平、张四方、阎元红和丁相平对全书进行了统校。参加编写的有：李小燕（第一章），刘明伟（第二章），王金国（第三章），赵滨、李晓琦（第四章），裴嵘军、董慧芳、吉丽娟（第五章），李晓红（第六章），孙志刚（第七章），王海红（第八章），贾卫红（第九章），成艳斌（第十章），程惠萍、李玲、杨芳（第十一章），吴丽萍（第十二章），吴丽娜（第十三章）。

在编写过程中，我们参阅了国内外大量的文献和资料，并在书中进行了引用，在此向所有作者表示最诚挚的感谢；同时得到了中国石化出版社的大力支持，在此一并表示感谢。

鉴于作者的经验和能力有限，本书难免存在缺点和错误，我们真诚欢迎广大读者提出批评、建议，以利我们改进。

目录

第一章 小学教师职业观的形成与实践

问题引出案例

提高质量从我做起

记得刚毕业的那一年，我接手了一个重新分班的班级，一个叫小佳的孩子，异常调皮，分给谁都不要。安排到我们班时，我想：不就一个孩子吗，不信凭我的热情转变不了他。于是，初生牛犊不怕虎，二话不说就接了下来。没想到还不到一个月，这小家伙的“威力”就显示出来了，迟到、旷课、不完成作业、欺负同学……在屡次叫到办公室谈心、说教失去效果后，我再也忍不住了，决定到他家去一趟，准备让他的父母亲好好教训他一顿。到他家时，意外地发现他在屋外打扫庭院。见到我，他吃了一惊，但还是喊了一声“老师好”后跑回屋里。在同他母亲交谈时，我了解到，由于家庭贫困，父母亲每天早出晚归，疏于教导，因此让孩子养成了一些坏习惯，但这孩子在家还挺懂事，也能帮忙干活。于是，我把本来要告状的话收了回来。

回到班级后，我告诉学生们：“昨天老师到了小佳家里。今天，要表扬小佳同学两点：一是讲礼貌，见到老师能主动问好；二是能帮家里干活。希望同学们能向小佳同学学习，也希望小佳同学能让大家找到更多的优点。”随后，我又安排让他负责班级的卫生工作，并对他的尽职尽责及时予以表扬。再往后，他在课堂上认真多了，有一天居然拿了一道题来请教。一学年后，他已经是老师的得力助手，成绩也升到了中等。

是什么力量把一个人见人烦的孩子变成人见人爱的孩子？是爱。爱是阳光，可以把坚冰融化；爱是春雨，能让枯萎的小草发芽；爱是魔法，可以点石成金。

爱能转变一个人。转变人的方式有很多，仇恨、妒忌、虚荣、冷漠等等，但它们带给人的是痛苦，是一种发泄。教育是培育人的活动，是让人追求知识、真理、幸福，只有用爱才能春风化雨般地进入孩子的内心，带给他们知识和快乐。因此我们说教育是爱的事业，教师是爱的职业。

教师要承担起教育的责任，完成教育的使命。在具备爱心的同时，还必须牢固地树立起责任意识。任何社会角色、行为主体都有客观规定的“责任”，正如马克思指出的：“作为确定的人，现实的人，你就有规定，就有使命，就有任务，至于你是否意识到这一点，那都是无所谓的。”责任是由契约的责任和道德的责任构成的。现在大部分教师都是通过签订聘书而走上工作岗位，这一纸聘书便是一种契约，就是教师在新时期下必须要履行的一种责任；同时教师作为一种比较特殊的职业，还有其道德责任，这个道德责任更多面向的是学生、社

会、国家的未来。教育部原部长周济认为人民教师所肩负的有岗位责任、社会责任和国家责任三项主要责任，已成为国内外专家学者及教育工作者的共识。

第一节　小学教师职业观概述

人们常说："教师职业是太阳底下最光辉的职业。"人们把教师比喻成"春蚕到死丝方尽，蜡炬成灰泪始干"；比喻成"园丁"，辛勤地浇灌着娇嫩的花朵。这是多么崇高的评价呀！这朴实的语言高度赞美了教师的无私奉献精神，也充分说明了教师这一职业的与众不同。特别是国家颁布了《小学教师专业标准（试行）》后，小学教师在特殊的工作环境和特殊的岗位，其职业观就更特殊了。

一、教师职业是一个充满爱的职业

（一）对从事职业的"爱"

因为只有热爱这一行，才能真正成为一名合格的教师。一个忠诚党的教育事业的教师，能够认识到自己工作的重大意义和自己肩负的责任，乐于把自己的一生献给培养下一代这份崇高的工作。只有这样，他才会表现出饱满的热忱，踏踏实实地工作，随时随地关心学生的身心发展，努力钻研教学内容，精益求精地研究改进自己的教学方法，不论在任何环境都对教育工作怀有浓厚的兴趣和可贵的献身精神。

（二）对所教学生的"爱"

教育工作与其他工作相比，最大的不同是工作对象的不同。教师工作的对象是人，是不断变化、发展、充满个性的人。这就要求教师在工作时要用足够的爱心去关注这一对象的发展，只有这样，教育才能达到一定的目的。

热爱学生是教师热爱教育事业的集中表现。教师不爱学生就没有办法教育学生，不喜欢学生就等于不喜欢自己所从事的职业。对学生的爱，首先表现在对学生的尊重、理解和期待。热爱学生的教师，会承认学生也有自己独立的人格，不强制学生接受自己的要求或辱骂训斥、讽刺、体罚学生。他们善于体察学生的特点和需要，能理解学生的欢乐和忧愁，能客观地对待学生；他们会给学生以积极的期待，满腔热情地希望每个学生健康成长。其次，表现在教师毫无保留地向学生传授知识。他们对学生的爱不带个人的私情，施于所有学生，甚至高于"母爱""父爱"。再者，表现在对学生有足够的耐心。因为培养人是一项长期、复杂、艰苦的工作，教师在工作中会遇到各种各样意想不到的困难，这就需要教师要有足够的耐心，调动全部的力量去克服困难，对自己的学生充满信心，最终才会取得较好效果。当然，我们的教育面对的是一群学生，教师要善于把自己的爱尽量地分给每个学生。

二、教师职业是一个创造性的职业

大多数职业在多道工序上都是一个复制重复的过程，但教师职业却是一种创造性很强的工作。这一特点，就要求教师必须具有创造思维的能力。

（一）表现在对教学内容的处理上

教学虽然有统一的课程目标、教科书，但如何将统一的教学内容传授给学生，并有效地发展学生智力，培养他们的能力，并没有统一的教学程序和教学方法。这就需要教师依据教学课程的基本要求，创造性理解和处理教材，重新筛选、加工、创造出适合学生需要的教案，并采用灵活多样的教学方法和学生听得懂的语言施教，创造性地把知识传递给学生。在新课程改革过程中，国家一改以前的教学大纲为课程标准，对中小学学生的每一门课只做了纲领性的最低标准要求，不像以前大纲规定的那样具体化。新课程标准要求教师要根据自己所教学的环境、对象，因时因地组织教学、传授知识，而不是不分对象、严格按照教学内容向学生灌输知识。

（二）表现在对教学方法的采用上

一个班级几十名学生，他们的兴趣、爱好、气质、性格以及思想品德、行为习惯等方面都各具特色。即使同一个学生，在不同时间、不同年龄和不同情况下，也不会停留在同一水平、同一身心状态上。这就要求教师必须因人、因事、因地利导，深入分析每个学生的心理发展特点，采取多种灵活的方法，创造性地因材施教。

（三）要有丰富的想象力

教师在工作中要想做到创造性地开展工作，离不开想象力的积极参与。具有丰富想象力的教师，往往能够对课堂教学进行精心设计，把学生引入到应有的境界中去，创造性地理解和认识教学内容；具有丰富想象力的教师，还能够根据学生的个性特点、智力水平和实际状况，预测学生未来的发展和掌握知识的可能性，并安排相应的教育措施，促进学生的发展。所以，丰富的想象力是教师创造性地完成教学工作的一个重要因素。

三、教师职业是一种比较复杂的职业

教师的劳动是复杂的。首先，从教师职业的表现来说，教师的劳动不仅需要大量的脑力，还要付出大量的体力，是脑力劳动与体力劳动的双重支出。其次，从教师劳动的时间上来说，教师的劳动具有时空的无限量的特点。教师八小时以外的时间仍属于学生，属于教育事业。教师除去上课的时间外，还要备课、学习、思考，还要做学生与家长的工作等。再者，教师的任务更是多方面的，既要教书，又要育人；既要传授知识，又要发展学生的智能；既要关心学生的学习、思想，又要关心他们的健康；既要使学生德、智、体、美各方面全面发展，又要注意发展学生的个性。

教师要把无知变为有知，把幼苗育成栋梁。当下，人才培养的目标、模式、教育内容、教学方法等都在不断发生着变化。为了使自己跟上时代的步伐，教师要不断学习。寒暑假的学历提高，课余时间的（继续教育）自培自研，力争将自己的工作纳入科研的轨道，将自己转变为科研型的教师，从而使自己的教学水平不断地提高。这一系列的工作、学习任务已使教师的工作显得很繁杂了。从更深层讲，教师的劳动还应具有科学性和艺术性。比如，就拿一节校内公开课来说，这是每学期每位教师的必修课之一。由于公开课承担着特定的任务，它必然要比平常更精心设计，更严密地组织实施，追求更好的效果。要想达到这种效果，这节公开课应该是既能出新，又能出彩，还能出实效。所谓“出新”，就是在设计上要有新意，有亮点。所谓“出彩”，就是课堂气氛好，师生表现出色，有一定的看头，给人留下较深的印象。所谓“出实效”，就是要实实在在，落实到每一个学生身上。要做到这三点很不容易。由此可见，教师工作是非常复杂的。教师教育的成功与失败往往系于一个表情、一个眼神、一句话、一举手一投足之间，细微之至。这决定了教师劳动是很辛苦的，但是教师通过自己的劳动，为社会、为国家培养出无数有用的人才，无论是领袖，还是将军，无论是作家、艺术家、科学家，还是普普通通的劳动者，在迈出人生第一步时，都要受到教师的启迪和教诲，是教师用心血培育了他们，所以教师的工作虽然复杂、艰苦，但充满了骄傲，充满了自豪，这也正是被人们所称颂的原因。

四、教师职业是一种示范性很强的职业

生活中我们常常说教师要“为人师表”。这既是对教师言行的一种要求，也说明了教师工作具有鲜明的示范性。可以说，学生的品德取决于教师的德才。教师职业的这一特点，把教师推向了人类榜样和楷模的前头，决定了做一名教师必须具备很高的素质。

（一）较强的业务能力

一个受人欢迎的教师首先要有较强的业务能力，教学经验丰富，知识渊博，善于灵活使用教学方法，口齿清楚，表达能力强，幽默风趣，讲课富有启发性，教学效果好，能教会学生独立思考，能够满足学生强烈的求知欲。

（二）优良的心理素质

在工作中表现出坚强的意志，有毅力，有韧性；忠于人民的教育事业，对学生有一种无私的奉献精神，为学生成长呕心沥血；对教育有高度的责任感、自豪感，工作兢兢业业；诚实开朗，公开热情，言行一致，大公无私；能真诚地与学生相处，能忍受学生的缺点错误，并予以正确地矫正；勇于自责，富有自我批评精神。

（三）良好的精神面貌

教师的穿着、举止和情态也直接影响着学生情感。穿着朴素，举止从容，仪表端正，不仅给学生一种可亲可近的印象，而且也直接影响着学生的举止表现。所以教师一定要高度注重自己的言行举止，力争给学生带去美感和敬仰之心。

五、教师职业是一个长效性的职业

“十年树木，百年树人”，这句至理名言就说明了培养人的劳动是要经过相当长的周期，它不是一朝一夕，一个人就能完成的事。因为我们的劳动对象是一个活体，面对的是一个具有一定思想、情感、意志、能力、性格的、活生生的人，是正处在身心发展阶段的儿童、少年和青年，他们每时每刻都在不停地受到学校、家庭、社会等多方面影响。那么，教师如何在这种复杂多变的条件下，把一定的教育内容转化给遗传素质、知识状况、智力水平、兴趣爱好、性格气质都各不相同的教育对象呢？这是一项长期的、群体性的工作。但从表面看，教师的工作是短时而又以个体劳动为主的形式进行，教师无论是进行备课、讲课、课外指导，还是与学生交谈，组织学生活动等，多数都是独立的，仅是一个学年或两个学年。其实，从现代学校教育来看，任何一个学生德、智、体、美等方面的发展，都是不同科目、不同学龄阶段许多教师的共同教育，是学校、家庭、社会和学生长期共同努力的结果。当然一个合格人才的成长，可能受到某一位教师的影响较大，但很难说完全是哪一位教师的功劳。这就使得教师的劳动成果不如科学家、文学家的劳动成果显而易见，更不如艺术家的成就那样众所周知，能够立即为社会所承认。

从这个角度来看，教师中的绝大多数都是无名英雄。教师今天所做的工作，往往要经过许多年后才能看到真正的效果，才能对它做出真正的评价。根据这一特点，在教学工作中，教师要做坚持不懈的长期努力，要锲而不舍。教师要相信今天每付出的一点心血都会在未来得到回报，就如播下的树种，经过无数人数年的精心培育，总会长成参天大树，成为栋梁之材。但参天大树的成长，需要有人播种、浇水，有人除虫剪枝，教师就是这些为大树的成长而默默奉献的人。正如杨昌济教授所言，“教育者，寂寞之事业，而实为神圣之天职。”教师劳动意义之伟大也就在于此。

综上所述，新时代教师职业的特点需要我们教师具备全面的新时代职业素质，只有更好地把握住这些特点，完善这些特点，才能使教师职业真正发挥其应有的作用，真正成为太阳底下最崇高的职业。

第二节　小学教师职业观的形成

小学教育是儿童接受教育的开端，是中等教育和高等教育的基石，而小学阶段也是儿童心理发展的一个重大转折时期，是儿童向少年过渡，不成熟向成熟过渡的重要时期。儿童思想品德的形成、知识能力的发展和身体素质的增强，都将在小学教育阶段正式起步。可见，小学教育在人的一生发展中起着重要的启蒙作用，它的成败关系到学生今后的前途和发展。

小学教育的特殊性决定了从事小学教育的教师也要具有特殊性。小学教师是小学儿童教育工作者，不仅仅是小学某一学科的教授者。小学教师是通过小学某一学科教学来教育小学儿童的，而不是单纯地向小学儿童教授某一学科知识。小学教师是以小学儿童的教育为己任，而不是以小学学科知识的教授为己任，前者是目的，后者是手段。所以，小学教师是履行小学教育教学工作职责的专业人员，需要经过严格的培养与培训，具有良好的职业道德，掌握系统的专业知识和专业技能。

教师具有正确的职业理解与认识是教师职业发展和师德养成的先决条件。教师职业与认识，简言之，就是教师如何看待和对待自身工作，并在教育生活中自然流露出来的，稳定的对工作的情绪、情感和态度。

小学教师的职业理解与认识，可以从小学教师的职业准入资格、职业认同要求、职业发展需要三个维度来理解。从职业准入资格来看，一个人若要从事教师职业，首先要热爱教育事业；其次要了解相关政策，遵守教育法律法规。从职业认同要求来看，教师应意识到自己是履行教育教学职责的专业人员，因此要致力于自身的专业品质的提升，以“学高为师，身正为范”为标准促进专业发展。从职业发展需要来看，教师应该结合现代社会的特征与需求，坚持终身学习发展，并积极与他人开展协作与交流。

职业准入资格、职业认同要求和职业发展需要为教师顺利实现专业化成长奠定了重要基础，共同构成了一名小学教师从事教师职业的重要支撑。围绕这三个方面的具体要求如下：

一、认识小学教师职业的独特性

小学教师，首先要将教育看作是一项事业，而不是单纯为了谋生的职业。小学教师职业具有自身的独特性。小学教师面对的是生动活泼的6岁至12岁的小学儿童，因此陪伴儿童成长，指引儿童发展是小学教师的日常教育教学活动。将教育当作一种事业，就意味着有真诚的教育理想，有长远的教育规划，有自觉自愿的教育担当。

教师要有自身的职业理想。培养什么养的人，怎样培养人，都是教师应该时常思考的。这种思考不应该因为沉重的压力、琐碎的事务而中断。没有教育理想的教育教学活动，是以一种草率的方式敷衍学生的成长，这是一种不负责任的表现。

教师要有长远的眼光。对于教学而言，小学阶段是知识传授的起点，教师应该呵护儿童的学习兴趣，培养儿童的学习习惯，为他们未来更高层次的学习打下良好基础。小学阶段是儿童性格的形成时期，教师应该科学引导、合理介入，最为重要的是，要及时给予关怀，让儿童在和谐友爱的氛围中健康成长。

教师，尤其是小学教师，更要有敬业精神。小学生的培养事无巨细，对于每一个学习习惯的培养，每一处育人细节的处理，都需要耗费教师的精力与心血。这就要求教师具有极高的责任意识和极强的奉献精神，只有真正把教育当作事业的人，才能够全身心地投入。

二、了解国家的教育方针政策

教育是民族振兴、社会进步的基石。强国必先强教。

小学教师应该主动学习与自身相关的教育法律，一方面是了解自身的权利，以便在权利受到侵害时，维护自身权益。另一方面是明确自身义务。遵纪守法，为人师表、贯彻国家教育方针、对学生进行教育教学、关爱全体学生、尊重学生、促进学生全面发展等都是法律规定的教师义务，教师应该履行。

小学教师要深刻理解党和国家的教育方针，理解“教育要为社会主义现代化建设服务，为人民服务，培育在德育、智育、体育、美育诸方面全面发展的社会主义建设者和接班人”的重要意义，克服不正确的教育观念，树立正确的人才观、学生观、质量观。

三、懂得小学教育的专业属性

教师专业化是世界教育发展的潮流，是我国教育振兴的需要。教师专业品质使教师成为专业人员，并得到社会承认。教师专业品质标志着教师专业的“不可替代性”，是教师职业认同中最为重要的概念。小学教师在理解这一概念时，应该抓住“专业知识是基础，教育教学实践能力是关键，育人是实质”的线索。

专业知识包括关于学生的知识、学科知识、教育教学知识等。对于小学教师来说，最需要关注的是关于学生的知识。小学教师应该了解不同年龄阶段学生所具有的身心发展的一般规律和特征。面对低年级的学生，教师需要关注幼小衔接阶段学生的心理特点，培养他们对学习的兴趣和良好的学习习惯；面对高年级的学生，教师应该培养学生思维能力和实践能力，重视并适时进行青春期辅导。

教育教学实践能力是小学教师专业发展的关键。小学教师必须创造性地设计教学，开放性地组织课堂，多元和发展性地评价学习，真正为小学生在学习中发挥主体性创设良好环境。

作为小学教师，应该时刻铭记自己的育人职责。小学教师的专业性还体现在教育教学中对小学生道德和心理成长的恰当指引。

四、为人师表与合作精神

（一）为人师表是教师的重要职业道德

小学教师往往是学生模仿的对象。教师的一言一行都会在学生的心底扎根，因此教师应该以公正、平等、开朗、活泼的形象出现在学生的视野中。

小学教师首先要有良好的工作和生活习惯。小学阶段，教师与学生相处的时间较长，如果教师没有良好的个人习惯，很容易给学生带来不良影响。

小学教师还要有端正的品行。小学生观察力很强，教师应该以健康饱满的生活姿态去影响这些活泼稚嫩的生命，以润物无声的形式潜移默化，春风化雨。

（二）终身学习是教师发展的根本途径

小学教师需要坚定学习信念，首先是因为培养学生的需要。教师只有不断学习，才能为学生输送新鲜知识，才能教学相长，共同进步。

其次是由于自身专业成长的需要。现代社会，知识更新的速度极快，许多教育教学理论正在不断深化，教师如果想进步，想进一步获得专业发展，就必须加强学习，主动反思。尤其是在“以研促教”的今天，许多小学教师缺乏研究经验，如果想要通过研究探索教育教学的新理论、新方法，就必须学会将日常问题转化为研究问题，将日常思考上升为理论思考，这就需要进行教育研究方法论和相关教育理论的知识储备。

再次是获得自身职业幸福的有效途径。“问渠那得清如许，为有源头活水来”，正是因为不断增强自己的专业积累，不断发现教育教学中的新问题，不断钻研理论、探索实践，教师才在职业中发现新天地，进而乐此不疲。所以，苏霍姆林斯基说：“如果想使教育给教师带来欢乐，使每天的上课不至于变成单调乏味的义务，那就请你把教师引入研究的幸福之路。”

（三）树立合作的团队精神

教育是一项系统工程，培养人才不能靠教师一个人完成。教师要学会与同事合作，努力促进教师职业共同体的形成。即基于相似知识背景、共同职业伦理的信仰的教师，形成一个交流学习、合作共赢的团队。

教师应该认识到，在这个职业共同体中，教师发展既可以各具特色，又能共同发展。每个教师的专业发展都由于个人特征而具有独特性，发展速度和优势特长都各有不同，每个教师的教学风格不同。在共同体中可以取长补短，整合力量，从而形成一种更大的合作力，使得教师们在其中获得整体提升。

教师要学会与家长合作。对于小学教师而言，以恰当的方式取得家长信赖，与家长建立长期联系，及时沟通，有利于及时发现和解决小学生在学习生活中的各种问题。

第三节　小学教师职业观的实践

教学案例

台湾作家“三毛”的亲身经历[1]

在三毛的作品中，三毛用她平淡而独特的语言，叙述她少年时学习数学的悲惨经验：

由于我的数学不好，老师上课看我时，眼光非常冷淡。每次她上课我就头昏脑胀，什么也听不进去，因为我感到她的眼睛像小刀一样随时会飞来杀我。

后来我发现，她每次出小考题目，都是把课本后面的习题选几题出来，叫我们做。当我发现这个秘密时，就每天把数学题目背下来，由于记忆力很好，一晚上我可以背10多道数学题目，就因为会背数学，那阵子我一连考了6个100分。

数学老师开始怀疑我了，这个数学一向差劲的小孩儿，怎么会功课突然好了起来？

有一天，在两节数学课中间休息时，数学老师对我说：“你跟我到办公室来。”我当时就知道情况不妙了，但也没办法反抗她。到了办公室，她丢了一张试卷给我：“陈平啊，这10分钟里，你把这些习题演算出来。”我一看上面全都是初三的考题，整个人都呆了。坐了10分钟后，我对老师说：“对不起，老师，我不会做。”老师挥挥手叫我回教室去。她从书桌上拿起一瓶墨汁和毛笔，也跟在我后面进了教室。

下一堂课开始时，她当着全班的同学说：“我们班上有一个同学最喜欢吃鸭蛋，今天老师想再请她吃两个。”然后，她叫我上讲台。老师拿起毛笔蘸进墨汁里，蘸得饱饱的，饱得毛笔都胖了起来，然后，在我的眼睛周围画了两个大黑圈，她边画边笑着对我说：“不要怕，一点儿也不痛不痒，只是凉凉而已。”画完后，老师又对我说：“你转过身去让全班同学看一看。”

当时，我还是一个不知道怎样保护自己的小女孩，我乖乖地转过身去，全班同学哄堂大笑起来。老师等同学们笑够了，叫我到教室角落一直站到下课，于是，我带着满脸黑黑的墨汁站在教室的一角。等到下课，老师又对我说：“你不要走，你从走廊走出去，到操场绕一圈再回到教室来。”那时候正是下课时间，走廊上许多同学在玩耍，他们一见我的模样，都尖叫起来。我乖乖地照老师的话，绕了大操场一圈后才回到教室。

这件事发生后，我没有掉过一滴眼泪，也没有告诉我的父母——我在学校受了这样大的精神刺激和侮辱。我情愿这个老师打我一顿，但是她给我的却是我这一生从没有受过的屈辱。晚上，我躺在床上拼命地流泪。这件事的后遗症直到第三天才显现出来。那天早晨我去上学，走到走廊看到自己的教室时，立刻就昏倒了。接着，我的心理出现了严重的障碍，而且一天比一天严重。到后来，早上一想到自己是要去上学，便立刻昏倒失去知觉。那是一种心理疾病，患者的器官全部封闭起来，不再希望接触外面的世界，因为只有缩在自己的世界里最安全。

分析

这是个极端的故事，首先，这是变相体罚，是违法的行为。有人把这叫作是教育的责任感，说是为学生负责。然而这样的一种负责其实并不是教育的责任感，因为教育的责任感是建立在人性、道德与良心的基础上，失去了这一基础，教育的责任感就失去了支撑，就成为非教育和反教育的东西。

其次，这涉及教育行为的底线。三毛的数学老师可以说是一个要求严格的人，但严格要有底线。对学生的严格要求，必须建立在尊重学生的人格、尊严、权利的基础上，没有这种尊重就没有教育。

贯彻党和国家的教育方针，必须在教育法律、法规的框架内进行，依法执教，这是我们共同的责任。

建议

作为履行小学教育工作职责的专业人员，良好的方针政策意识是教师职业发展的前提；充足的教育法律法规知识是做好教育工作的保障。

如何更好地贯彻党和国家的教育方针政策呢？可以从以下几点做起。

1. 树立“四观”

党和国家的教育方针明确指出：实施素质教育。实施素质教育的主体在学校，主角是教师。作为小学教师，要贯彻党和国家的教育方针，就必须树立正确的“四观”——教育观、人才观、质量观、服务观。

教育观：四个结合。面向全体学生和发展学生个性相结合；减轻学生过重的课业负担和提高质量相结合；强化学生基础知识的学习和培养学生能力相结合；为学生当前负责和为学生的终身发展负责相结合。

人才观：不求人人升学，但是人人成才；不求人人成才，但求人人成人。

质量观：学生不仅掌握基础知识和技能，还要领会基本思想和基本方法，使基本素质得到协调发展。

服务观：教育也是服务。小学教师是为社会服务，为培养人才服务。

2. 追求“四性”

其一，教育思想的先进性。教育思想决定着教学的实施和教学效果的优劣，教学不以灌输知识为重，而是重在培养学生能力。要更好地贯彻教育方针，就必须树立“以学定教”的思想、“以生为本”的思想、“关爱学生”的思想。其二，教学方法的科学性。教学方法的创设、选择和运用应有利于学生分析问题、解决问题能力的培养、创新意识的增强和创新能力的提高、学生个性的发展。其三，教学形式的灵活性。开展“自主学习”“探索式学习”和“研究性学习”等方面的研究，灵活地采取多种学习形式和课堂模拟教学形式组织教学，做到学习与实践相结合，教育与生活相结合。实现教学形式与教学内容的相互适应和完美统一，促进学生全面发展。其四，教学评价的全面性。作为小学教师，我们的评价影响着学生的是非观、人生观、世界观的形成。所以，我们在评价体系中要实行多层次评价，既要重视学生的学习成绩，也要重视学生的思想品德以及创新能力和实践能力。这也是贯彻教育方针的外在表现。

3. 依法执教

首先要守法。即严格遵守《中华人民共和国未成年人保护法》《中小学教师职业道德规范》等法律法规，尊重少年儿童的合法权益和人格尊严，关心爱护全体学生，不歧视后进生。在面对差生或所谓的“问题学生”时，更应当选择积极的角色进入学生的心灵中去，帮助他们分析原因，找准症结，制定措施，并建立平等、民主、融洽的师生关系，同时还要有耐心，做好“学生的问题会反复、反弹”的心理准备，再次帮助他改正缺点。叶圣陶先生说过：“教育工作者的核心工作就是为人师表。”这在另一个层面上要求我们要依法执教，给学生树立良好的形象。作为教育者，小学教师理当以身作则，遵纪守法，才能教育好学生，使他们成为知法、守法公民。这也是我们教育工作的基本立足点。其次要用法。“依法执教”在规范我们教育行为的同时，也教育了我们自己。也就是说，只要我们按照法律办事，自己的合法权益才会得到充分的保证，这是我们实施教育工作的重要保障。同时还要会运用法律保护学生的合法权益。

教学案例

全国著名特级教师窦桂梅[2]

窦桂梅，从教于清华附小，现任清华附小党总支书记、校长，全国著名特级教师。她深深地热爱着自己所从事的教育事业。她说：“在我心目中，教育是一块圣土，教师是这块圣土上的耕耘者。教师胸中要有一团火，在任何情况下都要朝气蓬勃，对学生有感染力、辐射力，应该以生命投入，奉献青春、心血和智慧，培养学生成长、成人、成才。”她这样来总结自己的教育人生：启程——自发追求；跋涉——自觉尝试；探索——自悟提升；反思——自省常新。她为我们每一个热爱教育、献身于教育的人做出了很好的榜样。

分析

第一，爱岗敬业、献身教育是师德的基本要求

作为一名教师，对教育工作要怀着浓厚的兴趣和无尽的热情。要珍惜每一个学习和锻炼的机会，虚心求教，肯干、实干，不断在实践中摸索总结，尽全力把工作做得细致、扎实。

第二，热爱学生、教书育人是师德的核心

作为教育工作者，应该树立为学生服务的意识，热爱教育事业，热爱学生，把学生当成自己的子女一样来爱护，愿意与学生成为朋友，遇事冷静，不随便发怒，不以威压人，处事公平合理，不抱偏见，对学生一视同仁，建立平等和谐的师生关系。

第三，更新观念、努力创新是师德的新发展

在新的教育形势下，教师必须更新观念，以培养学生的创新能力为核心，充分发挥学生的主体性和创造性。不同的教育方向，会使教师产生不同的教育行为，因此它是提高教师素质的关键。

第四，终身学习、不断进取是师德的升华

在知识经济时代，知识和技术更新的速度越来越快，每个人都会面临落伍的危险。在科学和技术发展速度如此之快的背景下，如果不经常处于学习状态，人们的知识结构很快就会落后于实践的要求。所以，时代要求教师必须转变学习观念，紧跟当代知识和技术的发展步伐。

建议

教师师德素养提升过程：学习—实践—总结—反思。

（1）学习

学习是人类生存和发展的重要手段，终身教育和终身学习是新世纪教师的需要，是时代的呼唤，是教育发展的要求。有学者认为，一位称职的教师应当具备三方面的知识：本体性知识。指教师所具有的特定的学科知识，它是教学活动的基础。在教学活动中，一切努力都是围绕着本体性知识的有效传授。条件性知识。指教师具有的教育学和心理学知识。教师在教育教学实践中，将科学知识转化为学生可以理解的知识，这一过程的顺利实施需要教师具备一定的条件性知识。实践性知识。指教师在有目的的行为中所具有的课堂情境知识和解决疑难问题知识以及与之相关的知识，也就是教学经验的积累。

（2）实践

新的知识体系的构建需要更为广阔的空间和多样的途径，而实践能为教师学习知识提供背景和条件。教师在教育教学实践中可以培养具有敏锐感受、准确判断生成和变动过程中可能出现的新问题的能力；具有把握教育时机、转化教育矛盾和冲突的能力；具有根据对象实际和面临的情境及时作出决策和选择、调节教育行为的能力。同时，还需要积极参加社会实践，可以了解许多知识发生、发展及应用的过程及条件，加深对间接知识的理解和把握。

（3）总结

总结是将工作中一些成功的经验、失败与不足，通过认真的分析和比较，得出正确的结

论，以利于下一阶段工作和任务的完成。总结的过程也是一个提高的过程，教师的总结一般包括以下两个方面的内容：一是教育教学方面的总结与提高，在这方面既有教师业务方面的总结，也有班主任工作方面的总结；二是工作中的成绩和荣誉、缺点与不足的认识和对待。

（4）反思

反思的流程包括内省—感悟—理性思考—行动。教师应该如何反思呢？

选定特定的问题，并从可能的领域内，包括课程、学生等方面广泛地搜集这方面的资料。

分析这些资料，形成问题初步框架，并在自己的知识范围内搜寻有关的信息，如果不够充足，就向其他教师请教或者查询资料（这个过程有助于教师创造性地解决问题）。

问题明确、清晰以后，可以提出各种假设和解决问题的方案，预期实施效果。

深思熟虑以后，开始实施方案。当对新的行为进行观察和评价时，新一轮的反思又开始了。

教学案例

江苏省特级教师邱学华[3]

邱学华，著名的小学数学教学专家，特级教师。曾荣获教育部颁发的“全国第二届教育科学优秀成果二等奖”、江苏省“有突出贡献中青年专家”等称号，享受国务院政府特殊津贴。50多年来，他一直从事小学数学的教学与研究。邱学华说：“我深信，教育的实践是教育理论的源泉，因而我始终没有离开讲台。我的许多新方法、新思想，都是在教育实践过程中萌发出来的。”

苏景泰教授也这样评价：“邱学华在从事教学实践时，从未停止过教学理论研究，同样，他在进行理论探讨时，从未离开过教学实践岗位。”

分析

首先，长期、扎实的实践是优秀教师成长的基础。所有优秀教师的成功，无一例外来自长期、扎实的教育实践。

其次，良好的心态是教师专业化成长的保障。优秀教师和所有教师一样都承担着艰苦、繁重的工作任务，所不同的是他们能够做到苦中有乐。他们是累并快乐着，体验着一种神圣的幸福感。

再次，顽强、自觉的学习是优秀教师成长的源泉。在繁重的工作同时，能够锲而不舍地坚持学习，是优秀教师另一个共同的特点。优秀教师的学习都是自觉的。吴正宪老师为了弥补自己没有经过系统科班学习的缺陷，她给自己约法三章：“要敢于吃别人不愿意吃的苦；要乐于花别人不愿意花的时间；要敢于下别人不愿下的苦功！”

最后，联系实际的思考是优秀教师成长的翅膀。正如特级教师于永正所说：“我们的教育需要理性，需要在教育范围内进行教育发展，别让一些非本质因素过多地打扰了教育，比如商业、权威、权力、习惯等，这些已过多地干扰了课堂的方向。理性状态是对教育最好的救助。”

建议

教师的成长一般要经历以下几个过程：新教师—合格教师—教学能手—学科专家，对应的是胜任教学—原创教学—发展教学。

所有教师都能从第一过程顺利过渡到第二过程，但只有部分教师能发展到第三过程，少数教师能过渡到第四过程。其原因在于，对职业的认同度，对事业的责任心，对自身能力的挑战度。

如何才能让自己成为一名学科专家呢？应从以下五方面入手：

第一，完善知识。专业知识上，本体性知识、条件性知识、个人学识，这些都可以由学历教育、岗位培训解决，同时需在职后培训中更新与内化。

第二，发展能力。专业能力中，育人能力、教学能力、研究能力等要在教学实践中体验、积累、提炼与升华。所以，进行积极的教学实践是提升能力的有效手段。

第三，提高教学有效性。提高教学有效性既是保障教学质量的需要，也是教师专业能力发展的重要内容。影响教学有效性的最重要因素是：①教学的针对性；②教学的艺术性；③教学的精细度；④教学的及时反馈与调整。

第四，积极参加观课、评课。因为观课、评课是提高课堂教学艺术性的主要途径，是增加教学思考、总结教学规律的好方法。观课、评课从分析角度有两个层次、五种分析：

形式学习水平（就事论事）——以学习具体内容为主，教学现象分析（对视）、教学水平分析（俯视）。

有意义学习水平（透过现象看本质）——以学习可以举一反三的经验、理念为主（透视），包括教学技术分析、教学质量分析、教学价值观分析。

第五，积极有效地进行课题研究工作。一线教师要善于从实际工作中提炼课题研究的方向，选择适合自己的研究方法开展课题研究，对教育现象、教学感悟等进行深入的解析和记录，并且善于与专家或同行交流讨论，这对于教师从第三过程过渡到第四过程具有重要的作用。

教学案例

教育事业是一项爱的事业[4]

全国优秀教师曹苏芬，在浙江江磐安县新渥镇中心小学任教17年来，始终坚持一个信念：教育事业是一项爱的事业，爱教育事业首先体现在爱教育对象——学生。

她接任的班级有名学生叫吕正强，母亲早逝，父亲久病在床，还有年迈的奶奶需要照料。看到别的孩子都得到父母的呵护，吃得好，玩得开心，吕正强常常伤心地偷偷抹泪。曹苏芬发现后，就注意给他特别的关心和爱护，并鼓励他：“要坚强，做生活的主人。有困难，老师会帮你，同学会帮你。”曹苏芬利用寒假时间给他赶织了一件新毛衣，还特地绣上“公鸡迎太阳”的图案，并告诉他，只有热爱生活，自信向上，才能迎来明天的太阳。当曹苏芬亲手为他穿上新毛衣时，小正强的眼泪夺眶而出，一下子扑到了她的怀里。

分析

了解曹苏芬的人都说，在她身上，总能让人感受到一种母亲般的情怀，它就像一股涓涓细流，悠悠地注进每一位学生的心田，滋润他们健康、幸福地成长。曹苏芬用爱心为学生的心灵撑起一方天空，以自己的实际行动向人们阐释了师德的真正含义。

建议

第一，阅读——提升的佳径。阅读，会为良好道德品质的形成奠定一个坚实的基础。深入阅读教育经典著作，可以领略“大家”方法的独特，给自己以启发；可以领略“大师”思想的深邃，给自己以开阔；可以领略“专家”语言的奇妙，给自己以震撼；可以领略“前人”的博大，给自己以荡涤。读书，能使我们解开心中的困惑；读书，能使我们明了事情的真谛；读书，能加深我们对教育价值和教育理想的信念；读书，能强化我们形成“爱教育”的动力和动机。

第二，践行——提升的良方。培养良好的教师道德品质，必须做到知行统一。如同学生的好习惯是养成的一样，教师良好的职业道德也是一个从无到有、从低到高、从旧到新的运动过程，这也意味着，良好的职业道德不是先天形成，也不是一蹴而就的，它要求教师坚持不懈的努力。在实践中认知，在实践中理解，在实践中强化，在实践中升华。践行，是提升职业道德，做到“为人师表”的不二选择。

在教育实践中要不断地选择自己的行为。教育实践活动的深入和发展，会提出许多新的问题，教师总是面临新的选择考验，教师道德修养也就不能停留在一个水平上，而是要求越来越高，永无止境。所以每个教师都要长期修养，不断磨炼，做到坚持不懈才能使自己的思想品质修养不断提高，达到更高的境界，适应教育和社会发展的需要。

第三，交流——提升的灵丹。虚心向他人学习，自觉与他人交流是提升个人职业道德的一个好方法。虚心学习他人，就是要学习优秀教师的榜样，学习他们的先进思想和感人事迹。通过学习，既能帮助我们提高师德认识，又能诱导和激发我们的师德情感。虚心学习他人，还要向教育对象——学生学习。古人讲：“弟子不必不如师，师不必贤于弟子。”教师要善于发现学生身上闪光的品质，诚心诚意地向学生学习，在师生互学互勉中汲取精神营养，完善师德品质。善于向别人学习的人，才是发展潜力最大的人，才是最有发展前途的人。在师德修养中善于虚心学习他人，自觉与他人交流，才有可能成为师德修养高的教师。

师德修养不是教师个人孤立、脱离社会的闭门修养，而是在教育实践中人与人相互交往、相互影响的社会性活动，教师品德修养是社会道德进步的重要组成部分。在社会生活中总是涌现美好的思想品质和道德风尚，教师作为知识的传播者，同时也应该成为良好道德情操、思想风貌的效仿者和学习者。

教学案例

“白村现象”[5]

“梯次管理理论”的建立者，西安市教育局基教一处处长田征，原来在白村中学任教时，学校呈现出一人有难，众人相帮的和谐环境。一位教师要参加赛课，全校教师都是助教；一位教师要上研讨课，全校教师都是评委和记录员。白村中学，作为一个普通的乡村中学，连续17年位列全县第一，创造了蓝田县的“白村现象”。这是一种典型的良性合作的团队。

分析

充分的信任、适度的宽容、有效的沟通，我们在团队中才能如鱼得水。和谐的团队才能更好地激发我们，才能引领我们成长。但是，要创建这样一个团队，就需要我们从自身做起，从点滴做起，从一件件小事做起。

团队的协作首先要有良好的团队之间的沟通技巧：尊重他人、帮助他人、细心感受他人，要让团队人与人之间的关系走向亲密与挚爱。其次要有良好的心态：要知道许多人缺少的不是美，而是自信的气质，记住：自信本身就是一种美。有了积极的心态就容易成功，相信成功等于每天进步一点点。还要不断地确立目标：有了明确的目标才能让大家齐心协力地努力，朝目标前进。

建议

如果说，教师具有正确的职业认识与信念是教师职业发展的先决条件，那么，良好的团队合作精神就是教师职业发展的保障条件。世界知名企业之所以具有强大的竞争力，其中起关键作用就是无处不在的“团队精神”，学校也一样。

如何更好地培养自身的团队协作能力呢？以下几点很重要。

第一，信任——建立合作的基础。信任包括信任同伴、信任自己、信任领导。小学教育是一项系统的育人工程，教师团队是一个相互协作的群体，它需要团队成员之间建立相互信任的关系。金无足赤，人无完人，每个人都有自己的优点与特长。要相信，团队中的每个人都有上进心，都有为团队付出的内在动机。信任是团队协作的基石，是团队内部的一种激励，是团队前进的内在动力。若是没有信任，团队内就将缺少真诚的交流，而没有交流，甚至彼此猜疑，团队的矛盾就会越来越多，整个团队也就势必形同散沙，毫无力量可言。因此，培养团队能力的基础就是相信自己，相信他人。

第二，宽容——达成合作的保障。宽容是让一个人尽快融入团队的捷径。法国大文学家雨果说过：“世界上最宽阔的是海洋，比海洋更宽阔的是天空，而比天空更宽阔的则是人的心灵。”宽容是团队合作中最好的润滑剂，它能消除分歧和矛盾，使团队成员能够相互尊重、彼此包容、和谐相处，从而安心工作，促进团队发展。团队成员间的相互宽容，是指容纳各自的差异性和独特性，以及适当程度的包容，但并不是指无限制地纵容。一个成功的团队，只会允许宽容存在，不会让纵容有机可乘。当然宽容并不代表软弱，在团队合作中它体现出的是一种坚强的精神，它是一种以退为进的团队战术，为的是整个团队的大发展，以及为个人奠定有利的提升基础。

第三，交流——良好合作的要素。在团队中，具有较强的沟通能力是保持团队旺盛生命力的必要条件，也是自己在团队中立足乃至脱颖而出的必备条件。

有效交流的方法有以下几种：

①观课、评课。只有在观课中，才会闪现出好的点子、好的方法。当你有了好点子、好建议时，就要尽快让别人了解，这就是评课所提供的平台，一定要在评课中发表出来，让同伴明白，在探讨中完善，从而为团队作贡献。否则，不论你有多么新奇的观点和重要的想法，如果不能让更多的人去理解和分享，那就几乎等于没有。

②集体备课。集体备课也是有效交流的一种重要方式。既能集思广益，充分发挥集体的力量，又能让自己在此过程中提高交流的技巧。

③合作研究。合作研究能弥补单兵作战的不足，又能在研究的过程中促进交流的效果。既能汲他人之长，又能展自己之才。

参考文献

[1] 教师专业标准研究课题组. 小学教师专业标准：要点·行动·示例 [M]. 北京：北京师范大学出版社，2013：10.
[2] 教师专业标准研究课题组. 小学教师专业标准：要点·行动·示例 [M]. 北京：北京师范大学出版社，2013：16.
[3] 教师专业标准研究课题组. 小学教师专业标准：要点·行动·示例 [M]. 北京：北京师范大学出版社，2013：20.
[4] 教师专业标准研究课题组. 小学教师专业标准：要点·行动·示例 [M]. 北京：北京师范大学出版社，2013：24.
[5] 教师专业标准研究课题组. 小学教师专业标准：要点·行动·示例 [M]. 北京：北京师范大学出版社，2013：30.

第二章　小学教师学生观的形成与实践

问题引出案例

耳膜被打穿

1999年12月13日上午7时40分，郑州市伏牛路小学六（3）班班主任、语文老师魏某在教室检查星期天布置的作业，让未完成作业的同学站出来，曹、冯等4位同学站起后被拉到讲台上，魏某对他们进行训斥后，又殴打了4位同学的头部、脸部。上完第一节数学课后，曹、冯两位同学因害怕第二节语文课再挨打，便跑到校外补写作业，魏某发现两人没在课堂上后，便派出另外两位同学去找，当曹某、冯某被叫到教室后，魏某又用拳脚对两人进行殴打，当一拳打到曹某脸部时，曹某马上感到左耳一阵疼痛，接着就嗡嗡直响。冯某被打后书包滚落在地，当其弯腰去拾时，又被踢了一脚，结果脸碰到了地，当时就一片红肿。当日下午，学生家长带孩子到郑州市中心医院进行了检查，医院诊断：曹某左耳膜穿孔，3天后需做修补手术；冯某左面颊部红肿。

这样对待学生的教师具有怎样的学生观呢？作为一名新时代的小学教师应该具有怎样的学生观？

第一节　小学教师的学生观

在学校教育尤其是小学教育中，教师持什么样的学生观，对小学生的成长和发展至关重要。正确的学生观将会促进小学生身心健康全面的发展，而有失偏颇的甚至错误的学生观将会阻碍甚至反向作用于小学生的健康成长。

一、学生观的含义

学生观是指教育者对学生的基本看法，它支配着教育行为，决定着教育者的工作态度和工作方式。是对学生的本质属性及其在教育过程中所处位置和作用上的看法。在教育史上主要有两派截然不同的主张：一派是教师中心论；另一派是学生中心论。他们以不同的教育主体，在教学过程中所承担角色进行定位，坚持自己本派别的观点与看法。

教师中心论派，以德国教育家赫尔巴特为代表，认为教育过程中教师有绝对的权威，强调发挥教师对教育的绝对支配作用。

学生中心论派，以美国教育家杜威为代表；他认为教师在教学中只应充任“看守者”（watcher）和“助手”（helper）的角色，不应站在学生面前的讲台上，而应站在学生背后。

从主体性视角来看，教学活动中，学生成为教学过程的主体，教师是指导者与引导者。

从学生的视角来看，两者呈现了不同的学生观，将学生的地位处于不同位置，学生作为弱势群体，如何将学生的主体地位得到体现，是当前摆在人们面前的一个重要议题，这就取决于教育者如何看待学生，怎样看待学生在教育过程中的位置和作用。

二、体罚学生的危害及原因

我们社会已经进入21世纪，在教育中，虽然以人为本的观念不断深入人心，老师的教育方式也越来越多地考虑学生的特点和人的发展规律，但体罚这种陈旧的教育方式仍然有着相当大的市场。这种情况的存在究其根本原因，主要是老师的学生观还存在与社会发展不和谐的偏差，教育的方式方法流于简单粗暴，甚至体罚。体罚存在着极大的不科学性和危害性。

（一）体罚学生的危害

1. 体罚会对学生造成生理伤害

小学生正处在身体发育时期，很容易受到伤害，而伤害一旦产生，便容易给学生造成终生的影响。在小学教育中，这样的事情绝非杜撰：狂怒的老师一巴掌抡向学生，于是学生再也听不到了大自然美好的声音和父母亲切的呼唤；暴怒的老师拧起学生的耳朵，试图将他拉出教室，用力之下，他手里捏的是学生娇嫩的耳垂；因为学生的调皮，教师拂袖而去……所有这些，难道还不够我们惊心吗？教育者为社会培养的是全面发展的人，而不是废人！

2. 体罚压抑了学生的聪明才智

学生畏于教师的体罚，只得囿于教师规定的框框之中，学生的智慧难以萌发出来，学生的聪明才智不敢发挥，久而久之，学生自甘于平庸听话，我们的教育便很难培养出具有创新意识的人才。伟大的教育家陶行知先生说得好：“你的教鞭下有瓦特，你的冷眼里有牛顿，你的讥笑中有爱迪生。”瓦特、牛顿、爱迪生们如整天处于教鞭的威慑之下，他们的聪明才智怎样去发挥？又怎能发挥？

3. 体罚严重伤害了学生自尊心

自尊心和自信心受到伤害，往往是学生走下坡路的开始。有些学生经常受到粗暴的训斥、体罚，自尊心、自信心丧失，自暴自弃，变成了破罐子破摔的“老油条”。过度体罚的结果，只能使孩子消极适应环境，产生逆反心理，结果事与愿违。有些学生遭体罚后觉得无脸见人，干脆不再到校学习，有的甚至为此逃学离家，以至在一些不良外因的引诱下走上犯罪道路，有的甚至过早地为自己年轻的生命画上了句号。

4. 体罚影响学生个性的健康发展，形成冷漠孤僻、敌视和心理闭锁等畸形变态心理

经常受到打骂的学生，平时谨小慎微，提心吊胆，唯恐被教师体罚。长此以往，就会形

成自卑、胆怯、撒谎的性格。“打骂和过分的严厉只能让儿童说谎，变成怯懦的人，同时养成儿童的残忍性”。从教师方面看：体罚不仅降低了教师的威信，而且当教师实施体罚之时，正好表明了他的失助与无能。

体罚，不仅给学生造成了伤害，对教师来讲，也有诸多不利的方面：首先，一个教师，简单地以体罚管教学生，是把教育过程、教育手段简单化，它往往铸成一种错误的行为模式，其消极影响是难以消除的。心理学研究证明使用体罚大大降低了教师在学生中的威信。其次，从师生关系看，体罚造成了师生间的隔阂，扩大了师生间的感情距离，不但很难形成向师性，反而造成学生对老师的反感和对抗情绪，不利于施教。学生当面不敢说，背后则不服。这样，实现教育目的也就落空了。体罚使学生精神压抑，负担沉重，严重影响了教育教学效果。有些学生受到体罚，感到非常委屈、恐惧，教师讲什么一句也听不进去，直接影响学生的学习效率和成绩。再次，体罚学生是法律上不容许的。未成年人保护法规定，未成年人生命安全、人格尊严不容侵害。体罚学生就是在挑战法律，在挑战社会的容忍度。学生是未成熟的个体，难免会犯一些过错，作为成年人的老师应该更多地为学生想想，更好地引导学生。

（二）教师体罚学生的原因

教师之所以采取简单粗暴的体罚手段的原因之一是封建传统思想的潜在影响。在漫长的封建社会，形成了一整套严格的封建等级制度，并成了所谓的“三纲五常”的封建伦理道德，子女被看成父母的私有财产，几乎拥有生杀予夺的大权。在学校内部，教师则获得了父母所“授予”的权力“师徒如父子”。老师于是拥有了教育、惩罚学生的权力。

另外，一些教师素质差，教育手段贫乏，只能采取体罚手段。有些教师，特别是青年教师，工作有热情，事业心强，想把孩子教好，但由于经验不足，缺少办法，见学生违纪，情绪便急躁，因而体罚学生。有些教师则因为在家庭或社会交往中受气，无处发泄，将学生当成出气筒。特别在实际问题得不到解决，心中有怒气，遇事易动气发火，感情用事。在片面追求升学率的压力下，对不争气的学生，教师便使用强制措施体罚学生，而这，却常能得到人们的理解。教师心理问题严重，导致教育行为失控。近年来，小学教师已经成为心理障碍的高发人群。有资料显示，目前教学一线教师中有半数以上教师存在心理问题。

教师的心理状况会影响其自身的行为表现，他们的精神状态、生活态度、心境等都会通过行为表现出来。教师心理健康状况不良的主要表现有：从思想、感情及行为三个方面表现出敌对；明知没有必要，但又无法摆脱的无意义的思想、冲动和行为，烦躁、坐立不安、神经过敏、紧张等躯体表征；心理和行为有非常明显的异常。这些心理问题都会造成教师体罚学生，影响教师把学生没当“人”，而视为一个物、一个发泄的工具。教师的心理健康是其进行教育教学工作的基础。

三、小学教师应确立的学生观

在教育过程中，小学教师该如何看待教育的对象——学生呢？小学教师必须了解学生的本质特征，充分认识学生，从而确立正确的学生观。

（一）小学生的本质特征

树立以学生为本的教育观念势在必行。学生观是关乎教育的发展、社会的发展、人的全面发展的重要教育观念。正确的学生观将积极引导教育向健康的方向发展，利于人才的培养，促进人的发展；反之，错误的学生观念将会导致教育的“畸形”发展，学生将成为“鱼肉”，任由教师宰割，将不利于学生的全面发展。因此，我们应该树立主体性、发展性、全面性、个性的学生观。学生是具有独立人格的、发展中的、有着完整生命表现形态的生命个体，而要树立主体性、发展性、全面性、个性的学生观，就要对学生这个生命个体有较好的解读与把握。

学生的存在是相对于教师的存在而言的，而教师的重要使命就是“传道授业解惑”，同时也要教会学生做人。相对而言，学生就要在教师的指导下，学会生存，学会生活，学会交往，学会学习，学会做人。从而，也反映了学生的一个本质性特征，即向师性。

从人性的角度来说，人是主体性与客体性、能动性与受动性、独立性与依赖性、个性与共性的双重统一。正如《学会生存》一书指出的那样：“教育既有培养创造精神的力量，也有压抑创造精神的力量。”教育这把双刃剑在失去控制偏离方向时就会扼杀人性。而学生是独立的个体、生命体，本身就具有独立性。小学生的本质特征主要有以下几点：

首先，小学生是人。学生是独立存在的、具有主体性的活生生的人。学生不是任何人可以随意支配的附属品，他和成人一样具有独立的人格尊严、丰富的情感和独特的个性，其生命具有完整性。他是具有主体性、独立人格、创造力以及独特个性的人。学生与成人是平等的，但并不意味学生能完全接受成人化的教育模式。这就要求学生有自由、权利去接受适应学生年龄阶段的教育，这样才有可能保证学生主体性、独立人格、创造力以及独特个性的发展，而不受成人化模式的影响。

其次，小学生是富有潜力的发展中的人。一方面，学生具有巨大的发展潜能尚待开发，其身心发育还不够完善，需要教育者科学、合理地开发与发掘。其发展潜力有待开发，并不意味着完全开发或者过度开发，而是学生在教育的科学、合理引导下的自行、自由发展，这样才有可能保护住学生的个性与天真。另一方面，学生又是已具有一定能力并享有一定权利的主体，他们享有一定的权利并具备行使这种权利的能力，成人不仅不能剥夺或者代替他们行使其权利，相反要给予应有的尊重和适当的保护。学生作为社会中的人，其身份的合法性，已由法律予以保障。但在生活中，我国千年来的人权思想的影响，“长辈”“父辈”等权威主宰着“一切”，并没有真正使学生得到自由的发展。时代的变化，使我们的家长意识到这一点，但却处于迷茫当中，学生的权利应给予“多少”“怎样给”等诸多问题摆在家长面前。这就要求教育者要有科学、合理的学生观与学生发展观。

最后，小学生是独特的人。一方面，学生时代是人生命历程中最富生命活力，生命色彩最为丰富斑斓，生命成长最为迅速，最为重要的时段，我们不能简单地将其定义为“成人期”的准备，相反，必须肯定其作为人完整生命历程的重要组成部分所具有的价值。另一方面，我们还必须承认学生有着生动、独特的成长价值，且不同于成人的生活和内在世界，肯定充盈着纯真情趣、智慧、和谐和生命活力的学生世界的价值，理解并尊重学生独特的精神生活、内在感受，以及不同于成人的观察、思考和解决问题的方式，无疑是对学生人性的一种尊重，特别是学生作为一个鲜活的生命个体。

学生是独特的人，这意味着我们必须尊重学生并深入到学生独特的内在世界，关注学生内心的奥秘，真正地把学生当“学生”，尊重学生的生活经验和独特体验，充分关注每一个学生身上蕴藏着的丰富独特的发展“资源”。将教育由以往单纯的“塑造”“改变”和“授予”转变为对学生潜能、灵性的“激活”与“唤醒”，从而实现学生全面人格、自由个性、生命活力以及主体性、创造性的真正“解放”，使学生有独立的思想、人格，并发掘隐藏在学生个体内在深处的“灵性”，使学生真正获得自由而全面的发展。

（二）小学教师正确学生观的形成

1. 要树立正确的教育观念，转变落后的教育思想

教育过程是教师和学生双边活动的过程，教育者、受教育者、教育影响是构成教育这一实践活动的基本要素。在教育过程中，教师为主导，学生为主体，教师居于领导学生认识的地位；学生是教师施教的对象，其认识和发展必须在不同程度上服从于教师的领导；学生作为教学认识的主体，教学目标的最终实现必须取决于其积极主动的认识。教学的出发点和归宿都是为了促进学生的认识和发展。受教育者的全面发展既包括生理的发展，也包括心理的发展。对学生实行体罚，危害直接作用于学生身体，它不但使学生肉体受到疼痛，严重的直接损伤学生的身体，影响学生机体正常发育，更重要的是它必然影响着学生心理的发展，影响学生认知发展和个性品德的成熟。那种企图靠体罚学生取得暂时效果的做法是无效的、错误的，也是没有前途的。

2. 提高教师自身素质，综合利用多种教育手段

师者，所以传道、授业、解惑也。每一个教师必须具有扎实渊博的知识、高尚的思想道德、丰富的教育教学手段和灵活多样的技巧。老师必须善于控制自己的感情，不能以体罚学生来发泄自己的感情。同时，一个合格教师，必须具有灵活的教育机智，善于处理各种偶发事件和教育过程中的其他问题。教师对学生既要尊重信任，又要严格要求，防微杜渐；既一视同仁，面向全体，又区别对待，因材施教；既适时适度，又持之以恒；既重视学习，又注意品德、体质的发展。

3. 学校领导要重视体罚学生的现象

要明确认识体罚给学生造成的危害，它不但是生理的，也是心理的；不但是肉体的，也是精神的；不但是现时的，也是未来的。学校领导要经常组织教师和学生学习《教育法》以及《未成年人保护法》，首先在思想上引起教师的重视，转变落后教育思想，自觉禁止使用体罚。其次，学校领导应严格要求，把禁止教师简单地以体罚对待学生作为一项制度。学校领导要注意确立良好的舆论导向，把教师体罚同教师职业道德、教师的水平相联系。一旦因体罚出现问题，学校领导也应从事实出发，严肃处理，不能一味袒护，并引导教师吸取教训，从而在中小学从根本上避免体罚现象的发生，使中小学教育更加健康地发展。

4. 树立正确育人观，促“角色转变”

树立正确教育观念，转变落后思想。在现时期，我国教育的培养目标就是培养全面发展的建设者和接班人。全面发展既包括生理的发展，也包括心理的发展。对学生实行体罚，危害直接作用于学生身体，更重要的是它必然影响着学生心理的发展。可见那种企图靠体罚学

生取得暂时教育效果的做法是无效的、错误的。学习倡导“爱”的教育，转变落后方式。剖析学生的成长轨迹，明白不良惩罚并不能唤醒学生，只能让学生在迷途中越去越远；剖析成功教育案例，认识“爱”才是古今中外教育成功的真谛。通过学习、思考、讨论剖析，影响教师提高认识，形成观点，从而获得他律到自律的效果，告别体罚，杜绝体罚，自觉用“爱心”来教育学生，诲人不倦。

5. 教师应学习课堂控制艺术，获取恰当方法手段

缺乏科学的教育艺术是产生体罚的重要原因。学校应该运用多种途径来提高教师的教育艺术素养，使教师能依据学生的心理特点、行为特征采取行之有效的教育方法和教育手段，避免体罚。

6. 注重教师心理疏导，提高心理健康水平

提高教师的心理健康水平，要“唱好”三步曲。首先要给教师减负，从生理到心理的全方位“解放”。其次要摆正教师的位置、心态，与学生做朋友，做“平等中的首席”。最后要做到“心肠热”而“头脑冷”，要有热心、信心、恒心。

四、对学生观的审视与反思

近年来，学生观成为国内教育理论研究的一个热点问题，并且取得了较大的进展。对学生本质认识的改观具体表现在：从“机器”走向生命、从“抽象人”走向“具体人”、从“预成”的人走向“生成”的人、从片面的人走向整体的人、从“独裁”走向民主。但在学生观研究过程中也还存在一些问题，需要在今后的研究中予以关注和改进。为防止不正确学生观的极端误区，我们应该秉承客观、合理、科学的态度去审视与反思学生观。

（一）教育目标的全面性

新课程的培养目标应体现时代要求。要使学生具有爱国主义、集体主义精神，热爱社会主义，继承和发扬中华民族的优秀传统和革命传统；具有社会主义民主法制意识，遵守国家法律和社会公德；逐步形成正确的世界观、人生观、价值观；具有社会责任感，努力为人民服务；具有初步的创新精神、实践能力、科学和人文素养以及环境意识；具有适应终身学习的基础知识、基本技能和方法；具有健壮的体魄和良好的心理素质，养成健康的审美情趣和生活方式，成为有理想、有道德、有文化、有纪律的一代新人。

（二）评价的全面性

评价体系也呈现全面性特点，不仅要对学生进行全面评价，而且还要对教师进行全方位评价，促进教师和学生的全面发展。具体为：

一是建立促进学生全面发展的评价体系。评价不仅要关注学生的学业成绩，而且要发现和发展学生多方面的潜能，了解学生发展中的需求，帮助学生认识自我，建立自信。发挥评价的教育功能，促进学生在原有水平上的发展。

二是建立促进教师不断提高的评价体系。强调教师对自己教学行为的分析与反思，建立以教师自评为主，校长、教师、学生、家长共同参与的评价制度，使教师从多种渠道获得信

息，不断提高教学水平。

三是建立促进课程不断发展的评价体系。周期性地对学校课程执行的情况、课程实施中的问题进行分析评估，调整课程内容、改进教学管理，形成课程不断革新的机制。

“百年大计，教育为本；教育大计，教师为本”，以及“学校教育，学生为本”等，都是从“根本”这个意义上理解和使用“本”这个概念的。

五、马克思主义关于“人的全面发展”学说是我国教育目的的理论基础

马克思主义关于人的全面发展的思想是我国教育目的确定的理论基础，是各级各类教育在确定培养目标时必须遵循的基本指导思想。小学教师要明确人的全面发展理论的基本内涵，把握我国教育目的的精神实质，从而树立正确的学生观念。

（一）“人的全面发展”的思想

马克思在《资本论》等著作中阐述了关于人的全面发展的学说，这一学说是我国确立教育目的的理论依据。

1. 人的全面发展的含义

马克思主义所讲的人的发展，实际上是指人的劳动能力全面发展的基础上，包括人的社会关系、体力、智力、道德精神面貌、意志、情感、个性及审美意识和实践能力等各方面的和谐统一发展。

在我国，人的全面发展是指人的劳动能力，即人的体力和智力的全面、和谐、充分的发展，还包括人的道德的发展。这里既包括身体方面生理上的发展，更包括心理上、精神上的发展。在教育实践中，一般概括为德、智、体、美、劳等方面的发展。

人的全面发展思想，是指导我们教育发展的基本理论，更是教育实践的发展方向。

2. 人的全面发展学说的基本内容

（1）人的发展同其所处的社会生活条件是相联系的

人的发展从根本上说，决定于其所处的社会物质生活条件，人们在社会生产和生活中所处的地位不同，其获得的发展机会也不相同。

（2）旧式分工造成了人的片面发展

马克思和恩格斯通过对社会发展史的考察指出，第一次社会大分工，即城市和农村的分离，脑力劳动和体力劳动的分离，造成了人的片面发展。旧的社会生产分工和不合理的生产关系是人的片面发展的原因。人的片面发展的基本特征是脑力劳动与体力劳动的分离和对立。人的片面发展在资本主义手工工场中发展到了极端的地步。

（3）机器大工业提供了人的全面发展的基础和可能

资本主义机器大工业的出现与发展，为人的全面发展开辟了道路。首先，机器大工业生产对人的全面发展提出了客观需要。其次，机器大工业生产也为人的全面发展提供了可能和条件。因为机器大工业生产创造了极高的劳动生产率和社会财富。缩短了劳动时间，使工人有物质条件、时间、精力去从事学习，发展自己。

（4）社会主义制度是实现人的全面发展的社会制度条件

机器大工业生产所提供的人的全面发展的可能性，在资本主义社会并不能充分地实现。只有消灭剥削，实现生产资料公有制，为全体劳动者提供物质的和精神的条件，才能使他们全面发展。社会主义制度是实现人的全面发展的社会条件。

（5）人的全面发展必须建立在人的劳动活动全面发展的基础上

马克思指出：自由自觉的劳动是人类的特性，是人区别于动物的本质性活动。人类社会发展的历史已经证明人类在劳动中产生。人类因劳动的异化而异化，因劳动的解放而解放，因劳动的发展而发展。因此，人的全面发展必须建立在人的劳动活动全面发展的基础上。

（6）教育与生产劳动相结合是培养全面发展的人的唯一途径

马克思说："教育与生产劳动相结合，不仅是提高社会生产的一种方法，而且是造就全面发展的人的唯一方法。"

（7）人的全面发展包括人的素质和个性的全面发展

人的素质的全面发展主要指人的生理素质、心理素质、思想道德素质和科学文化素质的全面发展以及各种素质之间的均衡协调发展。个性即人的品质和风格，是人们在日常生活中所表现出来的体质能力、精神状态、心理倾向及行为特征的总和，它反映的是人的不断发展的特殊性和差异性。

第二节　小学教师学生观的发展

在传统的教育观念中，学生被视为被动的客体，是教育者的管辖对象，是装知识的容器。而现代学生观认为学生是积极的主体，是学习的主人，是正在成长着的人。小学教育阶段是基础教育的基础，对人的终身发展具有奠基作用。今天，以人为本既是国家的教育发展战略，也是现代小学教师事业发展中必备理念，是"人的全面发展"理论在现代社会的进一步发展。

一、"以人为本"的含义

所谓以人为本，其基本含义简要地说就是：它是一种对人在社会历史发展中的主体作用与地位的肯定，强调人在社会历史发展中的主体作用与目的地位；它是一种价值取向，强调尊重人、解放人、依靠人和为了人；它是一种思维方式，就是在分析和解决一切问题时，既要坚持历史的尺度，也要坚持人的尺度在教育教学活动中做到以学生的全面发展为本。

我们需要围绕这种基本含义，进一步从哲学上深入挖掘以人为本的具体内涵。以人为本是一个关系概念。人主要处在四层基本关系中：人与自然的关系、人与社会的关系、人与人的关系、人与组织的关系。我们可以从这四个层面的关系中具体解读以人为本的完整内涵。

第一，在人和自然的关系上，以人为本就是不断提高人的生活质量，增强可持续发展能力。即保持人类赖以生存的生态环境具有良性的循环能力。人的发展需要人与自然的和谐共处，以耗竭自然资源为代价的人的发展最终很难得以持续，很难实现人的真正的、全面的发展。

第二，在人和社会的关系上，以人为本就是既使社会发展成果惠及全体人民，不断促进人的全面发展，又积极为劳动者提供充分发挥其聪明才智的社会环境。人是社会的一员，维护社会和谐、稳定是人的发展的前提和基础。

第三，在人和人的关系上，就是强调公正，不断实现人们之间的和谐发展。既要尊重贫困群体的基本需求、合法权益和独立人格，也要尊重精英群体的能力和贡献，为他们进一步创业提供良好的人际环境。

第四，在人和组织的关系上，就是各级组织既要注重解放人和开发人，为人的发展提供平等的机会与舞台、政策与规则、管理与服务，又要努力做到使人们各得其所。

二、"以人为本"的学生观

在小学学校的教育过程中，师生关系是一种特殊的人际关系。任何教育改革、教学理论的创新与教学观念的改革，首先是教师观、学生观和师生关系的更新。怎样看待每个学生，教师角色如何扮演，以及怎样处理师生间的人际关系，是实施素质教育应该考虑的实际问题。作为教师，应该摒弃落后的学生观，树立全新的学生观，用新的学生观来指导自己的教育工作，培养适合社会发展的高素质人才。那么，教师应树立什么样的学生观呢?

随着社会的发展，人的自由越来越成为人的发展的目标，而"以人为本"是现代社会的新要求，是现代教育发展的新需要，更是对现代人的发展的新认识。

（一）学生是完整的个体

在长期的学校教育工作中，有些老师重智育轻德育，重做事轻做人，重理论轻实践。在这些教师头脑中，学生并非独立的个体，而只是片面的学习机器。以这种观念和方式培养出来的人无疑会有很大的缺陷。"马加爵"式的人是教育的悲剧，我们不允许这样的悲剧再次发生。因此，教师必须意识到学生是独立的完整个体，这是对学生进行素质教育的正确出发点。而学生的素质包含思想道德素质、社会文化素质和生理心理素质，缺一不可。我们应该对学生毫不犹豫地坚持全面发展的教育。

（二）学生是学习的主体

素质教育强调学生在学习活动中是认识的主体、时间的主体和发展的主体，是学习的主人。教育的根本目的在于促进学生主体性的发展。教师只要树立了以学生为主体的新的学生观，就会充分调动学生的主观能动性，使学生积极主动地参与到教学过程中，就会从知识的灌输者转变为学生学习的指导者和促进者。这样培养出来的学生才会有主动探索精神，眼界开阔、思维活跃，具有良好的适应能力，开拓进取，有所贡献。

（三）学生需要尊重

传统的学生观认为学生年龄小，不成熟，需要教师严格管教。有的教师总是采取居高临下的态度，要求学生服从自己；有的老师动辄训斥学生、挖苦学生、惩罚学生；有的老师采取高压政策，认为这样可以管住学生。这样的师生观只有使师生关系不融洽、有隔阂、师生关系趋于紧张。在专制型教师的教育下，学生的独立人格、进取意识、探索精神以及好奇心和创造力都难得到健康发展。教育过程是师生之间的信息交流、情感沟通、人格互动的过程，因而教师应该尊重学生，尊重他们的思想、感情和个性。如果学生的认识不足，要悉心引导；如果学生的看法有道理，要尊重支持。这样的教师才会受到学生的真心爱戴，才能赢得学生的尊重，缩短师生的心理距离，师生之间才能建立一种民主、平等、和谐的新型师生关系。只有在这种新型师生关系下，学生才会身心愉快地参加到学习活动中，积极主动地进行学习和探索。

（四）学生都有潜力

传统的观念认为听话、成绩好的学生才是好学生。有的老师深受影响，以是否听话和成绩好坏来评判学生。这样的观念限制了具有独立思考、具有创造潜力的学生的发展。素质教育要求树立所有学生都值得培养的观念，相信每个学生都有独特的天赋，都有内在的潜力，都有向上、向善的内在要求，关键在于按照他们在早期表现出的天赋选择适于其发挥才能、天赋的职业。教师不应对学生抱有先入为主的成见，从而把学生定性化，要正视学生的个别差异，克服按统一标准和尺度去衡量学生，追求完全趋同、整齐划一的弊病，根据学生各方面情况进行因材施教。这就要求在教育过程中贯彻个别对待原则，讲求一把钥匙开一把锁，调动每一个学生的积极性、主动性，使他们成为不同领域内有所专长、有所成就的人。如果我们的教师树立了所有学生都值得培养的意识，那他们对教育好每一个学生都会有热情和信心，就会想方设法为每一个学生的成长创造良好的条件。而教师的热情和努力就会变成学生发展的重要动力，培养大批创造型人才、增强民族创新精神和能力的目标就完全有可能实现。

激发学生的情趣，唤起学生的自主性，让学生体会学习中的愉悦，“小主人教育”是实施“愉快教育”的典型。

小学从提高学生的主体地位，发挥学生的主体性出发，提出把每个学生培养成“学习的小主人、集体的小主人、生活的小主人”的教育目标。为实施小主人教育，学校制定小主人教育的基本原则（自觉性、参与性、选择性、愉悦性），并按低、中、高三个阶段制定了包括主人意识、自主能力、主人翁态度等方面的发展指标体系和由学生、家长、教师共同评定的小主人素质评价体系，在此基础上努力构建小学生自主创新学习的教育模式。“小主人教育”使小学成为一所高品位、高质量、有特色的学校。

三、以人为本教育思想的践行

切实践行以人为本的思想要求我们，在实践过程中，要注重人的重要性。人是教育核心主体，教育的一切活动都应坚持以人为中心，以促进人的最终发展，以适应社会的发展。

第一，坚持以人为本的教育观，必须确立以人为中心的教育理念。“人是教育的中心，也是教育的目的；人是教育的出发点，也是教育的归宿；人是教育的基础，也是教育的根本。”要把尊重人、关心人、教育人贯穿在教育的全过程，体现在教育工作的方方面面。教育的主体是人，教育的对象是人，教育的目的是塑造人，在教育活动中，人无疑处在中心位置。

第二，坚持以人为本的教育观，就是要把教育与人的幸福、自由、尊严等终极价值联系起来，使教育真正成为人的教育。教育不再是外在地植入某一种价值观或培养一种生存技能的手段。教育的目标是伴随人的成长而不断增强人的成就感、自我满足感和自我实现感。

第三，坚持以人为本的教育观，就是要使教育管理、教学活动、教育内容都要体现对人的尊重和关注，把维护教育工作者、教师、学生的利益放在首位，教育环境、教育制度和教育体制应当有利于调动和发挥人的积极性、主动性，有利于人的才能的发挥，有利于人的健康成长。

第四，坚持以人为本的教育观，就是要从单纯的知识传授和思想的培养迈向深厚的人文关怀和丰富的道德情感熏陶。培养学生热爱生命、热爱生活、热爱自然、追求高尚、追求美好。与传统功利主义、技术主义、道德教化的教育观不同，以人为本教育的核心在于对人的充分肯定，对人的潜能智慧的信任，对人的自由、民主和个性化的品质追求，最广泛地调动和激发人的积极性和创造性。

第五，坚持以人为本的教育观，必须摒弃“以知识为本”和“以技术为本”的传统观念。“以知识为本”是过分强调知识的逻辑体系，强调知识的重要性，而忽视学生的身心发展规律和认知规律，没有将知识的传授与学生的认知规律和发展规律结合起来，是忽视教育对象、目中无人的教育。

学校是为学生而办，学校的功能是教育服务，为学生提供最优质的教育服务是学校的职责，教育的过程就是为学生服务的过程，发现人的价值、发挥人的潜能、发展人的个性是教育服务的目标。因此，学校要以学生为本，一切为了学生，为了一切学生。教育教学都必须以学生为出发点和归宿，尊重、理解、关心、信任、发展每一个学生，使学生真正成为学校的主人、校园的主人、课堂的主人、学习的主人、生活的主人。

四、以人为本的学生观的实施

在小学教育中，以人为本理念的实施是一个复杂而漫长的过程。理念的落实也需要循序渐进。

（一）热爱学生，视学生如子女

热爱学生是教师职业道德的核心，是教师做好教育工作的前提。教育是一项爱的事业，爱是教学成功的基础。夏沔尊先生说：“没有爱，就没有教育。”身为人师要认识到：“尊重每个学生的个性，接纳孩子的差异，爱学生‘这’个人本身，是教育的真爱；爱聪明、爱分数、爱长相、爱听话，是教育的假爱；爱家长的权势地位、爱财爱物，是教育的错爱。”喜欢聪明可爱的人是人之常情，但是对于教师来说却不能“随心所欲”，教师身担着培养学生的重任，他的职责所在不是一个学生、一部分学生，而是所有的学生。教师是除父母外对学生影响最深的人，如果学生从幼儿园读到大学毕业，那需要18年的时间，这个阶段大约是4到22岁，正是心理、性格发展的重要时期。教师的不经意的一个不妥的教学行为就可能影响学生的一生，所以教师一定要注意自己的一言一行。

具有学生是有个性差异的个体的科学学生观的教师，他会“看不到”学生的缺点、分数、外貌，他会接受学生的差异，尊重学生的差异，从而爱每一个学生。具有学生是独立意义的人的科学学生观的教师，学生在他眼中就是一个个平等的个体，因此他爱每一个学生。所以在感情上，对所有的学生一视同仁，不偏爱不偏心。在处理学生间的纠纷时会有公平公正的处理的教学行为，不会因为甲学生聪明可爱而偏爱他，也不会因为乙学生学习不好而冤枉他。教师热爱学生就会有照顾到学生自尊心的教学行为。有一位教师很有智慧地处理了班内的一宗失窃事件：在晨练之后有位学生向教师告状说自己的钱不见了，这位教师并没有马上开始大肆调查，而是对学生说：“我给大家变一个魔术，现在我发给每人一张纸，你们把手放在书桌洞里把纸揉成团，然后把纸放在讲台上。”最后教师在一团纸里发现了学生丢的钱。教师把学生当作人，当作独立的人，当作教育人格的人，就会有用自己的爱心和智慧去维护学生的人格、保护学生的自尊心的教学行为。

（二）高度尊重学生，让学生有尊严

爱学生是心灵追求，尊重学生则是教师基本的教育价值观和职业要求。这就好像我们“希望”医生都能够像对待自己的家人一样对待病人，但“要求”医生必须遵守职业道德的底线；还如同作为一个社会人，为他人和社会做出奉献的人当然值得赞赏，但对所有人来说，最低要求是首先做一个“合格公民”，遵守基本的道德规范。在教学过程中，学生是以一个独立的生命形式参与教学实践。学生具有喜怒哀乐等各种情绪，对各种事物有他自己的看法，他是具有自己思想感情的个体。“儿童是有他特有的看法、想法和感情的；如果用我们的看法、想法和感情去代替他们的看法、想法和感情，那简直是最愚蠢的事情。”教师要尊重学生的看法、想法，要尊重学生。学生作为独立的人，和教师在人格上是平等的，所以教师必须尊重学生就像学生必须尊重教师一样，教师无权肆意地凌辱、打骂学生。具有科学学生观的教师不会有讽刺、挖苦、体罚学生的教学行为。如果学生犯了错，教师会理解学生身上存在的不足，允许学生犯错误，毕竟学生是处于发展阶段的人。教师会用“春风拂面”的教导代替简单的说教与批评，不会有粗暴地对待学生，甚至侮辱学生、打骂学生的教学行为。教师如果要批评学生，他会在发现学生做错事情以后冷静思考，不会说出伤害学生自尊心的话，以免挫伤了学生的积极性。千万不能把话说绝了，将学生说得一无是处、将来没有出息，这会让孩子自暴自弃，使批评失去它原有的目的。批评时要让学生易于接受，巧妙地指出他的美中不足。对于自尊心比较强的学生要单独批评，不要在全班面前批评他；也可以旁敲侧击巧妙地给予提醒和激励。批评中夹杂着表扬，使其认识到自己的错误而又不失自尊，以达到批评的预期效果。韩愈在《师说》中说：“师者，所以传道授业解惑也。”教师会有对学生宽容，充分了解学生的实际，帮助学生解决问题，改正错误，从而不断促进学生的进步和发展的教学行为。

（三）因材施教，塑造个性差异

世界上没有完全相同的两片叶子，也不存在完全相同的两个人。苏霍姆林斯基曾说：“有300名学生就会有300种不同的兴趣和爱好。”作为教育者必须承认学生间存在着差异，接受学生的差异，尊重学生的差异，差异是客观存在的自然现象，一些差异我们无法改变也不能改

变。古代罗马教育家昆体良，注意到学生才能存在的差异，指出：“一个青年比别人更适合于研究历史；一个人宜于写诗，另一个人适合于研究法律；有些人也许只宜于送去干庄稼活。”

具有科学学生观教师如何处理和对待学生的差异？如何做到为了每一位学生的发展？具有学生是独立差异的人的科学学生观的教师，在教学中会根据不同学生的认知水平、学习能力以及自身素质，因材施教，使学生学有所长，让每个学生的长处得到更好的发挥，学生的不足得以弥补。这些教师善于发现每个学生的闪光点，尤其是大众眼中差生的闪光点。这些教师不会要求所有的学生整齐划一，每个学生都有他的特长。这些教师就会有认真分析不同学生的心理发展的现状，再根据不同学生心理发展的差异制定适合不同学生发展的教育策略的教学行为。对于喜欢安静的学生，这些教师不会将其座位安排在教室门口、窗户的位置；对于立体感不强的学生，这些教师会采取实物示范的教学行为；对于比较内向的学生，这些教师在上课时会采取积极鼓励的教学行为；对于反应迟钝的学生，这些教师在上课时就会激励他们积极进行思考的教学行为；对与语言表述缺乏条理的学生，这些教师在上课时就会要他们在课堂上做复述和发言；对学习感到很轻松或很困难的学生，要加强个别辅导，给能力强者开点“小灶”，增加课业，对困难者给予特殊帮助或补课；对于自尊心较强的学生，这些教师在教学中会采取照顾学生自尊心的教学行为。不具备这样科学学生观的教师，按照整齐划一的教学目标、教学进度、教学内容统一对学生进行授课，常常对学生要求一致，没有将学生间的差异考虑在内。对待学生常常有这样的想法：别人做到了你为什么做不到？每一个人不可能都站在同一起跑线上，不可能用同样的速度，沿着唯一的途径，达到相同的终点。用积极的态度发现差异、研究差异，发展个体的特长，使学生群体呈现出丰富的统一，为各种人才的成长打好基础，提供条件，真正实现自我教育的最终目标——人尽其才。

第三节　小学教师学生观的实践

一、以人为本教育的案例

（一）以人为本，倾注师爱——关爱后进学生教育案例

班主任工作的核心是德育工作，德育工作中最令班主任头痛的是转化后进生。转化后进生是老师所肩负的重大而艰巨的任务，也是教育工作者不容推卸的责任。下面就谈谈班主任德育工作中如何把后进生转化为先进生这一典型案例。

班里有个学生叫王子杰。五年级上学期时，上课要么扰乱他人学习，要么情绪低落；下课胡乱打闹，同学间经常闹矛盾，同学们都嫌弃他；不做作业，各门功课单元测试不及格……每天不是科任老师就是学生向我告状。是学校有名的“捣蛋鬼”，真让我头痛。于是，我找他谈话，希望他在学校遵守各项规章制度，以学习为重，自我调节，自我改进，做一名合格的小学生。但经过几次努力，他只在口头上答应，行动上却毫无改进。半学期考语文、数学、英语三科竟然全都不及格。看到他不思进取，我

的心都快凉了，算了吧，或许他就是那根“不可雕的朽木”。不理他的那几天，他便变本加厉地闹起来！

此时，我觉得逃避不了，必须正视现实！我内心一横：我不改变你，誓不罢休！

为了有针对性地做工作，我决定先专程深入到他家去家访，进行详细了解，然后再找对策。我想，所谓的后进生并非天生如此，他发展到今天这个地步，应该也是有其原因的。有了这个想法，我就积极行动起来。首先，我想到他的家庭进一步了解情况。去了之后才知道，他的父母亲都出国打工，从小就由爷爷奶奶抚养，爷爷有知识曾上过初中，但是个赌鬼根本没花心思管教他。奶奶很关心他，但不知怎么管教，只是一味地溺爱他。奶奶看他学习不上进，又有要变坏的苗头，不是打就是骂，恨铁不成钢，但是又没有好的办法。

看来导致他行为偏差的一个重要原因是家庭教育存在严重问题。接着，在与他的反复交谈中我找到了他行为偏差的另一个重要原因——心理尚不够成熟，尽管表面看上去老气横秋，比班里的学生要大两岁，但脑子里的有些想法非常简单，有时是想到哪里就做到哪里，从不计后果，而且他的自信心不足，所以会导致屡教屡犯的情况出现。要想浪子回头，除了要对症下药，还要慢慢来、一步一步来，心急吃不了热豆腐。在所有的力量当中，亲情的力量是最大的，也是无穷的。我工作的第一步，是立即与他奶奶取得联系，一是要求他们要改变原来非打即骂的教育方法，不要再加深孩子的逆反心理的程度。同时希望他们能多抽出时间了解他的想法，管制他的一些不良做法，及时与我们学校取得联系。经过与家长的多次交流和沟通，得到了家长的支持。其次，在学校里我联合其他任课教师，不间断地与他交流，了解他的内心动向，给予他各方面的关心、鼓励。

为了获得他的信任，我放下“师道尊严”的架子，心平气和地以朋友的身份与其交谈，开始几次他的态度极为冷淡，硬着头颈对我爱理不理。次数多了，他的态度开始缓和下来，流出了委屈的泪水。随着交谈的次数的增多，他对老师不再仇视，与老师的距离开始拉近，开始愿意和老师说说心里话，在课堂上的自我控制力也有所增强。

我时刻关注他的学习、生活和思想动态。在学习上，让学习好的同学尽量主动去帮助、督促他完成作业；生活上，担心他再去找原来的“坏孩子”，我让同路的一位品学兼优的同学和他一起上学，放学陪他一起回家；同时在课堂上提一些他力所能及的问题让他回答；在班队活动中，发挥他爱讲笑话的优势，让他尽情表现，以增强他的自信心。这样，在让他感受集体温暖的同时，也使他开始具备集体荣誉感。

在一次和他的谈话中，他告诉我，这个学期他打算语文、数学、英语这三科成绩都超90分，以他现在的成绩，这根本是不可能的，但我没有泼他冷水，而是抓住这个契机，与他促膝谈心，提醒他现在应该把握时机，改变陋习，埋头读书，争取实现理想。接着我又帮他制定了相应的学习计划，规定每天必须完成的学习任务，其他老师也纷纷给他提供各方面的帮助。很快，他上课能认真听了，作业也基本能完成了，学习劲头也在慢慢上升了。

后来他课堂纪律已基本能遵守，课后作业基本能独立完成，学习成绩也有所提高。人际交往上也远离了以前的那些“坏孩子”，渐渐地融入班集体中。但仍不免有些反复，对这些反复，一经发现，我就及时诱导，做到防微杜渐。

（二）案例分析

有这样一句话："用放大镜看学生的优点，用缩小镜看学生的缺点。"不是我改变了他，而是这个学生教会了我很多。所以说，一名教师，要用自己博大的胸襟去接纳曾经做过错事的孩子，容忍孩子的一切过错，用语言甚至眼神告诉学生，"老师相信你能改变"；用自己的诚心去唤起学生的信任，善于发现学生的长处和闪光点，及时鼓励表扬学生的点滴进步，真心做孩子的朋友、知己，让学生感受到老师对他的尊重，学生会由于老师的信任而加倍努力。尊重每一位学生，是对每一位教师的基本要求。如果我们承认教育的对象是活生生的人，那么教育的过程便不仅仅是一种技巧的施展，而是充满了人情味的心灵交融，这样老师才会产生热爱之情。对于后进生我放下架子亲近他们，敞开心扉，晓之以理，动之以情，用师爱去感化他们，从而促使他们主动改正错误。

没有当过教师，就体会不到做老师的乐趣，这话是有道理的。虽然说，教师平时要做的都是非常琐碎的事情，但我在教师的工作中看着孩子们成长，看着他们一路上蹒跚走来，这是最让人感到欣慰的事。

对于那些学习成绩不好、行为习惯差的学生，我们教师一定要付出更多的诚心、爱心、关心和耐心，和学生"以心换心"，才能成为学生可敬畏的严师、可信赖的长辈、可倾心交流的益友。苏霍姆林斯基说："每一个孩子都是一个世界——完全特殊的、独一无二的世界。"作为一名班主任，能够帮助学生们在全面健康的状态下快乐地成长，使得他们更好地提高能力水平，是我们最大的心愿。

二、以身挡车救学生教育案例

本报信阳6月13日讯（记者　张利军　通讯员　黄文卫）6月11日下午，河南省信阳市浉河区董家河镇绿之风希望小学教师李芳在护送学生放学回家途中，面对突如其来的车祸，果断推开学生，把生的希望留给学生，把危险留给了自己。4名受伤学生经过救护已无大碍，而李芳却因抢救无效于6月13日凌晨4：40永远地离开了她挚爱的三尺讲台。

6月11日17：30，正是董家河镇绿之风希望小学下午放学时间。学校集中全体学生在操场进行例行安全教育后，该校二年级语文教师李芳随队护送学生从校门自西向东回家。距学校50米处有一个红绿灯十字路口，17：51左右，护路队行至红绿灯路口，学生正按绿灯指示有序通过。突然，一辆装满西瓜的深红色无牌照摩托三轮车自北向南闯红灯向护路队急速驶来，且毫无刹车迹象。情况万分紧急，李芳一边大声呼喊学生避让，一边冲上前去用自己的身体挡住学生，并奋力将学生推开。不幸的是，李芳被摩托三轮车撞击严重，倒地昏迷不起，另有4名学生受伤。

事故发生后，在场教师立即拨打了120急救电话和110报警电话，董家河镇中心学校及绿之风希望小学领导第一时间赶至事故现场。受伤师生迅速被送往附近的医院救治。

经医院检查初步诊断，4名被李芳救护的学生暂无大碍。李芳经检查被诊断为脑部颅骨骨折，脑组织大面积出血。为全力做好救治工作，在征求李芳家属意见后，李芳于当晚8点被转至市中心医院；市中心医院又将李芳的CT检查报告传至武汉协和医院和武汉同济医院的专家会诊。经过全体医护人员的奋力抢救，还是未能挽救李芳的生命，6月13日凌晨4：40，李芳抢救无效，因公殉职。

李芳出生于1969年，1989年毕业于原信阳师范学校，被分配至董家河镇谢畈小学任教，谢畈小学撤校后被分配至绿之风希望小学任教至今。任教期间，她爱护学生，团结同事，勤恳工作，无私奉献，教育教学成绩突出，受到学生家长及同事一致好评。

“在教育教学工作中，她有自己独特的方法，注重对学生的思想品德教育和人格的培养，用爱心抚育每一个孩子。她对所教学生的家庭情况、性格、爱好都了如指掌，学生中谁家遇到困难都愿意向她倾诉，她总是尽心地去安抚并帮忙解决。她是学生心中的好老师，更是好朋友，孩子们都很喜欢她。”李芳的同事王奎远告诉记者。

三（1）班受伤学生张润泽的家长张建，在现场目睹了事故发生的经过，现在回想起来还心有余悸。看到李芳奋不顾身地保护学生，他说自己非常受感动，“我和李芳老师并不熟悉，但我觉得她是个好老师。”

发稿前，记者从董家河镇中心学校了解到，4名受伤学生，其中一名学生伤势相对较重，目前正在接受住院治疗，另外3名学生均为较轻外伤，已经出院。

信阳市教育局党组书记、局长苏锡凌在慰问李芳家属时说：李芳老师用生命把自己对学生的爱，写成了一部教育学生、启迪你我、为人师表的教科书！这样的老师是教育之幸，是学生之幸！

得知李芳为救学生献出生命的消息后，河南省教育厅副厅长毛杰表示：“李芳老师在危急时刻的突出表现，集中展现了人民教师舍己为人的人性光辉，生动诠释了‘学为人师，行为世范’的崇高师德。在她的英雄壮举里，闪烁着爱生如子的师德光辉，她是新时代的‘张丽莉’，是我们身边的最美教师，是人民满意的好老师，是我们学习的榜样和楷模。”

《中国教育报》2018年06月14日第1版

三、小学班主任学生观的教育学分析

小学课堂存在的“排座位现象”是偶然因素与必然因素、主观因素与客观因素相互影响的结果，渗透着小学班主任的学生观。鉴于学生观的多样化，小学班主任只有在正确的学生观的影响下才会做出科学合理的排座位策略。因此，小学班主任树立怎样的学生观，决定着排座位的具体方法，事关学生的身心各方面能否得以健康发展。

（一）小学课堂存在的“排座位现象”的现状透视

小学班主任为了体现教育的公平性，需对教室的座位进行调整，但基于不同的原则与学生观可能会导致不合理的“排座位现象”。所谓“排座位现象”是小学班主任没有充分考虑到小学生的身高、视力、成绩、彼此关系等主客观因素，没有针对小学生的具体情况做出合理的调整，而是仅从教师自身的角度来排座位的一种现象，其中不合理的学生观是其主要影响因素。课堂存在的“排座位现象”大致如下。

1. 按情感来编排座位

小学班主任在排座位的时候难免会受情感因素的影响。例如领导、亲戚、朋友、同事的子女，以及平时与老师关系较好的学生，在编座位时会享受特殊待遇，具有优先选择权，处于教室的最佳位置。这样做会使这些孩子滋生一种优越感，与班里其他同学产生距离；同时会使其他学生产生不满情绪，不利于学生健康成长。

2. 按学生成绩编排座位

这样做的主观愿望是想让优生集中精力搞好学习，实际上容易导致成绩优则更优、差则更差的恶性循环。教师无意识地在课上或课下与成绩优异的学生频繁接触，也会使成绩不好的学生产生被冷落的感觉，不利于班级整体成绩的提高与良好班风的形成，以及班里的团结。

3. 按性别编排座位

个别班主任编排座位会把男女生分成两个区域，传统意识认为这样可以防止男女生交往过密，遏止一些不良现象的出现。这样做实则违背了学生儿童期心理的正常发展，学生会产生只认同同性，对异性排斥的心理倾向。从心理学的角度分析，小学生的健康成长需要与异性的良好接触，男生和女生只有在彼此友爱的环境下才能健康发展，从而养成健全的性格。

4. 采取固定的排座位方式

教室座位一经编排便长期固定不变，长至一学期甚至整个学年。这种方式没有考虑学生的具体情况，如身高、视力、学生关系变化和成绩互补等。学生长期在固定的位置会产生烦躁的情绪，有碍于学习积极性的提高。后排学生由于疏于管理成绩也难以提升。

综上所述，小学课堂的这些不良编排方式不仅影响着教育教学效果，同时造成了小学生受教育机会的不均等，进而阻碍了小学生身心健康发展，因此如何帮助教师使用科学合理的编排座位方式值得我们在实践中去探索。

（二）小学课堂不合理“排座位现象”的原因透析

小学课堂出现的不合理“排座位现象”体现了小学班主任的学生观，说明他们没有充分考虑到学生的主客观因素，只是凭自己的主观意念来做出调整。许多班主任把学生当作教学的客体，没有针对“排座位现象”来开展教学活动。小学教师中存在的不合理的传统学生观具体包括以下几种：

1. 教师以师道尊严自居

不可否认，教师只有对学生保持一定的威严，才能使学生尊师重教。然而部分教师平时与学生相处过程中不愿亲近，刻意保持自己严肃的形象。持这种学生观的教师时刻与学生保持一定的心理距离，不愿与学生一起活动或交流，难以成为学生的知心朋友，走进学生的心灵。其实这种所谓的尊严并不能赢得学生出自内心的尊重，不利于建立融洽的师生关系。

2. “家长式”教师要求学生绝对服从自己

不可否认，个别教师认为学生必须听从教师的安排，接受教师的观点，不许学生违背教师的意志。持这种观点的教师往往家长作风严重，要求学生成为驯服的工具，培养学生成为唯师、唯分的学生。这种学生观在教育中表现为缺少生气和活力，学生缺乏独立性和创新性，甚至部分学生会产生抵触情绪和行为。

3. 个别教师持遗传决定论的观念

部分教师固态化地看待学生，认为一个人的智力、品德都是父母遗传的，特别对学习成绩差、不遵守纪律的学生，以现在的学习状态来否定他们，埋怨甚至挖苦这些学生，使他们处于被冷落的地位。持这种学生观的教师受遗传决定论的影响，认识不到环境、教育和人的主观能动性在发展中的作用，这种对学生不负责的态度，是教师不正确的学生观的具体体现。

4. 教师将分数作为衡量学生的唯一标准

这种观点在我国小学中影响较广，由于片面追求升学率的惯性影响，教师普遍以分数作为评价学生的主要标准，甚至是唯一标准，教师以分数排名次，以分数评优差，学生成为分数的奴隶。持这种学生观的教师使一部分学生受到偏爱，导致他们畸形发展，而另一部分成绩不好的学生则受到冷落、疏远、歧视，导致他们不能得到应有的发展。

5. 教师在社会趋利环境下养成的不良风气

个别班主任受经济利益的诱惑，他们有意或无意地利用职务之便收取家长的“礼品”。尤其是在排座位之前，往往会给学生以及家长某些暗示，以获取一些学生家长的贿赂来对某些学生采取特殊优待，为学生留出“专座”等。他们没有把学生的利益放在首位，而是以个人的私利来对待学生，这也充分体现了个别教师不正确的学生观。

小学班主任的学生观是影响“排座位现象”的主导因素，学生观对班主任的教学理论和工作具有重要的影响，负面的学生观的消极影响也是可想而知的。只有转变不合理的学生观，树立以学生为本，把学生当作有个性、有潜质、发展的个体的学生观，才能促进小学生身心健康成长和发展，并建立和谐融洽的师生关系。

（三）由“排座位现象”引发的小学班主任学生观的教育学分析

学生观是指教育者对学生的基本看法，它支配着教育行为，决定着教育者的工作态度和工作方式，是直接影响教育活动的目的、方式和效果的重要因素，在整个教育系统内有着举足轻重的地位。建构主义强调学生是认知过程的主体，是知识意义的主动建构者而不是教师灌输的对象。因此，在教学过程中要以学生为中心，发挥学生的自觉能动性，积极构建和谐的以“学生为中心”的学生观。

1. 遵循“以人为本、面向全体”的原则，树立民主与平等的学生观

这是小学班主任安排学生座位的总原则。“以人为本、面向全体”就是班主任在安排学生座位时，应尊重和爱护每一个学生，科学地安排好每一个学生的座位，争取使每一个学生都能够集中精力学习，而不能存有自私的想法，人为地造成学生心理上的不平等和不平衡，应尽量保证学生受教育机会的公平。

这就要求教师树立民主与平等的学生观，建立民主平等的师生关系。新型的师生关系完全是平等的，学生可以自由地评价教师的教学方法，在教师的引导下共同来探讨学习问题。师生双方要始终保持相互交流、相互沟通的课堂气氛，以求发现新的知识点。为了做好教育教学工作，教师有必要学习心理学、教育学等专业知识，加强自身修养，提高教育水平。

2. 遵循“学习互帮、共同进步”的原则，树立尊重与信任的学生观

“学习互帮”即小学班主任在安排学生座位时，有意识地安排后进生与优生同座，让他们在合作学习的过程中互相帮助，养成良好的学习习惯。优差生同座，优生的一些良好习惯

会潜移默化地影响他们，促使后进生参与到学习中来，从而学会学习。而优生也培养了自己的责任心与合作精神，从而达到共同进步的目的。

班主任必须尊重每一位学生的尊严和价值，不伤害任一学生的自尊心，同时要赞赏每一位学生，尤其差生更需要班主任的尊重与鼓励。此外还要信任每一位学生，在学习方面班主任要让学生间互帮互助，让他们自己来解决问题。鉴于学生间较于师生间能更好地进行沟通和交流，不仅能有效地解决学生在学习方面遇到的困难，也有助于培养学生团结的良好品德，营造良好的班级意识，优化班风。

3. 遵循“性格互补、共同发展”的原则，树立理解与合作的学生观

“性格互补”就是要求班主任在安排学生座位时，有意识地将性格不同的学生安排在一起，如爱说话的和不爱说话的、性格开朗的和性格内向的等等，让他们互相影响，吸收彼此的优点，以产生良性互动，实现共同发展。

班主任要用发展的眼光来看问题，采取有效的措施来纠正学生在学习和性格两方面的缺陷。小学生正经历身心发展的关键期，班主任要坚信：学生是正在成长和发展的个体，他们具有巨大的发展潜力。要用发展的眼光看待学生，积极帮助他们改正缺点和错误，充分地相信他们会成长为一个理想的好学生，在适当的教学方法的引导下都可以有所成就。在教育教学过程中，班主任要尽可能地为学生创造一切条件，保证每一位学生在不同程度、不同方面获得发展。

（四）以“学生为中心”的学生观主导的科学排座位策略

排座位策略具有不确定性与多样性，但是座位编排的科学与否与教师的学生观紧密相关。小学班主任力求在正确的学生观的主导下来安排学生座次，可以从时间和空间两个维度来考虑。其中时间维度指的是座位编排在时间上的变动性，实指座位的动态调整问题；空间维度从表面看指的是学生座位的空间分布，从教育心理学的角度看，它实际上反映了班主任在编排座位时对学生身高、性别、性格、成绩等个体特征的考虑。因此，学生座位的空间分布实际上就是学生个体特征的空间分布。下面就从时间和空间两个维度来谈谈座位的编排策略。

1. 空间维度

著名语文教师魏书生说过这样一句话：“调换学生的座位是一种艺术，它必须得经过四周同学的同意才能达到换座的目的。”因此从空间角度来考虑，编排座位要做到科学合理就必须照顾到周围的同学，使他们形成结构合理的团体。具体如下：

（1）动静结合

小学生正处于身心发展的关键期，他们的性格存在差异性，因而具有互补性和制约性，按性格互补的方式编排座位利于他们得到均衡的发展。班主任应充分了解学生个体，努力把握每个学生的性格特点，为他们选好“搭档”，促使他们取长补短、相互影响，这样做既能培养小学生健康的性格，又有助于班级整体学习成绩的提升。

（2）优差互补

班主任要充分利用学习资源来提高班级的整体成绩。优差互补的编排模式可以避免后进生与成绩好的同学拉开距离，从而达到“以优带差”的效果。但要力求避免同桌间的成绩相差太远，因为后进生在求助的时候由于理解不了优生的思维或讲解方式会产生羞愧的心理，

而优生的成绩也会受到影响，因此要坚持有差距但能互补的原则。

（3）分隔包围

针对自身存在问题的学生，可以在其周围安排品学兼优的学生，形成一个“包围圈”，以避免其惹是生非，扩散影响。当然设置“包围”并不是放弃管理，教师和同学要主动热心地引导与帮助他们，让其感受到班集体的温暖。教师要经常观察，除及时做好思想工作外，还应采取措施，重新调整座位。

2. 时间维度

从时间维度来讲，空间上的编排策略并不能保证效果达到最优化，因此在确保座位编排在空间维度科学合理的前提下，也要从时间维度着手来完善座位编排的有效程度。座位编排要定期进行整体流动，以全面调整学生的视听方位，扩大学生的接触面，消除后进生的被歧视感和被疏忽感。座位编排的整体流动一般有如下三种方法。

（1）横向移动

让同桌学生的座位按左、中、右水平移动。这样做既可以照顾到教室边侧的学生，也能够从不同的视角来看黑板，避免视力的下降或出现斜视的问题。

（2）纵向移动

在前后排学生身高差别不大的情况下，可以让同桌学生的座位作前后移动。为了使身材较高的同学也能享受到这样的待遇，可以把这些同学安排在教室的两侧，这样就可以满足所有学生的需求。

（3）同桌互换

在座位做横向和水平移动的前提下，也可以定期让同桌的学生互换座位，这样做也可以增加学生的兴趣，提高学生学习的积极性。

班主任做到因地制宜，因时变动，可以选择某几种方式来合理搭配，达到效果最优化。在变动的时间间隔上要灵活把握，既不能过于频繁，也不能时间太久，否则效果将不明显。通常情况下两周到一个月内变换一次较合理，这也要考虑到教学的实际情况，针对不同的情况做出合理的调整。班主任要同时考虑空间维度和时间维度两个因素，协调好两者的关系，不能顾此失彼。

参考文献

[1] 华东师范大学比较教育研究所译．学会生存——教育世界的今天和明天［M］．北京：教育科学出版社，1996.

[2] 联合国教科文组织编，联合国教科文组织总部中文科译．教育：财富蕴藏其中［M］．北京：教育科学出版社，2014.

[3] 王云峰主编．综合素质（中小学和幼儿园老师资格考试学习参考书系列）［M］．北京：人民教育出版社，2011.

[4] 王道俊，郭文安．教育学［M］．北京：人民教育出版社，2009.

[5] 柳海民．现代教育原理［M］．北京：人民教育出版社，2006.

[6] 黄济，王策三．现代教育论（第三版）［M］．北京：人民教育出版社，2012.

第三章　小学教师教育教学观形成与实践

问题引出案例

一位大学生在反思自己的中小学生活时，如此说道：当我拿到大学录取通知书时，我猛然觉得这12年的寒窗苦读换来的除了一张通知书外，似乎什么都没有——没有朋友，没有刻骨铭心的体验，没有美好的回忆，没有对生活的热情，没有稳定而深刻的兴趣爱好。他除了无奈地“喜欢”数理化英语等高考课程外，简直都忘了国歌是怎么唱的了。这到底是我们孩子的不幸还是教师的悲哀呢？如果一个人在他最具青春活力的时候，在他最爱编织人生美丽花环的时候，不能做自己想做的事、不能看自己想看的书、不能想自己想想的事，而去为了满足某种外在的需要，达到某种功利的目的，迎合某些人的愿望把自己淹没在一堆堆的练习卷、一叠叠的参考书中，是一件多么可悲而残酷的事啊？[1]

树立现代教育教学观念是教师素质的核心，是教师立教的根基与转变教师教育教学行为的先导。教育教学观念虽然无形，但在教育教学实践中却能改变教育教学的面貌，决定教育教学的成败，影响教师的工作方式，制约教师教育教学活动的方向。因此必须从转变教师教育教学观念入手，使教师们能自觉地成为符合新世纪要求的合格的教师。本章主要探讨三方面内容：一是小学教师的教育教学观；二是小学教师的教育教学观的形成；三是小学教师教育教学观的实践。

第一节　小学教师的教育教学观

作为当代教育改革和发展主体的教师，就必须根据时代要求和教育发展需要以及教育认识的新成果，形成科学的教育教学理念，并以此支配自己的教育教学行为，改造现有的教育教学实践，为此，需要教师对教育与社会发展的关系、教育与人的身心发展的关系有一个全新的认识，并在此基础上确立科学的教育价值观、学生观、教学观和教学质量观等，既为教师从事教育教学工作提供价值观体系和精神支柱，又为教师的教育教学工作提供基本的方法论依据。

一、教育教学观的含义

（一）教育观的含义

教育观是指人们对教育这一事物以及它与其他事物关系的看法。具体地说，就是人们对教育者、教育对象、教育内容、教育方法等教育要素及其属性和相互关系的认识，还有人们对教育与其他事物相互关系的看法，以及由此派生出的对教育的作用、功能、目的等各方面的看法。

（二）教学观的含义

教学观就是教师对教学的认识或对教学的主张，具体地说，就是教师对教学目标、教学过程、教学对象等基本问题的认识。

二、新课程背景下的教育教学观

教学改革是课程改革的一个有机组成部分。在新课程改革的形势下，教师不应再是教书的机器，应该用现代教育教学观念和手段去教育学生、引导学生，与学生建立民主平等的伙伴关系，充分发挥学生的主观能动作用，其中，教师教育教学观念的更新、学生学习方式的转变在教育教学实践中起着举足轻重的作用。教师应成为能师、人师，努力用自己的现代教育教学观念去塑造学生，让他们都能学有所长，学有所得，真正成为学习的主人，社会的有用之材，国家的栋梁之材。

（一）以人为本的教育观

教育的根本功能是促进人的成长与发展，素质教育必须以育人为本。要根据国家的教育方针，努力把学生培养成有理想、有道德、有文化、有纪律，德智体美全面发展的社会主义事业建设者和接班人。要认真思考，我们学校的活动，我们教师的行为，是否做到了尊重学生、信任学生、保护学生，究竟是否遵循着青少年身心发展规律，是否为学生的发展提供了有效的服务。

教育的一切改革，最终要以促进人的发展、为人的发展服务为指导思想。“一切为了孩子，为了一切孩子，为了孩子的一切”，应当成为教育工作者的基本信念。要把这种为学生终身发展高度负责的精神，贯穿于教育改革的始终。教育不是捧上一张张高一级学校的录取通知书，而是捧出一个个有鲜明个性的活生生的人；教育不是追求百分之多少的优秀率、合格率，而是追求每个学生的生动、活泼、主动地发展；教育不是汇报时的总结、评比时的数据，而是教师与学生共度的生命历程、共创的人生体验。

（二）全面、交往、生成的教学观

传统的学校教育以学科为本，重认知轻感情，重教书轻育人。新课程强调以人为本，关注人是新课程的核心理念，“一切为了每一位学生的发展”意味着在教学中，教师应关注每一位学生，关注学生的情绪生活和情感体验，关注学生的道德生活和人格养成。

教学重过程甚于重结论。从教学角度来讲，教学结论即教学所要达到的目的或所需获得的结果；教学过程，即为了达到教学目的或者获得所需结论而必须经历的活动程序。毋庸置疑，教学的目的之一就是使学生掌握正确结论。但是如果不经过质疑、比较、判断，结论就难以获得，也难以得到真正的理解与巩固。更重要的是，没有以多样性、丰富性为前提的教学过程，学生的创新精神和创新思维就不可能培养起来。所以，教学不仅要重结论，更要重过程。

教学是师生交往、积极互动、共同发展的过程。传统教学中，教师负责教，学生只管学，教学就是对学生单向的培养活动。新课程强调教学是教与学的交往、互动，师生双方相互交流、沟通，在这个过程中，教师与学生分享彼此的思考过程、经验和知识，交流彼此的情感、体验与观念，丰富教学内容，求得新的发展，从而达到共识、共享、共进，实现教学相长和共同发展，彼此形成一个真正的“学习共同体”。

教学是课程创生与开发的过程。传统课程倡导的教学观认为课程是教学的方向、目标或计划，是在教学过程之前和教学情境之外预先设定的，教学的过程就是忠实而有效地传递课程，教师是既定课程的阐述者和传递者，学生则是课程的接受者。

新课程所倡导的教学观认为教师和学生是课程的有机构成部分，是课程的创造者和主体，他们共同参与课程开发的过程。教学不只是课程传递与执行的过程，更是课程创生与开发的过程，教学成为课程内容持续生成与转化，课程意义不断构建与提升的过程。这样，教学与课程相互转化，相互促进，彼此有机融为一体。

三、教师应树立的教育教学观

（一）育人为本，德育为先，重视学生全面发展

1. 育人为本，德育为先

党的十七大报告指出：“要全面贯彻党的教育方针，坚持育人为本、德育为先，实施素质教育，提高教育现代化水平，培养德智体美全面发展的社会主义建设者和接班人，办好人民满意的教育。”

（1）“育人为本，德育为先”的内涵

“育人为本、德育为先”的内涵包含四个方面：一是教育要以人为中心，突出人的发展，发挥人的个性，发掘人的潜能，把人作为教育的主体，不是为教育而教育，而是为育人而教育，人是教育的中心，也是教育的目的；人是教育的出发点，也是教育的归宿；人是教育的基础，也是教育的根本。在育人为本的前提下，把德育放在首当其冲的位置。二是教育从人的根本出发，把教育与知识、能力、态度、幸福、追求、尊严、价值观等结合起来，使教育充满人性化，而不是机械化；使德育充满爱心和感情。三是能力本位的回归，“文明素养”的升华，而不只是单纯知识的灌输，使学生真正成为知识意义和能力的主动建构者，培养学生爱国、爱家、爱岗的道德情操，对国家、社会、人类、知识充满情感。四是着眼于人的可持续发展，从人长远发展来实施教育，为其未来的人生奠定生存与发展的基础，使教育不是成为一个临时知识的加工厂，而是一个持续的发展过程。使教育不是先行一步的宣言，而是一支永不落幕的舞曲。

（2）“育人为本，德育为先”的意义

毋庸讳言，我国教育工作在相当范围内存在着只注重知识、分数，而不大重视育人的“重物轻人”现象。近些年来，科技革命兴起，这本是件大好事，可有些人却误认为科技能解决一切问题，有了科技，就有了一切。事实果真如此吗？不是的。某些国家、地区科技发展了，但是由于出现道德危机、智能犯罪等怪现象，社会并未能取得预期的进步。看来，科技固然重要，但要解决科技掌握在什么人的手里，为什么目的服务的问题更重要。教育界有识之士早已提出，要警惕因科技发展而出现非人化倾向。人类以神奇的功力创造了大千世界，如果不肯或不能创造好人类自身，那将产生多么离奇而又可怕的后果啊！

科学发展观确定“以人为本”的核心，寓意深远。这对教育改革与发展都至关重要。教育工作的方方面面都要以育人为核心，以育人为宗旨，以育人的成效为检验功过得失的标尺。育人成才，成为优质人才，首要的是以德育人，成才先成人。有正确思想的指引，良好品德的支撑，才可能成为一个堂堂正正的人。

（3）“育人为本，德育为先”的基本要求

一是要依靠全体教职员工的共同努力。从校长到教师都有明确的思想道德教育的具体任务，并共同参与思想道德建设工作的研究。全员要继续加强多形式的学习，创设“全员育人”的氛围，树立“人人都是德育工作者”的意识，促进和推动学校德育工作，教师要在平时教学过程中积极开展思想道德渗透教育，进一步加强班主任队伍建设，培养一支素质优良、精干实效、开拓进取的班主任队伍。二是要做好学科德育工作的渗透工作。教师只有进一步转变教育思想和人才观念，才能自觉地在教学实践中坚持把政治思想工作放在第一位，教书和育人一齐抓，改变教书不育人，看人只看分数的旧观点，才能自觉地在学科教学中进行德育渗透。深入钻研教材，充分挖掘教材中所蕴含的德育因素，使德育渗透科学化、经常化、系列化。各学科的教材，都是依据本学科的教育教学任务、学科特点、学生的年龄、心理特点和该学科特有的知识体系编排的，而德育内容只能蕴含于知识内容之中。渗透要科学化，是说德育渗透要结合教材的内容，渗透的方法要符合本学科的特点，还要适合儿童的年龄和心理特点，符合学生的认识水平和接受能力。渗透要系列化，是说要把学科所承担的德育任务，分门别类地分解到各个年级、各个学期、各个单元、各个章节。不同年级的德育渗透要有明确的目标、具体的内容和恰当的要求。三是要提高教师的素养。19世纪俄国教育家乌申斯基认为：“教师个人的范例，对于青年人的心灵，是任何东西都不可能代替的最有用的阳光。”教师的一言一行、一举一动对学生有极强的示范性和引导性，教师的行为本身就是一种无声的教育，就是我们所说的“身教重于言传”，言传的效果要用身教来保证。要以身作则，给学生们当好榜样，如果连我们自己都做不到的事情，怎么要求学生们去做，正如孔子所说“其身正，不令而行，其身不正，虽令不从。”我们要用积极向上、文明健康的言行教育和感染学生，在要求学生的同时，我们也要尽量做好，做到言行一致、表里如一，真正做好表率，当好楷模。

2. 能力为重，全面发展

（1）“能力为重，全面发展”的内涵

能力是一种心理特征，是指能够顺利完成某些活动所必须具备的个性心理特征，即能力可以直接影响活动效率，确保活动的顺利进行。《国家中长期教育改革和发展规划纲要

（2010—2020）》提出，坚持能力为重，优化知识结构，丰富社会实践，强化能力培养。着力提高学生的学习能力、实践能力、创新能力，教授学生知识技能，学会动手动脑，学会生存生活，学会做人做事，促进学生主动适应社会，开创美好未来。“三个能力”和“四个学会”构成了一个合格学生应具备的素质结构，同时也是检验教育目标是否达到全面实施素质教育的要求。

人的全面发展最根本是指人的劳动能力的全面发展，即人的智力和体力的充分、统一的发展。同时，也包括人的才能、志趣和道德品质的多方面发展。

（2）实施“能力为重，全面发展”的意义

能力缺失现象严重。长期以来，我国基础教育受高考利益的驱动，强调题海战术，忽视了要把学生培养成德、智、体、美、劳全面发展的人的宗旨。目前，中小学教育大多还是打着“素质教育”的大旗却以“应试”教育为主，学生在教师、家长片面追求成绩的影响下，学会了按照考试的要求死记硬背，应用题海战术谋求高分。在取得高分的同时是普遍能力差，一方面是学习能力差，知识缺乏灵活运用，自主学习能力差；另一方面是生存能力差，实践、人际交往、创造性思维等能力都与学历、年龄等不相匹配。

《国家中长期教育改革和发展规划纲要（2010—2020）》明确提出：“坚持全面发展。全面加强和改进德育、智育、体育、美育……促进德育、智育、体育、美育有机融合，提高学生综合素质，使学生成为德智体美全面发展的社会主义建设者和接班人。”我们要站在历史高度来认识学生德智体美全面发展这一问题。教育是民族振兴、社会进步的基石，是提高国民素质、促进人的全面发展的根本途径。我们的教育能否培养造就数以亿计的高素质劳动者、数以千万计的专门人才和一大批拔尖创新人才，关乎我们能否真正建设一个现代化的国家和中华民族伟大复兴的宏大事业能否实现这一重大战略问题。

面向全体学生，促进学生全面发展，是实施全面素质教育的本质要求，是全面建设社会主义现代化强国的战略要求。

（3）实施“能力为重，全面发展”的要求

第一，坚持能力为重，就要着力提高学生的学习能力、实践能力、创新能力，培养出适应我国当前和未来经济发展所需要的新时代人才。要进一步改革教学方法，教学中不能仅仅满足于传授知识，更要把着力点放在提高能力上来，着力培养学生思考和解决问题的能力、实践创新能力。第二，端正教育思想，明确教育目的；全面贯彻党的教育方针，坚持教育为社会主义现代化建设服务、为人民服务，把立德树人作为教育的根本任务，全面实施素质教育，培养德智体美全面发展的社会主义建设者和接班人，努力办好人民满意的教育；深化教育改革，实施素质教育。

（二）尊重两个规律，提供个性化教育

1. 尊重教育基本规律

教育规律是教育活动所固有的本质的普遍的必然联系，它决定着教育发展的过程和基本趋势。

一般而言，下述两条规律是公认的教育基本规律：一是教育与人的发展相互制约；二是教育与社会发展相互制约。此二者是教育中最普遍的一般规律，任何时代、社会、国家的教

育都要基于这两条基本规律展开，这与教育的对象以社会性个体的方式存在相关。

第一，正确认识教育基本规律，形成对教育的客观的、科学的认识，成为教育的“知情人”。具有主观能动性、能体现个体意志作用的人，不能改变、消灭、创造客观规律，而只能认识、掌握、应用它。作为客观规律的教育基本规律，人们首先必须认识它，并在此基础上，客观、科学地认识教育、了解教育，进而成为教育的“知情人”。具体讲，认识教育基本规律应该包括两个基本内容：一是认识教育基本规律有哪些；二是认识教育基本规律的意义与作用。

第二，掌握并应用教育基本规律，成为教育的“行内人”。在认识教育基本规律的基础上，结合国情、民情，掌握并应用教育基本规律办教育，这是人们遵循教育基本规律的第二个层次，其目标是“按规律办事”。只有做到这一点才能既不违背教育规律，也不背离教育的社会需求，更不偏离或背弃教育的本质，使教育从业者成为一个教育的“行内人”，不说外行话，不办外行事。具体讲，办教育可以在以下几个方面应用教育基本规律：一是创造一定的条件，使教育基本规律得以体现；二是使两条教育基本规律协同作用，并与其他规律相互协调，共同服务于教育目的的实现；三是利用教育基本规律，加速或延缓教育活动某一方面的发展与变革；四是通过教育规律的理论化—教育理论的目的化—以一定的教育目的建立教育活动的观念模型—使教育理论技术化等环节，使教育规律转化为教育实践活动的行动指南[2]。

2. 尊重小学生身心发展规律

（1）小学生身心发展的特点与教育

①童年期儿童生理发展的主要特征。

童年期是生理发展相对稳定与平衡的时期，身高、体重、肌肉的强度和耐力、肺活量的增长都相当均匀。童年期的儿童骨骼增长较快，但骨化尚未完成，因此，小学生的骨骼富有弹性，但不坚硬，易弯曲变形。尤其是脊椎的软骨成分丰富，骨盆骨化尚未完成。童年期儿童肌肉含水分相对较多，含蛋白质、脂肪、糖和无机盐较少，富有弹性，而肌力较弱，容易疲劳，但恢复快。大肌肉、上肢肌发育较早，小肌肉与下肢肌发育较迟。小学生心肌纤维较细，心脏功能较差。

②童年期儿童心理发展的主要特征。

观察力：小学生，尤其是低年级学生观察事物缺乏兴趣、缺乏系统性，常注意一些感兴趣的、新鲜的东西，而忽略主要的东西。教师应引导儿童从知觉事物表面特征发展到知觉事物的本质特征。

小学生观察力的发展经历三个阶段：认识“空间联系”阶段，儿童可以看到各对象之间能够直接感知的空间联系；认识“因果联系”阶段，儿童可以认识对象之间不能直接感知到的因果联系；认识“对象总体”阶段，儿童能从意义上完整地把握对象总体，理解图画主题。其中小学低年级儿童大部分属于前两个阶段：小学中年级儿童大部分属于认识“因果联系”阶段；小学高年级儿童大部分属于认识“对象总体”阶段。

注意力：小学生的有意注意不断发展，但无意注意仍起着作用。低年级学生注意力容易分散，需要教师及时提示和提出要求。

记忆力：小学生记忆的主要方式是形象记忆。对低年级儿童而言，直观形象记忆、逻辑记忆的发展占优势，因此，教学中要注意运用直观教学，并使记忆系统化。

思维能力：小学生的思维正处于具体形象思维向抽象逻辑思维过渡阶段，思维缺乏自觉性、灵活性，抽象思维能力相对较差。小学生在概念获得方面尚有困难，因为概念的形成需要经过分析、综合、抽象、概括的过程。所谓抽象思维，就是掌握概念，并运用概念组成恰当的判断、进行合乎逻辑的推理的思维活动。

情感：儿童入学后，学校不断向儿童提出新的要求，从而情感的倾向性、深度、稳定性及效能各方面都发生变化。但小学生的道德感是比较模糊的，经常依靠教师的评价来衡量事物的好坏，而且小学生的理智感大多是和具体事物相联系的。

自我意识：儿童自我意识包括对自己的感知以及对自己情绪、意志的自我意识。对自己感知方面，有自我观察和自我评价等；情感、情绪方面，有自爱、自尊、责任感和义务感等；意志方面，有自制、自我纪律、自我调节等。

小学低年级儿童独立评价自己能力相对较差。中年级开始逐步学会把自己的行为和别人的行为加以比较来评价自己的行为。教师与父母对儿童活动的及时评价以及言行的潜移默化对儿童自我意识的形成有重大作用。

因此，我国小学教育的具体任务：一是根据童年期儿童的生理发展水平，允许他们进行系统的学习，但不应让他们过度疲劳和过度紧张；二是培养小学生有目的、有顺序地进行观察，引导儿童从知觉事物表面特征发展到知觉事物的本质特征；三是使小学生了解学习在人一生中的重大价值，培养小学生对学习的兴趣，并形成良好的学习习惯，养成认真学习、积极思考的优良的学习品质；四是培养小学生初步的分辨是非的能力，逐步发展他们对道德的理解能力，能对社会上的各种现象进行初步的分析与思考，逐步学会科学地看待社会和人生问题。

（2）小学生身心发展的一般规律与教育启示

①个体身心发展的顺序性。

具体表现：个体身心发展是一个由低级到高级、简单到复杂、由量变到质变的过程。

教育启示：教育工作者应按照发展的序列进行施教，做到循序渐进，“拔苗助长”“陵节而施”都是有违身心发展顺序性规律的。

②个体身心发展的阶段性。

具体表现：个体在不同的年龄阶段表现出身心发展不同的总体特征及主要矛盾，面临着不同的发展任务。

教育启示：人的身心发展的阶段性规律决定教育工作者必须根据不同年龄阶段的特点分阶段进行，在教育教学的要求、内容和方法的选择上，不能搞“一刀切”，还要注意各阶段间的衔接和过渡。

③个体身心发展的不平衡性。

具体表现：一是同一方面的发展在不同的年龄阶段是不均衡的。二是不同方面所达到的某种发展水平或成熟的时期是不同的。即有的方面在较早的年龄阶段已经达到较高的发展水平，有的则要到较晚的年龄阶段才能达到较为成熟的水平。

教育启示：教育要遵循儿童身心发展的不均衡性，要适时而教，即要在儿童发展的关键期或最佳期及时地进行教育。

④个体身心发展的互补性。

具体表现：互补性反映出个体身心发展各组成部分的相互关系。一方面是指机体某一方面的机能受损甚至缺失后，可通过其他方面的超常发展得到部分补偿；另一方面，互补性也存在于心理机能和生理机能之间。如身患重病或有残缺的人，如果他有顽强的意志和战胜疾病的信心，身心依然得到发展。

教育启示：要求教育应结合学生实际，扬长避短，注重发现学生的自身优势，促进学生的个性化发展。

⑤个体身心发展的个别差异性。

具体表现：个别差异性在不同层次上存在。从群体的角度看，首先表现为男女性别的差异；不仅是自然性别上的差异，还包括由性别带来的生理机能和社会地位、角色、交往群体的差别。其次，个别差异表现在身心的所有构成方面，其中有些是发展水平的差异，有些是心理特征表现方式上的差异。

教育启示：教育必须因材施教，充分发挥每个学生的潜能和积极因素，有的放矢地进行教学，使每个学生都得到最大的发展。

3. 为小学生提供个别化教育

个性化教育是根植于对学生个性尊重的基础上，变以教材、教师为中心的教育为以学生为中心、真切关照每个学生潜能开发、个性发展的教育。个性化教育是相对于一致化教育而言的。

一致化教育是指不分教育对象所进行要求统一、内容统一、方式统一的教育。明显的特征是，教育对象“齐步走”和教育过程“一刀切”。而个别化教育旨在创设有利于每个学生得到最好发展的环境，实施“因人而异、因势利导、因材施教”的教育教学活动，凸显关注学生个体发展的一种教育。

早在2000多年前，我国著名思想家、教育家孔子就积极倡导在教育、教学中因人而异地选择教学内容和教学方法，由此开创了我国古代教育、教学的优良传统。现代教育必须进一步关注个体的差异和需要，要把传统意义上的让学生适应教育变革为让教育适应学生。这是教育个别化的灵魂，是体现充分教育、平等教育和优质教育的根本，也是我国教育优越性的体现。

我们在教学中推进的个别化教育，是让班级的资源得到最大开发，并在一定的程度上实现有限的个别化教育，以寻求既能保持、发挥班级教育的优势，又能充分关注个体的差异，使每个学生接受“平等”“充分”教育的内容、途径和方式，以实现真正意义上的教育平等。

第二节　小学教师教育教学观的形成

教育教学观念涉及教育者对教育教学现象、教育教学问题和教育教学规律的认识和看法。教师的教育教学观念作为教育教学工作的心理背景，在很大程度上影响教师的知觉和判断，进而影响教师的教育教学态度和行为。以创新精神和实践能力为重点的素质教育，要求教师转变妨碍学生创新能力培养的教育教学观念，树立正确的教育教学观。因此，作为一名合格的教师需要认真学习教育心理理论，不断检视并建构正确的教育教学观。

一、制定个人成长的《地平线报告》

“订目标，做计划，大量的行动。”

——陈安之

“地平线”隐喻高远的目标和远大的追求，是教师对自我职业生涯的一种设计和规划，是对自我职业境界的主动追寻。教师按照学校和教育培训部门的要求，每三年制定一份《我的地平线报告》，引导教师为自己的专业发展制定奋斗目标，选择有智慧的专业生活方式，充实有内涵的专业生活内容，将教师对自我价值的追求融入明确的专业发展目标中，促进专业素养的不间断提升，实现职业生涯的可持续发展。《报告》要从三年的总体规划入手，明确自己在专业理想、专业情意、专业知识和能力等方面的发展意向，对自己的职称晋升、荣誉目标和职业形象进行预设，为自己的专业成长搭建一个看得见的成长阶梯。在三年总体规划的基础上，教师还要每年制定一个年度小计划，从教育名著阅读、教育课题研究、外出进修学习、参加教学大赛等方面对自己的发展提出更为具体的指标，并付诸实施，实现在工作中学习，在学习中成长。

借助“SWOT”（Strengths; Weakness; Opportunity; Threats）分析法，教师从“优势、劣势、机会、威胁”四个方面分析“现实的我”；从对未来三年的专业发展目标、行动计划、外部支持等方面规划“理想的我”；在现实与理想之间找到真实的“我”，在规划与奋斗之间实现最好的“我”，找到职业发展的系留点。地平线报告内容之一就是形成正确的教育理念，即确立正确的教育教学观、学生观、发展观及评价观，具有创新精神和教改意识；能自觉、恰当地运用教育教学理论，总结、概括自己的教育教学经验，并使之升华；能清晰、准确地表达自己的教学设想和教育思想；能通过阅读教育大家的论著和论文，不断调整自己的教育教学理念，努力用科学而先进的教育思想武装自己。

二、遵循教师教育教学观发展阶段

易凌云在“论教师个人教育观念的形成过程”一文中提出教师教育教学观发展阶段理论，我们将教师的教育教学观的形成分为四阶段[3]。

（一）浅层教育教学观念的形成——注意与习得

任何教育教学经验或教育教学理论要成为教师的个人教育教学观念，首先必须引起教师有意识地关注，在关注的基础上教师会对这种教育教学经验或教育教学理论进一步了解，并做出最初的选择与取舍。教师一般会对照自己的教育教学实践去理解这种教育教学经验或教育教学理论对他而言的可取之处。这样，教师就对外在的教育教学理论或教育教学经验赋予了自己的理解，形成了浅层意义上的教育教学观念。

教师浅层教育教学观念的形成，是教师在自己原有经验或认识的基础上接触外界的教育教学理论或教育教学经验，在这种接触中就可能产生某些敏感的接触点，引发教师继续认知的兴趣与动力，随后教师由这些接触点生发出去，对教育教学理论或教育教学经验进行自己的理解与分析，对自己原有的经验与认识进行补充或修正，形成一些新的关于教育教学的认识。

要使教师最终形成适宜个人的教育教学观念，需要教师首先能够尽可能地形成适宜的浅层教育教学观念。

1. 向书本学习

（1）树立正确的教育观，掌握教育规律，指导教育实践

教育有其自身的客观规律，并不为人们的主观意志所转移，教育工作者只有按照教育规律办事，才能搞好教育。历史经验证明，教育规律早在人们认识它之前，就已经存在并起作用了。遵循它，教育事业就发展，就前进，就成功；违背它，教育事业就受挫，就倒退，就失败。学习教育教学理论可以使我们逐步树立正确、科学的教育观，提高我们投身教育实践的自觉性、积极性与预见性，也能使我们在各种错综复杂的教育实际中坚持正确的方向，掌握正确解决问题的思维方式和工作方法。

（2）树立正确的教学观，掌握教学规律，提高教学质量

在课堂教学过程中，“教”有教的规律，“学”有学的规律，各门学科自身又有各自的特点与规律，要形成高水平的教学“双边活动”，需要对许多因素进行综合、协调，使其发挥整体效应。有的教师上课，不能使学生心领神会，学生愁眉苦脸，摇头叹息，既窒息了学生的求知热情，又压抑了学生的思维发展。这两种截然不同的教学效果，关键就在于教学是否符合教学规律，教师是否善于科学而巧妙地将教学规律应用于教学实践，并按照教学规律，形成自己的教学艺术风格。

（3）掌握学生思想品德发展规律，做好教书育人工作

儿童时期容易受外界影响，具有很强的可塑性。教师只有掌握德育过程的特点与规律、原则与方法，并将其建立在社会发展需要与学生身心发展特点的科学基础之上，才能使学生的思想觉悟、道德品质、行为习惯，按照现代化建设对人才的需要健康成长，学生才可望成为具有健全个性、奋发有为、德才兼备的新一代。

2. 向同行学习

教师要“见贤思齐”，学习同行优秀的品德、先进的教育观念、有关交往与沟通的技能、睿智的教育艺术。学同行的优点，向有经验的同行学习，可很快地成长。但是在学习时，要注意鉴别。孔子曰：“三人行，必有我师焉；择其善者而从之，其不善者而改之。”意思是：“别人的言行举止，必定有值得我学习的地方。选择别人好的学习，看到别人缺点，反省自身有没有同样的缺点，如果有，加以改正。”一个年轻教师求教于老教师，老教师说：“小学生不听话，揍他一顿；初中生不听话，打他一顿；高中生不听话，损他一顿！”这样的“经验”就不能学。

3. 向实践学习

“理论所不能解决的那些疑难，实践会给你解决。” ——费尔巴哈

在教师浅层教育教学观念的形成阶段，教师的认识对象除了外在的教育教学理论和教育教学经验之外，还包括教师自身的教育教学实践经验。

实践是人类有目的地能动地改造和探索现实世界的社会性的客观物质活动。社会实践、生产实践、科学实践和精神生产是人类的三大基本实践活动。教师作为知识分子的一部分，

主要从事精神生产活动，是为人类生产和再生产科学文化知识的劳动者。教育教学实践是教师的主要实践活动，其次教师还要参加其他社会实践活动。实践是认识的源泉，也是提高教师自我修养的重要途径。实践有助于教师认识自我，了解社会，丰富自己的生活经验，使自己对工作和生活有一个正确的认识。也只有在实践中，我们才能积累知识，增长才干，陶冶情操。教师的实践形式主要有：学习实践、教学教育实践、科研实践、交往实践。

从哲学的角度看，教师在这个阶段对教育教学实践还是一种“以我观之”的认识，即以教师本身为立足点的思维方式，这是人的认识过程的最初阶段，但却是认识成熟所必须经历的阶段。可以说，教师浅层教育教学观念是教师个人教育观念形成的自发阶段。

（二）实践操作形态的个人教育教学观念的形成——认同与实践

在形成浅层教育教学观念的基础上，教师会对各种浅层教育教学观念做出取舍，选择那些既符合自己实际的教育教学情境，又是自己力所能及的浅层教育教学观念去付诸实践。

教师将浅层教育教学观念运用于教育教学实践时有一个转化过程。浅层教育教学观念一般是抽象的语言符号系统，要付诸实际的具体行为还要求教师能够将普遍的陈述性知识转变为特定情境中的程序性知识与策略性知识。

1. 躬行实践

“纸上得来终觉浅，绝知此事要躬行。”　——陆游

俗话说“理论来源于实践”“实践出真知”。教育教学上取得成功的教师一般都很注重学习基础上的实践。教学艺术要得以实现的最基本的表现形式是学生喜欢你上课。通过系统设计和有效指导下的教育实践，促进教师深入体验教育教学工作，逐步形成良好的师德素养和职业认同，更好地理解教育教学专业知识，掌握必要的教育教学设计与实施、班级管理与学生指导等能力，为从事小学教育教学工作和持续的专业发展奠定扎实的基础。

2. 对教师的课堂教学进行评价

对教育教学实践效果的评价是决定教师是否有进一步积极的态度与行为的最重要的因素。

为了促进教师适宜的个人教育教学观念的最终形成，在教师教育教学实践的过程中一定要尽可能地给予正向的反馈，以维持教师继续思考与探究的兴趣与动力。这主要是说在指出教师错误的时候要尽可能具体，不但具体指出他的哪个行为不正确，而且要帮助教师分析为什么这种行为不正确，更重要的是要和教师一起探讨怎样做才是正确的，这样既指出了错误，又让教师信服地知道为什么错和应该怎样做；既不会打击教师继续实践的积极性，又能使教师个人教育教学观念的形成转向一个正确的认识轨道。

案例

四年级数学《口算除法》评课稿[4]

活动形式：听评课

主讲人：邓海转

评课人：孙建磊

主题：切准知识衔接点，让学生的自主学习落到实处

时间：2014－11－19

今天上午有幸听了邓老师的讲课，讲了一节四年级数学上册关于“口算除法”的课程，从听课中可以总结出以下几点：

（1）从整体上看，本节课的重点内容教师都给出了相应的证明和解释，让学生能够真正运用知识解决问题，进行口算。整堂课的讲解其实也训练学生不同方面的能力和技能。

（2）从知识点的引导上做了很好的铺垫。一个环节是从数的四舍五入法改写成整十数，为后面的估算口算做了很好的准备，让学生明白估算的基本过程，又让学生用仿照的说法练习语言描述，知道本节课的学习内容，从而很好地做了知识的界定。

（3）在针对题的口算中能够及时总结出计算的特点，让学生明白计算中的几个重点内容，而且注重方法的多样性，从一个80÷20的口算中得出不同的计算方法以及给出了验证，最后又得出了这种口算的计算特点，再从一个特点得出拓展应用。

对本节课的意见和建议：

（1）在给出被除数和除数末尾同时去掉相同个数的0，商不变时，应该强调一下80÷20=8÷2，给出过程让学生明白去掉零后是多少，知道计算的便捷性。

（2）在给出计算的不同方法后，其实没有必要比较哪种方法快，而且给出了计算式40÷20也不易比较，目的主要是让学生明白方法的多样性。

（3）整节课教师的教学过于细，讲的多，学生练习的少，前面用了太多的时间来讲解，其实对于口算主要是让学生知道计算的方法后，进行大量的练习，提高学生的计算能力和速度。

这个阶段教师对事物的认识是处于“以物观之”的层次，即对事物的认识还只在事物本身，教师对教育教学现象的认识还不能超越现象的客观表象而深入到本质，是一种就事论事的认识，是一种具体形象思维。教师的教育教学行为实施处于“他律”水平，教育教学实践行为是对某种浅层教育教学观念的机械理解与直接运用。可以说，这时教师的教育教学认识已经处于自觉的阶段。

（三）理论形态的个人教育教学观念的形成——组织与内化

这个阶段是建立在教师反复实践基础之上的，因为只有经过反复地实践与总结，人的认识才可能深化。组织即教师将许多由不同的教育教学实践形成的不同的感性认识组合在一起，将这些感性认识进行比较、关联和系统化的过程，组织的结果是教师将感性的教育教学经验概念化与理论化。内化即教师将已经概念化和理论化的理性认识通过顺应或同化的方式转化为自己的认知结构。这时，教师再逐步形成理论形态的个人教育教学观念。

为了促进教师个人教育教学观念向更高层次发展，学校应该对教师提出这种理论归纳的要求，并从各方面为教师对经验的理论提升创造有利条件，如组织教师参与校本研修活动。

1. 校本研究的含义

校本研究是指以学校自身条件为基础，以学校校长、教师为主力军，针对学校现实存在的问题而开展的有计划的研究活动。

2. 校本研究的要素

（1）教师的实践反思

教师的成长过程是不断反思、重构自己对教育教学理论与实践基本看法的过程，是教师对专业化由意识、切身体验到反思意义的过程；要从强化责任感、锻炼顽强意志和营造良好氛围等方面促进教师持续地进行教学反思，并最终形成习惯。

（2）同伴互助

校本研究强调教师在自我反思的同时，开放自己，加强教师之间以及课程实施等教学活动上的专业切磋、协调和合作，共同分享经验，互相学习，彼此支持，共同成长。因此，校本研究倡导同伴互助。

实质：教师作为专业人员之间的交往、互助与合作；形式：对话，协作，帮助。

（3）教育专家的专业引领

就实质而言，是理论对实践的指导，理论与实践的对话，理论与实践关系的重建；对教师来说，加强理论学习，接受理论指导，提高教学理论素养，增强理论思维能力，是教师由教书匠向教育家转变的必经之路。教师在专业发展过程要坚决纠正经验主义、操作主义和实用功利主义的教学实践，自觉阅读书籍，学习专业理论。阅读是教师专业发展的重要源泉和重要标志，没有书籍的滋润，就难以积累深厚的学识与素养。

专业引领的形式，主要有学术专题报告、理论学习辅导讲座、教学现场指导及教学专业咨询（座谈）等。教学现场指导是最有效的形式，也是教师最欢迎的形式。

3. 校本研究过程有哪几个基本的活动环节

一是问题——基于“教学问题”的课题研究。

二是设计——基于“有效教学”理念的教学设计。

三是行动——基于“教学对话”的教学行动。

四是总结——基于“问题解决”的教学总结。

4. 校本研究的主要方法

（1）行动研究

是为行动而进行的研究，是在行动中的研究，是对行动的研究。行动研究把教学与研究有机融为一体，是教师由“教书匠”转向“教育家”的前提条件，是教师持续进步的基础，是提高教学水平的关键。

（2）课堂人种志研究

就是运用文化人类学的人种志研究方法对课堂中的群体进行研究，试图最真实自然地揭示这一文化群体中人们的行为方式、意义、价值、观点和动机等。

（3）个案研究

是针对单一个体在某种情境下的特殊事件，广泛系统地收集有关资料，从而进行系统的分析、解释、推理的过程。

这些方法都有利于教师在日常的教育教学中逐渐提高理论水平与抽象能力。通过组织与内化的理论形态的教师个人教育教学观念才算是严格意义上的个人教育教学观念。在这个阶段，教师的教育教学认识进入了“以道观之”的层次，即教师看到的教育教学实践不再是一个个独立的教育教学现象，而是以一定的教育教学理论贯穿起来相互联系的整体，“道”即以理论形式存在的某一种教育教学规律。这是教师个人教育教学观念的高级阶段。

（四）教师个人教育教学风格的形成——迁移与创造

教师个人教育教学观念形成的最高阶段是教师个人教育教学风格的形成。教师的个人教育教学风格是指教师在长期的教育教学实践过程中形成的，在一定的教育教学理念指导下，创造性地运用各种教育教学方法和技巧所表现出来的一种个性化的教育教学风貌和格调。教师的迁移能力与创造能力是教师个人教育教学风格形成与成熟的主要标志。

根据学习理论的原理，要在教师个人教育教学观念形成的过程中尽快地促进教师达到个人教育教学风格的形成，可以从以下方面采取措施。

1. 利用案例教学传授教育教学理论

案例教学法是一种以案例为基础的教学法（case-based teaching），案例本质上是提出一种教育的两难情境，没有特定的解决之道，而教师于教学中扮演着设计者和激励者的角色，鼓励学生积极参与讨论，不像是传统的教学方法，教师是一位很有学问的人，扮演着传授知识者角色。

案例教学的程序：课前——教师根据教育教学的具体目标和学生的实际情况，多方收集事例，撰写教育教学案例，也可引导学生根据案例写作的要求和教学目标撰写案例，由教师选定合适的案例及补充材料提前发给学生。学生根据教师提出的问题提前准备。课上——教师引导学生根据案例要求学习案例并对案例中的问题分组进行讨论，最后师生共同找出解决问题方案。课后——学生撰写学习心得体会、案例等作为作业交给老师，教师根据学生的反馈信息调控教学过程和目标体系，使活动优化，达到教育教学培训的目标。

2. 教师要掌握教育教学理论的精神实质

“一种纯粹靠读书学来的真理，与我们的关系，就像假肢、假牙、蜡鼻子甚或人工植皮。而由独立思考获得的真理就如我们天生的四肢：只有它们才属于我们。” ——叔本华

教育理念是指导教师教育教学工作的指导思想和依据，有怎样的教育理念，就有怎样的教育实践，教育理念决定了教师教育工作的方向。因此，教师要加强教育教学理论的学习，特别是素质教育、创新教育和基础教育改革，新课程标准的实施等方面的理论，转变传统的教育思想和观念。如我们经常讲教育，教师天天搞教育，但到底什么是教育？我们在教育观、教学观、课程观，知识观、学生观、人才观等教育思想方面恐怕都有重新认识和认真反思的必要。深刻领会教育的内涵和精神实质，在教学中建立以“学生发展为本”，在课堂教学中，教师应帮助学生检视和反思自我，唤起学生成长的渴望；帮助学生寻找、搜集和利用学习资源，设计恰当的学习活动；帮助学生发现他们所学东西的实际意义，营造和维持学习过程中积极的心理氛围；帮助学生对学习过程和结果进行评价，并促进评价的内在化。教师要善于捕捉和激发学生思维的火花和学习的灵感，发现和挖掘学生发展的潜能和方向。优秀教师也只有在自身的发展过程中不断地吸收先进的教育理念，保持教育理念的先进性，才能实现教育教学实践的科学性。

3. 给教师提供面对不同教育教学情境实施教育教学理论或学习教育教学经验的机会

教育活动本身是一种极具复杂性与创造性的实践活动。教师面对的永远是不同年龄、不同水平、不同性格的学生，在教学过程中，教师也要不断遇到新的问题、新的情境。也就是

说，教育教学过程中的诸要素变化和发展永远是复杂的、不可预知的。为此，就需要教师不断地设计、采用新的教学方案，创造性地处理教学中的细节问题，并在教学中不断地进行反思、调整自己的教学行为。如可以让教师带不同的年级班以及不同特点的班级。或者尽可能给教师提供对同一种教育教学理论在多种不同情况下运用的典型案例，可以促使教师思考某种教育教学理论的多样化运用或多种教育教学经验的共同特征。这样，教师有对某种教育教学理论或教育教学经验的多种可能性的认识与思考，更容易促进其个人教育教学观念的迁移与创造。

4. 充分利用教育博客

有条件的教师可以建立自己的博客，加入博客群，这样可以不受时间和空间的限制，在网上实现与专家学者以及同行的交流与研讨，提升自己的专业水平。教师应定期登陆自己的博客将日常教学中的所思、所悟记录下来使博客保持常新，还要积极主动访问其他教师的博客，并充分利用博客的留言和评论等功能，与其他教师对共同感兴趣的话题进行探讨和交流，在交流中碰撞出思想与智慧的火花，排解教学中的困惑和烦恼，从而促进自身的专业发展。

教师特定的个人教育教学风格作为教师相应的个人教育教学观念形成的最高阶段，是在教师形成了理论形态的个人教育教学观念之后经过长期的实践、不断地反思等基础上才可能形成的。并且个人教育教学风格的形成不但需要时间的历练、外在的支持与保障，更需要教师的主观努力。

三、勇于创新

“如果你要成功，你应该朝新的道路前进，不要跟随被踩烂了的成功之路。”

——约翰·D·洛克菲勒

教育事业是着眼于未来的事业，教育工作的性质与特点要求教师具备敏锐的职业感，紧跟时代前行。

作为一名新时代的教师，必须学会认识时代的特征，关心国内外大事，善于接受来自各方面，尤其是教育和科技发展方面的信息，使自己思考问题，从事教育实践，具有时代的烙印。

（一）教师教育观念的现代化

教育观念首先表现为对教育本质、教育价值的认识。教育要回答的无非是三个问题：什么是教育？为什么要教育？怎样教育？这三个问题都包含着对教育本质和价值的认识。

联合国教科文组织在成立70周年的时候发布了新的报告，叫《反思教育：向“全球共同利益”的理念转变？》，提出面对当今世界的种种矛盾和冲突挑战，要重新定义知识、学习和教育。教育应该坚持人文主义，以尊重生命和人类尊严、权利平等和社会正义、尊重文化多样性、国际团结和分担责任为基础，教育应是“全球共同利益”。在教育观念上，我们要超越狭隘的功利主义和经济主义，将人类生存的多个方面融合起来，采取开放的灵活的全方位的学习方法，为所有人提供发挥自身潜能的机会，以实现可持续的未来、过上有尊严的生活。这就是教育现代化的观念。

（二）更新课堂教学观念

为了提高课堂教学的效果，必须优化课堂教学，让课堂教学焕发出活力。教师要把学习的时间和空间还给学生，注意倾听学生的心声，让学生在求真、求实中快乐地学习，在自主创新的学习环境中求得发展。

（三）改革创新，要具有中国特色，走我们自己的路

教育的一切改革，最终要以促进人的发展、为人的发展服务为指导思想。“一切为了孩子，为了一切孩子，为了孩子的一切”，应当成为教育工作者的基本信念。要把这种为学生终身发展高度负责的精神，贯穿于教育改革的始终。教育不是捧上一张张高一级学校的录取通知书，而是捧出一个个有鲜明个性的活生生的人；教育不是追求百分之多少的优秀率、合格率，而是追求每个学生的生动、活泼、主动地发展；教育不是汇报时的总结、评比时的数据，而是教师与学生共度的生命历程、共创的人生体验。

教师要树立与素质教育和新课程改革相适应的育人为本、德育为先的教育观、尊重两个规律，因材施教，发展学生自主性的教学观、符合党的教育方针要求的人才观以及基本素质得到协调发展的质量观。现代教师要注意自身文化修养和道德修养的设计，既要“学会生存”，具有开拓创新意识和坚韧不拔的精神，更要“学会关心”，关心他人，关心国家，关心人类面临的共同生存问题，最终学会共同生活。以“为人师表”的姿态，将自己的道德、人格、情操、责任感及献身精神潜移默化的渗透到教育教学过程中，影响学生的终身发展。

第三节　小学教师教育教学观的实践

当前，如何培养高素质的人才以适应未来社会发展的需要，已成为世界各国教育普遍关注的重要问题。而教师作为影响儿童发展的重要因素，其素质高低直接影响人才培养和教育的效果。影响儿童发展与教育的教师素质是多方面的，其中尤以教育教学观念和教育教学行为的影响更为直接和突出。因此，提高教师素质，特别是改善其教育教学观念和教育教学行为，具有非常重要的意义，也是目前教育改革的中心任务之一。教师必须在实践中检验自己的教育教学观，完善自己的教育教学观。

一、落实课堂三维教学目标

“课堂教学要引领学生攀登知识的高山，攀登情感的高山，攀登思维的高山，攀登人格的高山。”

——孙双金

既重知识与技能，又关注过程与方法，更要关注情感态度价值观。下面是苏敏老师的一节课的教学过程——《坐井观天》教学案例[5]。

课前展示台

师：在识字4中我们学了很多成语，最近同学们又积累了哪些成语呢？

生：我积累的成语是“打草惊蛇”。

生：……守株待兔。

生：……掩耳盗铃。

……

师：今天，老师又给大家带来一个有趣的成语故事，瞧！故事中的主人公也来了（师出示青蛙的手偶玩具并表演）。

青蛙：大家好。这些字（哇、蛙、蛙、洼、挂）都很像，哪个才是我的名字呢？

生：“虫”字旁的字是青蛙的“蛙”，因为青蛙爱吃虫子。

青蛙：你真聪明，那怎样才能把“蛙”字写好呢？

（生举手，师请一书写能力较强的学生上台给大家指导书写，边范写边讲解）

生：请大家注意看，“蛙”是左右结构，左右两边的占格位置差不多，写“虫”字旁时注意“虫”下的“横”变成了“提”，右边是两个“土”写时注意笔顺是先横后竖。

青蛙：这位同学讲得很好，字也写得工整、匀称、漂亮。请大家就像他这样在田字格里写一个“蛙”字，写完后同桌互相评一评（师巡视并提醒学生注意书写姿势）。

青蛙：二（2）班的小朋友真棒，下面我请大家猜一个谜语。我坐在井里看天，请打一个成语（师板画“井”并在井底贴上青蛙的图片）。

生：我知道，是“坐井观天”。

师：真聪明，这就是故事的名字（师一边板书课题一边提醒生注意“坐井观天”这几个字的书写要领）。看到这个题目，你想知道什么呢？伙伴互相说一说。

（生小组讨论后发言）

生：我想知道故事里发生了一件什么事？

生：我想知道青蛙为什么坐在井里不出去，如果它跳出井口会看到什么？

生：我想知道这个故事想要告诉我们什么道理？

……

（师生梳理问题归纳小结，确定学习目标，板书：道理？事？看？）

师：今天，我们就带着这些问题来学习课文。

师：请大家自由朗读课文，要求：①边读边画出生字，读准字音。②边读边想这个故事讲了一件什么事？

（生自由朗读，师巡视关注学困生，请读完的学生同桌交流）

师：我请几位同学来读一读，其他同学注意听他们是否读准字音。

（抽生读文，以学困生为主。其他生听后评价）

（师出示本课生字“沿、际、信”，请生认读并介绍识字方法）

师：这三个字，你们认为哪一个最难写？（生讨论）

生：我们认为“际”最难写，因为“双耳旁”总是写不好。

师：其他同学呢？（生大部分有同感）

师：好，老师就指导写这个“际”字（师在实物投影仪上范写）。这个字是左右结构，写时要注意左窄右宽。左边“双耳旁”先写“横折弯钩”再写一“竖”。右边“表示”的“示”，注意下面的“左点”和“右点”。请大家练习书写。

（生练习书写，师巡视指导关注学困生，将典型字例放在投影上请生评价，师相机点评，提醒生注意书写要点）

师：请同学们给自己评一评，认为自己写得好就打三颗星，如果还不满意，下课去请教小老师。

师：刚才大家读了这个小故事，故事里讲了一件什么事？

生：这个故事讲了青蛙和小鸟争论天到底有多大（师相机在刚才板画的井沿上贴上小鸟的图片并将课前质疑中的“事？”擦去）。

师：这么有趣的故事你们想不想演一演？

生（情绪高昂）：想！

师：想要演好戏，必须先读好剧本。下面就请大家去找小伙伴分角色练习朗读。

（生自由结合，分角色练习朗读，师巡视参与其中，关注学困生和民族学生）

师：谁想给大家读一读？

（生争先恐后地举手）

师：同学在读的时候，大家要注意听，评一评他们读得怎么样。

生：我和伊力亚分角色朗读，我当小鸟，他当大青蛙。“青蛙坐在井里……”

生评价：我认为他们读得很流利，声音也洪亮。但是“你从哪来呀？”没有读出大青蛙疑问的语气。

生评价：我认为伊力亚是维吾尔族同学，普通话说得不太好，他能流利地读下来已经很不错了，我们应该鼓励他，为他鼓掌。

生：我想邀请王柳文姬读小鸟，请苏老师读旁白，我读大青蛙。

师：我很乐意与你们合作。

生评价：我认为王柳文姬读得好，因为她读出了天无边无际非常大的感觉。

生评价：我觉得李小龙读得好，尤其是青蛙说“朋友别说大话了，天不过井口那么大，还用飞那么远吗？”读出了青蛙自以为是不相信别人的感觉。

……

师：大家读得好，评得棒。下面我想请男生读青蛙，女生读小鸟，老师读旁白。我要在你们当中选一只最可爱的“小鸟”和“青蛙”上台表演课本剧。

（男女生分角色朗读，师从中选出一对同学上台表演）

师：为什么小鸟说天无边无际呢？

生：因为天非常大，大得看不到边。

师：你们还知道哪些地方无边无际？

生：大海无边无际。

生：草原无边无际。

……

师：你能用“无边无际”说一句话吗？先和你的小伙伴说一说。

生：轮船在无边无际的大海上行驶。

生：牛、羊在无边无际的大草原上悠闲地散步。

生：我坐着宇宙飞船在无边无际的宇宙里飞行，探索奥秘。

生：我骑着一匹骏马在无边无际的大草原上奔驰。

师：说得不错，能在句后面加上“？”或“！”吗?

生：你见过无边无际的大海吗?

生：看！一群可爱的白鸽正在无边无际的蓝天上自由自在地飞翔呢！

生：老师，我说的句子可以把“？”和“！”都用上。你去过无边无际的大草原吗？那里的景色美极了！

师：你真棒，说得好极了！小青蛙听到大家说得这么精彩，他真想跳出井口来看一看。咱们帮帮他吧！（边说边将井底的青蛙图片摘去，将一只跳起的青蛙图贴在井沿上）。伙伴互相说一说青蛙跳出井口会看到什么，说些什么？

（生讨论后，情绪高涨，争着发言）

生：青蛙跳出井口，看到无边无际的天空，惊呆了。它说：“天、天、天真是太大了，真的看不到边哟！”

生：它看到绿油油的草地上盛开着五颜六色的花儿，有红的、黄的、蓝的、紫的，真美呀！还有几只可爱的小鸡在捉虫子呢！

生：它看到池塘里，碧绿的荷叶上蹲着几只大青蛙呱呱地叫个不停。它问：“喂！你们在干什么？”一只大青蛙说：“我们正练习唱歌呢！准备开个歌友会，你也来参加吧！”

生：小青蛙看到清澈的小河里，鸭妈妈带着小鸭子一边快活地游着一边捉鱼吃。

生：它还看到果园里挂满了红彤彤的苹果、黄澄澄的梨子，还有咧着嘴傻笑的石榴。看到这么美的景色，它都陶醉了。

师：这么美的景色，以前小青蛙为什么不知道呢?

生：因为它天天坐在井里哪也不去，所以它什么也不知道。

生：因为青蛙从来都没有跳出过井口，它以为天只有井口那么大，所以它看不到这美丽的世界。

师：你愿意像小青蛙这样，什么也不知道吗?

生：我可不愿意像小青蛙那样整天待在家里什么也不知道，我想像小鸟那样到处飞翔，可以看到许多美丽的景色。

生：我觉得青蛙每天都待在井里，只能看到井口那么大的天，井外的事都不知道，太没意思了，而小鸟每天到处飞，看得多、听得多，知识多丰富呀!

生：我希望大家都不要学青蛙，都应该像小鸟那样到处走走看看，做个见多识广的人。

……

师：瞧！小青蛙来了。它不好意思地低下了头，它说“……”（师演示手偶）

青蛙：小朋友，我知道错了，可是我怎样才能像小鸟一样见多识广呢？快帮我出出主意吧！”（生讨论后）

生：我建议你多看书，因为书是最好的老师，比如《蓝猫淘气三千问》《上下五千年》《十万个为什么》，那里就有很多知识。

生：你可以每天晚上7：00整收看新闻联播，这样你不出家门也可以知道许多国家大事和国外大事。

（师板书：看、听）

生：希望你能多交朋友，多听别人的意见。但是也不能完全相信别人的话，自己还要想一想对不对。

（师板书：想）

生：我建议你多出去走走、看看，并带个小本子把你听到的、看到的知识记下来。

（师板书：做）

生：我可以把我的《少儿百科全书》借给你，而且我还建议你仔细看昆虫篇，这样你就能捉到更多的害虫。

……

师：对，就像同学们说的这样，多听、多看、多想、多做，今后你们一定能成为一个见多识广、知识丰富的人。

二、强调教学内容与儿童生活和社会生活的关联

新课程理念倡导品德教学回归生活，强调以儿童现实生活为课程基础。在品德教学中我们要特别关注儿童正在进行中的现实生活，做到有实效性、针对性。课程标准在教学建议中提出了“丰富学生的生活经验”“充实教学内容”和“拓展教学空间”的要求，也就是在教学过程中要克服脱离儿童生活实际、说教式的教育方式。

比如，小学低年级《道德与法治》课，是以儿童生活为基础，以培养品德良好、乐于探究、热爱生活的儿童为目标，教会学生健康、安全的生活；愉快积极的生活；负责任、有爱心的生活；动脑筋有创意的生活。

在给一二年级上课的时候，教师发现学生的注意力很不容易集中，很容易被一些外来的因素所干扰，所以学生的学习效果不好。教师怎样培养学生的良好行为习惯的养成是一项复杂的工程，因此教师必须从思想上充分地认识，仔细观察小学生有哪些不好的行为习惯，及时地找出成因，研究商讨帮孩子改掉坏习惯的方法，并把理论付诸行动，帮孩子养成好的习惯，因为好习惯会成就孩子的一生。这是我们的工作，也是我们的责任。

儿童良好行为习惯的养成及良好品格的形成必须遵循特有的规律，通过管束、训导和陶冶，使儿童逐步从“无律”“他律”过渡到“自律”的道德水平。既重视过程评价，又重视全程评价，切实提高教育实效，促进儿童终身可持续性发展。作为一名教育者，我们要尊重儿童们的天性，要尊重他们的自然生活，不要给予他们更多的束缚。儿童是一道风景，老师是陪衬。帮助孩子挖掘生活的意义、生活的价值。尽量将儿童的目光引到课本以外，对儿童的生活、对他们的行为规范、道德观念、思想品德等各方面有所启发，使儿童在生活过程中形成良好的品德。把品德与生活课与教师的班主任工作联系起来，帮助学生掌握正确的是非评价标准，懂得何谓善、恶、美、丑，提高他们养成良好道德行为习惯的自觉性和安全意

识，形成健康的人格和良好的心理、生理素质。

品德与生活的教学就是要为儿童架起一座通向生活的桥梁，把孩子与真实的社会生活紧密地结合起来，“有意识地”把他们带回到真实的生活中去观察、感受、体验、分析、反思。教材与儿童生活之间，教材是课程和教学的一种主要资源。道德与法治教学应该是教师带着教材走向儿童的生活和生活中的儿童的过程，引导儿童进入自己真实的生活世界，对自己的真实生活进行有意的观察、感受、体验、分析、反思；同时，这个过程引导和提升儿童的生活，使儿童的生活变得更加有意义。引导儿童关注、实践和创造自己的生活，对于儿童来说，只有他自己的生活才是对他有意义的、真正的生活；对于品德与生活教学来说，只有引导儿童关注和“实践”他自己的生活，才会成为有意义的教学，只有引导儿童学习和学会创造他自己的生活，才会成为有效的教学。因此，在品德与生活教学中，应引导儿童重视、关注、观察、感受、体验、反思、提高和创造他们自己的生活；不应该让儿童成为别人生活的旁观者、评论者、模仿者，而应该引导儿童“过他自己的生活”，成为他自己生活的实践者，成为他自己生活的观察者、反思者、体验者和创造者。

总之，使儿童的全部生活和儿童生活周围中的一切事、所有人都成为教育资源和教育者。

三、激发学生的课堂参与

全方位调动学生的主动性和积极性，保证学生学习的有效性，提高学生学习的质量。

学生的课堂参与度包括广度和深度，广度指参与的人数和时间的多少，深度指是否涉及深层次的问题，学生是否主动参与。积极的参与是思维的活跃，情感的共鸣，是生师、生生间的有效沟通。怎样提高学生的课堂参与度?

（一）密切师生关系，引导学生参与课堂学习

课堂上，师生关系直接影响到学生对教师教育接纳程度的高低。教师说话要亲切动听，富有感召力，把学生当作朋友，尽量少一些说教的口气。教师对学生不管是表扬还是批评，都应该是善意、真诚的，让学生感到像和知心的朋友在谈话。面对学习有困难的部分学生，教师要乐于为他们解答难题，赢得学生对教师的信任和好感，从而促进良好师生关系的形成。在课堂教学中，教师要消除学生的畏惧感，态度和蔼、语气中肯、话语简练畅达，简明易懂，让学生体会到一种温暖和愉悦，从而自觉地进入课堂学习的情境中。“兴趣是最好的老师。”教师可以巧设课堂“导语”，让“导语”成为学生课堂学习的“导火索”。上课之初，教师先讲解一些中外数学家的名人轶事，还有日常生活中常用的数学知识，既开阔学生的眼界，又增长了他们的见识。教师顺其自然地引入新课，让学生在不知不觉中对数学产生浓厚的兴趣，主动参与到课堂教学活动中来，完成教学目标。教师要善于赏识学生的“闪光点”，增强学生的自信心，善于观察学生的神态变化，当学生听懂教师讲课的内容时，脸上会露出微微的笑容；当学生对教师的讲课内容不理解，甚至产生质疑时，会紧锁眉头，露出疑惑的神情。在听课过程中，有的学生会随着教师的思路而思考，并不时主动询问。对这样敢于在课堂上主动发问的学生，教师应当正确回答学生的问题，并对他（她）的质疑在班上公开赞赏表示鼓励，并以点带面带动全班同学参与到课堂学习中来。

（二）变“要我学”为“我要学”

在课前一两周，教师根据课程内容和课题特点，从学生对本节内容的认知角度和难易程度进行充分预设，找准问题的切入点，针对重点知识和难点突破因素，设计问题情境和训练题目，编写出本节课的导学案。在课堂中，教师把导学案分发给学生。为了先学后教，教师要让学生根据导学案内容，由浅入深地充分思考导学案中的问题。教师要主导学生思考问题解决的思路与方法，鼓励学生独立思考，再与同学合作交流。教师要利用好“合作学习”这一学习形式，将班里学生按学习能力高低适当分组，有条件的班级可以让学生按组围桌而坐，便于组内学生面对面地交流讨论。在此基础上，教师要掌握“火候”，让学生做导学案中的练习题，对各组的答题结果要求作出汇报或展示，让学生有施展才华和展示成果的机会，调动他们愿意参与、乐于参与教学活动的内动力。

（三）创设丰富的课堂活动

心理学认为：人一旦对某项活动感兴趣，他必然会乐于参与其中。小学生的心理特点决定他们更是如此。在小学课堂教学中，教师要发挥好主导作用，根据教学需要积极创设问题情境，激发学生学习兴趣。教师以猜谜语游戏、动画故事等形式设置悬念，结合生活实际创设教学情境引入新课。如教学“商不变的性质”时，笔者通过“猴妈妈分桃”的故事引入课堂。在对故事的叙述中，教师在黑板上出示这样一组算式：6 ÷ 3=2　12 ÷ 6=2　36 ÷ 18=2，让学生观察、计算，小组讨论这组算式之间的规律，使学生掌握商不变的性质。通过直观教具演示和学具的充分操作，学生在眼看、耳听、手动、脑想中忘我地融入教学过程。如教学“梯形面积计算公式的推导”时，教师先在课前指导学生制作两个完全一样的梯形，教学时指导学生对两个梯形进行量一量、比一比、拼一拼活动，通过旋转、平移，让学生对新拼成的四边形进行量一量活动，从而判定拼成的四边形是平行四边形，知道平行四边形的面积等于两个完全一样梯形的面积之和。教师引导学生进一步探究平行四边形拼成后的底、高与梯形的上底、下底和高的相互关系，借助平行四边形的面积公式，推导出梯形面积的计算公式。课堂练习部分，教师要充分采用竞赛、板演等形式精心设计练习题，提高求解过程的竞争性、趣味性。学生进行练习时，多采取小组合作的方式开展口答、书面、抢答等竞赛形式，教师要重视板演练习，尽可能在教室里给每位学生配备一块小黑板，让每个学生都有展示自己思想成果的机会。

（四）为学生创造展示自我的机会

新课程改革提倡自主、合作、探究的学习方式，这给课堂教学注入了新鲜的血液，开启了一扇崭新的窗户，学生们终于可以尽情地放飞自己的思维，学生有了一个张扬个性的舞台。例如在学习人教版小学语文教材《幸福是什么》一文时，为了让学生展示自我，有位教师采取了表演课本剧的形式，每个小组四人，分别代表智慧女儿和三个青年，组织学生课下排练，上课展示，结果学生们忙得不亦乐乎，很好地把握了人物的性格特征，课堂成了学生展示自我的舞台。整个课堂完全掌控在学生们手中，课堂成了学生们展示自我的舞台。

四、以生为本，愉快教学

“我们所做的，全都要通过儿童自己去最后完成。一旦我们省悟这一过程的必然性，就会明白教育过程的主人和主力，原来是儿童自己，我们只不过是儿童自主发展的服务者和仆人。”

——郭思乐

（一）以生为本

课堂是教师的课堂，更是学生的课堂。高效课堂就是要让学生在课堂上发声、互动，做学习的真正主人。

1. 把课堂参与的主动权交给学生

苏霍姆林斯基说过：“在人的心灵深处，都有一种根深蒂固的需求，这就是希望感到自己是一个发现者、研究者、探索者，而在儿童的精神世界中，这种需求特别强烈。”教师上课就要抓住这一强烈的需求，让学生主动参与知识的形成过程，诱发良好的思维情感，使学生的思维更积极，感知更敏锐，想象更丰富，记忆更牢固。

2. 把合作学习的方法教给学生

新课标倡导“自主、合作、探究的学习方式”，小组合作学习的生生互动把学生由传统班级教学中单纯的旁观者，转变为教学活动的积极参与者，同时培养学生能倾听别人的意见，能对别人的意见作出评价，并且能通过集思广益形成自己的观点。

教给学生合作学习的方法，才能使课堂的小组合作学习真正落到实处，不会流于形式，而且学生的积极性及灵感能得到充分的发挥，迸射出创造性的火花，“让课堂充满生命的活力”。

3. 将课堂评价的“单一化”变成“多样化”

心理学专家指出，在小学没有好学生、差学生，都是有希望的学生，没有聪明孩子、笨孩子，都是有潜质的孩子。应当站在学生发展的角度来评价学生，把评价定位在激励学生的进步上。不苛求学生之间的相互比较，不严格划分哪些是好学生，哪些是中等学生或差学生，而是从每个学生自身的发展来肯定学生的进步。

（二）愉快教学

1. 愉快教学的含义

简单地说就是在课堂上通过教师的引导，能够调动学生的内在学习动力，而取得良好的教学效果的一种教学方法。它有课堂教学和愉快教学法两重性质。愉快教育历来提倡教学不只是传授知识的过程，也是师生情感交流的过程，教学不只是要学生去继承，还要学生去创造。

2. 愉快教学的实施策略

（1）唤起兴趣和爱

愉快教育强调情感因素在教学中的作用，倡导教师热爱自己所教学科，置知识于情感的温床上，使知识变得有生命力、有感染力。在教育活动中应十分重视激发学生的兴趣。兴趣是儿童学习知识、参加活动、接受教育、发展能力的直接动力。教师通过各种方法和手段在教育教学活动中激发学生的兴趣，使学生体验学习进步和成功的喜悦，进而逐步形成正确的学习动机，产生学习的自觉性，即由“好学”到“乐学”再到“会学”“创造性地学”。同时，因材施教、培养兴趣爱好、发展学生健康个性，也是学生全面发展的一个标志，即教育的一种目的。

（2）学生是学习的主人

在教学过程中，教师的主导作用就在于充分调动起学生学习的积极性、自主性和能动性。在教学实践中，坚持“三多”（多启发，多直观，多引导学生动脑、动手实践）、“三鼓励”（鼓励学生提问，鼓励学生辩论，鼓励学生有主见、有创见），讲、练、评三结合的教学方法，坚持学生能够自己想的让他们自己想，学生能够自己做的让他们自己做，倡导学生自己动脑、动手实践操作，参加学习的全过程，使学生不是被动地接受知识，而是主动地学习探索知识，掌握学习方法，提高学习的能力。因此愉快教育不仅要研究愉快教育的教法，而且要研究如何使学生学会愉快地学习的方法。此外，还要研究愉快教育的“考法”，使“考法”的改革，有利于教法的改革与学法的养成。

（3）教学的最终目的是为了学生的发展

发展是学生的根本需要，过去的教学强调接受，老师的教是从传授上下功夫，现在强调学习的内化，重视学生潜能的开发。每个学生都蕴藏着极大的创造力。教师要在教育活动中重视激发学生的好奇心和求知欲，发展他们的想象力，培养他们的创造性思维，使他们逐步形成创造欲望、创造精神和创造能力。在教学中坚持做到：问题让学生自己揭示；知识让学生自己探索；规律让学生自己发现；学法让学生自己创造；学习领域让学生自己拓宽；学习内容让学生自己开掘；学到的知识让学生自己运用；持续学力让学生自己发展。

五、积极参与行动研究

“教育——这首先是活生生的、寻根究底的、探索性的思考。没有思考就没有发现（哪怕是很小的、乍看起来微不足道的发现），而没有发现就谈不上教育工作的创造性。只有当你给你的朋友以某种帮助时，你的精神才能变得丰富起来。”——苏霍姆林斯基

（一）行动研究的含义

所谓的“行动研究”，就是指由社会情境（教育情境）的参与者为提高对所从事的社会或教育实践的理性认识，为加深对实践活动及其依赖的背景的理解所进行的反思研究。

（二）行动研究的程序与内容

关于行动研究的程序，有着种种不同的认识。但近几年来，在欧美教师中更为流行的是“迪金大学行动研究模式”。这个模式是由凯米斯以及他在澳大利亚迪金大学的同事麦克泰格特等人设计的。

1. 计划

计划是行动研究的第一个环节，其主要任务是：发现问题、明确问题、分析问题和制定计划。

总体计划应该包括以下内容：第一，预期目标。这是计划实施后可能达到的目标状态。在陈述具体目标时要尽可能做到客观、具体，使预期目标具有可操作性和可监测性，防止模

棱两可。第二，拟改变的因素。即行动者为了解决问题而采取的一些方式方法。如准备采用新的教学方法，准备改变教学内容的呈现方式等。第三，行动步骤与行动时间安排。即研究中先做什么，需多长时间，再做什么，又需多长时间。第四，研究人员及任务分配。为了使研究顺利进行，计划中对任务的分配尤其重要。第五，搜集资料的方法。准备用哪些方式和方法来搜集资料。

2. 实施

实施是行动研究的第二个环节，即实施计划或者说按照目的和计划行动。它的主要任务是行动，它是整个行动研究的工作成败的关键。

行动就是行动者在获得了关于行动背景和行动本身的信息，经过思考并获得一定程度的理解后，有目的、按计划采取的行动步骤。

3. 观察

观察是行动研究的第三个环节。它主要是指对行动过程、结果、背景以及行动者特点的考察。行动者在观察时应注意：

（1）观察的内容要全面

一般说来，观察的内容主要包括：行动背景因素及其制约方式；行动过程，包括什么人以什么方式参与了计划的实施，使用了哪些材料，安排了什么活动，有无意外的变化，如何排除干扰等等；行动的结果，包括预期的和非预期的，积极的和消极的。

（2）搜集的资料要全面

在观察中，要注意搜集三方面的资料：背景资料，它是分析计划设想有效性的基础性材料；过程资料，它是判断效果是不是由方案带来的和怎样带来的观察依据；结果资料，它是分析方案带来什么样的效果的直接依据。

（3）观察的方式要灵活、有效

一般说来，可根据具体情况选用以下三种方式之一种或几种合用。行动者可邀请自己的同事或相关领域的专业人员来帮助观察和记录；行动者可委托一个或几个研究对象对情况进行观察和记录；现代化的记录观察手段。

4. 反思

反思是行动研究的第四个环节。它是对行动实施的效果和过程全面进行总结、评价，并在此基础上计划下一步的行动。所以，它是行动研究第一个循环周期的结束，又是过渡到新的循环周期的中介。研究者在反思环节应注意：

一是反思的内容要全面。一般说来，反思环节至少应包括以下几方面的内容：问题界定是否明确？行动的操作定义是否清楚？研究计划是否周详？行动中是否按计划实施？资料搜集和记录是否详实无误？研究的信度和效度如何？资料的分析与解释上是否慎重恰当？二是反思要以科学的理论做指导。三是反思要以实际问题的解决的程度为依据，而不追求解释是否完善。四是写出研究报告，拟定下一步行动计划是否需要修正以及应做出哪些修正的结论。

（三）不断提高教育行动研究的层次水平

行动研究法允许研究者在实践过程中根据实际情况边研究边修改方案，不强求控制的严密。行动研究往往由于缺乏计划性、系统性和科学性，导致缺乏可靠性和说服力，因而应不断提高行动研究水平。中小学教师要提高教育行动研究的层次水平，应当注意：

1. 树立中小学教师以开展行动研究为主的科研新观念

要实施行动研究，就必须首先普及行动研究知识，把行动研究与学术研究并列为当代教育科研的两大基本类型，改变教育科研即学术研究的狭隘旧观念，树立理论工作者以开展学术研究为主、中小学教师以开展行动研究为主的科研新观念。

2. 加强教育理论学习与进修，提高理论思维的水平

行动研究要求以教育科学理论为指导，发现有价值的研究问题，并使之集中、纯化，否则，就会把因对教育科研背景的不理解而产生的问题，当作行动研究的课题。它需要借助于理性思维的力量，提出解决问题的新设想、新方案，增强科学的预见性，避免行动中的盲目性。它还要求不断将行动的经验概括上升为一定的理论。

3. 加强合作与交流

要克服“专业个人主义”，打破“自给自足”式的教学生涯的封闭状态，建立“教育研究自愿组合”，促进中小学教师与校长、与专业研究工作者的合作，促进参与研究的教师之间的相互交流，以及教师与学生、学生家庭、社区丰富多样的互动。在与他人的对话中，自愿者实现着多种视界的沟通、融合，激活思维，产生新知。对话的形式应该是多种多样的。教学观摩活动往往受到教师们的广泛欢迎。此外，还应该组织集体备课、教育会诊、网上咨询、学术沙龙、“头脑风暴”、个案研究报告会等多种活动。

4. 灵活运用多种方法与技术

行动研究所采取的具体方法和技术应根据研究者所要解决的问题来决定。现实中教育教学问题的复杂多样性，决定了行动研究运用方法技术的灵活多样性。常用的行动研究技术有参与性观察、个案报告、教材内容分析、撰写研究日记、三角分析（让不同的人从不同角度去分析评价同一现象、问题或方案，对彼此间观点的一致性与差异作反思）等等。这里应强调指出：行动研究不仅要利用观察调查手段去诊断现状，发现问题，而且要用实验的手段去改变现状。

5. 强化自我反思与批判意识

没有批判的研究，是停止不前的；没有反思的理解，是独断狭窄的。有了批判与反思，才有行动研究；强化批判与反思意识，便是提高教育行动研究的水平。教师的反思不仅停留在教学方法、技艺层面，还应该反思那些预先的假设、超稳定的教学结构，从而达到制度层面与理念层面的监控与调节。批判与反思不是孤立的活动，它应该贯穿于行动研究的始终。

问题解决案例

1945年，上海市第一师范附属小学由著名教育家陈鹤琴创办。创办伊始，陈鹤琴便为学校熔铸进了“活教育”的先进教育理念，并不断进行教育尝试与教育改革。他认为，要了解儿童心理、认识儿童，才能谈到教育儿童，这是“活的教育”。

20世纪80年代初，在全国各地教育改革试验如火如荼的历史背景下，一师附小继承发扬了“活教育”理念，开始了“愉快教育”的教育改革实践。“愉快教育”创始人、时任校长倪谷音认为，“愉快教育”的实质是，在教师的引导下，激起学生的学习兴趣和自主性，使他们都能成为学习的主人，满怀信心地进取、向上。

近40年来，一师附小“愉快教育”的内涵不断充实，外延不断拓展。学校从未忘记“教孩子五年，为孩子想五十年，为国家民族想五百年”的指导思想。在实践的基础上，一师附小总结了“愉快教育”的四个方面核心要素：爱、美、兴趣、创造，提炼其教学原则为实、广、活、新。

让学生愉快成长是老生常谈的内容，关键是怎么落实？现任校长、特级教师鲁慧茹认为：“要让学生在学习的过程中有获得感。”鲁慧茹还赋予了“愉快教育”更新的时代内涵，推动“愉快教育”向“愉快学习”转变，从关注教师“教”向关注学生“学”方面开拓创新。

进入新时期以来，一师附小“愉快教育”的立足点已经由基础型课程的实践延伸到基础型、拓展型、研究（探究）型三类课程领域；“愉快教育”的着力点已经由教学活动中的教师“愉快”给予、学生“愉快”接受，升华到教师关注并努力落实到学生的主动学习和亲历体验上。学校除了在课堂教学领域渗透“愉快教育”理念外，还开始尝试校本课程的开发和建设。

一师附小通过融合课改理念和更加人性化的“学习设计”，确立了“为学而教”“以学设教”的全新理念。教师由研究教转变为研究学，学生也由被动接受转变为主动建构，由课内得法延续到课外得益，真正体现了愉快教育“阳光自信，主动快乐”的元素。

学校对“愉快教育”的特点有了新的认识，并将其概括为三句话：让孩子喜欢学习，有浓厚的兴趣和学习意识；让孩子有效提高，有适度的负担但质量较高；让孩子充分发展，有个性的发挥和能力提升。[6]

参考文献

[1] 黄燕. 中国教师缺什么［M］. 杭州：浙江大学出版社，2005：9.

[2] 扈中平. 现代教育理论（第2版）［M］. 北京：高等教育出版社，2005：89-91.

[3] 易凌云. 论教师个人教育观念的形成过程——兼论教师个人教育观念形成过程中的教育行为［J］. 教育理论与实践，2007,（5）：35-40.

[4] 小学数学评课稿，范文先生网2014. 12. 2.

[5] 倪文锦. 走进课堂：小学语文新课程案例与评析［M］. 北京：高等教育出版社，2003.

[6] 我选择，我快乐！，安徽省教育厅官微2017. 9. 6.

第四章　小学教师个人修养的形成与实践

问题引出案例

有这样一名小学的男老师，如果把他放在一群老师中会显得有一些不一样。比如，他代班主任管理的班级和其他老师的班级相比，纪律不是很好，作业完成情况也不理想，学生的个人卫生情况也有待提高，总之，在各个方面考察，他所带的班级似乎都比其他班级差一些。

再来看这名男老师，平时办公桌满是东西，个人形象也实在有些邋遢，看起来，他们班里的学生在学习和行为习惯上都有些像自己的班主任老师。

尽管这位老师很爱他的学生……

从这个男老师的故事里面，我们应该有更多的思考：作为小学教师，我们应该对学生有爱心，有耐心，有责任心，这固然是最重要的一条，除此之外，我们是不是还应该提升自己的个人修养，以实现自我的全面发展，同时培养小学生具有良好的公民素养。

第一节　小学教师的个人修养

修养，即指人的综合素质。个人修养是指人在个体心灵深处经历自我认识、自我解剖、自我教育和自我提高的过程后所达成的境界。它作为一种无形的力量，约束着我们的行为。古人对个人修养的标准为：仁义礼智信，温良恭俭让，忠孝悌慎廉，勤正刚直勇。随着社会的发展及人生实践活动的深入，个人修养的内容并不是一成不变的。一个人只有具有良好的个人修养，才会被人们所尊重。因此，小学教师的修养尤为重要，可理解为小学教师应该具有的师德、业务及教学艺术等综合素质。

时代在飞速发展，作为新时代的教师，我们除了要继续秉承“传道、授业、解惑”的教育职责外，很重要的一点就是要帮助学生，让他们能够适应这个快速变化的新时代，活出自己的生命价值和意义，最终能够尽职尽责的做小公民。

新的时代，对于老师的修养提升又有了新的要求。我们需要清楚，小学教师应该具有的修养。时代快速发展，现在已进入一个以人为中心的发展时代，人的素养的发展受到前所未有的关注。人类教育的视野也因之变得更为广阔和深远，显而易见，教育发展必须重视个人素养的提升。因此，作为教师应该把注重自己的个人素养的提升看作是一种身为教师的责任，一种教师自身发展的需求。教师作为人类灵魂的工程师，担负着培养人和教育人的责任，尤其是作为基础教育的小学阶段，教师是什么样的教师，直接关系到学生会成为什么样的人。教育改革发展过程中一些新时代的要求，往往在教师身上首先体现出来。因此，我们现在再来探讨教师个人修养和行为的问题时，就应该突出“以人为本”的发展理念，教师的个人修养的形成和实践，其最终目的还是在于让教师成为更好的自己，最终能够在一个更加开阔、更加深远的背景中发挥自己的光和热。

现如今，人们在物质生活水平逐渐改善的同时，对于精神文化生活要求也越来越高，教师个人修养的提升，也是符合了全民终身学习的要求。一般来说，小学教师的修养，一般包括以下几个方面：

一、富有爱心、责任心、耐心和细心

著名的教育家裴斯泰洛奇曾说过：“教育的目的在于发展人的一切天赋力量和能力，这种发展应是全面发展、和谐发展、自由发展。教师的教学要以服务学生的全面发展为重点，做到一切为了学生、为了学生的一切、为了一切学生，让每一个学生都受到民主、平等的对待，让每一位学生的个性得到应有的尊重，让每一个学生都能够健康成长，使他们学会做人，学会认知，学会做事，学会合作，学会生存和发展。”

所以，作为一名教师，富有爱心是最基本的情怀，爱是提升一切素养的基础，而责任心、耐心和细心又是教师的爱得以实现的保证和途径。对于未来的各种各样的专业人才，现在的我们只有对他们投以信心，热心和满腔的爱才能使其健康成长。大家都知道这样一个真实的故事：2012年5月8日20时38分，在佳木斯市胜利路北侧第四中学门前，一辆大客车突然失控，冲向放学经过马路的几个学生，正在疏导学生的教师张丽莉毫不犹豫地冲上前去，左拉右推，用身体挡在了学生前面，两个学生因此得救，而张老师却被大客车压在车下。周围人群都吓傻了，不知如何是好，当120急救车赶到事故现场时，张丽莉老师说的第一句话还是：“先救学生。”

当时的情况，张丽莉老师离大客车并不是最近的，只要她往后退一步，故事的结局就会改写，但是张老师在那一刻义无反顾地选择了冲上去保护学生，以至于29岁的她在正值美好的年华失去了双腿。

都说张丽莉老师是心中有爱的教师，时刻心系学生，热爱学生的高尚情怀才是她最值得我们去尊敬的地方。

二、乐观向上、热情开朗、有亲和力

这是小学教师应具备的性格修养。乐观向上和热情开朗的好性格可以产生魅力，吸引学生的目光，而亲和力则帮助教学内容的落实和教学质量的提高。

曾经有这么一则故事：有一名教师在做公开课时，提出了一个比较难的问题，一时间没有学生应答，老师情急之下做举手状在学生座位间边走边鼓励学生回答，这时，一名学生突然和走过来的老师击了个掌，讲课教师当场就愣住了。

这则故事看起来充满童趣，那么我们也应该想象后续会发生什么事情，如果这件事情发生在我们自己身上，那么，我们又会如何处理呢？是把学生臭骂一顿，还是乐观巧妙地化解呢？

两种处理方式的不同，其导致的结果也一定会不一样。具有乐观向上、热情开朗修养的教师，往往可以将教学中各种麻烦漂亮解决，从而实现教学内容落实和教学质量提高这两个教学目标。

（一）帮助教学内容落实

教学过程有其固有的系统性和连贯性，因课堂的突发事件和纪律因素常常使教学无法落实，即使勉强落实，教学质量也大打折扣。而在一个宽松愉快的学习环境中，学生学得高兴，学得扎实；教师讲得愉快，教得顺手，真正做到教学相长，教学互补，教学要点落在实处。

（二）促进教学质量提高

教学质量是一个学校的生命线，也是一个教师的教学目标之一。具有亲和力的教师，可以让学生产生信赖，学生愿意跟着教师学，积极思考，反复讨论，发现疑点，深入研究，配合教师的鼓励、赞扬、鞭策，学生思维会得到飞速的发展，认识也会水涨船高，教学质量的提高便水到渠成了。如果询问学生，几乎人人都喜欢乐观开朗、有亲和力的老师。

三、善于自我调节情绪，保持平和心态

情绪的自控能力和调节能力，是小学老师的必备修养。情绪，是对一系列主观认知经验的统称，是多种感觉、思想和行为综合产生的心理和生理状态。通俗的情绪有喜、怒、哀、惊、恐、爱等，也有一些细腻微妙的情绪如嫉妒、惭愧、羞耻、自豪等。教师同每个人一样，面对不同的人、事、环境都会产生各种各样的情绪。坏情绪使人沮丧、做事不顺心、人际关系处理差，好情绪使人愉快、办事效率高、人际关系和谐。

善于自我调节情绪是指一个人对情绪的理解和敏感程度，以及对情感的控制能力。情绪调节能力高的教师，能够理解情绪本质，自主控制自己的情绪，时刻生活在轻松快乐的心境中。情绪管理能力低的教师，不知道如何面对自己的情绪，甚至被情绪所困，经常处于悲伤的心境中。因此，情绪管理能力高低直接关系到我们的生活和教学质量。

对于教师来说，良好的情绪能感染每一个学生，使他们在轻松、愉快的氛围中快乐学习，教育教学效果显著。反之，若一个教师不懂得如何管理好自己的情绪，任由消极情绪无限放大，如果将这种情绪带到课堂，学生则会感到紧张、沉闷、压抑，迫切想要听到下课铃响。因此，身为教师，能够调节好自己的情绪尤为重要。

踏进校园，面对我们的教育对象——学生，要有正确的观点。在我们的教学中，常常面临教师与学生认知不统一、期待和结果不统一、付出与收获不统一而带来的种种矛盾。比如课堂上的一些学生总是注意力不够集中，对老师所讲的新知识理解困难，课后作业完成不好，拖了课程进度。有些老师由此产生负面情绪，他们也会花时间单独辅导，但在态度上就

变得不耐烦、急躁，责怪他们为何上课不专心听讲，甚至挖苦讽刺学生进行变相教育。但实际上，经过这场“激烈”的辅导之后，也许这些同学能勉强跟上课程进度，但从此他们对这门课程变得畏惧，提不起兴趣，毫无成就感，上课仍然难以集中注意力，由此恶性循环。

而聪明的老师懂得反思自己，他们知道学生之间存在差异，如何调动学力不足学生的积极性，如何吸引他们在课堂上的注意力是他们常常思考的问题。若经过生动的课堂教学后仍有不会的学生，聪明的老师也会耐心辅导，因为他们知道，老师说的每一句话都会对孩子影响深远。

调节好自己的情绪还要怀有宽容之心。在生活中，我们也许有原谅某个人某件事的经历。在宽容的那一刹那，你是否能感觉到自己的心底突然变得明朗，好像清风徐来？这就是宽容的力量，它带给人阳光，赶走我们心中的阴霾。对待学生也是一样。他们的整个学习生涯不仅是习得知识也是人格逐步完善的过程。因此我们一定要对他们犯的错误保持宽容态度，切忌怒形于色，应以博爱之心去慢慢引导。你会发现，再顽皮的学生也会在你的耐心引导下发生改变。

四、勤于学习，不断进取

孔子的“学而不厌，诲人不倦”，是中国教育史上的精华，自那时以来，中国教师的这一传统美德一直流传至今。

纵览古代圣贤，个人修养获得巨大提升的，无一是不是热爱学习的人。战国时的苏秦，夜以继日地读书，实在太累了，就用锥子刺腿来使头脑清醒；汉代的孙敬，为了防止读书时瞌睡，便用一根绳子把自己的头发系在房梁上，只要一打瞌睡就会被扯醒。

大书法家王羲之自幼苦练书法。他每次写完字，都到自家门前的池塘里洗毛笔，时间长了，一池清水变成了一池墨水。后来，人们就把这个池塘称为“墨池”。王羲之通过勤学苦练，终于成为著名的书法家，被人们称为“书圣”。

晋朝的车胤、孙康、匡衡，家里都很穷，连点灯的油都买不起。夏天的晚上，车胤用纱布做成一个小口袋，捉一些萤火虫装进去，借着萤火虫发出的光亮看书；孙康在严寒的冬夜坐在雪地里，利用白雪的反光苦读；匡衡在墙上凿了个小洞，“偷”邻居家的一点灯光读书。

来到现代社会，教师在教学中的解惑功能越来越强。人们认为，在传道授业中要重解惑，勤解惑，以启迪学生的智慧。首先，随着义务教育的普及和人们受教育的年限的延长，学习上有困难的学生越来越多。教师要勤于帮助他们解决“困惑”。在课堂教学的过程中，教师的“解惑”的主导作用在于创设情景、巧设疑点，引导学生开动思维，启发学生进行创造性思维。通过动脑、动手、动口，积极参与教学的全过程，让学生从“山穷水尽”的疑境中去探讨，走向“柳暗花明”的境界。其次，随着现代科学技术的迅速发展，知识载体的种类多样化，“教书育人”的渠道多元化，学生不但能在课堂的教师讲授中获取信息，还可以通过电影、电视、网络、报刊等渠道获得知识。其中，很多东西是他们一知半解或疑惑不解的，他们期待老师给予正确的解答。这就要求教师博览群书，知识渊博，勤思索，多咨询，提高自身质疑和解惑的能力。“教育要面向现代化，面向未来，面向世界”，教师没有渊博的学识、精湛的技艺，就不可能实现“三个面向”的教育战略，所以，为师者要适应时代的发展，树立“终身学习”的观念，努力钻研，自我完善，做到学识广博，观察力灵敏，分析力强，勤辅导，善启迪，拓展学生的智慧疆界。

振兴民族的希望在教育，振兴教育的希望在教师。在全面实施素质教育的今天，教师肩负着特殊的使命。教师的素质如何，将直接影响到学生的成长、祖国的发展、民族的未来。因此，作为一名教师，必须要有良好的教师形象，以德传道，以能授业，以勤解惑，教书育人，为人师表。立高尚师德，树教育新风，做时代名师。

亲其师，方能信其道。而决定学生能不能被老师所折服的重要因素之一，就是教师是否具有学识修养。学生接受教育时，会判断执教自己的老师是不是知识渊博、乐于学习，具备传道解惑的能力。那么小学教师专业学习的内容应该包括下面两个方面。

（一）学习领先的思想意识

先进的理念总是在横向比较中显示出巨大优越性的理念。它分为两种情况：一是“人有我无”，对方所掌握的理念显示出了巨大的优越性，这种情况下，我们就要虚心学习，这样才能不被时代所淘汰，与先进梯队才不会过远，才有可能弯道超车，紧随第一梯队。二是“人我皆无”，当我们面对的小学教育的某一方面是较为空白时，这时候就要勇于创新，大胆尝试，只有这样，才有可能勇立潮头，独领风骚，变成“人无我有”的领先状态。因此，小学教师要有学习先进的思想意识。

（二）学习全面的文化知识

1. 科学文化知识

是指学科专业知识，只有掌握了学科专业知识才能透彻分析。这是教师知识结构的核心部分，是教学工作的坚实基础。

2. 教育基本理论

这是教师专业科学知识的重要内容，是教师成功地进行教育、教学工作必须具备的理论知识。教师必须树立正确的教育观、教学观、学生观、价值观。正确的观念源于正确的理论，它指导着教师的教育教学实践。教师应学习教育学、教育心理学、教学论等方面的知识，以提升教育理论修养。

3. 教育科研的基础知识

教育科研是运用科学的方法和手段，有目的、有计划地探索、发现、掌握教育、教学规律的认识活动，是一个立足于已知去探求未知的过程。为了能正确地开展教育科研活动，教师必须具备相关的基础知识，着重学习教育研究方法、有关进行教育科学实践的方法，如教育统计方法、教育测量等。

五、衣着整洁得体，语言规范健康，举止文明礼貌

这是小学教师应该具有的形象修养。教师的道德修养、文化水平、审美情趣、文明程度等是通过教师的言谈举止和外表具体展现的。我们的长相、衣着、修饰、风度、谈吐、见识等都是教师面对学生的外在形象，这一形象直接对学生形成影响。

（一）尊重的需要

人的容貌、衣着和举止是人际交往中重要的视觉信息。“仪”的核心是尊重，讲究仪容、仪表和仪态是对自己从事的职业的尊重，也是对学生的尊重。

（二）示范的需要

教师要“为人师表”，“表”就是榜样、表率。教师不仅以言教的方式教授和引导学生学会学习，还要以身教的方式影响、指导学生学会生活、学会生存、学会审美。我们以得体合范的风貌展现自己就是给学生行为上的示范。就像苏联教育家加里宁所说“他的一举一动，都处在最严格的监督之下，世界上任何人也没有受过这样严格的监督。孩子们几十双眼睛盯着他，须知天地间再没有什么东西，能比孩子们眼睛更加精细，更加敏捷，对于人在心理上各种细微变化更富于敏感的了，再没有任何人像孩子的眼睛那样能捉摸一切最细微的东西……”

（三）补漏的需要

基础教育阶段对学生的礼仪教育是有缺失的，虽然在语文课里增添了有关的口语交际的训练，但是因为都是以课后练习的形式出现，似乎有点选用性，教师可管可不管，考试卷中也不一定要体现。与人交流、与人合作的方式的学习和训练，大多靠零星的家教、靠孩子们自己去看、去悟、去学。如果我们意识到这一点，我们就会更自觉地规范自己的举手投足、待人接物、语言表述的方式。

第二节　小学教师个人修养的形成

小学教师个人修养的形成，是个长期的过程，也是一个由内在走向外在的过程。教育大计，教师为本。对于小学教师自我修养的提升，我们应该把这个课题放在一个更为广阔的时空视野里来考量。对于教师来说，教书育人是事业的责任，而提升自我的修养则是生涯的需求。

一、自内而外，养成爱心、责任心、耐心和细心

这一点的重要性不必多谈，但是在实际教学工作中，我们会发现几乎每个教师都有这样的想法。借用于漪老师《岁月如歌》中的一段描写来说：

“初当教师时，对两类学生不由自主地十分喜爱，一是反应敏捷，非常聪明的（我讲上句，他下句已经可以回答），教起来十分省力；二是长得很可爱，像洋娃娃一样。后来才明白，天工造物十分奇妙，人都是两道眉毛、两只眼睛、一个鼻子、一张嘴，在脸上也都是那样排列的，但一个人一个样，即使是孪生兄弟姐妹，也会有点差异。每个学生有他自

己的独特性，不要说是长相，他们的禀赋、性格、文化基础、兴趣爱好等都有所不同，因而，必须热爱每一个学生，每个学生的生命都值得尊重，都必须关心。”

如果有下面两个学生站在你面前，你会更容易对哪一个有爱心呢？

A学生：学习成绩优秀，性格开朗活泼，长得也很讨人喜爱，只是偶尔犯一点无不打紧的小错误。

B学生：打架几乎是家常便饭，作业从来不能按时交回，还时常顶撞老师。

我想结果显而易见，教师爱一个优秀的学生几乎是情不自禁的行为，但是能爱一个有些缺陷和缺点的孩子，才是教师修养的体现。

于漪老师在《一辈子学做教师》这本书中有过这样一段讲话实录：

“全校有一个行为偏差得厉害的学生，逃学两年、打群架、偷窃，学校支部书记把这个学生交给了我。他站在我面前眼睛不敢看我，人也站不直。香烟抽的手指都是黑的。后来因与家长争吵他又逃学了。找到他后，我就把他带到家里来。虽然他会偷，熟门熟路，但是我想：一，我家里确实没有什么东西，除了书，什么都没有，至今如此；二，我就不相信教育不好他，精诚所至，金石为开。他对我说改起来实在太难了，说：‘于老师我也晓得你累死了，我也累死了。我这个人是个枪毙鬼。’我说：‘我还没失去信心，你倒失去信心了。你知道你不好，就是可以改好的起点。’教育他真是不容易，反反复复，真的反反复复。后来我带77届学生，这一届学生带下来我自己也得了一场重病，住了三个月的医院。这个学生知道了，他是75届的，本来是74届的学生。他后来来看我，看到我在输液，他就哭了，他说：‘于老师，您会不会死啊？您不要死啊。’他没用文明语言，但是这是他真情的流露。”

我们教育一个有些差的孩子，也要同样的用心，即使在成绩上达不到，也要在道德教育上有所得。

小学教师修养的体现，在于具有强烈的责任心，能够关心爱护学生，这责任心和关爱不是有选择的，而是博大的、因材施教的、一视同仁的。小学教师素养的提升，也要懂得提升对学生的爱的境界。

（一）爱要成为学生发展其独特性的教育保障

好的教育是要让学生成为独特的自己，教师的爱要以培养学生成为具有独立人格的人为目的。陶行知先生提出“生活教育”，蔡元培先生倡导的“兼容并包”和“完美人格”教育，都是指向学生的自我发展的。而反观今时今日，有一些教师打着“爱学生”的幌子，单纯以成绩为衡量标准，学生在这样的教育中，又能感受到什么样的教师之爱呢？教师的修养应该真切地体现在教育过程中，而不是只是一句口号。

（二）爱要成为可播撒和传承的价值观

被很多人誉为“事业上的好伙伴，学业上的引路人，生活上的好妈妈”的湖南农业大学的石雪辉教授，就是能把教师修养变成光辉，辐射和照耀他人的教师。在工作中，她严于律己，言传身教，教育的每一个环节都兢兢业业，一丝不苟。一个博士生曾说，在自己的论文选题时，石教授亲自查阅各种资料，找来相关资料二十多本，从家里背到学校。这些厚厚的书本不只是书本，更是老师的厚重的爱。

今天我们对学生的教育，可以融入学生的成长，今天教师的修养，就是明天学生的修养，这就是一种传播。

爱的播撒和传承也是学生终身发展的需要，教师的教育观要在时代的引领下，从大局着手，想到要培养什么样的学生，要塑造具有怎样人格的学生，要让学生走出课堂的书本知识，能够赢在未来。

二、做大格局，保持乐观向上、热情开朗、有亲和力

在教育教学中，教师的魅力不仅仅在穿着打扮上，也在教师的人格魅力和性格魅力上。新时代小学教师的教育态度要进行变革。走进教室，老师站着教学，学生坐着学习，站着的老师仿佛占据了主导地位，学生被动地听讲接受，课堂会成为书本知识的单纯传授，大多数课堂是这样。在这样的教育模式下，教师容易将应试教育视为教育的终点站，甚至不惜扼杀学生的思考力和想象力以培养所谓的“好学生”，如果形成这样的教育大环境，那么老师找不到教育的乐趣，也难以获得教育的热情，更不用说会具有亲和力，因此现代教育一直在呼吁将课堂的主导权还给学生。

有一位小学数学教师，他所教的班级考试成绩总是年级第一，这位教师个人也常有研究文章见报，但是没想到学生评价时他获得的评价总是不让人乐观。经过调查发现，学生们的反映基本一致，他们对教师的教学方法、教学能力都能接受，但他过于严肃，少有笑脸，与学生谈话时，也总是居高临下、盛气凌人，学生有事找他，他表现出一种爱理不理的态度。可以看出，这位教学能力很强的数学教师之所以不受学生欢迎、师生关系紧张，就是因为他的教学缺少快乐，缺少热情，为了教学而教学，缺乏亲和力。

提升小学教师的修养，就是要重新定义教师的地位。教师是学生学习活动的参与者、引导者，教师要尊重学生的人格，倾听学生的声音，创设师生交往、共同发展的互动教学关系，构建和谐、民主、平等的师生关系，增强教学工作的亲和力。

教师的亲和力本质上是一种爱的情感，只有发自肺腑地爱学生，才能真正地亲近学生、关心学生，才能激发学生对真理的追求。学生得到老师的爱，自然而然地会激发出对老师的爱，反馈回去，就形成了爱的双向交流。心理学家称之为“动情效应”。这种效应会产生良好的后果，学生自觉尊重老师的劳动，十分愿意接近老师，希望与老师合作，把老师看成自己的亲人。他们愿意向老师反映内心世界，袒露自己思想，真诚倾诉心里的秘密。师爱有别于母爱，它不是简单的溺爱，而是严格要求与精心施教有机结合，即把爱体现在做人教育上、学业的帮助上，让学生在品德修养、知识素质和人文精神上全面发展。

小学教师面对的教育对象是小学生，这一阶段的学生与教师在年龄、思维、生活等各个方面的差距都较大，这就要求教师在工作作风、思想作风、生活作风等方面总是保持着一种乐观向上、积极热情的活力，让学生感受到教师的激情，进而愿意与你亲近，愿意与你说心里话，愿意与你交朋友。

一名称职的小学教师，不仅要知识渊博、气质儒雅，还要有丰富细腻的情感世界。教师人格魅力的感召无疑是影响教育教学效果的重要因素，是培养和塑造学生健康人格的基本条件。教师要以对教学工作的热爱和较高的教学艺术，获得学生的信任；教师要以发自肺腑的爱去亲近学生、关心学生，培养良好师生关系的"亲和力"；教师要带着微笑走进课堂，带着激情上课，让学生感受到老师是可亲可敬的，思想政治课是富有吸引力的，进而心甘情愿地接受老师的教诲，认认真真地学好每一节课。

三、提升作为教师的亲和力

提升教师亲和力能够有效帮助教学，那么，如何提升自己的亲和力呢？可以尝试以下方法。

（一）时常微笑

在教育中，没有微笑就没有亲和力。微笑不仅要表现在生活中，还要表现在教学中。微笑具有极大的正向作用，微笑面对学生，学生会感受到老师的友好态度，能有效缩短教师与学生的距离。反之，教师在学生面前总是摆出一副冷面孔，自然不会具有亲和力，只会拒学生于千里之外。

（二）保持热情

小学教师修养提升要求我们热爱教学，热爱学生，并在教学活动中保持激情和热情。这样的教师教出来的知识是带有感情色彩的，教师还要善于在课堂中抓学生的兴趣点，处理好学生随时生成的问题，激发学生的学习热情，让学生自主自愿地要学和乐学。亲其师方能信其道，学生在心理上自然也会与教师有亲近感。

（三）不吝赞扬

好学生都是夸出来的。老师的赞美和表扬是学生得到的最甜的糖。老师一句赞扬的话可能会改变一个学生的一生。

曾有研究员做过一个有名的实验，将学习能力、知识水平基本相同的孩子们分成两个班，告诉一个班级的孩子，他们是选出来的聪明的孩子，是佼佼者，告诉另一个班级的孩子，他们就是普通的班级，远不如另一个班级的孩子。实验的结果让人震惊，孩子们学习成长的结果就像研究员告诉他们的那样，一个班级的孩子越来越好，真的成为了佼佼者，而另一个班级的孩子的发展真的平淡无奇。

小学教师更要具备赞美和夸奖的修养，在教育教学中不要吝啬赞美的语言，要抓住一切可能的机会表扬学生。当然，赞美要言之有物，深入挖掘学生品质、个性上的闪光点，不能虚浮空洞。

关于赞美，可以从以下三个方面进行实践。

1. 夸奖要具体，不要概括

教师在夸奖学生时不要笼统地说"你真棒！"而要抓住学生闪光的具体点，比如：上课坐得端正，作业写得整齐，帮助同学解决了一个难题。

2. 夸努力，不夸聪明

学生的进步是一个长久的成长过程，所以教师的关注点要放在学生的努力上，教育要关注学生学习的过程，而不是先天条件的优劣。夸奖努力也是夸奖学生的学习态度，这才是对学生的正向引导。

3. 夸奖时不要对比“别人家的小孩”

每个学生都是最独特的存在，所以教师在夸奖学生时要关注个体，切忌进行比较，而要及时鼓励。

表演和鼓励会让学生认识到教师给予的高期望值，从而提高对自己的定位。鼓励会给学生提供较多的心理安全，不然，学生会由于害怕被别人发现自己的错误而隐藏真实思维和情感体验。得不到鼓励的学生会弱化学习的信心，产生自卑感，构筑起心理防线，甚至压抑、封闭自己的情感，教师的亲和力也就无从谈起。

（四）适当关怀

教师关心学生有助于建立良好的师生关系和宽松的学习环境。尤其对有特殊情况的学生，其作用会加倍呈现。对学生的关怀应体现在我们教学的时时刻刻：迟到的原因是不是因为身体不舒服；学生因病请假时给予关心的问候；学生成绩上有退步有哪些改进的可能。真诚的关心和问候，拉近了师生之间的距离，建立了师生情感上的和谐，使学生从内心深处喜欢与教师合作。

四、坚持广泛的阅读

现代教师必须具备广博的知识积累和较强的发展潜力。除对本学科知识技能的理解与掌握要准确、熟练之外，还要旁通相关学科的必要知识与内在联系，以便在组织教学活动中培养学生的综合能力，了解学科发展的历史和趋势，以便在教学中能够深刻揭示其人文价值，激发学生学习、探索和创造的欲望，培养学生的科学精神和创造品质。

学生对教学内容的理解能否达到一定的深度、广度，很大程度上决定于教师本身是否见多识广，知识丰富。如果教师阅历少，见解肤浅，甚至以“以后再告诉你”来敷衍学生，无疑会给学生泼冷水，既降低了自身形象，又挫伤了学生的求知欲。所以，教师要不断提高自己的知识水准，要广通博览，在脑子中建立一个“活书库”，以给学生提供丰富的知识。

读书对于教师自我修养的提升有非常重要的作用。

（一）阅读是教师修养提升的精神动力源泉

对于教师来说，手边要有几本反复翻读的经典好书，可以是教育教学类的，也可以是人文经典类的。这些书具有永恒的光辉，有这些书打底子，人会变得更厚实、更幸福。在读书的过程中，体验到了读书的美妙，这就更加激发了自己阅读的兴趣。的确，只要有爱好，还有兴趣，就不怕没有时间。

（二）阅读是教师努力方向的指引

教师读书也应该更加广博，读书要有自己的想法，可以欣赏、接纳，也可以批判、否定，但最重要的是要在实践中尝试运用。

全国政协委员、我国著名出版人聂振宁认为读书要做到学以致用和学以修为的结合，学以致用强调实际效用，学以修为则强调精神境界。现在也有很多人强调教师的阅读要多样化，不能只读教育类的书，也有人认为教师读专业类的书不是真正意义上的阅读。

教师的专业阅读同样可以有学以致用和学以修为的结合，有的专业阅读是可以做到学以致用，有的同样是起到学以修为的作用。有些专业书，可以进一步提升教师的职业精神，进一步了解社会发展的趋势，进一步提高自身的综合素养。

五、由小及大，勤于学习，不断进取

古往今来，那些爱学习、会学习的教师往往能成为先驱和楷模，他们在学习中不断充实自己，开拓眼界。可以说，学习是作为教师与这个世界交流的又一种重要形式。而那些会学习的老师，他们通过自身的学习经历，总结方法，传授经验，教出会学习的学生。

现在，随着社会经济的发展，知识更新速度的不断加快，教师的专业发展对教师自身学习能力提出了越来越高的要求。作为现代教师，不仅要具有专业学科知识，还要具有教师专业技能。所有这一切，都要求教师加快自身学习的速度，紧握时代脉搏，紧跟改革步伐，不断学习新知识、新思维、新理念，用先进的教育教学理论，反思自己的教育教学实践方式，在不断的总结和反思中提升自己的能力，努力使自己真正成为知识与能力水平同步的研究型教师。习近平总书记也多次强调“幸福都是奋斗出来的”“奋斗本身就是一种幸福”“新时代是奋斗者的时代”。

（一）“勤于学习”的教师在教学中要逐步培养学生两种能力

1. 养成良好的学习习惯

良好的学习习惯，不仅仅是一种规范，更是学生肯定和发展自己的一种方式。良好的学习习惯的培养是持之以恒、强化训练的结果，是养成良好的学习性格的基础，它能为学生的终身学习提供保证，使学生终身受益。

2. 形成积极的求知态度

善于质疑、乐于探究、勤于动手、努力求知的积极态度能激发学生探索、创新的欲望。

然而，学生这两方面能力的达成，绝对与教师平时的勤于学习密切相关，教师的学习方法与习惯对学生影响巨大。如何做到教师自己能够勤于学习呢？具体做法如下：

第一，教师要善于发现其他教师的长处，尤其是优秀教师。优秀教师包括身边的优秀教师和各种平台中的所见所闻的优秀教师。孔子说“三人行，必有我师”，只要你能真诚地欣赏别人，就会发现优点。下面是一位名人小时候的故事。

那是一个春暖花开的中午，小姑娘和爸爸在公园里散步。她发现一个老太太穿得厚厚实实的，仿佛是在滴水成冰的三九隆冬。她说：“爸爸，你看，那位老太太真是可笑！”爸爸观察了一会，说：“孩子，你是一个很优秀的女孩子，可是我突然发现你缺少一种本领，就是发现别人的优点。”他接着说：“与你的看法相反，我觉得老太太很值得欣赏。她穿得很厚，也许是因为生病初愈，身体还没有康复。但你看，她正在专注地欣赏着丁香花。这说明她热爱生命，热爱自然。难道你不认为她很美吗？”

小姑娘认真观察后，发现老太太的内心像怒放的鲜花一样。于是，她走到老太太跟前，微笑着说：“您欣赏鲜花的神情真美，让这春天变得更加美了！”

老太太很开心，说：“姑娘，你的赞美才是我今天见过的最美的风景。”

学会发现别人的优点，因为每个人都有值得欣赏的地方。当你真诚地欣赏别人，别人才会更好地欣赏你。当教师能够发现别人的长处，才能勤学，乐学，学有所获。

第二，教师要善于发现自己的长处与不足。实际在日常教学活动中，有很多时候我们都能感觉到一节课、一个内容、一个细节的处理的得与失，精彩与败笔，及时记录总结，要因时而化、具备与时俱进的“日新”精神。

萧伯纳以幽默而著称，在他年轻的时候便是如此，但是，他却很少有朋友愿意与他在一起。他找了很久的原因才发现，他总是以他的幽默来嘲讽他的朋友，所以朋友才远离了他。于是，他将自己的幽默用在了写作上面，最终成为一个大作家。教师对自己的准确定位，会使学习事半功倍。

（二）“不断进取”的教师在工作中要不断地充实自己

教师要能积极承担课题研究，坚持每天都有点滴收获，每月都能写一篇较高质量的教育教学随笔，每学期读一本教育名著，写好读书报告等。

小学教育工作要克服工作中的思维定势，告别轻车熟路的工作模式，摒弃落后的工作经验，不断开拓进取。美国教育家威廉菲尔曾说过：“真正的快乐，不依附于外在的事物。”任何目标都是实际的，可衡量的，不可能只停留在思想上的口号或空话。在实现目标的过程中肯定是艰难的，曲折的。当你在奋斗的时候，一边是你付出的艰辛，但另一边可能就是你所收获的快乐。亚里士多德有一句名言：“幸福意味着自我满足。”

学生的点滴成长离不开教师的谆谆教导，教师是学生成长路上的引路人和垫脚石。所以，教师在课堂中的点滴活动，每一次与学生的交往中，学会用最通俗的、最明了的、最简洁的和比较有序的方式表达出来，让所有的学生都能达到最低水准，同是又能不断满足学生的需求与愿望，这样的教学，才能让他们身心得到和谐发展，健康成长得到拓展。

六、衣着整洁得体，语言规范健康，举止文明礼貌

抗战胜利50周年之际，79岁高龄的周小燕老师穿着端庄的旗袍，在长城上动情地演唱《长城谣》。那样美的画面，周小燕老师的一举手一投足，无不显示出一名教师的修养，纵然年龄已有古稀，但是修养的体现让无数人为之动容。

央视大热的《朗读者》栏目中的董卿站在舞台上，一如既往地落落大方，端庄优雅，在主持时通俗又流畅的排比句，直击人们的灵魂深处，又给人以愉悦的享受。整个画面都显得更加有人文气质了。董卿让我们为之折服的，不仅是优质的外表，清晰的谈吐，最重要的是

内在的修养。

试想，作为一名小学教师，谁不想像周小燕老师、董卿一样，让修养之花融入血液呢？修养是一个人文化、智慧、善良、心理等方面的综合表现，是一个人的综合能力与整体素质，是一个人品位和价值的外在显露。身为一名教师，关注自身的衣着、语言、举止行为，就是对自己和职业的尊重。因为教师修养的外在表现、衣着、语言、举止代表了自己的形象，有时候可以穿破洞牛仔裤，而有些时候就必须要穿正式的衣服，修养代表了教师所处角色的形象。

培养有修养的学生是学校教育的重要责任。教师如果能够自觉提升修养，那么对于学生的教育也会同样注重修养的提升。我们作为教师，自身的修养程度如何，直接影响到每一个学生。当我们的眼界格局以及其他方面修养的层次不断提升的时候，我们就需要一套配得上自己内涵的外在，当我们对镜自省的时候，能够成为一个更有质感更有修养的人，这才是教师提升自我修养的最核心的动力。

可能有些教师会说，我觉得我的修养虽然不及名人，但是一点都不差，不需要再提高了。或者存在一些疑问，我觉得我跟另一个教师差别不多，可是为什么他更受学生欢迎呢？

那么我们要来进行一个自我评估吧，看看在衣着整洁得体、语言规范健康、举止文明礼貌方面的修养，您及格了吗？

第一种是“能不能做到尊重”。这是及格线。能够做到尊重的人，已经及格了。一个人的名字，是一个品牌；一个人的形象，是一张名片。衣着得体、外表端庄是对他人的尊重，也是自我成熟的表现。而尊重别人，就是从自己衣着打扮开始的，尤其是在这样一个分秒必争的社会里，内在的品质也要有相应的仪表、扮饰来衬托和承载。干净、整洁、大方、得体是外表形象的首选，结合一定场合、一定对象以及特殊的社交礼仪需要，来装扮、修饰参与活动的仪表、情态，达到较好地符合自己的身份及个人形象展示之目的。

我们都知道杨澜，关于杨澜有一个流传很广的故事：杨澜在国外居住时，有一次因为面试失败和与房东的争执而非常的沮丧，她神情落寞地来到一间咖啡厅里，坐在一个老太太的对面，这个老太太看到她的状态，就在便签纸上给她写了一句话：“洗手间在你的左后方拐弯。”老太太提醒杨澜去洗手间里的镜子照一下自己的状态，还想提醒她这样的状态在公共的场合不合适。和老太太比较之下，老太太精致的高跟鞋和杨澜的睡裤就形成了鲜明的对比。

在我们中国的传统教育里，很多人都认为我们可以用漂亮的成绩一路所向披靡，而杨澜的故事告诉我们，邋遢其实是对别人的不尊重，而你不尊重别人，别人又怎么会来给你提供相同的尊重呢？老太太还告诉杨澜一句话：作为女人，你必须精致，这是做人的尊严。而教师也必须要精致，这是作为教师的尊严。

第二种是“能不能让修养成为软实力”。当初次和一个人接触的时候，要了解对方首先是看对方的外表，这是对一个人第一印象的判断。俗话说：“人不可貌相”，但一个人的相貌并不单单是脸蛋和身材，还配合了眼神与谈吐，以及各种微表情和许多身体语言组合而成。我们再回顾自己的言谈举止，待人接物方面是否达到及格线。有一句总结得非常精辟的话：性格写在脸上，人品印在眼中，生活方式展现于身材，情绪起伏表露于声音。态度，看手势；家教，看站姿；审美，看衣服；层次，看鞋子；爱不爱干净，看指甲；好不好打扮，看头发；投缘不投缘，一顿饭就能知道。

当年纪渐长，会比年轻时更明显地反映出你的性格特质，因为随着时间的流逝，你的阅历越来越丰富，经历的事情也越来越多，会为一些事情急得焦头烂额，也会为一些人绞尽脑汁；正是这样的一次次经历，无意间都写在了你的脸上。

宽厚豁达的人多半眉清目秀，一脸福相；狭隘善妒之人大多尖嘴猴腮、双眉紧蹙；性情喜静温和的人面相温柔善美；性格粗暴、情绪不稳的人看上去总是一脸凶相；单纯善良之人脸上总是挂满关爱的微笑，让人越看越顺眼，越看越喜欢。

都说“眼睛是心灵的窗户”，一个人人品的好坏刻在眼里，只要细心观察你就会发现：心胸狭隘之人眼里装的满是他人的缺点；不论什么时候，别人做什么样的事情，他都会觉得不满意、不满足，总是会生气，还振振有词。喜欢无事生非的人，眼里总是紧盯着别人的小错误而大做文章。相反，光明磊落之人眼里看到的是公平和正义；宽容大度之人眼里看到的是自己的未来；言出必行之人眼里看到的是诚实守信。

一个人平时吃什么并不能决定这个人是否健康，而且要看他怎么吃和怎么运动。一般而言，那些20~30岁之间的人就已经大腹便便的人，要么是在饮食方面过于放纵自己的胃，要么就是在锻炼方面不能坚持，熬夜于他们而言更是家常便饭。有的人虽然年纪大了，但依然保持着匀称健康的身材，他们并非天生吃不胖，而是懂得管住自己的嘴、迈开自己的腿，几十年如一日地精选饮食、按时休息、坚持运动。也有天生吃不胖的人，那毕竟是少数，只要饮食不规律，并缺少必要的运动，肯定身体会出现不健康的肥胖。

一个人的吃相，反映了这个家庭的教养。大家一桌吃饭时，总是把自己喜欢的菜霸着，不给别人下筷子机会的人，在家也一定是习惯了以自我为中心；和朋友吃自助餐，经常拿一大堆食物，却又吃不完的人，在生活中想必也喜欢浪费，不懂得节约；在等菜吃饭的时候，习惯对服务员呼来喝去的人，肯定也是极度没教养的。

简单来说，通过一个人的相貌可以反映这个人的性格、人品、家教、审美以及生活方式，而这些方方面面都是修养的展现。

第三种是“能不能具有个性魅力”。作为一名教师要在教书育人的事业上做一个对自己有要求的人，这也是我们提升修养的必修课。学生的好感和信任是教师最大的资产，教师对自己有了要求后，学生才会对你有需求。教师长久地关注自我修养的提升，当修养成为自然，对学生的教育就不再是苍白的说教，而举手投足间都会成为教育的过程。那些师德高尚、学识渊博、教艺高超、谈吐优雅的老师，学生自然愿意多和他们相处，并在耳濡目染中受到有益的影响。

我们可以把为人师表的形象标准概括如下：

（一）仪容整洁自然

在人际交往中，交际对象肯定会特别关注每个人的仪表，并将影响到对对方的整体评价。在个人外表中，仪容是重中之重。容貌包括这几方面：头发、面容和体型。

1. *头发*

头发要勤于梳洗和修剪，这样有助于保养头发，有助于消除异味，有助于清除异物。男教师的头发应前不附额，侧不过耳，后不及领。头发要干净、自然，精心梳理，不要给人油光发亮、湿淋淋的感觉；发型简单、朴素、稳重大方，不要留鬓角，最好不要留中分头；头发也不能压着衬衣领子。女教师不染发、不戴假发，发型要根据自己的职业要求（端庄、保守些，不能强调个性、时尚、前卫、怪异）、个人条件（脸型、体型、年龄和气质）来修剪，切忌用头发遮盖住了面容。

2. 面容

面容是人的外貌中最动人之处，教师的面容也是学生关注的部位，因此面容的修饰尤为重要。男教师应养成经常修面剃须的良好习惯，须最好刮干净，不要留仁丹胡、络腮胡，做到整洁、大方。女教师的面容修饰主要是化妆。保守淡雅自然清新的妆容，稍作修饰即可。一是积极美容（健康的身体，乐观的心态，合理的饮食，充足的睡眠），展现的是自然美；二是淡雅、自然的妆容，达到“妆成有却无”的效果；三是化妆或补妆要在私人场所进行，不要在公共场所，众目睽睽之下修饰。金正昆先生说在公众场所修饰面容是没有教养的行为。不要留长指甲，不涂艳丽的指甲油。配饰宜求简洁高雅。戴首饰的重要原则是：少则美。

3. 体型潇洒自然

人的体型能体现出姿态美和衣着美。站姿的挺拔，坐姿的端庄，行姿的洒脱或轻盈，都会因体型的缺憾不能尽显风采。一名教师，我们要积极参加体育锻炼和保持良好的生活习惯，保持体型匀称，体现出健康、沉稳和活力。

（1）仪表简洁端庄

仪表主要指衣着和妆饰要符合教师的职业特点。着装也是透视个人形象的重要窗口，体现人的性格、气质、文化及身份，更重要的是他的修养。在课堂教学中，教师的仪表美有助于师生间的交流，融洽课堂气氛。教师的仪表美给予学生的是一种综合美感，能唤起学生对美的追求，一个很细微的习惯动作，一个不经意的面部表情，往往是一个人文化修养、生活阅历、个性特征的综合表现。站在三尺讲台，教师一边传授知识，一遍扮演着文明的使者，其仪表举止，以无声的语言在和学生交流。我们提倡的是庄重、适身、大方、美观，能体现出职业与气质的教师仪表美。否则，达不到应有的课堂效果。

（2）整洁性原则

英格兰有一句古老的谚语“整齐清洁的服装是无言的介绍信”。孔子说过“人不可以不饰，不饰无貌，无貌不敬，不敬无礼，无礼不立。”他所谓的“饰”就是指的服饰。对于教师着装来说，最为基本的不是如何搭配或选择，而是衣着是否干净整洁。衣着整洁的教师仪表形象会给学生一种自然的美感，引起学生的好感，有利于教学。

整洁的服装给自己以自信，给别人以尊重。应整齐、完好、干净，不允许有褶皱、残破、污渍印迹。教师的着装应整洁得体，落落大方，避免肮脏不净，追求整洁和谐、情趣高雅的美。比如女老师夏天穿的长筒丝袜，就要注意不要有挂破和褶皱。男老师的衬衫衣领和袖口也不要露出破损和污垢。

（3）整体性原则

教师在穿搭衣服时，要注意全身服装的搭配性，按照服装本身约定俗成的规矩进行搭配。着装协调才能展示美，这就需要精心搭配和整体考虑。如穿西装时穿运动鞋或布鞋，穿西服套裙时穿前后都露的凉鞋等都是不协调的，没有遵循约定俗成的搭配。很多学校都给老师配有制服，女教师穿着西装时应注意上衣长短适中，以充分展现女子腰部、臀部的曲线美；如果配裤子，则可以将上装做得稍长些。无论配裤子或裙子，一般采用同一面料做套装，使得整体感强。

（4）职业性原则

社交着装中有个原则是“TPO原则”，是有关服饰礼仪的基本原则之一。“TPO”原则，即着装要考虑到时间“Time”、地点“Place”、目的“Object”。它要求人们在选择服装、考虑其具体款式时，首先应当兼顾时间、地点、目的，并应力求使自己的着装及其具体款式与着装的时间、地点、目的协调一致，较为和谐般配。我们应结合自己的教学内容，尽量与当时的季节时间、地点和教学内容相适应。举一个最简单的例子，课堂教学的教师和运动会上的教师，在着装上就应该有明显上的区别。

其基本要求是：简洁，端庄。“简洁”就是不要张扬、避免繁琐。“端庄”就是衣着款式不要怪异，色彩不要过于花艳。女教师的衣着要避免三点“露”“透”“短”。“露（领口不要过低，一般要穿有袖子的衣服，不要穿紧身、露身形、露内衣的轮廓的衣服，不要穿露脐、露腰装）、透（穿能透视内衣内裤的服装是不雅和缺乏自重的表现，要注意质地）、短（主要指裙装，一般不短于膝盖）”。男教师的衣着要避免“敞（外衣敞胸）”。体现的是自尊自重、为人表率的教师风范。鞋不能穿拖鞋或无跟鞋、懒汉鞋。注意佩饰如首饰、胸花、包、丝巾、领带夹、手表等搭配。

（5）协调性原则

教师着装要与自身条件、年龄相协调。如对于上轻下重的形体，宜选用深色轻软的面料做成裙或裤，以此来削弱下肢的粗壮。身材高大丰满的女性，在选择搭配外衣时，亦适合用深色。这条规律对大多数人适用。

（6）个性原则

包括体形、肤色、年龄、气质。

（二）仪态优雅大方

仪态包括身姿体态（尤其注意站姿和行姿）、手势动作、面部表情等。作为人际交往中传递信息的一种方式，是内涵极为丰富的体态语，其作用不亚于有声语言。教师礼仪是教师在工作岗位上待人接物、为人处世的行为规范。在这里我们先讨论体态语的要求，体态中“站”和“行”是教师常态姿势。

1. 站姿

视觉效果是挺拔。其基本要求有两点：头端肩平，挺胸收腹。我们要避免出现以下的姿态：懈塌、含胸、驼背、撮下巴、斜靠门或墙站立、两腿交叉站立、手叉腰间或衣裤袋中。

2. 行姿

行姿以良好的站姿为基础，男士要稳健，女士要轻盈。注意上身要挺直放松，行走有节奏，双臂摆幅合适。如拎包或持物，不可两手同时摆动。要避免以下几种姿势：晃肩，脚步拖沓，内外八字步。

3. 坐姿、蹲姿

文雅自然，即文明优雅。女士的坐姿规范很重要，用坐姿表达尊敬。主要注意两点：①背部要挺直；②双手放置别随意。特别提醒，穿裙装的女士应在落座前用手拢一拢裙子，落座后双膝并拢。避免以下姿势：侧靠、瘫坐，叉腿抖腿，脚勾椅腿，晃脚，“4”字形迭腿。

面对或背对他人下蹲，要侧身而蹲；不要前俯后撅，要屈膝。

4. 脸部

真诚微笑，神态自然，给人亲切、和蔼、可信之感，不故意掩盖笑容，忌面色阴沉、横眉立目。眼神要亲切有神，转动幅度适宜，合理分配目光，让每个学生都感受到教师的关注，不可长时间凝视一名学生。

5. 手势

准确适度、自然大方，忌拘谨僵硬、当众搔头、抓痒，带班时不双手交叉抱臂或双手后背。

第三节　小学教师个人修养的实践

小学教师一切个人修养的提升，都要在教学实践中去检验。近年来，对老师在实际教学中的修养的体现提出了越来越高的要求，小学教师也不例外，只有立足于学生的发展，在实际教学中不断锤炼自己，修养才能够真正形成。那么，在教学实践中，应该怎样关注教师个人修养的实践呢？

将修养放入生涯的维度，会发现它要求我们更关注自我的成长和突破，关注在实际教学中的实践。下面，我们从教育教学工作、自我成长过程、团队协作这三方面来进行教师修养提升的实践探索。

一、在教育教学工作中实践

（一）关注与学生互动的机会

1. 把握第一印象

很多老师在第一次见到学生时，总是喜欢进行一个固定环节，就是让学生进行自我介绍。为什么要进行自我介绍呢？这是老师对学生基本情况的了解，了解学生的语言组织能力，胆子大不大，素质怎么样。而且这个环节往往很有效，有经验的老师能看到学生的素养高低，它是建立师生关系的第一座桥梁。

同样的，作为老师带给学生的第一印象同样很重要，而且第一印象不可改变。小学阶段的学生其实非常聪明，他们察言观色的本领似乎与生俱来，非常厉害！他们会观察分析：这个老师厉害还是不厉害？他的课堂我可以自由到什么程度？我捣乱的话会有什么惩罚，今后我该如何上这个老师的课呢……这些问题孩子们在和老师见第一面的时候就在心里盘算好了。

小学生也会感受到老师修养如何，小学生也喜欢修养高的老师，这一点毋庸置疑。所以，作为老师，首先要把握好和学生们的第一次见面，不要急着开始讲课，宁可多花几节课的时间来建立你与学生的关系，建立班级制度，建立你的教学模式雏形。

2. 尊重学生独立的人格

尊重学生就是要在教学中将学生当成一个独立的人看待，当学生是一个受教育者来看待。在教师个人修养的实践中，尊重学生可从下面几个方面进行实践。

对待学生一视同仁——尊重每个学生的受教育权。

批评学生不竭隐私——尊重每个学生的隐私权。

对待作业精心批阅——尊重每个学生的劳动成果。

教育学生因材施教——尊重每个学生的个性差异。

教育过程言行文明——尊重每个学生的人格权利。

思考问题由己及人——尊重每个学生的正确爱好。

3. 懂得倾听学生的心声

倾听学生的心声，是了解学生的重要途径，倾听学生的心声不一定要只能通过听学生说，可以尝试更多的方法，比如调查问卷法、观察分析法、学生作品分析法、游戏交流法等等。在与学生沟通方面，教师要不断练习，讲求策略，以便更好地了解学生，走近学生内心。在教学中，教师要进行情感交流，要耐心等待，不要辱骂学生；学会欣赏学生，哪怕他们有一小点的进步，也要及时地赞扬；在教学中与学生建立平等的师生关系。

4. 让自己变得有趣

有趣是吸引学生的第一要义，你有趣，你的课堂才会有趣，有趣的课堂才会吸引学生。我们可以回想一下，上一次让你注意力超级集中地去做的事是什么？一定是你非常感兴趣的事吧！我们成年人有自控能力的前提下还要去寻找有趣的事，更何况是小学生。相信大家在平时的讲课中就有明显的感受，有趣的语言、肢体动作、有趣的PPT都会瞬间就吸引学生的目光，当学生全神贯注地感受教师的趣味课堂，谁还会有时间去捣乱呢！而且不管多大的学生，总是佩服有真本事的老师，所以锤炼自己，不断提升自己的修养，是永恒的不二法则。

5. 评价语引导

多使用积极的评价语。举个例子，一次公开课，一位新老师在开课时对孩子们说："我来看一下，谁的书还没有摆好！"在评课环节，一位老教师直言说，这句话如果改成"我来看看，谁的书放得整整齐齐啦！"效果会更好。仔细琢磨，就是这个道理。在你想要调整课堂纪律时，多使用积极的评价语来引导，要相信语言的魅力。

（二）进行多角度的反思

教师的自我反思是个人修养实践的重要形式。教师的自我反思既是教学过程的一个必要环节，是提高教学效益的重要途径，又是教师积累教学经验的有效方法。不断进行教学反思，可以获得宝贵的经验和教训，及时发现新问题，激发教师把教学实践提升到新的高度，才能实现教师的自我超越。

1. 教学实践中反思

教师在每一堂课结束后，要进行认真的自我反思，反思哪些教学设计取得了预期的效果，哪些精彩片段值得仔细咀嚼，哪些突发问题让自己措手不及，哪些环节的掌握有待今后改进等等。同时，认真进行反思记载：总结成功的经验；查找失败的原因；记录学生情况。

同时，学生在课堂上发表的独到见解，常可拓宽教师的教学思路，及时记录在案，师生相互学习。

2. 理论学习中反思

教师要如饥似渴地学习和研究先进的教育教学理论，并自觉地运用理论反思自己的教学实践、指导自己的教学活动，在学习中深刻反思、认真消化、并付诸实践。苏霍姆林斯基就这样要求他的教师："读书，每天不间断地读书"，"不断补充其知识的大海"，他认为，这样"衬托学校教科书的背景就宽了"，课堂教学效率的提高就更明显。

3. 相互借鉴中反思

教师之间，多开展相互听课、观摩活动，不但可以避免闭目塞听、孤芳自赏而成为"井底之蛙"，而且能够使我们站在"巨人的肩膀"上高瞻远瞩。只要有可能，不要放过听课的机会，不要放过一些细节。除了要多争取观摩别人的课堂教学，还要研究特级教师、优秀教师的课堂实录，从课堂结构、教学方法、语言表达、板书设计、学生情况、教学效果等各方面，客观、公正评价其得失。

（三）大胆进行实践

教育理论、教育经验，都是通过教学实践活动总结而出的。可见，实践出真知，是永恒不变的真理。在实践的同时，也能不断地提高和完善自身的修养。古人云："博学之，审问之，慎思之，明辨之，笃行之。"实际上讲的就是理论与实践相结合的道理。要知道"学、问"讲的是理论，"思、辨"就是自身去实践了，那就是"行"。一言以蔽之，积极投身实践活动，是提高教师自身修养的必要手段。

所以在我们的教育教学工作中，我们谁也不能漠视经验的价值。但我们不仅需要灵活运用经验，而且要不断更新经验，冲破思维定势，试着让自己从另外一个角度，来看待问题本身的多变性，否则就会出现错误。只有拥有经验而又懂得如何利用经验的人才是真正的智者。同样，只有拥有教育和教学经验而又不断反思的教师才能获得真正的专业发展。

（四）注重调节，善于管理情绪，保持平和心态

情绪按作用可分为积极、消极、中间情绪三种。积极的情绪表现为愉快、眷恋、满意、骄傲、安全感等。消极情绪为悲伤、怨恨、嫉妒、恐慌、懊悔、怜悯、怀疑等。中间情绪介于以上两种情绪之间，如漠不关心、袖手旁观等状态。情绪会影响我们的日常生活，既可能带来积极的影响，使人能精神饱满地面对工作和生活中的情况，也可能给人带来消极的影响，使人垂头丧气，心情抑郁。

而教师这一特殊职业，要承受来自多方的压力，有教师自身的职业要求，有社会对教师的过高要求，有家长对教师的误解，有教师自身家庭的影响……面对这些，教师的情绪可能会有较大的波动，继而会影响日常的教学，影响工作质量和生活质量。另外，教师情绪的好坏，直接影响着学生的身心健康。教师的一言一行，比父母对子女更有深刻的影响。如果教师把不良的情绪带到课堂上，会对学生的心理健康造成严重损害。教师的情绪对于学生的影响，要比其他因素的影响都来得大。因此，只有适当地把握情绪，使情绪处于良好的状态中，我们才能更好地工作和生活。美国心理学家鲍德温通过调查研究得出结论：一个情绪不稳定的教师很容易扰动其学生的情绪，而一个情绪稳定的教师，也会使其学生的情绪趋向于稳定。

1. 通过进行教师情绪管理，教师的身心会得到健康发展

好的情绪可以使人心情愉快，人们常说笑一笑，十年少。时常心情舒畅会使人看起来祥

和年轻，生活也会愉快幸福。每天读一些有品味、有寓意的美文，美化自己的心境，忘记每天的琐碎的烦心事，为自己建立一个温馨的驿站；每天观赏一些花草虫鱼，或观看一些美丽的风景图片、动画图片，使自己置身于祖国美丽的风景名胜区……好的心情会使你有个性、有创造力，会让你的课上得精彩，让你有凝聚力，有吸引力，拥有赞赏的目光，有良好的人际，会给你带来惊喜，带来幸福。如果总是怀着不好的情绪，例如恐惧和焦虑，会导致血压上升血管膨胀；生气也会严重损害心脏的功能。通过情绪管理，教师可以消除不良情绪，维持好的情绪状态，在好的情绪状态下生活和教学。

2. 通过进行教师情绪管理，教师能建立起良好的师生关系

一个整天心情不好，脾气暴躁的老师是不受学生欢迎的。现在的学生越来越有个性，不再是以教师为中心，越来越要求教师应该站在他们的角度看问题，他们喜欢平等融洽的师生关系。我们进行了教师情绪管理后，时常让自己保持好的情绪，学生就会越来越亲近你，真正做到亲其师，学其道。在日常的工作中，我们可以这样做：利用课前或课后的几分钟给学生读自己看到有趣的、贴近学生生活的故事；利用课余时间，讲讲学生感兴趣的话题；在走进教室的时候，给学生一个甜甜的微笑，带给自己和学生一种阳光般的心情。

3. 通过教师的情绪管理，教师能更好地参与到教育教学工作中

教师在教学过程中处于一个重要的位置，学生的学与思会受到教师情绪的影响。在教育教学过程中，教师拥有良好的情绪就可以准确表达自己的意思和所要教授的知识，相反，若教师处于一种不良的情绪中，思维、语言表达就会受到影响，同时也会影响自己上课的状态和知识的输出。在上课时，良好的情绪能使教师注意力集中，精力充沛，更好地了解学生的学习状态，将自己积极的情绪投射到学生身上，感染学生，使他们上课的反应更加积极和活跃。反之，师生之间的课堂氛围也会受到影响。

心理学家杨国权在《人生快乐的追求》一书中便提过，“贪得无厌，野心太高，欲望城池是人们不快乐的理由之一。”我们期望的多一点，再多一点，于是烦恼也就多了那么一点点。

在日常的教学活动中，我们总会遇到许多令人情绪不好的事，包括学生、家长、学校和社会多个方面。

对于学生方面，不守课堂纪律，上课交头接耳、在桌子下面搞小动作等等这些发生在课堂教学中行为很常见。面对这些现象，教师在很多时候都会火冒三丈，还有一些更调皮的学生在老师批评过后依然坚持自我不改，这时更是让教师情绪变差，血压上升，继而产生不理智的行为。这时候，我们可以暂停讲课，自我调节情绪，缓和一下，可以试着自己从一数到十，使自己的情绪稳定。有情绪是正常的，但是我们可以尽量使不良的情绪最小化。

对于家长方面，多数的家长非常支持老师的工作，配合老师完成学校的任务。但是班里总是一些家长因为观念陈旧、学历较低、工作忙无暇管孩子等因素不配合学校工作，对自己的孩子不上心，教师可能比他们还更着急。面对家长对老师的不理解或是某些指责，我们可能会萌生不良情绪，觉得委屈和无奈，心情沮丧。这时，我们可以转换一种想法，暂时不想这些事，我们面对的是四五十个学生，不能因为某几个学生而丧失信心。我们也可以跟其他教师请教和交流这些事，诉诉苦，听听他们的心路历程，获取他们的建议。在与家长沟通或是家委会活动时，可以把自己的建议告诉家长，双方能做到换位思考，目标一致，相互尊重、信赖，家校沟通，形成合力，促使孩子更好地发展。

对于学校方面，大多是教学和教务的压力，我们现在的职责不单单是教书育人，还要应对许多的检查和评比，做的事情也不局限于教书了，面对众多的事情，心情难免急躁和不安，紧张度日。这时候的情绪一定是不稳定和不安，我们应该采取合理的宣泄方式将其释放出去，也是一种自我保健的有效措施。

具体方法如：

（1）找人倾诉

当你憋得难受时，把心里的苦水往外倒，向知己的朋友倾诉一番，会感到轻松许多。如今还可打心理咨询的热线电话，效果不错。

（2）自我倾诉

既不愿找人又不愿打电话，那么干脆自己用写日记的方式来向自己倾诉，特别是性格内向的人是十分恰当的宣泄方法。

（3）自我宣泄

当你面对现实的压力时，独自一人寻找偏僻的旷野放声大哭一场或大喊大叫几声，甚至可以将一些废弃物进行摔打，有条件的可独自冲打沙袋，均达到宣泄的作用。

（4）音乐调节

当劳累郁闷一天后回到家中或找个唱卡拉OK的地方，听听音乐，释放心中的郁闷。

（5）运动调节

参加某些体育运动，尤其是带有对抗性的，例如打篮球、踢足球、打拳击，甚至摔跤等。

（五）持续的输出

叶澜教授曾指出："一个教师写一辈子教案不可能成为名师，如果一个教师写三年教学反思就有可能成为名师。"

其实在我们的教学过程中，有时我们会为教学任务的顺利完成、课上出现的生动活泼的场面而感到欣慰；有时也会为不谐调的教学活动而苦恼。这时若能及时分析教学上的得失，可以逐步摸索出教学规律。因此，以一种思考的眼光来对待教学现象、写好教学后记，有助于教师更好地实施新课程的教学理念和方法。

记录和反思是强大行动力的保证，因为你可以在记录中发现自己的错与对，可以看到未来方向的调整和未来前景的多种可能。认真做好计划和总结反思，也是提高自己执行力的重要一环。最后，还要记得专注于眼下，认真走好每一步，就是执行力强大的最好体现。

那么，教学后记写些什么呢？可以记载教学目标完成的情况；也可以记载自己实施新课程的一些尝试，如：教给了学生哪些学习方法，开展了哪些有效的实践活动，在培养学生学习能力、创造思维方面做了哪几点尝试等等；还可以记载自己在教学过程中是怎样突破重点、难点的，选择了什么样的教学方法，使用了哪些教具，设计了什么样的板书和练习，从中摸索出哪些规律等。至于学生的质疑和独到的见解，凡能反映学生思想认识水平和学习深度、广度的回答和讨论，更有必要选记下来。

（六）做好自己的情绪管理

教师个人修养的实践之一就是要进行自己的情绪管理。

1. 察觉情绪

问问自己：我在什么情绪之中，我给情绪的强烈度打几分？当自己有情绪产生时，首先要明白自己处在怎样的情绪之中，正面面对，不逃避，才能有效管理情绪。

2. 安抚情绪

最简单有效的方法是：反复深呼吸。深呼吸是自我放松的最好方法，它包括从简单的深呼吸、瑜伽，一直到冥想的一切活动。深呼吸不仅能促进人体与外界的氧气交换，还能使人心跳减缓，血压降低。它能转移人在压抑环境中的注意力，并提高自我意识。当人们知道自己能够通过深呼吸来保持镇静时，就能够重新控制情感，缓解焦虑情绪。

3. 问自己

我原本想要怎样的事情结果？情绪的产生是因为对客观现实的不满意，找到情绪背后的初心，就是找到期望与现实的差距。我该如何改进，就能实现自我预期的目标？对情绪的控制不是要与情绪抗衡，而是要进行情绪的疏导，找到解决问题的途径。

我们举一个教学中常见的例子来尝试进行情绪的管理。

一天早上，你发现班里一个学生又没有交作业，他已经连续几天都这样了，于是你非常生气。你原本可以大发雷霆，把这个学生训斥一顿，可是之后你会获得什么呢？不如先尝试明白自己的情绪是什么。你发现自己处于愤怒之中，先尝试平静下来，然后可以问自己：我原本想要怎样的结果？

作为教师，我们想要的结果就是学生认真写完作业，教师批改，最好没有错误，这样实现教学过程的闭环。明白自己的期望后，你可以尝试了解原因并寻找补救方法：如果学生不会，那么就教会他；如果学生偷懒，那么教育他再给他时间补做；如果是这一个学生存在家庭生活中的问题，那么联系家长寻求解决。

教师的个人修养实践过程中，还会遇到各种各样的情绪事件，比如以下几种事件及情绪（见表 4–1），我们可以尝试问问自己，你会怎么处理？

表 4–1　诱发事件与情绪对照表

诱发事件（情境）	情绪（你的感受）
1. 学生上课不遵守课堂纪律	生气
2. 你批评学生时，学生顶撞你	愤怒
3. 班级学生考试成绩不理想	挫败、悲伤
4. 新来的教师能力强和竞争力强	焦虑、恐惧

这样解决后，相信要比教师大发脾气有用得多，而学生，也会感受到教师的个人修养。

除了上面的方法，还有以下方法也可以尝试。

一是做事转移法。当你觉察到自己的情绪不佳时，可以选择自己喜欢的事情来做，或者是能让自己专心投入的事情来分散注意力，将不愉快的心情暂时忘记。当事情做完时，你甚至可以发现，原来造成自己心情不好的原因已消失。二是运动法。当你的心情低落沮丧、精神不振时，你可以尝试做运动，加速身体的新陈代谢，促进身体快乐轻松的激素分泌。运动一场，酣畅淋漓。什么烦恼早已烟消云散。三是听音乐法。烦恼的心情必定是由烦恼的事情引起，若有解决办法，那么问题解决之日也许就是忘却烦恼之时。但若是无论怎样都解决不了的事，又何必苦苦纠结？何不听听音乐，身体随着音乐一起扭动，你改变不了世界，但你可以改变自己！

二、在自我成长中实践

（一）不断提高执行力

去做是提高执行力的第一要义。那么为什么有些教师的执行力差呢？大多是因为两点：一是想要等到100%准备好再开始；二是害怕失败。

首先要明白，世界上不存在100%的准备好这回事。万事俱备也还有可能“只欠东风”呢，所以，当一件事有20%~30%的可能时，我们就要去行动了，这样才有机会进行增删改调。

其次，有些教师无法开始行动的原因是，对于个人修养的提升存在失败的恐惧感，其实害怕失败这是最没用的担忧，试想如果失败了，也不要紧，我们可以找到自己的能力边界，知道自己做到哪里就是能力的极限值，才能有针对性地去提高自己的修养。所以，提高执行力，要先想清楚，自己喜欢什么样的教育人生，自己想要成为什么样的教师。

所以，教师执行力的提高，可以试试下面的办法。

1. 经常问自己“我想要成为什么样的教师”

每天问问自己“我想要成为什么样的教师”，是一件重要而不紧急的事情。重要而不紧急的事情，是我们获得提升最重要的组成。经常问自己这个问题，就是在帮助自己明确目标，让未来的愿景不断地在脑袋里强化，当人有追求才会有期待，有期待才会有行动。明白自己想要成为什么样的教师就是我们增强行动的必要条件。

2. 学习可能学到的任何知识

我们往往会有这样的经历：一件事情看起来很有趣，让你很想去参加，但是有一个门槛你不符合，所以就放弃了，而这个门槛你曾经有很多次机会去学习。这时候你通常会叹息一下：我本来可以。是呀！生活总是有很多风口和机会，我们要积累自己能够抓住机会的资本。对于学习的建议是：在学习的最初阶段，先要广泛地学习，继而在广泛学习的基础上，找到自己的兴趣点和专场，然后术业有专攻。等你有拿起来就能用的专业知识的时候，就会觉得行动不过是顺水推舟的事。

3. 改变思想的中心

有些教师行动力不强，是因为自己思考的中心不对，当一个人以“这件事太难了”为中心思考时，他的大脑就会不断地重复难点，让他放弃；而当我们以“怎样才能做成这件事”为中心思考时，我们就会去寻找出路，链接可能的人和事，以促成行动。所以，增强执行力要先学会改变自己的思考中心。

4. 找到对的榜样

榜样的力量是无穷的，好榜样帮助人，坏榜样打击人。什么是坏榜样？举个例子，一个年轻人想要创业，上来就以马云为榜样，那么要不了多久这个年轻人就会觉得自己超级没用，会越来越没有自信。不是说马云不好，而是年轻人和马云的差距太远了，这样的榜样就是打击和刺激。比如你是开饭店的，你的店每天翻台3次，隔壁店翻台5次，那么你就去学隔壁店；如果你是做线上培训的，那么不要看一节课卖出几十万的大V，去学习小榜样的文案和模式。再回到教师本身，确定榜样目标时，不妨就从身边的教师学起，学习每个人身上的闪光点，找到对的榜样，一个个学习超越，才会有行动的信心。

5. 放大成就感

最后一个方法就是放大自己的成就感，当一件小事情做成的时候，把它放在朋友圈或者其他平台上，写下自己真实的心声，寻求大家的鼓励。你要相信大家是很愿意为每一个努力生活的人点赞的，而且你会从这些鼓励和称赞中获得动力，那种感觉非常的奇妙。每当你有了好的想法，就会想到兑现它会有这样奇妙的感觉。

提升自己的执行力，就是要让想法付诸实践，可以利用表4–2，找到目标，执行，在反思中检查以及进行行为的改善，这样才能真实有效地提升教师个人修养。

表4–2　目标与执行

寻找目标	进行执行
反思检查	有效改善

（二）学习时间管理方法

时间管理方法的学习，也是教师个人修养提升的必须课。我们分享一种方法，四象限法，见表4–3。

表4–3　四象限法

紧急而重要	重要但不紧急
紧急不重要	不紧急也不重要

著名管理学家科维提出的这个时间管理的理论，把工作内容按照重要和紧急两个不同的程度进行了划分，基本上可以分为四个“象限”：紧急又重要、重要但不紧急、紧急但不重要、既不紧急也不重要。这就是关于时间管理的“四象限法则”。

第一象限包含的是一些紧急而重要的事情，这一类的事情具有时间的紧迫性和影响的重要性，无法回避也不能拖延，必须首先处理优先解决。

第二象限不同于第一象限，第二象限的事件不具有时间上的紧迫性，但是，它具有重大的影响，对于个人或者企业的存在和发展以及周围环境的建立维护，都具有重大的意义。

第三象限包含那些紧急但不重要的事情，这些事情很紧急但并不重要，因此这一象限的事件具有很大的欺骗性。很多人认识上有误区，认为紧急的事情都显得重要，实际上，像无谓的电话、附和别人期望的事、打麻将三缺一等事件都并不重要。这些不重要的事件往往因为它紧急，就会占据人们的很多宝贵时间。

第四象限的事件大多是些琐碎的杂事，没有时间的紧迫性，没有任何的重要性，这种事件与时间的结合纯粹是在扼杀时间，是在浪费生命。发呆、上网、闲聊、游逛，这是饱食终日无所事事的人的生活方式。建议尽可能不做。

对于这些，我们要尽量少一点第四象限的事情，多一点第二象限的事情，这样我们也才能够在发展的过程中走得更快更稳。

教师提升自我修养的实践之一应该学会管理自己的时间，时间管理的好能解决老师没有时间的困扰。

（三）学习生涯规划知识——平衡自己的生活

很多老师的困惑在于，不能够跳出来全面地审视自己的工作和生活的全貌，更难将二者平衡。关于这方面的经验，我们不妨和著名的生涯规划师古典老师学习。

这里想要和大家介绍一个古典老师推荐的实用又有趣的工具：生命之花，又叫作平衡轮。这个工具就是帮你：看到自己生活的方方面面；发现和知道自己真正想做的事情；让自己生活的各个方面互相平衡，相互支持。

具体使用步骤：

第一步：画一个空白的圆形，也就是“花”。

生命之花很好画，在一张白纸上，先画上一个圈，然后是一个交叉的XY轴，再加两条斜线。画面变成了8个等分的花瓣（见图4-1）。一个空白的生命之花就出现了。有时候也不必特别规整，可以画成你喜欢的任何形状。

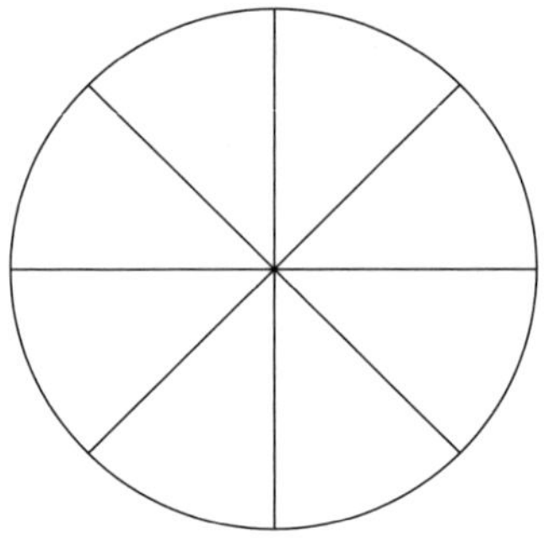

图4-1　花

在分开的区域里依次填上生命平衡与幸福最重要的8项内容（见图4-2），标准版本的生命之花的内容顺时针填写：

职业发展——你的职业发展方面。

财务状况——你的财务方面。

个人健康——身体、心理健康方面。

娱乐休闲——你的闲暇放松时光。

家庭——如果已经组建自己的家庭，主要指自己的。未组建家庭的，就指和父母的家庭。

朋友和重要他人——你总还有不是亲人，却不可失去的人吧。

个人成长——知识、能力、眼界、心灵的成长，都是个人成长。

图4-2　生命之花

自我实现——也许与工作无关，但是能发挥你的天赋，实现你的价值的事。你暂时不能非常清楚地区分个人成长和自我实现的，可以将两者合并。

生涯规划师古典老师提到：这个平衡轮内有玄机。

“上半边主要是向外的，目标型的。下半部分更多是向内的，关系型的。有人的生命之花上半截很好，下半截不行，头重脚轻，这种迟早会失衡。而脚重头轻的人，则容易长成土豆，过于保守和安逸。”

每个象限也有自己的重点：分为职业发展、个人幸福、他人关系、自我实现四个大类。试想一个人如果能够在一个月之内，为自己的职业、幸福、关系和梦想都做点事情，那我们生活的各个方面怎么还会不平衡呢？

把这8项内容填入8个花瓣，你还可以用自己喜欢的小图标代表这8个内容。

第二步：开始填写。

一开始不要多，每个维度填写最重要的三件事情就好。等到使用的熟练了，你可以尝试填写更多，但是永远不要超过5项。

下面是几个计划原则：

①填写数量最好3项，不要超过5项。

②你觉得重要一点的，可以标成醒目的颜色，或者画一个小图标提醒自己。

③一开始想不出来，宁愿空着也不要随便填写东西上去。一定要填写让自己怦然心动的东西。相信有一天你的潜意识会开始运作，回来填写这个空的。

④学会用彩笔，用视觉符号越多越好，因为我们的大脑等喜欢接受图画符号。

然后，把排好的事件放到日历里面去。你可以使用手机软件，或者画一个日历（见图4–3）。

图4–3　日历

第三步：填入计划。

①先安排比较硬的时间。一般来说，职业和财务时间都是比较硬的，因为很多人协作，轮不到你安排。

②然后安排健康时间和家庭时间。健康时间因为你的身体需要持续的有规律的时间，所以需要提前安排。家庭时间因为你家人的时间相对固定，也需要第二个插空。所幸这些时间不会太长，一般一天1小时足够了。

③然后是个人成长与自我实现的时间。这部分时间其实是整个罗盘的启动机，很重要。

④为什么娱乐休闲与重要他人放在最后？因为这是我自己最有动力做的事情，所以即使插空，时间不对，环境不好，我也会去做的！

根据你自己的情况不同，②③④的顺序都可以调换，背后就3个原则：

①少数服从多数，先排多人协作的时间或者必须固定时间的内容，然后排机动。②吃软怕硬，在第一个原则之下，先排软时间（不做会被挤掉的时间）再排硬时间（必须要做的时

间）。因为很多老师一忙，压力一大，就会自动挤占软时间，对自己说也许下周可以呢……其实就一辈子没戏了。个人成长、自我实现、休闲娱乐、重要他人都是这样活活没有掉的。③越想做越后排，计划是用来让那些平时无法实现的事情实现的。至于那些你平时自动会去做，或者不让你做你都要做的事情，自然就排在最后。

而那些必须要做或者天生就爱做的事情，反而不用预先留时间，因为你一定会去做的。大概定个开始和死亡线就好。

按照这个原则，这个月每个晚上的安排差不多就都定了。最后整体看看，主要找几个东西：

①有没有前后冲突？比如第二天有重要的讲课安排，那么前一天的安排中就不要有太劳累的内容。

②有没有可以合并的？很多个人成长、朋友聚会、家庭聚会其实完全可以整合一起。

③有没有机动时间？一周至少给自己留一个晚上机动时间。

这个实用工具来自生涯规划师古典老师，它在实践中有效地帮助了很多想要获得自我成长的人，对于想要实现自我成长的教师群体，也同样适用。

三、在团队协作中实践

《众人划桨开大船》歌曲中这样唱道：“一支竹篙难渡汪洋海，众人划桨开动大帆船；一棵小树弱不禁风雨，百里森林并肩耐岁寒。”这首歌极富哲理，它生动地诠释了团队的精神。

教师的团队指的是教师们是一种集体智慧的结晶，有助于教师教育教学和科研战斗力的集中提升，教师团队建设好，教师获得的成长就快。独木难成林，要学会与人合作，共同进步，才是自我修养提升的捷径。学校的发展靠的不是单个的教师，靠的是教师这个集体，教师也同样如此。只有教师们彼此团结协作，才能形成一股强大的合力，推动所有教师齐头并进。

教师个人的学识和水平总是有限的，仅仅依靠教师单个人的力量想要获得成长是难以达到高度的，因此，教师的团队精神就显得至关重要了。这是因为：第一，团结的力量是无穷的，善于协作的团队生命力极强，无坚不摧。第二，在团队之中，各个成员之间可以形成优势互补，相互启发，相互激励，共同提高，可以形成一股合力，更有助于获得战胜困难的勇气和精神。第三，团队获得的信息量是个人信息量的数倍，只有丰富的信息量，才能满足每个教师的教育教学和教改实践需要。第四，在团队的协作中，每个成员相互激励、相互关心、支持和理解，成为成长过程中宝贵的精神财富。

教师的团队合作可以尝试下面的方法来进行实践。

（一）抓住集体备课的好时机

集体备课是由年级组、教研组、备课组组织的以优秀教师为主导的教师共同参与研讨的教学准备活动。它一般包括备教育理论、教材教法、学生学法等内容，是对课堂教学进行的全方位设计。

因不同年级的教学内容不同，应以每个年级的教学教师为一个单位，若单位中人数众多可分为若干组，个人认为每组6~8人适宜。每组成员在具体活动中轮流负责，负责人指定好需集体备课的内容，并对每名成员有针对性地指定要负责的一两个环节，比如重难点的处理、例题的选取与安排、与学生互动的环节等，力求在该环节上方法或思维多样。在一个共同的时间里，全体组员围绕各个环节上重点发言人的内容展开对其讨论，并将绝大多数都通过的内容、方法、手段等记录在案。

集体备课的模式也因校而异，因学科而异，但是万变不离其宗，教师只要用心学习，就能找到自己的成长突破点。

（二）利用共同的多媒体资源

多媒体的运用说容易也不容易，要制作出一个好的媒体课件费时费力；另外不同的教学课件制作软件各有优劣，要想综合应用这些软件来制作好的课件需花大量的时间，由此多媒体课件的制作要想快省好，要学会多人进行合作。

教师团队中擅长多媒体资源整合的教师可以为其他教师普及知识，互相补充。

（三）建立合作上课新模式

①分组中的教师可在集体备课、专题研究、共同制作课件的基础上，全体组中成员在同一天开展相同内容的教学，或者部分老师在讲台上上课，余下的老师在讲台下听课。两种不同的方式最后都需要大家及时地沟通和交流，每一位老师重点从一到两个方面进行实质的发言，深度剖析合作的共识与个体教学中的异同。

②分组中的教师交叉班级上课，或者新老师在台前授课，原任老师在下听课并仔细观察学生的反应。这样的借班教学会有更多意想不到的事情发生，快速促进教师的成长，也可以让学生从更多的老师那里感受到不同的教学形式和思维，从而对发散学生的思维有利，这里要注意学会教师团队的经验分享。

③将两个（或多个）班学生重新组合分两个（或对应数目）班上课。这里只不过是借鉴分层教学的经验，将每班中在数学上具有相同水平的学生组合在一起，再将组中的每个老师有目的地分配到新的班级进行授课。这样的教学模式可能不太适用于新课，因绝大部分同学在学习新内容的时候都会存在太多问题，另外考虑到部分学生的情绪，会认为这是一种教学歧视；主要适用于习题课和试卷分析课。在层次高的班级，教师注重拓展学生的思路和相关知识，以及提高解题效率，发现优秀的学生，为学生开展课外实践活动提供小干部人选；在层次中等的班级，教师应注重学生的解题能力的培养，多训练包含多个知识点的题目；在层次差点的班级，教师应注重培养学生对数学的自信和兴趣，使学生加强基础知识的理解和掌握。

④关注反思合作成果。在教师合作的过程中，个体的观念和行为方式肯定会与其他同伴或者团体性的行为发生冲突。这时，就需要教师要具备自我反省的能力，要随时调整自己的观念与思维方式，调整自己的行为，尽可能地使自己的思想观念与行为方式与团体的行为相统一，这样才能实现有效的合作。

以上只是浅谈了教师间的合作的基本原则和形式，具体到实践之中，还需不断地摸索、总结、完善。无论如何，教师应该自发地参与到合作中来，在繁重的教学任务下合理地安排时间，制定切实可行的合作计划，使合作不流于形式，才能实现自己在团队合作中的快速成长。

问题解决案例

正如本章开始的那名男老师，他意外获得优秀教师的奖励，而如何才能让他的获奖成为理所当然呢？相信经过本章内容的阅读后，我们都能找到答案。

这名男老师已经具备了最基本的有爱心、有责任心、有耐心。那么，为了提高这名教师其他方面的个人修养，他应该怎么做呢？

首先提高自己的教学热情和亲和力，遇到事情管理好自己的情绪，并且搞好个人卫生和办公室卫生，注意语言的规范，重新树立个人整洁清爽的个人形象。

这样，就是一名当之无愧的优秀教师了。

总之，教师的职业是美好的，同样教师的责任也是无比重大的。作为新时代的教师，我们要一手应肩负起教书育人的责任，一手不断提升自己的个人修养。只有教师成为更好的自己，才能站得更高，看得更远，才能重新定义教育的意义，才能对学生做最好的培养。所以，提升教师的个人修养意义重大又任重道远，你我都是这路上的探索者和实践者。

参考文献

[1] 李镇西. 教有所思 [M]. 上海：华东师范大学出版社，2003.
[2] 于漪. 岁月如歌 [M]. 上海：上海教育出版社，2007.
[3] 于漪. 于漪全集 [M]. 上海：上海教育出版社，2018.
[4] 于漪. 教育魅力 [M]. 上海：华东师范大学出版社，2013.
[5] 古典. 拆掉思维里的墙 [M]. 长春：北方妇女儿童出版社，2010.
[6] 古典. 跃迁 [M]. 北京：中信出版社，2017.

第五章 小学教师学生发展知识的建构与应用

问题引出案例

张老师参加工作时间不长。当得知下个学期开始她就要给一年级的新生教语文时，兴奋不已。她抓紧一切时间认真钻研《小学语文新课程标准》，仔细研究一年级语文书上的每一个知识点，包括拼音的要求、汉字的书写、生字的认识等。新学期开始了，张老师信心满满地站在了一年级的讲台上，准备把之前学到的语文知识传授给孩子们时，意想不到的情况发生了。孩子们一点都不听她的话，上课过程中不时有学生要上厕所，有学生说闲话，甚至有学生站起来四处走动。张老师急哭了，急忙去向老教师请教。经过老教师的一番讲解，张老师终于明白了，原来做好一名小学老师，不仅要有扎实的学科知识，还要必备小学生的发展知识等其他知识与能力。

专业知识是教师从事教育教学活动必备的专门性知识，区别于其他专门职业的知识特性，是教师成为专业人员的必要条件，也是教师的专业信念和专业能力的基础。“小学生发展知识”是《小学教师专业标准》规定的“专业知识”维度之一，也是四个领域知识中所占比重最大的。所以，小学生发展知识的建构与应用显得尤为重要。这也体现了小学教师的专业性及小学教育服务于小学生的性质。

第一节 小学教师学生发展知识概述

了解小学生，是教师做好教育教学工作的前提。小学生发展知识，是合格小学教师应具备的专业知识的首要组成部分，属于教师必须了解和掌握的内容。

在我国，小学生的年龄范围一般为六七岁到十一二岁。这个年龄段正是身体发育的重要阶段，也是小学生学习知识、发展能力、培养个性的关键时期。要培养身体健康、德才兼备的人才，就必须根据小学生身心特点，做到因材施教。如果教师不能真正了解小学生，盲目行事，不仅无法收到良好的教育效果，还有可能给小学生的发展带来消极影响。

《小学教师专业标准》中关于小学生发展知识主要指的是以围绕保护并促进小学生生存与健康发展为目的，要求教师了解和掌握的有关政策法规、小学生身心发展、安全防护及其教育的知识等，具体包括以下六个方面的内容。

一、了解关于小学生生存、发展和保护的有关法律法规及政策规定

党和国家历来高度重视教育工作，关心下一代的健康成长，新中国成立以来已经制定了针对教育活动的各类政策法规，以保护儿童合法权益。我国已颁布了《教育法》《教师法》《义务教育法》《未成年人保护法》《妇女权益保护法》《残疾人权益保障法》《学校卫生工作条例》《中小学幼儿园安全管理办法》《学生伤害事故处理办法》《中小学教师职业道德规范（2008年修订）》等教育法律法规。如《教师法》第三条明确规定："教师是履行教育教学职责的专业人员，承担教书育人、培养社会主义事业建设者和接班人、提高民族素质的使命。"第八条在教师应履行的义务中规定，教师应"遵守宪法、法律和职业道德，为人师表""关心、爱护全体学生，尊重学生人格，促进学生在品德、智力、体质等方面全面发展"。教师的责任不仅在于向学生传授科学文化知识，更承担着促进学生身心健康成长、维护学生合法权益的责任。然而，在当前的教育实践中，侵犯学生权益的事件如打骂、体罚、变相体罚、侮辱学生人格尊严等现象在学校时有发生。这与教师缺乏教育法律意识和法律知识有很大的关系。

作为教育工作者，教师必须严格遵守和执行国家有关法律法规，尤其是在教育日益走向法治化的今天，教师更应该提高自己的法律素养，树立依法执教的意识，注意自觉维护学生的合法权益。

教师只有认真学习，深入理解和掌握相关的教育法律法规及政策规定，才能在教育教学活动中抓好落实；才能明确教师自身的义务，保证正确履行自己的职责，才能全面提高教育教学质量，才能保护和促进小学生生存与健康发展。

发生在辽宁省瓦房店市某小学的一起案例充分说明，教师缺乏对小学生生存、发展和保护的有关法律法规的知识了解，可能造成对小学生的严重伤害，并使自己陷入违法境地。

案例

1994年4月23日下午，辽宁省瓦房店市某小学校长冯某、教师马某带领本校六年级一班一部分同学在操场上劳动。女学生钟某看见附近山坡上起火，就向校长请求前去扑救。冯某明确表示同意男学生前往扑火。随后有十几名男女学生闻讯后前往扑火，冯、马二人也没有制止。冯、马二人自始至终未赶往现场指挥。当9名学生闯入三面陡峭的沟壑灭火时，风向突变，火借风势使山沟变成一片火海，致使5名男生3名女生被烧身亡，1人烧成重伤。遇难的学生平均年龄不足13岁。

这起事故的主要原因是该校校长及教师安全意识极其淡漠，法制观念不强，法律知识欠缺，根本没有考虑到同意学生去进行与他们年龄和能力不相适合的救火行动，可能会造成的严重后果。保护国家财产是每个公民的义务，小学生不畏艰险、保护国家财产的精神，是值得赞扬的。但作为成年人的校长、教师则应从法律、安全的角度为未成年人着想，既保护他们的积极性，又保证他们的人身安全，恰当处理。对学生的行为未加制止，也未采取其他紧急措施，更没有到现场指挥保护学生，这正是校长和教师严重失职之所在。

二、了解不同年龄及有特殊需要的小学生身心发展特点和规律，掌握保护和促进小学生身心健康发展的策略与方法

（一）小学生身体发育的一般特点

小学生身体发育的一般特点，包括身高体重、骨骼肌肉、循环系统、呼吸系统、神经系统等发育特点，要根据小学生的生理特点做好保护与培养工作。如小学生的骨骼骨化尚未形成，骨骼组织含水分多，含钙盐成分少，使骨骼硬度小、韧性大，富于弹性，易弯曲变形。因此，在日常教育教学活动中，每位教师都要特别注意孩子坐、立、行、读书、写字的正确姿势的培养训练，防止骨骼发生变形，如驼背或脊柱向一侧弯曲等。

小学教师应了解小学生心理发展的一般特点，包括感知能力、记忆能力、思维和言语能力、想象能力、情感、意志和个性发展的特点，掌握必要的引导和帮助的方法。如小学生注意的稳定性较差，易受新奇刺激的吸引，注意保持的时间短暂，约为20分钟，注意范围比较狭小，不善于分配自己的注意力，不善于根据活动任务把注意力从一件事情主动转移到另一件事情上。各学科教师在教学中都必须针对学生的上述特点，采取灵活多样的教学方法组织学生的注意，才能取得好的教学效果。

小学生正处于身心迅速发展的时期，而小学阶段的时间跨度又有六年之久，造成低年级与高年级小学生在生理和心理发展上差别很大，低年级、中年级、高年级成为三个具有相对独立特征的阶段，甚至年级与年级之间也有明显差异，各个年级均有其鲜明的独特性。因此小学教师要了解不同年级小学生在生理和心理发展上的差别特征。同时，每个小学生的遗传素质和成长环境也是不同的，小学教师要注意了解这些差别，才能因材施教。

小学阶段是行为习惯养成的关键期，小学教师应了解养成教育的相关知识，掌握培养方法，如以身作则、从小事做起、持之以恒等，充分利用成长关键期，帮助学生养成可以受益终生的良好行为习惯。

小学教师不仅需要了解小学生正常的身心发展特点，还应了解常见的、可能出现的异常表现，如身体方面的近视问题、心理方面的考试焦虑问题等，掌握保护和促进小学生身心健康发展的策略与方法。

（二）小学生身心特点和特殊需要

《小学教师专业标准》中“有特殊需要的小学生”指身心正常发展的普通儿童之外的各类特殊儿童，包括智力障碍儿童、视力残疾儿童、听力残疾儿童、肢体残疾和病弱儿童、学习困难儿童、情绪和行为障碍儿童、言语障碍儿童，还包括超常儿童、有行为问题的儿童等。

我国学龄残疾儿童80%以上在普通学校随班就读。残疾儿童与普通儿童身心发展的基本规律是一致的，虽然他们由于某种程度的残疾影响了某些方面的发展速度和水平，但是通过缺陷补偿、潜能开发，他们仍然是可以发展的。因此小学教师除了懂得对普通学生进行教育的知识，还需要了解残疾学生的身心特点和特殊需要，掌握一些基本的特殊教育的方法。

20世纪80年代以来，有些国家认为给残疾儿童分类贴标签，会给他们的教育带来消极作用，因此将残疾儿童统称为“有特殊教育需要的儿童”。这一称谓实际上范围包括每一个

儿童，因为任何一个儿童在特定的环境和条件下，都可能有特殊教育需要。

教师作为专业人员，必须了解有特殊需要儿童的身心特点和特殊需要，掌握一些基本的特殊教育知识，尤其是面对现在日益增多的学习困难、情绪行为问题等学生，教师必须具备了解、评估不同学生特殊需要的能力，以便能根据每个特殊儿童的特殊需要制定并实施个别化教育。近年来被新闻媒体曝光的教师体罚或变相体罚特殊儿童的现象，不仅说明这些教师师德败坏，教育观念落后，也反映出他们缺少对这些特殊儿童特点的了解，缺少特殊教育的能力，面对特殊儿童的种种问题，除了体罚，没有更好的办法。

三、了解不同年龄小学生学习的特点，掌握小学生良好行为习惯养成的知识

一般认为，学习是指有机体经验的获得及行为变化的过程。这里的有机体包括动物和人，也就是说，不但人类有学习活动，动物也有学习。从低等动物，如变形虫到高等灵长类的猿猴，从婴儿到成人，都存在着学习。在人和动物适应周围生活环境的过程中，都存在着经验的获得以及由此所引起的行为变化，但人的学习与动物的学习存在着本质的区别。人具有高级的心理功能，特别是借助于语言系统，人可以摆脱现实刺激物的局限性，间接地反映事物的本质和内在联系，可以用个体掌握的方式获得他人的经验。

小学生的学习过程既是在教师指导下的初步认识过程，又是在课内外和家庭等不同场合综合学习的过程，也是个体各方面素质动态发展的启蒙过程。小学生入学后，学习成为他们的主导活动。小学生学习特点主要包括学习动机、学习态度、学习能力等方面的发展特点。小学生一般还不善于把学习与社会需要联系起来，还缺乏深远的学习动机；小学时期是学习态度初步形成的时期，随着教师的教育和引导，小学生逐渐形成对学习认真负责的态度；学习能力是多种能力如观察力、注意力、记忆力、理解力、想象力等的有效结合，在教学影响下，小学生这些能力不断发展提高。了解小学生学习的特点，是教师做好教学工作的必然要求；培养小学生正确的学习动机和学习态度，不断提高其学习能力，也是小学教师的重要职责。

从时间顺序看，小学生的学习过程是一个由低年级—中年级—高年级逐步递增的过程。不同学习阶段，小学生学习的特点如下：

（一）低年级儿童学习的特点

低年级儿童活泼好动，注意的持久性较差，思维中具体形象的成分占优势。概括水平的发展处于概括事物的直观的、具体形象的外部特征或属性的直观形象水平阶段。他们所掌握的概念大部分是具体的、直接感知的。因此，低年级儿童学习方法的选择和运用应注意直观形象性和游戏活动性。操作学习法、游戏学习法、竞赛学习法、故事描述法往往是组织和吸引低年级儿童积极、自主地学习的有效方法。

（二）中年级儿童学习的特点

随着年龄的增长和学校学习常规的训练，中年级儿童学习的自觉性、组织纪律性有所增

强。与此同时，中年级儿童的学习能力伴随着生理的发育和心理素质的完善逐步发展起来。感知能力的发展，注意品质的进步，记忆中有意识记忆能力的提高，都为小学生的学习进步创造了条件。尤其是中年级儿童思维能力的发展，更使小学生学习方法有了新的特点。中年级儿童具体形象成分和抽象逻辑成分的关系发生着变化。在直观形象成分增加的同时，抽象逻辑成分开始增加。概括水平的发展处于直观形象水平向抽象逻辑水平过渡的状态。在他们的概括中，直观形象的外部特征或属性逐渐减少，抽象的本质特征或属性的成分逐渐增加。实践表明，小学三、四年级的儿童已能学习运用归纳、演绎、类化和对比推理的思维方法。因此，中年级儿童学习方法的选择和运用应充分考虑机械识记法和意义识记法的交叉渗透性，直观形象法和抽象逻辑法的自然过渡性。

（三）高年级儿童的学习特点

尽管整个小学阶段，儿童的无意注意、机械识记和形象思维仍占优势，但是高年级儿童的有意注意能力、意义识记能力和抽象逻辑思维能力进一步发展起来。他们初步学会对事物本质特征或属性以及事物之间的内在联系和关系进行抽象概括，并逐步接近科学的概括。较为熟练地掌握了各科学习的方法、方式、技能和技巧，自觉能力进一步增强。因此，高年级儿童学习方法的选择和运用，一是要注意发展思维的抽象逻辑性，二是要注意学习方法运用的综合性和独立自主性。

了解小学生学习的特点，是教师做好教学工作的必然要求；培养小学生正确的学习动机和学习态度，不断提高其学习能力，也是小学教师的重要职责。小学教师在指导儿童学习的过程中，要根据儿童不同年龄阶段的学习特点，有的放矢，张弛有度，这样才能达到事半功倍的效果。

四、了解幼小和小初衔接阶段小学生的心理特点，掌握帮助小学生顺利过渡的方法

（一）幼小衔接阶段的儿童心理特点

“幼小衔接”指幼儿教育与小学教育的衔接。幼小衔接是幼儿园和小学教育两个教育阶段的平稳过渡的教育过程，也是儿童成长过程的一个重大转折，这个阶段也是处于人类整个逻辑思维形成和使用过程中所要经历的三次环境转换的第二次转换期，幼小衔接的重要性由此可见，意义重大。

处于幼儿园与小学阶段的儿童具有不尽相同的身心特征。幼儿园时期主要是以游戏和能力发展为主的教育方式，而小学教育主要是以正规课业和静态知识的学习为主的教育，两者的这种教育方式的不同需要儿童身心的调整来适应，这种适应的调整就是幼小衔接的主要任务。幼小衔接不当会造成孩子身体、心理和社会适应性方面的种种问题。身体上的不良反应是：孩子会容易疲惫，食欲不振，精神状态差，心理上压力大，自卑，厌学，社会适应性方面表现出孤僻，不敢跟人说话，不爱与同学沟通。这些问题都对孩子以后的人生有很大影响，所以，做好幼小衔接很重要。

刚入学的小学生虽然已经步入学校，却不可避免地延续着幼儿时期的一些心理发展特

征，他们依然很喜欢游戏，同伴交往、社会性发展都在游戏中继续发展着。教师要根据小学低年级学生的这些心理特点加以引导，给学生一个适应的过程，做好幼小衔接的工作。解决好幼儿教育与小学教育的衔接问题，对于促进儿童的健康成长，提高教育质量都具有重要意义。但幼小衔接问题在实践中一直没有得到很好的重视。在幼小衔接过程中，常常会出现幼儿园关注小学情况多一些，小学则不关注幼儿园，形成了单向衔接的局面。作为合格的小学教师，应了解小学和幼儿园学习生活的差异，了解初入学小学生可能出现的心理问题和帮助方法，使小学生迅速适应小学的学习生活。

（二）“小初衔接”阶段的儿童心理特点

“小初衔接”是指小学和初中这两个学段之间的前后互相连接和过渡。小升初是一个重要的转折点，进入初中后，学习科目增加，任课老师增加，多数学生都感到不适应，有些学生甚至出现消极情绪。如果学生不能尽快适应初中的学习环境，受到影响的不仅仅是学生的学习成绩，还会是他们的身心健康。小初衔接的成功与失败对教育质量影响很大，但这项工作是基础教育中长期被忽视的一个薄弱环节。小学、初中在阶段培养目标、教学方法和评价手段等方面存在着一定的差异。初中阶段重抽象思维，强调综合能力，要求学生具有较强的自理能力，能够自主学习、有良好的学习习惯，有较强的心理承受能力和良好的处理人际关系的能力。小学教师应了解小学生和初中生在学习生活上的差异，知道怎样从认知能力和行为习惯方面做好培养工作，帮助小学生做好升学准备，使学生顺利完成由小学到初中的过渡。从教师观念上来说，我们应该认识到教育的连贯性。超前知识的合理渗透，扎实基础的自然衔接使学生进入初中后，在已有的小学知识背景和生活经验的基础上，能更顺利地迈进新的知识领域。

第一，从教学方法上来说，小学和初中有比较大的区别。一般来说，在小学阶段，教师的讲课比较生动活泼，而初中阶段相对来说就显得严肃而单调。对于刚上初中的学生来说，他们在短时间不容易接受这个改变的，也就是说，学生开始有些适应不了，成绩会有很明显的下降。所以，小学老师和初中老师可以在教学方法上相互借鉴，使得学生在小学到初中的转变过程中感到不是那么的突兀。

第二，从学生的学习习惯上来说，应培养学生良好的学习习惯。到了初中，预习是很重要的一个环节，因此在小学阶段要多培养学生养成提前预习、主动自学的习惯，还要引导学生学会记笔记。这样可以更好地掌握知识。

第三，从学生的行为习惯上来说，在学生从儿童向青少年发展的时期，他们的很多行为习惯都会发生改变。如今随着社会的发展，学生平常能接触到的事物也随之增多，学生的认知能力和心理成熟度都有所提高，在小学阶段有些学生在行为习惯上就会发生改变。因此，作为小学教师，我们应该和学生多交流，使学生进入初中后能感受到自己的一些改变有一个连贯性，而不是完全割裂开来的两个不同时期。

五、了解对小学生进行青春期和性健康教育的知识和方法

青春期是童年向成年过渡的时期，是生理发育和心理发展急剧变化的时期，也是人生观

和世界观逐步形成的关键时期。青春期的年龄因人而异，因地理、气候而异，因民族而异，因现代社会物质文明和精神文明发展而异。根据我国的国情，目前一般认定的青春期年龄是男孩从十二三岁到十八岁左右，女孩从十一二岁到十八岁左右。青春期教育是现代素质教育的重要组成部分。青春期教育实质上就是青春发育这一特殊时期的，符合青春期特点的性健康教育。不能把青春期教育理解为在青春期所进行的全部教育，也不能理解为在青春期进行的全部德育，它只能进行德育的一部分——性道德。小学高年级学生已进入青春期，为此小学教师应了解对小学生进行青春期教育的相关知识，正确地开展青春期教育，帮助小学生顺利地度过青春期。

性健康教育是青春期教育的核心，当前，由于旧观念作祟，很多老师和家长都避讳讲性健康问题，其实这个问题是回避不了的。少年成长到一定年龄，就在生理上出现变化。由于孩子没有这方面的知识，有时会惊慌失措；或者因为受到外界媒体等不良影响，出现不健康的行为。这对小学生的健康成长很不利。其实，性健康教育是人的一生都要接受的教育，只是在不同的发展阶段，教育的内容、深度、方法有不同的特点而已。小学教师应该具有小学生性发育的知识和对性健康教育的正确认识。性健康教育不只是传授性生理知识、性心理知识和性卫生知识，而且要对学生进行有关性别的认同、尊重、交往、性道德和性文明的教育，以及进行性价值观念、性道德意识、性法律规范的教育。使学生获得性科学知识，摆脱性无知，使身心健康发展的同时，按照社会的道德规范做人。

目前小学生性生理发育普遍提前，他们所接触的社会环境充斥着大量有关性的信息，所以性健康教育必须从小抓起，让孩子在性观念未被社会一些不良风气影响扭曲之前，及早获得正确的观念和科学的知识，并学会保护自己。小学性健康教育内容主要有：性别、性生理方面；性心理方面，悦纳自己的性别，尊重异性；性道德与社会方面，社会的性道德原则和行为规范，与异性交往方法与礼仪；性审美方面，性别美的欣赏和塑造等。小学不同年龄段性健康教育具体内容和方法不同。大量的事实证明，性认知和性意识的形成从幼儿时期就开始了，所以小学教师应了解对小学各年级学生开展性健康教育的相关知识，以便在日常教育教学活动中，及时化解学生对自己身体在生长发育过程中所发生变化感到的好奇和恐惧，让他们能够健康、快乐地成长，使其受益终生。

六、了解小学生安全防护的知识，掌握针对小学生可能出现的各种侵犯与伤害行为的预防与应对方法

小学阶段是儿童发展的旺盛期，小学生好奇心强、思维敏捷、活泼好动的特点决定了他们在家庭、学校和社会中的活动范围增大、活动量增大，又由于其在生理和心理上的不成熟、生活经验少、社会阅历浅、缺乏安全意识，使得他们在不经意间发生危险事故时很难做到自我保护。一旦发生安全问题，不仅会影响小学生的健康成长，也会给家庭和学校带来巨大的伤害，更会给社会带来不利的影响。教师是从事教育工作的专业人员，基于教育工作的专业性，教师经过适当的专业训练，了解小学生成长的生理和心理规律，掌握管理与育人的技能，并获得教育的资格，因此，教师在教育活动中负有保障小学生人身安全的义务，有责任防止因不当教育活动而造成对小学生的伤害。但无论是教

师、父母、社会，都不可能给任何儿童一生的安全承诺和保护，只有儿童自身具备安全意识、安全知识和自护能力，方可确保一生平安。而要做到这一点，必须通过学校的安全教育才能实现。安全教育是学校教育的重要组成部分，是保护小学生生命安全最重要的一环。在学校安全教育中，教师是主要的承担者。因为每位教师都负有保障小学生安全和对小学生进行安全教育的责任，因此，每位教师都应具备必要的安全防护知识，掌握针对小学生可能遇到的各种侵犯与伤害行为的预防与应对方法。

教师要根据所授学科的不同要求，具备相应的安全知识，如体育教师要具有防范运动损伤的知识。教师应具有防范学校公共安全事故的知识。学校是一个特殊的公共场所，公共安全事故发生较多。如踩踏事件、火灾、学生打架斗殴等，教师要具有应对这些事故的知识。在暑假期间特别要防止学生野游而发生溺水事故。教师应具备调节学生心理健康的常识，能及时发现学生常见心理问题，正确应对，防止意外。

小学生应学会的安全防护知识包括：消防安全、交通安全、使用电器知识、远离毒品、防范不法分子侵害、地震知识、网络安全、意外伤害自教自护的知识等。小学生应学会的安全防护知识当然更应该首先成为教师熟练掌握的安全知识。

总之，小学教师应了解小学生在校内外可能受到的伤害，掌握预防与应对方法，以便在教育教学活动中保护小学生，及时对小学生进行安全教育，向小学生传授安全知识，帮助小学生学会自护技能。

案例一

1995年4月，云南省东川市某小学在春游中，59名学生因采食水马桑果而中毒，其中1名学生死亡。这起事故的发生就和教师未能及时向学生传授相关安全知识有关。在此案例中，59名学生都采食了这种有毒野果，从中也可以看出组织管理的漏洞，暴露教师缺乏保障学生安全的知识和技能。

案例二

1981年夏收时节的一天午后，山西省汾西县某中学初三某班学生参加麦收劳动返校途中，恰逢强烈的雷阵雨。全班学生纷纷跑到距校园不远处的一棵大槐树下避雨。带队教师见状，严厉要求学生们冒雨跑回校园。回到教室时，学生们各个都淋成了“落汤鸡”，其中还有不少学生中途滑倒，沾了满身泥污。正在学生们怨声载道时，随着一道刺眼的闪电和一声震耳欲聋的霹雳，只见那棵大槐树树顶冒出一股浓浓的棕色烟雾，一根水桶般粗的树干被劈断落下。雨停后，全校师生纷纷前往观看，发现树下死了4头猪，20余只鸡。

雷雨季节，山顶、高层建筑、大树、高压输电线塔等往往是引雷击身的“出头鸟”，千万不可在阴雨天接触、靠近（安装避雷设施的建筑物除外）。案例中的教师正是由于具备应有的安全知识，才不惜背负“心太硬”的骂名，强迫学生离开树下，使全班学生幸免于难。这是预防安全事故的成功案例，是应该值得认真借鉴的。

小学生安全事故涉及的范围十分广泛，并且有些具有突发性和不可预见性，还会有新的学生伤害情形不断出现，这就需要教师不仅要注意多学科知识的学习，还需要不断更新安全知识，做到终身学习。

第二节　小学生发展知识的建构

小学生发展知识是合格小学教师应具备的专业知识的首要组成部分，属于教师必须了解和掌握的知识。作为教育教学环节的重要组成要素，教师了解学生显得尤为重要。要培养身体健康、德才兼备的人才，就必须根据小学生身心特点，做到因材施教。那么，小学教师对于小学生发展知识的建构就显得尤为重要。本节将默会知识理论、生成学习理论及野中郁次郎的SECI模型为理论基础，在分析小学生发展知识生成条件的基础上，结合《小学教师专业标准》相关内容，试建构出小学生发展知识生成模型，并提出小学生发展知识的建构策略。

一、小学生发展知识建构的理论基础

（一）默会知识理论

1958年，英国著名物理化学家和思想家波兰尼在《人的研究》一书中，首次提出了“默会知识”。他认为人类有两种知识：显性知识和隐性知识，又称明确知识和默会知识。为人们所熟知的，是能用书面文字或地图、数学公式表述的明确知识，而我们自身拥有、但不能系统表述的则被称为默会知识。显性知识易被编码、存储和传播，而默会知识则不容易被表述，因而不容易被传播和分享。而小学生发展知识也属于知识的一种，它的生成同样是默会知识和明确知识结合而成的结果。波兰尼指出，默会知识是自足的，而明确知识必须依赖于被默会地理解和运用。因此，所有知识不是默会知识就是植根于默会知识[1]。默会知识的获得必须依靠知识主体的原有经验，且必须由知识主体自身去感知和体验新的知识。要想获得这种默会知识，必须不断地实践、体验，总结和反思，不断地发现问题，寻找解决问题的方法。

根据默会知识的特征，我们可以发现小学生发展知识中的教育理念和教育方法都属于默会知识，这种知识的生成需靠学习者个体通过大量的观察体验及实际生活应用与实践，将通过符号传递的显性知识同实际生活情景和自身原有经验相结合，并通过不断地内化、反思，才能习得和生成。与此同时，由于默会知识具有动态性特征，它在不断地积累、转化和提升，也会在一定程度上促使明确知识的完善。除此之外，默会知识的先在性和根源性也提示小学教师在生成小学生发展知识的过程中，需注重自身存在的先前经验知识，注重生活常识。同时提醒相关部门在进行教师培训时需注重教师的生活实践和体验。明确知识和默会知识都是教师知识的重要组成部分，对于教师的专业发展至关重要，在促进教师知识建构的过程中切勿顾此失彼，要两手抓，两手都要硬。

（二）生成学习理论

生成学习理论是由美国当代著名的教育心理学家、认知学习理论中生成学习理论的创始人维特罗克提出的。维特罗克认为学习的生成过程需经历三个阶段：第一阶段是注意和选择性知觉阶段。在学习过程中，人们不会注意所有信息，而是根据当前信息的特质及记忆中的相关经验和个体信息加工特质有选择性地注意和知觉一些信息，忽略一些信息。在这过程中，学习者会做出随意控制和努力。第二阶段则是主动建构意义阶段。学习者在经过第一阶段的选择和知觉后，会获得初步的感觉信息。为建构信息，学习者会将自己获得感觉信息同记忆中的有关信息相联系，获得感觉信息的初步意义。在这一阶段，学习者需对照自己的感觉经验和记忆中的相关信息检核自己建构的感觉信息的意义[2]。第三阶段则是完成和意义生成阶段。如果上一阶段的意义建构通过检核，则说明学习者成功构建了信息的意义，随后这一被构建的意义就会被学习者归属到长时记忆中，使得自己已有的信息模式得到完善和重组。除了分析了学习的实质和学习过程的生成外，维特罗克还提出学习中个体差异来自个体的认知分析。维特罗克认为造成学习的个体差异和对某些科学概念不完全理解与每个学习者拥有不同的认知结构有关。我们能否建构某一事物的意义取决于我们头脑中是否有能用来同化这一事物的相应观念。

维特罗克提出的生成学习理论对小学生发展知识建构影响巨大。小学教师生成小学生发展知识离不开对知识的输入，但单纯的知识输入并不能让教师真正掌握小学生发展知识。教师还需结合自身已有的知识经验和实践，来建构与自己经验相关的、符合个体信息加工倾向的知识，并获得该知识的意义。小学生发展知识的生成离不开职前教师教育阶段对学科知识的输入，但这只是第一步，还需教师通过教育实践，选择知觉与生活情景以及生活经验的联系的知识，获得知识经验，并与输入知识相结合，建立知识的意义，并通过检核归入自身的小学生发展知识系统，内化为教师自己的小学生发展知识。

（三）SECI模型为理论基础

SECI模型的原型是野中郁次郎和竹内弘高于1955年在他们合作的《创新求胜》一书中提出来的，是针对日本企业中的知识管理框架而提出的独到见解，对知识创造和知识管理提出了新颖的认识[3]。SECI模型主要叙述了两类知识的四种转化方式。两类知识分别为可用语言、文字传播、分享的显性知识和“只可意会，不可言传”的隐性知识。首先，隐性知识通过类比、隐喻等方式，将隐性知识通过转化成可传播、交流的文本知识，以利于学习者理解和接受的显性知识出现，这一转化过程称为知识的外化。其次，零散的、经过长期积累的显性知识通过实践、网络链接等媒体途径实现各种事实、概念等的重新组合，由此获得更加明晰和综合的显性知识，这一转化过程称为知识的组合化。再者，学习者获得组合化的显性知识通过自我反思，并与个体已有的知识系统相融合，通过同化和吸收转化为自我的隐性知识，这一转化过程成为知识的内化。最后，内化为学习者自己的隐性知识，通过人与人的接触和交往，通过相互影响、模仿学习等方式达到群体共享，由于群体中的不同个体拥有着各自不同的隐性知识，相互之间通过资源共享，也实现了个体知识的提升，这一转化过程称为知识的社会化。这四个阶段的知识转化过程是知识转化生成的有机整体。

本节将借助野中郁次郎的SECI模型探讨小学教师生成小学生发展知识的过程。就小学教师而言，其职前教育阶段所学习的小学生发展知识，便是知识的外化转化过程。学校教师将自己的隐性状态的小学生发展知识转化为文本信息传授给学习者，变成学习者的显性知识。外化过程是小学教师获取小学生发展知识的重要过程，学习者必须把握这一阶段小学生发展知识的生成。而组合化过程是小学教师通过教育实习和与实际生活相联系，将学习的零散的小学生发展知识系统化、组合化，形成具有严密逻辑和知识网络的显性知识。内化过程是小学教师在实践过程中自我提升意识的觉醒和小学生发展知识理念的形成。社会化过程是教师为提升自主学习能力、弥补自身小学生发展知识的不足，形成更完善、精确的小学生发展知识，进行职后培训及同事间的相互观摩和面对面接触等。小学教师获得的小学生发展知识便是通过这四个阶段的知识转化而生成。

二、小学生发展知识生成的模型建构

本部分通过分析小学生发展知识的生成条件，结合《小学教师专业标准》中关于小学生发展知识的概述以及野中郁次郎的SECI模型建构了小学生发展知识的生成模型并做分析。

（一）小学生发展知识的生成条件

分析小学生发展知识的生成条件，对于小学生发展知识生成模型的建构有重要意义。以下将从其建构的内部条件和外部条件分别叙述。

1. 内部条件

马斯洛的需要层次理论中位于金字塔的塔尖的是自我实现的需要，这也就是说当个体的其他需要被满足后，就想进一步地提升和发展自己，促使自己达到被期望的更高水平。小学教师作为社会的一员，同样拥有自我实现的愿望和自我发展的需求。而要实现自我发展，必须有解决问题的责任意识。对于小学生发展知识掌握不扎实的教师来说，必须有提高自身有关小学生发展知识的正确信念，对小学生发展知识有客观的并且符合新时代课程发展、《小学教师专业标准》要求的认识，树立科学的教育理念。

与此同时，小学教师要能主动组合自己所习得的不同部分的小学生发展知识，建立起知识间的联系，综合运用其理论知识。除此之外，小学教师还应注意观察生活，进行反思和实践，较好地将自己组合起来的理论知识同学生生活联系起来，将抽象的理论知识转变为能用于教育教学的实践知识。这是小学教师生成小学生发展知识的一系列的过程。在这个过程中，小学教师自身必须在科学的小学生发展知识信念的指导下完成。这是一个较漫长的生成过程。小学教师需不断提升自我发展能力并且不断补充和汲取有关小学生生存、发展和保护的有关法律、法规及政策知识，小学生身心发展知识及教育方法（包括不同年龄及有特殊需要的小学生身心发展特点和规律的知识、小学生良好行为习惯养成的知识、幼小和小初衔接阶段小学生心理特点的知识等），小学生青春期和性健康教育的知识与方法，小学生安全防护知识及预防与应对方法。最终才能促使自己达到更高的水平，不断地弥补自身的不足，实现小学生发展知识的生成。

2. 外部条件

小学教师生成小学生发展知识受到职前教师教育、职后培训、政府和同事等与教师成长有关的生存环境的影响。小学教师生成小学生发展知识的好坏很大程度上取决于职前教师教育的影响，有关政策法规、小学生身心发展特点和规律等知识的掌握必须接受小学教育专业课程的学习，这一阶段是进行教师教育的教师将自己所掌握的缄默知识通过文字等途径传授给师范生的阶段，这一阶段也是学习小学生发展知识的外化阶段，该类知识的掌握程度绝大部分取决于教师所接受的职前教育的教学效果。当然，这也离不开学习主题与其环境的共同努力。小学教师必须在较好掌握部分小学生发展知识后，学会融会贯通，将自己所学的部分小学生发展知识技能组合应用。而小学教师掌握相应的教育教学方法的基础则会影响小学教师向更高的层次提升。学习这些知识的最好机会便是真正进行教育实践后，小学教师通过同事间的交流、学习以及通过与专家或优秀前辈的探讨和模仿等，不断自我反省、探讨、行动来习得。

专业的小学教师职前培训是教师习得基本的小学生发展知识的好机会，有专业的教师进行讲授和指导，能够不断地练习、改错和纠正，从而打下坚实的小学生发展理论知识基础。而对于职前教师教育缺乏小学生发展知识专业训练的教师来说，职后培训是很好的机遇，符合教师需求的职后培训也会在很大程度上满足小学教师生成小学生发展知识的愿望，但前提一定是符合不同程度小学教师需求的小学生发展知识培训。要做好不同层次和需求的小学生发展知识的教师培训，政府的支持必不可少。培训前做好教师培训内容需求工作，培训结果才可能达到预期效果。政府除了要安排好教师培训的相关事宜，还必须承担起小学教师新鲜血液的更换工作，解决部分不符合新课程改革及《小学教师专业标准》要求的小学教师对整体小学生发展知识生成造成的“短板效应”问题。

（二）SECI模型理论

野中郁次郎的SECI模型中知识的化会化、外化、组合化和内化过程与小学教师生成小学生发展知识过程十分吻合，故被迁移应用与此。图5-1便是SECI原模型。

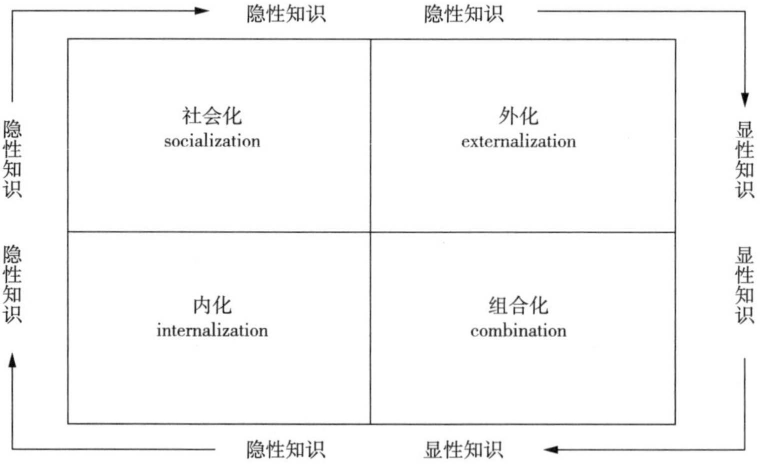

图5-1　SECI模型

SECI模型中的知识转化过程实际上就是知识创造和生成的过程，最早用于企业知识的管理。本节所探讨的小学教师对于小学生发展知识的生成过程同样也经历着知识转化的四种基本模式：社会化、外化、组合化和内化。

（三）小学生发展知识生成模型

小学生发展知识生成模型是由小学生发展知识内部相互转化生成及整体小学生发展知识相互转化和生成两部分组成，主要依据小学生发展知识的生成条件和生成学习理论而构建。图5-2就是该模型图示。

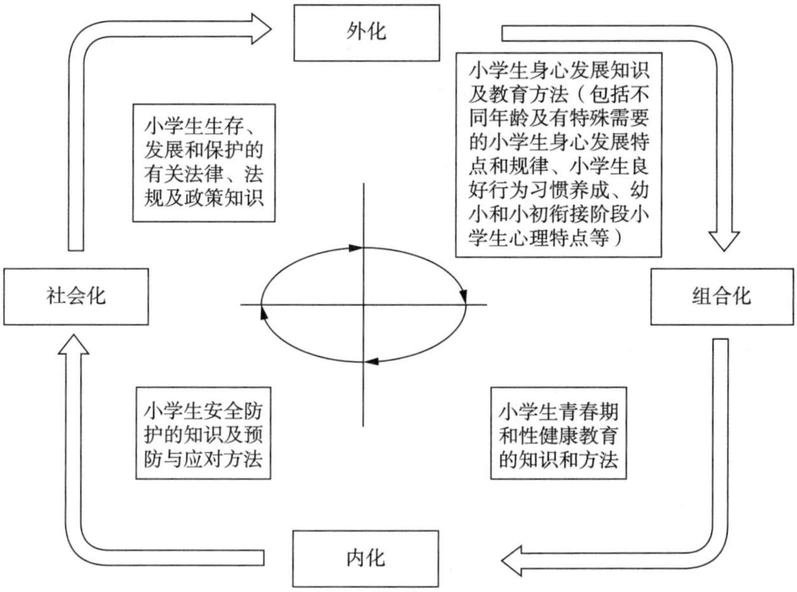

图5-2　小学生发展知识生成的模型图

（四）模型图阐释

小学生发展知识生成的模型图主要由两部分构成，分别阐释了小学生发展知识内部成分的转化生成过程和小学生发展知识整体生成过程。

位于中间的小学生生存、发展和保护的有关法律、法规及政策知识，小学生身心发展知识及教育方法（包括不同年龄及有特殊需要的小学生身心发展特点和规律的知识、小学生良好行为习惯养成的知识、幼小和小初衔接阶段小学生心理特点的知识等），小学生青春期和性健康教育的知识和方法，小学生安全防护知识及预防与应对方法是小学生发展知识的四个组成部分。教师通过对本体结构知识中《教育学》《发展心理学》《教育心理学》等及相关教育法律文件的学习，可了解和掌握有关政策法规、小学生身心发展的特点和规律、安全防护及性教育的知识。在掌握了小学生发展知识后，经由教育实习和师范教师教育的教导，树立正确的小学生发展理念，将其内化为自己的小学生发展知识理论基础。最后，教师根据教育教学实践现场的具体情境，将所学理论知识应用于实际情景中，并结合生活常识经验，通过不断地积累实践，来实现小学生发展知识的转化生成。由于教师通过各种途径在不停地接受新知识，因此小学生发展知识内部的转化过程也处于螺旋式循环往复状态。

三、小学生发展知识的建构策略

鉴于小学生发展知识对小学教师教育教学的重要性，在讨论了小学生发展知识生成建构的条件后，构建了小学生发展知识的生成模型。以下将针对小学生发展知识的建构提出一些有意义的具体策略建议。

（一）小学生生存、发展和保护的有关法律、法规及政策知识建构的策略

小学生生存、发展和保护的有关法律、法规及政策知识建构，需要小学教师自身树立正确的学习动机和掌握正确的方法，建构完整的教育法律、法规知识体系；还受到职前教师教育、职后培训、政府和同事等与教师成长有关的生存环境的影响，所以在师范教育中，还应重视《教育法学》等相关法律法规课程的开设。

1. 构建完整的教育法律、法规知识体系

教师首先需树立正确的学习动机。学习党和国家颁布的《中华人民共和国教育法》《中华人民共和国教师法》《中华人民共和国义务教育法》《中华人民共和国未成年人保护法》《残疾人权益保障法》《学校卫生工作条例》《中小学幼儿园安全管理办法》《学生伤害事故处理办法》《中小学教师职业道德规范（2008年修订）》等教育法律法规，提高自身法律素养。教师只有具备良好的法律素养，教育工作中才能有法可依，有章可循。教师只有构建完整的教育法律、法规知识体系，在教育实践中，才能减少侵犯学生权益的事件如打骂、体罚、变相体罚、侮辱学生人格尊严等现象发生。相应地，教师只有认真学习，深入理解和掌握相关的教育法律法规及政策规定，才能在教育教学活动中抓好落实；才能明确教师自身的义务，保证正确履行自己的职责，才能全面提高教育教学质量，才能保护和促进小学生生存与健康发展。

教师除了要树立正确的学习动机外，还得采用科学的学习方法和策略丰富和提升自身的法律法规知识体系。首先，教师要重视职前教师资格证考试阶段对《综合素质》这门理论课程的学习；其次，教师还要利用在职培训的各种机会学习相关的教育法律法规知识；最后，教师还要利用网络等各种资源丰富完善自身的教育法律法规知识体系。

2. 在师范教育中，重视《教育法学》等相关法律法规课程的开设

在小学教师培养体系中，地方高校甚至个别重点高校里的专科和本科课程设置中，教育法律法规类的课程缺失或者处于专业选修课的地位。可见在职前培训体系中，小学教师对相关教育法律、法规知识没有进行过完整系统的学习。很多教师都是通过自学相关书籍或者报名参加培训班顺利通过教师资格考试中对法律法规部分的考核。所以，在师范教育中，重视《教育法学》等相关法律法规课程的开设，有利于小学教师对于小学生生存、发展和保护的有关法律、法规及政策知识的完整建构。

（二）小学生身心发展知识及教育方法建构的策略

小学生身心发展知识及教育方法具体包含：了解不同年龄及有特殊需要的小学生身心发

展特点和规律，掌握保护和促进小学生身心健康发展的策略与方法；了解不同年龄小学生学习的特点，掌握小学生良好行为习惯养成的知识；了解幼小和小初衔接阶段小学生的心理特点，掌握帮助小学生顺利过渡的方法。以下将从这几方面给出具体的建构策略和建议。

1. 了解不同年龄及有特殊需要的小学生身心发展特点和规律，掌握保护和促进小学生身心健康发展的方法的建构策略

第一，学习教育理论知识，获得相关显性知识。《教育学》《教育心理学》《儿童发展心理学》等教育专业书籍对不同年龄及有特殊需要的小学生身心发展特点和规律的相关内容有深入的介绍。作为小学教师，应该把握学历教育阶段以及职前培训阶段的相关理论学习阶段首先应该掌握的这些知识，再投入工作中去。

第二，加强教育实践，获得相关实践性知识。小学教师了解不同年龄及有特殊需要的小学生身心发展特点和规律，掌握保护和促进小学生身心健康发展的策略与方法，最好办法便是进行教育实践活动后，通过同事间的交流、学习以及通过与专家或优秀前辈的探讨和模仿等，不断自我反省、探讨、行动来习得。一方面，教师能对自己所带年级学生群体的思维、想象、记忆、情感、意志、态度、学习能力、身体发育等方面的普遍状况做重点了解；另一方面，通过与前任老师沟通、与学生交流、与家长交流、日常观察等方法对每个孩子做更为具体的了解。

第三，深入了解学生，建构适合本年段学生身心发展特点的教育教学策略。小学教师在较好掌握小学生身心发展的特点和规律的知识后，还要在深入了解学生的基础上，学会融会贯通，将自己所学的部分知识技能组合应用。而小学教师掌握相应的教育教学方法的基础则会影响小学教师向更高的层次提升。所以小学教师应具备基本的教育教学方法与知识。在此前提下，基于对本年龄段学生的了解，选择与之身心发展相符合的教育教学策略，运用适合他们的教学方法。

第四，了解特殊儿童的需要，建构适合他们的教学策略与方法。所谓“特殊儿童”，是指身心正常发展的普通儿童之外的孩子。包括那些智力障碍、听力残疾、视力残疾、肢体残疾、学习困难、情绪和行为障碍儿童，还包括超常儿童及行为有问题的儿童。对这样的儿童，要与他们多沟通，真正了解他们的需要。教师对他们的要求应该是“因人而异”，基本的教育理念应该是“因材施教”。

第五，在教学实践中根据学生差异修正教育方法。小学教师在掌握了很多教育方法的基础上，对于这些方法该怎样用，要根据学生的实际情况决定。一些普遍的方法并不适用于某一个孩子，所以小学教师还需要付出足够的耐心、细心了解原因，改变或调整教育方法，才能起到良好的效果。

2. 了解不同年龄小学生学习的特点，掌握小学生良好行为习惯养成的知识的建构策略

第一，正确认知小学学生不同年龄学习特点。正确认知小学生的学习特点，首先要了解不同年龄学生身心发展特点。学生不同的学习特点，正是其所处的成长阶段决定的。所以，作为一名教师，要对学生有全面的了解，就要利用职前和职后阶段努力学习相关专业知识，积累这方面的知识。

第二，针对学生特点，选择合理有效的教学方法。学生在小学阶段的学习能力会逐步提

升，思维方式、记忆力、理解力、想象力等与学习有关的能力会逐步发展。在低年级，教师的教学方法应多偏向生动活泼、具体直观；高年级则逐渐趋于对学生逻辑思维的培养和学法能力的形成。教师要能够针对学生的特点，选择运用与之相适应的教学方法。

第三，划分小目标。良好行为习惯的养成，不是一日之功，不可一蹴而就。教师可以针对学生在行为习惯上近期存在的问题，及时纠正，并制定一个时期内的小目标，逐步达成。

第四，注重养成教育要持之以恒。学生良好习惯的养成，是一个长期的过程。学生的年龄特点决定他们的情感意志尚不稳定持久。教师要关注学生日常学习生活中的点点滴滴，善发现，善引导，在学生良好行为习惯养成的过程中，做他们一路同行的人。

3. 了解幼小和小初衔接阶段小学生的心理特点，掌握帮助小学生顺利过渡的方法的建构策略

第一，幼小衔接。小学教师应了解幼儿心理特点及其在幼儿园的情况。教师除了通过理论学习了解幼小阶段学生心理特点，还要在可能的情况下，小学教师要深入幼儿园，全面了解幼儿在幼儿园的生活方式，幼儿园对幼儿的各方面要求以及幼儿所在幼儿园的教育理念。了解小学生在幼儿园的表现。在课程设置、授课方式、生活习惯等方面充分考虑幼儿园期间小学生的习惯和能力，合理制订教学计划、方法。小学教师可以在了解幼儿园大班后期课程设计特点的基础上，适当调整入学初的课程、课时，增加活动性课程，减少知识性课程，增加游戏、活动等儿童感兴趣的教学形式的比重，并逐渐调整，使学生循序渐进地进入小学学习模式。

主动关注幼儿园大班幼小衔接工作动向，互相配合，保证学生顺利过渡。在幼小衔接工作中，幼儿园会有一些帮助学生了解小学生活的活动。小学教师应关注这些活动的开展并予以积极配合。

教师要关心学生生活点滴和心理状况，才能帮助小学生尽快适应小学生活。幼儿园阶段，教师更多地参与幼儿的生活，悉心照顾幼儿在园生活的各个方面。学生老师的关系亲密，在心理上也更依赖老师。小学教师应该了解幼儿这一心理特点，除学习上的引导与帮助外，也应该给予幼儿更多的生活上的关心和帮助，建立起良好的师生关系。

第二，小初衔接。通过多种途径，了解小初阶段学生心理特点，帮助小学生了解初中与小学的不同。小学生对升入初中充满期望，但他们对自己将面临的学习环境却不了解。教师可以运用自己在社会化过程中获得的实践经历向小学生介绍初中与小学在学习方式、学习要求、作息时间、科目设置等方面的不同，让小学生更了解将要迈入的下一个学习阶段。

教师还要多和初中阶段的老师交流学习，获得相关小初衔接的方法和技巧。注重学生学习自主性的培养，养成良好的学习习惯。初中阶段，学生的学习方法、学习习惯和学习的自主性在学习过程中起到更为突出的作用。教师应在这些能力上为小学生升入初中打好基础。

教师还要多与小学生经常沟通，鼓励小学生，帮助建立信心，帮助小学生排除畏难情绪，积极正面地引导小学生看待初中阶段更高的学习要求和知识难度。帮助小学生对未来的初中学习建立自信，做好心理疏导工作。

（三）小学生青春期和性健康教育的知识和方法的建构策略

小学生青春期和性健康教育知识和方法的建构策略具体包括：转变观念；通过各种渠道

掌握相关知识；建构灵活多样的青春期和性教育方法。

1. 树立正确的小学生青春期和性健康教育观念

性教育从中学慢慢来到了小学，并取得了很大的发展，突破了过去无课程安排、无教材可参、无人问津的“三无”局面，小学已经有了性健康课，并有每周0.5课时的课程规定。然而现在的小学生性教育课程还有很多的问题：如学校不够重视；课程设置难到位，师资配备不足；教学方法单一等。一方面，在现有的教育评价体制下，许多学校把主要的力量着眼于语文、数学、英语等考试科目上，很少或者根本无暇关照到《小学健康教育》这门课，更别说这门课中的性健康教育了。另一方面，由于长期的历史条件的制约，有相当一部分学校领导认为青春期性教育不应进入纯真的小学课堂，有违学校办学宗旨。这些都使青春期性教育难以在小学立足和推广。所以，小学教师首先要转变思想，树立正确的小学生青春期和性健康教育观念。

此外，教师还应做好家校互动。学校是青春期教育的重要阵地，但仅靠学校是不够的，还必须得到社会和家庭的配合，通过召开家长会、举办讲座、个别家访等多种途径，开展家长的心理辅导专题讲座，加强学校教育与家庭教育的联系和沟通，形成学校、家庭共同教育的合力。改变家长的青春期教育观，学会正确地和孩子交流，对学生出现的问题，及时发现，及时解决。

2. 拓宽在职继续教育渠道，掌握科学、全面的青春期发育和卫生保健方面的知识

教师通过理论学习、网络培训及校本培训等多种途径掌握科学、全面的青春期发育和卫生保健方面的知识。通过培训专门师资，是青春期性教育得以落实的保障，教师是青春期性健康教育的具体实施者，关系到青春期性健康教育的成败。教师若缺少足够的专业知识和技能准备，不宜教授性健康教育课程。因此，必须对承担《小学健康教育》的老师进行专业的人类性知识的培训。此外，还应对教师进行交流技能、课程设计能力以及师德等方面的培训。

教师也只有掌握了科学、全面的青春期发育和卫生保健方面的知识，才能掌握正确对小学生进行青春期和性教育的方法。我国著名少儿卫生学专家叶恭绍教授也提出最晚要在12岁前，便应逐步对学生进行青春期发育的卫生知识教育，使学生们有心理上的准备。教育的方式是男女生同堂教学，以课堂理论讲授为主，学生们在紧张和羞涩中了解和体验着一些简单的青春期生理、心理变化，心态要积极、健康。教授时教师要教态大方、自然，做到科学、严肃、有趣、灵活地讲授知识。

3. 建构灵活多样的青春期和性教育方法

作为小学老师，如果学校层面以上的许多东西无法改变，可以改变课堂。方法一：放低身段，拉近距离。根据小学生的心理发展特点，在进行性健康知识教学的时候，老师应放下高高在上的师道尊严，而是以拟姐姐、哥哥或者拟爸爸、妈妈的形象出现，保持平等的关系，让学生多说，教师穿针引线，在相互沟通中完成教学任务。教师在处理青春期问题时要更新教育观念和提升教育技巧，坚持宜疏不宜堵，应按照“不反对、不支持、先理解、后引导”的思路对学生进行教育。青春期的孩子特别渴望得到成人的尊重，尊重是打开与孩子心灵沟通的钥匙，拥有这把钥匙，孩子就不会拒人于千里之外。方法二：设计教学活动，鼓励互动参与。在教学过程中，过多的讲授难免让师生关系紧张，课堂氛围严肃。教师应根据教

学内容设计各种学生学习活动，在互动中，让学生勇敢地说出自己的观点，引导学生乐中求趣，在快乐的氛围中接受比较全面的性知识，树立正确的性观念。方法三：开展各具特色的主题班队会活动。针对学生中存在的一些问题，设计主题班会，并要求把国情、青春期健康、异性交往、心理健康等内容安排在班会课内，各年级根据自身的特点设计相应的活动，并配有具体的活动方案。在一定程度上，使学生掌握调节情绪的方法，培养控制自己的能力，懂得如何与异性同学交往的方法，学会正确处理异性同学之间的关系，教育学生积极向上，自尊自爱。方法四：争取家长理解，借助家长、社区资源。俗话说："巧妇难为无米之炊。"教师仅拿着一本《小学健康教育》的教材是很难把这门课程落实好的。其实，学生背后的家长群体是很好的教学资源，家长们来自不同的行业，能提供很好的教学援助，如提供各类教具，还可以请医疗行业的家长进课堂，为孩子们讲课。

（四）了解小学生安全防护知识，掌握及预防和应对方法的建构策略

《小学教师专业标准（试行）》（征求意见稿）最大的亮点之一就是"将保护小学生生命安全放在首位"。每一位教师都必须加强"首位"意识，时时刻刻绷紧生命安全这根弦。要努力掌握系统的、全面的针对小学生生命安全的防护知识，以及各种预防与应对方法。

1. 加强各类安全理论知识的学习

教师要学习《中小学健康教育指导纲要》中关于小学生安全应急与避险的相应知识，还要通过自身生活实践积累各类安全知识，并且通过职前、职后的专业技能实训掌握相关急救知识（如呼吸心跳停止、出血、骨折与脱臼、食物中毒、异物入体、惊厥、休克、溺水、触电等急救常识），掌握必要的预防及应对方法。同时要对学生进行各类安全教育，教给学生安全知识，才能提高学生的自护能力，了解自我保护的过程，从而形成技能。例如，学生有时流鼻血或不小心划破了手等就会惊慌失措，没有自己处理的意识，其他学生也只会找老师，我们要利用这些机会让学生学会自行简单的处理，并在处理时同学们互相帮助、相互协作，共同经历自救、互救的过程，感受自救、互救体验。再如，发生火灾时，房间内起火时，不能轻易打开门窗，以免空气对流，形成大面积火灾。纸张、木头或布起火时，可用水来扑救；而电器、汽油、酒精、食用油着火时，则用土、沙泥、干粉灭火器等灭火。若火势已大，必须立即报火警等。教会学生自我保护的方法，培养学生自我保护的能力，使之有足够的能力和勇气沉着对付突发事件，这是安全教育的目的，也可以说是现代素质教育的一项内容。

2. 善于同学生进行沟通

善于同学生沟通，也是教师了解小学生安全防护知识，掌握必要的预防及应对方法的一种重要途径。教师要与学生进行心灵沟通，消除隔阂，特别是学生与学生存在分歧时，一定要沟通在先，公平处理，消除隐患，化干戈为玉帛。班主任要与任课教师、家长、社会等齐抓共管。

3. 通过各种形式来加强学生的安全意识和自我保护的能力

通过各种形式来加强学生的安全意识和自我保护的能力，是一种必要的预防安全隐患的措施。教师通过开展丰富多彩的实践活动，要求全体学生在行动中明理，在实践中锻炼，学会自己教育自己。引导学生自主管理，鼓励学生自主策划、自觉行动，人人从点滴小事做

起，主动参与道德实践。可以利用校园广播加强宣传安全教育的有关常识和知识；可以通过学校的宣传橱窗和班级的黑板报来宣传有关的安全常识和知识；可以结合当地的实际情况，进行一些安全演习；也可以邀请当地的公安部门为学生进行安全知识讲座；还可以经常播放一些造成危害的影片资料给学生，给他们常敲警钟。

第三节　小学生发展知识的应用

小学生发展知识的掌握与应用是评价教师专业素质的重要内容，也是教师开展教育教学工作的必备条件。《教师专业标准》要求教师了解和掌握小学生发展的知识，目的在于保护小学生的身心健康、保障小学生的合法权益和促进他们的健康成长。小学教师除了需要了解小学生身心发展特点和规律、学习特点，还需对小学生生存、发展和保护的有关法律法规及政策、小学生安全防护的知识、小学生可能出现的各种侵犯和伤害行为的预防与应对方法、幼小和小初衔接阶段小学生的心理特点等了然于心，还必须掌握一定的策略与方法，有效地应用小学生发展知识，保护和促进小学生身心健康发展，这也是小学教师专业性与独特性的体现[4]。

一、了解关于小学生生存、发展和保护的有关法律法规及政策规定

一方面，教师在学生的成长中不仅承担着向学生传授科学文化知识，促进学生身心成长的责任，更承担着保护学生身心健康成长、维护学生合法权益不受侵害的责任。另一方面，作为教师，应该知法守法，在教育活动中规范自己的言行，依法执教，正确恰当地履行教育的职责，杜绝侵犯学生权益的事件发生。近年来，教师在教育教学中侵犯学生合法权益的事件屡次发生。这与个别教师法律意识淡漠，职业素养低下有着直接的关系。教师只有了解与学生生存发展相关的法律法规，才能够更好地规范自己的教育活动，用高度的法律意识指导自己的教育教学工作。

案例分析

王老师的行为错了吗？

王老师是一位极其认真的年轻教师，对班上的几个学习困难的学生付出了很多的精力。这些孩子作业写不完，她就占用体育课、音乐课的时间，把孩子留在教室里一个一个讲解；放学后还会留孩子面对面地辅导。在绝大多数老师和家长看来，她是个敬业的好老师。可是有一天，一位家长因为放学后等候孩子时间太久，在学校门口破口大骂，引来许多人围观。家长还扬言要告王老师。王老师感到很委屈，自己为学生付出了那么多的精力和时间，不但得不到肯定，反而引起家长的反感，她实在想不通。但同时，她也觉得自己一切都是为了孩子，不怕和家长理论。把学生送出学校，王老

师和出言不逊的家长争吵了几句。这位家长在第二天请来了当地的新闻媒体，说王老师虐待学生。王老师以及同办公室的老师都感到非常气愤，质问家长和记者：老师认真负责难道有错？家长拿出《中华人民共和国未成年人保护法》，“学校应当与未成年学生的父母或者其他监护人互相配合，保证未成年学生的睡眠、娱乐和体育锻炼时间，不得加重其学习负担，不得延长在校学习时间”的条款赫然在目。家长在镜头前反问：“你们作为老师，难道是法盲吗？”所有的老师，愕然无声……

分析

案例中的王老师本是一位敬业的老师。她对学生有高度的责任心，不放弃班里的每一个孩子，这都是没有错的。只是因为对相关法律不了解，侵犯到学生的权益，也把自己置于了被动的境地。游戏是孩子的天性，尤其是小学阶段的孩子，需要一定时间的娱乐。他们的身体正处于健康成长的重要时期，需要一定的休息和体育锻炼的时间，才能保证身体的健康成长。王老师占用学生的体育课、音乐课，延长学生在校时间等做法，看似是对孩子负责，但从孩子的身体和心理的健康成长的角度来说，对孩子会造成一定的影响，也违反了《中华人民共和国未成年人保护法》第二十条的规定。可见，“知法”对于教育者而言是多么重要。而在教育实践中，本着对学生负责，而侵犯学生权益，如打骂、体罚、变相体罚、侮辱学生人格尊严等现象时有发生。这与教师缺乏教育法律意识和法律知识有很大关系。

建议

1. 重视学习教育法律法规，依法保障学生合法权利

了解小学生生存、发展和保护的有关法律法规及政策规定，要求教师要加强对《中华人民共和国教育法》《中华人民共和国教师法》《中华人民共和国义务教育法》《中华人民共和国未成年人保护法》《学生伤害事故处理办法》等法律法规的学习，提高自身法律素养，依法执教。只有具备良好的法律素养，教师在教育工作中才能做到有法可依，有章可循，依法保障学生的合法权利，促进小学生身心全面健康成长。如果有能力，我们更要为学生的成长负责，用法律为他们撑起一把保护伞，帮助孩子排除来自家庭和社会的影响孩子身心发展、侵犯孩子合法权益的因素。

2. 切实提高职业道德素养，促进学生身心健康发展

教师要加强对《中小学教师职业道德规范（2008年修订）》的学习，切实提高教师职业道德素养。以身作则、为人师表是教师职业道德的重要特征，教师工作具有强烈的典范性，教师只有以身作则，才能起到人格感召的作用。在日常的教育教学中，教师只有把遵守教师职业道德规范变成自己的深刻的信念，才能有为人师表的自觉行动。教师言行的点点滴滴，随时会注入学生心田，起到影响和感化学生的作用。这种对学生的影响是“任何教科书、任何道德箴言、任何惩罚和奖励制度都不能代替的一种教育力量”。

二、了解不同年龄及有特殊需要的小学生身心发展特点和规律，掌握保护和促进小学生身心健康发展的策略与方法

个体身心发展规律告诉我们：在不同的年龄，同一个学生的身心发展有不同的特点，遵

循着不同的规律；在相同的年龄，不同的学生身心发展水平也各不相同。

作为教师，只有全面了解小学生身心发展的规律，才能根据这些特点因材施教，制定出与学生身心发展水平相符合的教育教学目标；只有遵循学生身心发展规律，尊重学生身心发展的差异性，才能找到适合学生发展的教育教学方法。这是教师做好教育工作的基础。而建立在“了解”基础上的理解与认同、宽容与引领，是教师应该给予孩子的一切教育的前提。具备了这一前提，还需要把对孩子身心发展规律的了解转化成行之有效的教育教学策略，并在教育实践中灵活恰当地运用不同的方法促进学生身心发展，这就要求教师掌握更丰富的教学方法和策略，并能结合自己对学生身心发展水平的正确认识去选择适用于不同年龄阶段、不同发展阶段的学生的具体教育方法。

案例分析

削梨的孩子

这几年，我每学期都要在班上搞一次特长展示活动。这个学期的特长展示活动，我把它命名为“多彩的舞台”。早在一个星期前，我就让大家各自去准备，以便在“比武”那天“露一手”。不久，孩子们陆续将自己的“拿手绝技”报到了我这里。他们的特长真让我有些眼花缭乱：手工、书法、唱歌、独舞、水粉画、电脑、弹钢琴、打乒乓球……全班有47名学生都报了节目，唯独缺一个叫刘巍的孩子。

刘巍是今年从农村转来的，学习很差。他的父母对我说，不指望他能学成什么，只要求他不违法犯罪就行。我想：我搞这种特长展示活动的指导思想，是面向每一个学生，刘巍怎么能不参加呢？于是，我把刘巍找来，热情地鼓励他参加特长展示活动。刘巍低着头自卑地说：“汤老师，不是我不想参加，只因为我什么都不会。”我慢慢启发他：“不管是什么，只要是拿手的，都可以展示出来！你千万不要拘束。”刘巍却急得快哭了：“汤老师，我真的什么都不会！”

我想了一下说：“既然这样，你慢慢想一想，想好了再告诉老师吧。”第二天早上，刘巍找到我怯怯地问：“老师，我会削梨，每次家里来客人，爸爸都让我削。请问削梨算是特长吗？”我当即拍板：“就这个了，行！”

开班会那天，我隆重地邀请刘巍同学表演削梨。在大家好奇的目光上，刘巍拿出来了一只黄澄澄的大鸭梨和一把小刀，两手飞快地旋转。不一会儿就削出了一整条细细的果皮，真是干脆利落！那只梨圆滑晶莹，均匀漂亮。那条细长的果皮展开了足有一米多长，就像一条金色的缎带。同学们都情不自禁地鼓起掌来。

那一天，刘巍显得特别兴奋，拿着我给他的硬壳笔记本，飞跑回家报喜。从此，刘巍学习可带劲了，虽然许多课听得很吃力，可他始终没有放弃，一直坚持下来，他的学习成绩也有了很大的提高。

分析

在这个教育案例中，教师没有因为刘巍的学习成绩很差，“没有”特长，而放弃他，这种态度是作为老师最应具备的。首先，老师具备学生身心发展特点的相关知识，知道在相同的年龄，不同的学生身心发展水平也各不相同。削梨也许只是一件不起眼儿的小事，作为教师依然相信任何一个学生都有他的长处，都有他的闪光点，而不单单以貌取人，以分取人。其次，老师能够因材施教，给予这个学生理解和鼓励，帮助学生卸下自卑的包袱，插上自信的翅膀。长期的坚持努力，让这个孩子取得了更多的进步。除了具备专业知识外，教师的耐心、责任心、对学生的理解和包容，都是作为一个教师必不可少的职业精神。

建议

1. 重视学习，提高个人理论素质

小学教师应重视教育学、心理学、教育心理学知识的学习。知识的积累与更新，在任何行业、任何领域都存在，教育领域也不例外。所以教师也不能只停留在原有的知识水平上，要树立主动学习和终身学习的意识，经常阅读教育专业书籍，把握国内外教育发展的动向，跟上教育理论和知识学习的发展步伐，不断充实和完善自己，提高自身教育素养。

2. 善于学习，了解学生身心发展特点

小学教师应了解小学生身体发育的一般特点，包括身高体重、骨骼肌肉、呼吸系统、神经系统等发育特点，能根据小学生的生理特点做好保护和培养工作。如在日常的教育教学活动中，要重视学生坐、立、行、读书、写字的正确姿势的培养训练，防止骨骼发生变形，如驼背或脊柱弯曲等。

小学教师应了解小学生心理发展的一般特点，包括感知、记忆、思维和言语、想象、情绪情感、意志和个性发展的特点，掌握必要的引导和帮助的方法。

教师作为专业人员，还必须了解有特殊需要儿童的身心发展特点和特殊需要，掌握基本的特殊教育的知识，尤其是对于有学习困难和情绪行为问题的学生，教师必须具备了解、评估不同学生特殊需要的能力，以便能根据每个特殊儿童的需要，制定个性化的教育策略，因材施教。近年来，媒体上常曝光教师体罚或变相体罚特殊儿童的现象，不仅说明这些教师教育观念落后，师德败坏，也反映出他们缺少对这些有特殊需要儿童的身心发展特点的认识和了解，缺少特殊教育的能力，面对特殊儿童的种种问题，除了体罚，无计可施。

3. 善于反思，了解学生心理需求

苏霍姆林斯基在《给教师的一百条建议》中要求老师记录下教育工作中的点滴，多思考，多整理，这可以把对学生的了解系统化，并提供给自己修正教育策略的依据。长期坚持，我们就能从实践中得出更多的促进学生身心发展的有个人特色的好方法，这是教师一笔巨大的财富。一个合格的教师，在与孩子的相处过程当中，应适时反思自己在教育过程中的得失，从而积累成功的教育经验，不断完善和提高自己的教育能力。

4. 家校共育，形成教育合力

著名教育家苏霍姆斯基说过，只有学校教育而没有家庭教育，或者只有家庭教育而无学校教育，都不能完成培养人这一极其艰巨而复杂的任务。家庭教育是学校教育的基础，又是学校教育的补充。一个好的教师应善于协调教育资源，在做好学校教育的基础上，也应考虑家庭教育对孩子的影响。否则极有可能出现“5+2=0”的结果，尤其是那些不能全面了解孩子的身心发展水平的家长，我们有责任帮助他们了解学生的身心发展特点，并给予他们适当的建议。

三、了解不同年龄小学生学习的特点，掌握小学生良好行为习惯养成的知识

学习成为小学阶段学生的主导活动。小学生的学习特点主要包括学习动机、学习能力、学习态度、学习习惯等方面的发展特点。随着学生年龄不断增长，身体和智力的逐步发展，小学生的学习能力从低年级到高年级经历着不同的发展阶段，学习也呈现出不同的发展特点。教师作为学生学习活动的引导者、参与者、合作者，是否了解孩子的学习特点，直接影响着学生学习动机的激发、学习能力的构建、学习态度和学习习惯的培养以及学习效果的生成。了解是教育的前提，只有了解小学生不同年龄的学习特点，才能针对学生不同的年龄阶段制定恰当的学习目标，选择恰当的教学方法，提供有效的学习指导。这是教师做好教学工作的必然要求和前提条件。

案例分析

案例一：小狗闯进了课堂

星期三上午第一节课是我的语文课。

离教室还老远，我就听到了教室里的喧哗：尖叫声、怪叫声、大笑声，简直要闹翻天了。顿时，一股无名火蹿升心头，我大步朝教室走去。

到教室门口一看，更叫人恼火了：三个男同学把一只毛茸茸的小狗捉上讲台，正逗得有趣呢，居然叫它“起立！上课！”其中一个怪模怪样地学小狗叫：“汪，汪汪！”教室里突然安静下来，三个小家伙发觉气氛有些不对头，一扭头看见立在教室门口的我，吓得连小狗也不顾，吐着舌头，溜回到座位上。那只小狗呢，在高高的讲台上茫然四顾，想跃下地，又不敢，转了一圈，只好“呜呜”地向我哀告。同学们窃窃地笑起来。

我心里灵机一动，火气一下子没了。我走上讲台，拿起粉笔，在黑板上写下几个大字：作文——关于小狗。我说：“今天这节课改上作文，就写和这只小狗有关的内容。请同学认真观察这只小狗……”同学们先是一愣，接着拍手叫好，一些动作快的学生已经拿出纸和笔，开始动手写了。

当然，也不能就这样“便宜”了那几个“捣蛋鬼”。我接着说：“写作文之前，有两件事要交代：一是学校规定不准带小动物进校，今后不能再违反规定；二是谁带来的小狗，下课后把它带走。”

事情的结果非常令人满意。

分析

不同年龄的学生在注意力持久性、思维方式、想象力等方面的发展特点是不同的。作为教师要善于根据学生的年龄特点，明确他们的学习兴趣、学习能力和学习特点，并能够运用与学生学习特点相适应的教学方法，灵活多样，因材施教。

案例二：四周定律

李老师是我们学校优秀的老师。她所带的班，总是学风好，学生能力强。那次在和她聊天问起她来，她说在教育孩子上，她有她自己的诀窍——四周定律。她说，每次接手新班，她总是花更多的精力在规则的建立、习惯的养成上。在一开始的四周，她几乎全天跟班。从学习到卫生，从学习用具的摆放到文明礼仪，她时刻观察着，点点滴滴，时时刻刻提醒孩子怎样做，督促孩子坚持。当孩子们养成最初的行为习惯，明确了良好的行为规范，再利用小组长负责、评比台展示、“文明星”奖励等不同的方法帮助孩子强化好习惯。渐渐地，良好的行为习惯就养成了。她说，她信奉一句话——磨刀不误砍柴工。教学上固然要花大部分精力，但是一定要分一部分精力持续地关注孩子的行为习惯的养成。良好的行为习惯，会让学习事半功倍。不要吝惜那开始的四周，在将来的日子里，孩子们得到的，都是在那四周里种下的种子。

分析

现代教育家叶圣陶先生说：“教育是什么？往简单方面说，只需一句话，就是要养成良好的学习习惯。”一个人养成了好的行为习惯之后，他的那些自觉行为会渐渐内化成为品德，并在学习、做人、做事方面表现出来，逐渐形成健康的人格。李老师是位经验丰富的老师。她对于学生的行为习惯的养成有自己特殊的方法。更重要的是，她知道养成良好行为习惯的重要性。这是每一个老师必须具备的思想认识。

建议

1. 了解小学生的学习特点

这是教师做好教学工作的必然要求。了解小学生的学习特点，首先要了解不同年龄学生身心发展的特点，这是由其所处的成长阶段决定的。作为一名小学教师，需要对学生有全面的了解，并积累这方面的知识。

2. 提高小学生的学习能力

培养小学生正确的学习动机和学习态度，不断提高其学习能力，也是小学教师的重要职责。在小学阶段，学生的学习能力会逐步提升；思维方式、记忆力、理解能力、想象力等与学习有关的能力会逐步发展。教师要根据学生不同的年龄段，选择和运用与之相适应的教学策略。如，在低年级，教师的教学方法应多偏向生动活泼、具体直观；高年级则逐渐趋于对学生逻辑思维的培养和学法能力的形成。

3. 重视小学生的养成教育

小学阶段是小学生行为习惯养成的关键期。良好的行为习惯的养成，不是一蹴而就的。教师应了解养成教育的相关知识，学习和掌握一定的教育方法，帮助学生养成良好的行为习惯。如，针对学生注意力不够持久，意志不够坚定，行为容易出现反复的特点，教师可以采用“小步走，及时查”，针对学生在行为习惯上近期存在的问题，及时纠正，并制定一个时期内的小目标，鼓励学生逐步达成。

四、了解幼小和小初衔接阶段小学生的心理特点，掌握帮助小学生顺利过渡的方法

做好幼小、小初衔接是儿童身心发展的客观需要，更是每一位教师的职责。教师应具备帮助帮助学生面对新的教育体制、学习环境、师生关系、作息制度、学习方式等一系列的变化，帮助他们更快更好地适应新的学习阶段。

案例分析

未雨绸缪

一位优秀的小学毕业班主任在经验交流上有这样一段关于小初衔接的发言："每个有经验的教师都知道，一年级和六年级最不好带。我已经第三次带六年级了。关于小初衔接，经过这些年的摸索，总结出一句话：未雨绸缪。我们都知道，进入初中后，学习更重能力方法，更需要自主独立。但是，能力与方法，自主学习的态度，都不是只靠一个六年级就可以养成的。所以，从四年级起，我就着意培养学生的各种能力。从自主预习，到批注质疑，到复习巩固，教给学生学习的好方法，培养他们形成良好的学习习惯，其实就是给了他们一个跨入初中的最有利的支持。另外，在心理上，我也一直有意给他们正面的暗示——有意无意地透露给他们初中生活、学习的精彩。让他们对初中生活有所期盼。这些，我一直都在努力，并且取得了很好的效果。"

分析

这位教师不仅从知识上，更是从能力上、心理上"送"孩子进初中的方法值得我们学习。学生进入初中，最大的难题就来自于这三个方面。这些老师显然对此非常了解。她在方法运用上也很值得我们学习——未雨绸缪，小初衔接，不是一件临时抱佛脚的事情，需要我们每一位老师都在心里埋下这个意识。

建议

1. 幼小衔接

①小学教师应了解幼儿心理特点及其在幼儿园的情况。刚入学的小学生虽然已经步入学校，却不可避免地延续着幼儿时期的一些心理发展特征。他们依然喜欢游戏，同伴交往、社会性发展都在游戏中继续发展着。教师还要尽可能地深入幼儿园，全面了解小学和幼儿园学习生活的差异，了解幼儿在幼儿园的表现，了解初入学小学生可能出现的心理问题和帮助方法。教师要重视小学低年级学生的这些心理特点，并且加以引导，给学生一个适应的过程。在课程设置、授课方式、生活习惯等方面充分考虑衔接期小学生的习惯和能力，合理制定教学计划、方法。如设置2~4周时间为"学习准备期"，适当调整入学初的课程、课时，课程实施中增加游戏、活动的比重，帮助学生循序渐进地适应小学学习生活。

②主动关注并配合幼儿园的幼小衔接工作。在幼小衔接工作中，幼儿园会有一些帮助幼儿了解小学生活的活动，小学教师应关注这些活动的开展并予以积极配合，用实际行动改变幼小衔接实践中，小学阶段关注不多的现状。

③重视并引导家长做好入学准备工作。幼小衔接是一个十分复杂的长期的任务，需要教师和家长共同来完成。在教育观念上能形成共识，在教育行为上能形成教育合力，尤其是学习习惯、学习兴趣等方面，共同对儿童实施良好的小幼衔接教育。

2. 小初衔接

①帮助学生做好认知方面的准备。小学高年级教师要帮助学生做好认知方面的准备，了解小学生与初中生在学习方面的差异。如在学习方式、学习要求、作息时间、科目设置等方面的不同。教师可以请已经升入初中的毕业生，为学生现身说法，帮助学生了解初中与小学的不同。

②帮助学生做好学习态度的准备。“态度决定一切”。教师要与小学生经常沟通，帮助学生排除畏难情绪，积极正面地引导小学生看待初中阶段更高的学习要求和知识难度，端正学习态度，建立学习方面的自信心。

③帮助学生做好学习习惯的准备。初中阶段的学习对于学习自主性的要求更高，学生的学习方法、学习习惯和学习的主动性在学习过程中起到的作用更为突出。教师应该未雨绸缪，在这些能力上为小学生升入初中打好基础。

五、了解对小学生进行青春期和性健康教育的知识和方法

青春期是青少年自我觉醒、个性品质逐渐形成的阶段。新《中小学健康教育指导纲要》要求将青春期教育提前到小学阶段。小学高年级学生已进入青春期，这一时期的教育对于学生树立理想、形成正确的道德观、养成良好的组织纪律性和学习能力，有着十分重要的作用。

案例分析

在五年级第一学期，我们班有个女孩请病假，连着两天没有来上课。后来通过了解，我才知道这个女孩是因为来了月经，感到非常害怕和羞愧，所以请病假的。她害怕别的同学知道这件事，觉得自己现在与别人不一样，不敢来上课。而家长也只是依着学生的意思请假，并没有与孩子做任何沟通，致使孩子对自己的身体发育感到害羞、丢人。

针对这一情况，我首先对全班学生讲了有关青春期生理卫生方面的一些知识——月经的产生及经期保健。我发现，一开始，男女学生都感觉不好意思低着头，几分钟后他们开始非常认真地听我讲解。最后，我提议对女生制定一条规定：在自己特殊的日子里，她们可以不上体育课。对这一提议，女生举双手赞同，男生也表示理解。

分析

小学青春期性教育是整个青春期性教育的第一步，性健康教育又是青春期性教育的核心。小学教育应该对小学生性发育和对性健康教育有正确的认识。当学生青春期到来时，教师应该向学生说明出现的情况及其应对措施，帮助孩子正确对待自己的生长发育，坦然欣喜地接受自己的生理变化，并懂得怎样做好青春期保健卫生。

建议

1. 掌握科学的、全面的青春期发育和卫生保健方面的知识

到了小学高年级，教师便应逐步对学生进行青春期发育的生理卫生知识教育，使学生有心理上的准备。教师在讲授这些内容时必须真诚、大方、直面学生，不能半遮半掩。青春期生理知识传授一般从五年级开始比较适宜。到了五年级，一部分学生身体开始发育，第二性征开始出现，有些学生会为自己身体变化感到不安，有些学生则为自己“与众不同”而感到害羞，有的学生由于性知识不足，甚至怀疑自己得了某些疾病，给心理造成一定的负担。教师很有必要利用班会课向学生传授青春期性知识，帮助身体已发育的学生认识到自己身体的变化是长大的表现，是正常现象，以减轻他们的心理负担。同时也帮助那些身体未发育的学生对自己以后身体发育变化有足够的心理准备。

2. 正确认识学生青春期问题

小学生到了中年级，男女生之间就会产生一道无形的墙，表现在课桌上有了“三八线”；女生喜欢和女生一起玩；不愿意同异性同桌等。到了高年级，随着生理上的变化，对异性的兴趣增加，逐渐进入朦胧的异性吸引阶段。有的学生在与异性接触的时候会出现脸红、不自在，辞不达意，这种现象在女生身上表现尤为明显。有的学生受社会上不良因素的影响，产生对异性的探奇行为，也就是所谓的对异性的追求。这些都对小学生学习和健康成长产生不利的影响，教师必须正确认识，并及时给予引导。教师遇到具体的情况，切忌小题大做，应采用一定的教育技巧，引导学生正确处理异性同学之间的关系。教师还应充分发挥活动课的作用，组织学生参加各种各样的活动，创造男女交往的机会，在活动中增进男女生之间的友谊，满足他们对异性的探奇心理。

3. 尊重学生，提升沟通技巧

教师在处理青春期问题时，要更新教育观念，提升教育技巧，宜疏不宜堵，应按照“不反对、不支持、先理解、后引导”的思路对学生进行教育。青春期的孩子，特别渴望得到教师的理解和尊重，因此，教师在与学生沟通中要学会尊重学生，尊重是打开与孩子心灵沟通的钥匙。

4. 开展有特色的主题班会活动

教师应针对学生中存在的问题，设计多种形式的主题班会活动，把青春期生理健康、性心理、异性交往等内容纳入班会活动课内，各年级根据自身特点设计相应的活动。

5. 家校形成合力

青春期教育必须得到家庭的配合，与学校形成教育合力。由于家庭环境的特殊性，与学校相比，家庭在青春期教育方面具有特殊的优势。大多数家长能认识到青春期性教育的重要性，但又感到难为情，在孩子面前难以启齿，容易错过教育时机。作为教师应积极发动家长，通过家校联系、开家长会、开办家长学校等方式，正确引导家长对孩子进行青春期教育，提醒家长仔细观察孩子的举动，主动与孩子沟通，把握孩子的心理状况，相机而教。当孩子向家长问及有关性知识时，家长不能斥责，更不能避而不答，应予以适度地解释，以免孩子通过其他渠道了解时，受不良因素的误导。如果家长发现孩子出现了某些问题，需要引导但又不便直接说明时，家长可向孩子推荐某些性知识教育的书籍，或引导孩子观看电视节目等，有意识地就一些问题发表自己的意见。

六、了解小学生安全防护的知识，掌握针对小学生可能出现的各种侵犯与伤害行为的预防与应对方法

安全教育是学校教育的重要组成部分，是保护学生生命安全的最重要的一环。在学校的安全教育中，教师是主要的承担者。每位教师都负有保护学生安全，并对学生进行安全教育的责任。因此，教师应具备必要的安全知识，包括：消防防火类、交通安全类、安全使用电器类知识以及远离毒品、防范不法分子侵害、预防地震伤害、网络安全、意外伤害自救自护的知识等[5]。小学教师应了解小学生在校内外可能遇到的伤害，懂得预防与应对方法，以便在教育教学活动中保护学生安全，及时对学生进行安全教育，帮助学生掌握自救自护的方法。

案例分析

2006年10月25日晚上8点，四川省巴中市通江县广纳镇中心小学学生晚自习下后，刚走出教室，灯突然熄灭，楼道一片漆黑，有学生怪叫“鬼来了”引起学生恐慌，大家争相往楼下奔跑，部分学生被挤倒，被后面涌上来的学生踩踏，造成10名学生死亡，27名学生受伤，其中重伤7人。

2013年3月9日18时左右，5名小学生在山西河津市僧楼镇北王堡村农田一蓄水池溺水身亡。截至当日20时20分，5名小学生尸体全部打捞出水。经查，事件发生的原因是，这几名学生周六节假日结伴到蓄水池边玩耍，意外溺水。

2013年4月17日深圳市龙华新区书香小学部分学生参加社会实践活动后，下午3：50许在罗湖区东门街道晒布路迪可可儿童乐园3楼下2楼的扶手电梯上发生意外事故，9名学生受伤。

分析

一例例惨痛的教训提醒我们，小学生安全事故涉及的范围十分广泛，并且有些具有突发性和不可预见性，还会有新的学生伤害情形不断出现。学校和教师要防患于未然，加强学生安全意识，重视学生避险、自救、自护的能力，保护学生生命安全。

建议

1. 掌握各类安全理论知识，保护小学生人身安全

小学教师应为儿童创造安全的学习、生活环境，预防和控制溺水、跌伤、交通伤害等主要伤害事故发生。教师在教育活动中负有保障小学生人身安全的义务，首先必须具备各类安全知识，才能提高学生的自救、自护能力，了解自我保护的过程。如校园中，学生碰到流鼻血或崴脚等，会惊慌失措地找老师，教师要利用这些机会教学生学会自行简单地处理，并引导同学们相互帮助、相互协作，共同经历自救、呼救的过程，感受自救、互救的体验。再如，教给发生踩踏、火灾、洪灾时的自救方法，培养学生的自我保护的能力，使之有足够的能力和勇气沉着地应对突发事件，这是安全教育的目的，也是现代素质教育的一项重要内容。

2. 重视安全教育，提高学生安全意识和自护能力

将安全教育纳入学校教育教学计划，防患于未然，学校应开展灾害避险以及游泳、娱

乐、交通、消防安全和产品安全知识等教育。无论是教师和家长，都不可能给任何一个儿童一生的安全承诺和保护，只有儿童自身具有安全意识、安全知识和自护能力，才能保障学生的人身安全。而要做到这一点，只有通过学校的安全教育才能实现。安全教育是学校教育的重要组成部分，是保护小学生生命安全最重要的一个环节。

在学校的安全教育中，教师是主要的承担者。教师可以通过丰富多样的教育形式，实施小学生安全教育。如实施适合学生身心特点的安全教育课堂，教给学生自我保护的方法；利用校园广播，加强安全教育常识和知识的宣传；通过校园的宣传橱窗和班级的黑板报，宣传安全常识，提高安全意识；邀请有关部门工作人员如消防、交通警察等为学生进行安全知识讲座，进行安全演习；定期组织学生观看安全教育影片等。

3. 家校联动，共同预防学生意外伤害

学校的安全教育教育离不开家庭、社会的积极配合。只有家校安全教育有机结合，才能将安全预防工作落到实处，最大限度地减少学生意外事故的发生。小学生自我保护教育中，有一部分自我安全教育的内容是存在于家庭教育中，如果家长因为外界的一些不安全因素，而对孩子过度保护的话，只会起到反作用。因此，做好家长工作，家校联动共同预防学生意外伤害的发生，是培养学生自我保护能力的关键。

参考文献

[1] 郁振华. 波兰尼的默会认识论 [J]. 自然科学辩证法，2001，(8)：5-6.

[2] 李新成. 维特罗克生成学习理论评价 [J]. 山西大学学报（哲学化会科学版），1998，(4)：83-86.

[3] 姚志毅. 基于SECI模型的企业内训结构体系设计——以某公司内训设计为例 [D]. 复旦大学，2008：19.

[4] 教育部教师工作司. 教师工作系列丛书：小学教师专业标准（试行）解读 [M]. 北京：北京师范大学出版社，2013.

[5] 编写组. 小学教师专业标准：要点、行动、示例 [M]. 北京：北京师范大学出版社，2013.

第六章　小学教师学科知识建构与应用

问题引出案例

《从现在开始》是人教版二年级上册的一篇课文，教师设计了这样的教学目标：1. 会认9个生字，会写10个汉字，理解新词。2. 正确、流利、有感情地朗读课文。3. 懂得尊重他人，与他人和谐相处。4. 培养学生宽容的生活态度。

这个目标包括了学科基础知识的理解和掌握、学生情感的培养、学生品质的养成以及教师的学习和处世的经验等。

因此，对教师学科知识的理解，只囿于传统的如语文、数学、英语等学科内的知识的认识显然过于狭隘，教师的学科知识还应该包含如何通过组织学科知识的学习促进学生的成长和发展的各种因素。

第一节　小学教师学科知识概述

学科教学知识（Pedagogical Content Knowledge，简称PCK），是指一个学科领域主题和问题怎样组织以及对教学的理解。它是教师的特殊区域，即教师自己的专业知识和理解的形式。从字面就可以看出，PCK是教师个人独一无二的教学经验，教师独特领域学科内容和教育学的特殊整合，是教师自己对专业理解的特定形式。此外，学科教学知识也是区分学科教师与学者的一种知识体系。学者去创造某一学科领域里的新知识，教师则是帮助学生去理解这些新知识，而且也是优秀教师与新任教师的差别之所在；同时也是学科专家和经验丰富教师的区别之所在。在这个模式中，作为知识的一种形式，它是由事实、概念、技巧、过程、信念和态度组成的，不同的是它是许多种知识基础的融合，而且它是教师的特殊领域，所有知识基础促成了最丰富的学科教学知识的生成与发展。要完全理解学科教学知识有许多关键的思想需把握，如重要的教学表达思想、师生相互作用知识基础的思想、熟练教学行为的思想、所有的知识基础整合在一起等的思想。

从师范教育中的课程设置来看，20世纪70年代以前比较强调教师的普通知识和专业知识；70年代之后，开始注重教师的教育学科知识，尤其是一般教学知识。80年代以来有些学者又特别强调学科教学知识（PCK）对提高教学成效和促进学生理解的重要作用。在21世纪的今天，为了促进有效教学，培养高素养的师资，对PCK的研究是有意义的。

学科教学知识，是教师在面对特定的学科主题或问题时，如何针对学生的不同兴趣与能力，将学科知识组织、调整与呈现，以进行有效教学的知识。教师PCK不仅对于课堂教学起重要作用，还对建构学科教学微视频同样作用重大。

PCK是1986年由美国著名教育家舒尔曼（L.S.Shulman）提出的。他将其定义为“教师个人教学经验、教师学科内容知识和教育学知识的特殊整合”，是“教师最有用的知识代表形式”。舒尔曼的观点表明PCK是一种综合性的知识、经验，而且这种综合性充分体现在对教育理念、教学知识转化为学生容易接受的具体的教学设计、课堂实施等环节上，从而实现知识的转化过程。微视频作为课堂教学的另一种载体，影响其质量最核心的因素应该是PCK。当排除诸如设备、技术等不必要的干扰因素后，我们可以发现，从学科学习主题的确定→知识点的分解→知识点的教学设计→微视频的制作，这个微视频制作过程，其实是PCK的传导过程，就是一种不断地将教育理念、教学内容进行层层转化、粒度分解，最终形成学生可学的表现形式，也就是微视频或者是具体的课堂教学的过程。

基于教师PCK的微视频资源框架设计：

选择教学/学习主题—确定/细分知识点—理清各知识点之间的联系（形成知识地图）—确定核心的、重点的、难点的知识点—按知识点的含金量合理运用教学策略分步进行微教案设计—微视频制作—形成教学/学习主题的微视频集（教育信息技术，2013，7–8：108）

所教学科的具体知识包含：事实、概念、规律、原理等，还应该具有将自己拥有的学科知识转化成易于学生理解的表征形式的知识，包括技巧、过程、信念和态度等。

一、事实

事实，即事情的真实情况，包括事物、事件、事态，即客观存在的一切物体与现象、社会上发生的不平常的事情和局势及情况的变异态势。“学科知识”中的事实，是指对客观世界的陈述、介绍和描写等，例如，语文课本中的文学作品是对客观世界的描写，科普作品对客观世界的介绍，其他实用性的文章是对客观世界的陈述，等等，这些都是事实类的知识。

二、概念

概念，是在头脑里所形成的反映对象的本质属性的思维形式。把所感知的事物的共同本质特点抽象出来，加以概括，就成为概念。概念都具内涵和外延，并且随着主观、客观世界的发展而变化。例如，小孩子常说的“好人”与“坏人”这就是一种从“人”这一对象中抽象出来的概念。文科理科都有很概念性的知识，传统文化中的“仁”“义”“礼”“智”“信”“忠”“勇”“孝”“廉”等，都是概念性的知识。

三、规律

规律，是指自然界和社会诸现象之间必然、本质、稳定和反复出现的关系。规律亦称法则。客观事物发展过程中的本质联系，具有普遍性的形式。规律和本质是同等程度的概念，都是指事物本身所固有的、深藏于现象背后并决定或支配现象的方面。然而本质是指事物的内部联系，由事物的内部矛盾所构成，而规律则是就事物的发展过程而言，指同一类现象的本质关系或本质之间的稳定联系，它是千变万化的现象世界的相对静止的内容。规律是反复起作用的，只要具备必要的条件，合乎规律的现象就必然重复出现。世界上的事物、现象千差万别，它们都有各自的互不相同的规律，其根本内容来说可分为自然规律、社会规律和思维规律。自然规律和社会规律都是客观的物质世界的规律，它们的表现形式有所不同：自然规律是在自然界各种不自觉的、盲目的动力相互作用中表现出来的；社会规律则必须通过人们的自觉活动表现出来。思维规律是人的主观的思维形式对物质世界的客观规律的反映。例如，日、月、星辰按照一定的轨道运行，春、夏、秋、冬的自然更替，自然生物的有序变化，等等，都是自然规律的知识；从原始社会，到奴隶社会，到封建社会、到资本主义社会，再到社会主义社会的更替，就是社会规律知识。人们对客观世界的认知、判断，以及改造等，通过人们的思维去实现。

四、原理

原理，是自然科学和社会科学中具有普遍意义的基本规律，是在大量观察、实践的基础上，经过归纳、概括而得出的。既能指导实践，又必须经受实践的检验。通常指某一领域、部门或科学中具有普遍意义的基本规律。科学的原理以大量的实践为基础，故其正确性能被实验所检验与确定，从科学的原理出发，可以推衍出各种具体的定理、命题等，从而对进一步实践起指导作用。例如，毛泽东的《论持久战》就是指导抗日战争胜利的基本原理；数理化的定理、公式等，都是该学科具有普遍意义的基本规律。教师如果指导学生能很好地领悟、掌握这些原理，学生的学习就能触类旁通。

五、教师表征形式

教师在日常的教育教学实践活动中，常常依据一定的表征形式来呈现与建构其实践性知识，如意象、隐喻、实践规则、实践原则、个人哲学，以对形成中或已形成的教学决定进行判断，作为专业成长的催化剂，扩展现有的教学习惯，并扩充问题情境的处理，进而导向教学实践的改进。

教师的日常教学工作，不管我们是否意识到，总是借助于特有的“实践性知识”来支撑。它实质性地主导着教师的教育教学行为，有助于教师重构过去经验与未来计划以至于把握现时行动。

（一）意象

“意象”是用以描述教师实践性知识的一种表征形式。意象是指客观形象与主观心灵融合成的带有某种意蕴与情调的东西。意象的存在特征为人们发挥想象力提供了广阔的思维空间，它不仅指示某个事理，而且代表着具有某种特殊意义的生活意象，因而可以触发人的情感，引起丰富而深沉的联想。意象是艾尔贝兹（F. Elbaz）以及柯兰蒂宁（D. J. Clandinin）对教师实践性知识的一种形象、活泼的教育学比喻，具有丰富的教师个体文化内涵，指教师经验中的某些东西，它内在于教师自身：既体现在教师的实践中，也表现在教师的行为中。意象作为教师过去的一部分，由教师当前的行为情境所唤醒，又指导教师的未来。

当教师大致知道教育教学应当如何进行，并利用已有经验、学校环境等以支持自己的意象时，其情感、价值观和信念就会结合起来。意象几乎容纳了教师对自己、课堂教学情境、教材和学校环境等方面的多数体验，似乎起到了组织这些领域的体验的作用。

（二）隐喻

隐喻是教师实践性知识的重要表征形式，它是一个经验化的术语。尽管隐喻类似于意象，但隐喻通常具有更多的语言特性，因此与意象不同。“隐喻”赋予教师实践性知识以富有想象力的描述，使人们有可能去探寻蕴含于“隐喻”的框架之中的智能路径。为了更好地解读教师的隐喻，我们有必要首先追溯隐喻的意蕴。所谓隐喻，就是辞格的一种，用一个词或词组指出常见的一种物体以代替另一种物体，从而暗示它们两者之间存在一种相似性或类推性。《诗经》最主要的写作手法就是“赋、比、兴”，“比”就是比喻，包括隐喻和明喻。而在西方，亚里士多德曾说：“怪异的词语只能使我们迷惑不解；常规的词语只能传达我们已知的东西；而正是通过隐喻，我们才能更好地把握一些新鲜的事物。”

教育隐喻的运用由来已早。夸美纽斯在《大教学论》中已使用大量的隐喻，如用“种子”“阳光”“雨露”“成长”等来说明儿童在教育影响下的发展，苏霍姆林斯基把学校比作乐器，把教师比作调音师；还有杜威的“教育即生长”、哲学家怀特海的“教育是既见树木又见森林的过程”和我国著名文学家叶圣陶的“教育是农业而不是工业”等等。这些经典至极的教育隐喻都充分发挥了隐喻的绝妙之处与人类的能事，深刻地表述了人类教育的本真，可谓达到了人类思维所能对教育本真的把握的极至。总之，教育隐喻具有十分丰盈的意义与强大的力量，它是教育思想接近我们眼中的真实教育的一种有效路径。

（三）实践规则

规则是规范人们行动的准则。邦格认为：“规则是行动方式的规定，它说明要实现预定的目标应如何做。更明确地说，规则就是一种要求按一定程序采取一系列行动以达到既定目标的说明。”规则可以分为“阐明的规则”和“未阐明的规则”。阐明的规则是指那些以阐明的形式为行动者所知道，如形诸于文字的或明确的形式；而未阐明的规则是指那些尚未或难以用语言和文字加以阐明的，但实际上为人们所遵循着的规则。

艾尔贝兹认为：“实践规则正如这一术语本身所表明的一样简单，就是关于人们在经常遭遇的特殊的实践情境中做什么和如何做的简洁的、清晰的正式陈述。”实践规则一般都非常具体，关涉到教师如何处理他在某一课堂中所遭遇的个性冲突。艾尔贝兹举例说明了这个问题，即莎拉教师处理一个学习落后学生的实践规则：莎拉尽力向那个学生表明“在我完成所有的教学任务之后，我的注意力全部倾注在他身上。”实践规则还可以运用于范围更广的情境，诸如教材的组织或任务的分配等。但是，艾尔贝兹指出：“无论哪种情况，规则都涉及相关情境的实施细节，也就是说，整个行动的结果或目标都被认为是理所当然的。”

（四）实践原则

实践原则是一种具有较强的包容性却不够明确的陈述。与实践规则相类似，实践原则是关于人们在特定的实践情境领域中应该做什么和如何做的陈述。然而，实践原则是一种比实践规则具有更强的包容性的表述。

一般来说，实践原则来源于经验，并且为我们汲取经验提供了一种方法。当然，这对实践规则也是适用的。然而，实践原则在实践性知识的个人维度上更富于表现力：实践规则可能是十分特殊的，拥有实践原则的人是一个行动者，行动者能够为他的行动提供一个理由，并且我们期望行动者以这种方式展开行动，期望他的行为随着时间的推移逐渐与个人信念和目标保持一致。

实践原则总是包含于教师的思虑和反思中，每一条原则的规定都包含着一个基本原理，而基本原理是对一个问题深思熟虑之后的结果。艾尔贝兹给出了一个关于莎拉的学习评价和教学评价原则的例子。莎拉指出："无论我希望孩子们做什么，我必须首先要做到：在我们评价孩子们之前，我们必须教给他们一些东西。"莎拉在学习进修课程时形成了这一原则，并且指导着她后来的所有教学工作。莎拉拥有与其实践性知识的所有领域相关的原则，并在她工作的每个方面都经常运用这些原则。

（五）个人哲学

个人哲学是教师在教学情境中思考自身的方式。个人哲学是与教师实践性知识研究密切相关的概念，它包含着积淀于教师个人心智中的信念和价值观，通常作为一种无意识的经验假设支配着教师的行为。康奈利和柯兰蒂宁指出，我们用个人哲学指称这样一种方法：这种方法常常要求，我们作为教师，要通过回答各种口头的和书面的问题，这些问题就像我们在求职面试时经常被问到的那样，描述和说明自己的信念和价值观。比如，教师每次差不多都要回答的有代表性的问题是："在你的教学工作中，你最看重什么？"或者"你是如何看待学生的？"

个人哲学透过信念和价值观的外在表现，深入到经验叙事的源头。信念和价值观的研究常常要提到教师对信念、价值观和行为偏好的陈述的一致性；然而，个人哲学意味着通过经验叙事，教师对自己的行动及其对行动的探索进行一种意义的重建。个人哲学涉及教师的信念、价值观和行为偏好，而在经验叙事中，它们通常以课堂事件的情境为基础，潜藏于课堂事件的个人化、情境化的意义叙事之中[1]。

第二节　小学教师学科知识建构

小学教师要教好书，对学科要了如指掌，我们常说的，要给学生一滴水，教师得起码要有一桶水。这"一桶水"指的就是教师对学科知识要有体系的把握。这样，教师在教学过程中才能做到高屋建瓴、左右逢源。建构学科知识体系要从以下几方面着手。

一、学科知识体系

要当一名合格的小学教师，得具备相关学科的系统、全面的知识结构，这是教好书的根本。所任学科涉及的相关知识教学都应该有所了解。比如，语文教师读懂课标，应该阅读大量的文学作品，应该积累一定的文言文知识，应该对汉语知识有比较系统的了解。应该积累一定的美学鉴赏知识，有一定的文学鉴赏能力和水平。学科知识厚实，教学就能做到左右逢源、游刃有余、得心应手。

（一）课标知识

课程标准知识是学科知识的有机组成部分，教师应该了解课程性质与地位，了解课程的基本理念和课程标准的设计思路，了解课堂的设计目标、课程的实施建议和评价建议。教材是在课程标准的指导下编写出来的，教材知识的落实也必须在课程标准的指导下进行。

（二）学科知识的基本思想

教师要有扎实的学科知识基础。对于学科知识的积累，要注意以下几个方面。

1. 学科知识的专业性

对教师专业知识的要求，首先是知识的专业性、概念的表述、知识的解读、知识的运用等等，都得要体现知识的专业性、准确性、规范性、一贯性，学生学的知识必须是正确的，学生对知识的认知的思维必须是正确的。这就要求教师的专业知识必须过硬，对知识的解读必须专业、必须正确、必须规范。这是培养学生正确认识自然、正确认识社会、正确认识自己的最基本的知识要求。

2. 学科知识的基础性

小学阶段的学习，一般都是些基础性的知识，教师在知识积累和储备方面，也可从学科基础知识开始。除了在大学里学的专业知识外，还得根据课标要求，巩固复习、细化学过的知识，补充欠缺的专业知识，夯实专业知识基础，并与时俱进不断更新知识。

3. 学科知识的全面性

一度有人说，小学教师就像“万金油”，“万金油”的意思就是教师啥都要懂一点，这就要求教师要具有较全面的知识，不仅要具备扎实的本科学科的知识，还得要对小学相关学科的知识有一定的了解。小学生就是认为教师应该什么都懂，什么都知。知识全面的教师是学生的知识大树，在学生中有无比崇高的地位和威望。学生希望能遇到这样什么都知、什么都懂的教师。因此，全面的专业知识是教师教好书的根本。

4. 学科知识的系统性

知识本来就是一个系统结构，教师对专业知识的储备应该是系统的，教师要知道专业知识的来源，清楚专业的发展原理，懂得专业知识的内在结构，了解专业知识的内在规律，探求专业知识的发展方向，等等。总之，教师对所教学科专业必须要有系统的把握，并要建立专业知识系统的思维。

5. 学科知识的综合性

学科知识是相互联系着的，尤其是小学阶段的知识学习是没有明确的界限的，儿童也很难分清这学科与那学科的区别在哪里。这一年龄阶段的学习特点，就决定了小学知识储备具有综合性特征。因此，小学教师在知识储备上，必须打通各学科之间的联系，现实学科之间的融通。例如，数学与艺术的融通，数学与语文的融通，数学与体育的融通，语文与艺术的融通，语文与政治、历史及生物的融通，等等。因此，小学学科知识的综合性也是一种融合性，这种融合性知识，一方面模糊了知识的界限，另一方面有意无意地降低了学生对知识的学习难度，同时，有利于引导学生对学习的兴趣。

（三）理解学科知识的基本方法

在课堂教学中，学科知识来源两个方面：一是教材，二是教师。教材上的知识是以一次性的、平面化的形式呈现。一次性是指它不会根据学生的理解能力进行解释；平面化是指它不会根据学生学习情境的变化进行演绎。因此，要求教师在理解学科知识要更深刻，在内容理解上越深刻的教师，越能帮助学生学习，越能让学生学得更有趣。教师对学科知识有更深刻的理解，才能够让这些学科知识不再呆板，使课堂变得生动活泼起来。

另外，教师要从书面化的知识向生活化转变。教师要从过渡对学科知识的关注中走出来，才可能以“人”的身份与学生交流，而不是以“学科知识”或教材代言人的身份与学生交流。学生更愿意向一个“人”学习，而不愿意向死板的、平面的、抽象的教材学习。如果教师以“学科知识”或教材代言人的身份出现在课堂中，那么他势必会获得死板的、平面的、抽象的形象。

对学科知识的理解方法多种多样，最常见的方法有如下几种：

1. 加工建构

即通过对教材的教学法加工建构学科教学知识。教师对教材不是被动的、一成不变的照本宣科，而是以主体自身的生活经验、已有的学科知识和一般教学知识对教材进行加工与建构的过程，是寻求适宜的教学策略和教学表征的过程。其中涉及两个复杂、开放的系统及其相互作用的问题：一是教材知识系统；二是教师原有的知识系统。教师对教材的加工过程本质上是通过与文本的对话建构学科知识的过程。对教材的加工一般有以下几种方式：①教学内容的问题化，指教师通过自己对教材内容的加工提炼，以关键的知识点构建问题情境，采用问题教学模式，从而培养学生分析和解决问题的能力。②教学内容的结构化，是指教师通过自己对教学内容的加工提炼，建立要素明确、联系性好、概括性强、亲和力大的知识结构，从而有利于学生形成良好的概念图式，建构完善的认知结构。③教学内容的经验化，指教师通过自己对教学内容的加工处理尽可能利用学生的原有认知结构中的背景知识，尽量发掘和利用贴近学生生活和现实生活的素材，使教学内容与学生的原有知识经验挂钩，从而贴近学生实际、贴近生活实际，促进知识意义的建构。④教学内容的“话题”化，指教师通过自己对教学内容的加工处理，使教学内容作为师生、生生之间对话的“话题”。作“话题”的教学内容将成为师生、生生之间互动、对话与沟通的“中介”，从而创造一种共创共生、批判反思、求异创新的教学交往新格局[2]。

2. 知识转化

指学科知识转化为学生的知识。即，教师重新构建、组织学科知识，将学科知识以学生能够习得、转化和深化的方式设计教学，在这个过程中，学科知识和教育学知识相互作用转化为教师的学科专业知识。舒尔曼等提出“从自己能理解学科知识到开始能够用一种新的方式说明学科知识，其目的旨在能为学生掌握。”教师的学科知识，最终目的是指向学生的学习，通过教师的学科专业知识帮助学生更好地学习，把学科知识转化为学生个体获得的知识。舒尔曼把学科知识的转化过程分为“准备、表征、教学选择、适应阶段、调整”五个阶段。

准备阶段、表征阶段、教学选择阶段发生在教学设计的过程中。在教学前，教师根据教学的目标及自身对学科知识的理解重新组织和构建学科知识，把公共的学科知识转化为教师所理解的学科知识。但教师所理解的学科知识与学生理解的学科知识显然有差距，因此，教师必须站在学生的角度，在深入了解学生的阶段特征、已有知识等其他关于学生知识的基础上，思考“如何教学以更好地促进学生学科知识转化”的问题。学科知识的内在结构为学科知识的符号表征、学科知识的逻辑形式以及学科知识的意义系统，那么，学科知识的符号表征、逻辑形式及意义系统如何通过教学转化给学生，成为学生个体的知识呢？这涉及教师在教学前根据教学目标及特定学生预先设计学科知识的表征形式以及教学策略和方法的呈现方式的问题。学科知识的符号表征、逻辑形式和意义系统三层结构的表征方式和教学策略应该有所不同，如知识内容的文字单位、符号、数字等，可以运用语言表征等表征方式，但是对于知识的思维方式、学科思想和学科方法如果依然采用符号内容的表征方式则不太适合，学科知识的逻辑形式则更适合图像表征、操作表征等表征方式；而学科知识背后的价值观念、思想意识等意义系统则更适合情景表征的方式。教学策略的选择与呈现同样如此。学科知识符号表征的教学策略偏向于接受型或理解型教学策略，旨在帮助学生理解知识，建立知识网络，构建知识的结构体系；学科知识逻辑形式的教学策略偏向于探究型教学策略，旨在帮助学生自由探究和发现学科知识背后的思维方式、学科思想和方法；学科知识意义系统的教学策略偏向于体验型教学策略，旨在让学生在情境中自我感受、体验、内化、表达知识蕴含的价值观念。

准备阶段、表征阶段和教学选择阶段是学科知识转化的酝酿和准备阶段，在此阶段，教师对学科知识内容进行重构，选择与学科知识相契合的表征形式及教学策略。适应阶段和调整阶段把通过准备阶段、表征阶段和教学选择阶段形成的学科教学设计付诸实践，是学科知识转化的实施阶段。尽管转化实施前教师会基于目的、学生、情境等设计教学，并预想教学的大致方向和进程，但教学设计只是一幅蓝图，教学与转化实施中可能会出现很多预料之外的情况。所以教师既要根据教学设计实施教学，也要保持教学的弹性，使教学有助于学科知识的转化。同时，除了要使教学适应一般意义的学生，教师还要关注具体的学生，根据他们的生活经验、文化背景等调整教学，把教师所理解的学科知识转化为学生获得的知识。通过教学实施，学科知识的符号表征转化为学生自主构建的知识体系；学科知识的逻辑形式发展了学生的思维方式和学科思想；学科知识的意义系统丰富了学生体验和感悟，帮助学生逐步建立自己的价值观和思想意识。由此，外在于学生的、公共的学科知识转化为学生内在的、个体的知识经验，学科知识的力量和价值得以实现。

随着教学实践的逐步深入，学科知识与教育学知识在教学、反思、学习中经历一次次的转化过程，最终目的是更好地促进学科知识转化为学生个体知识。学生个体知识的生成过程虽然是学生个体的建构过程，具有相对独立性，但教师的学科教学知识能够帮助学生在有限的时间里实现更高水平的转化，使学科知识成为促进学生发展的力量[3]。

3. 知识整合

学科教学知识是学科和教学两种知识的融合的产物，具有融合性或整合性。莱德曼和拉茨认为，教师只有在不断地教学与持续使用个人的学科专业知识于教学活动中，学科专业知识和教学知识才能融合起来形成学科教学知识。换言之，学科教学知识本质上并非是单独存在的知识体系，而是教师在教学过程中融合学科与教学知识而形成的知识。肯迪强调学科教学知识的重点在“混合”而非“总合”学科知识与教学知识。职前教师虽修过某些学科知识与有关学生学习方面的知识，但并不表示他们能融合两种知识而形成学科教学知识。因此，需要通过教学实习为师范生提供机会，促使学科知识与教学知识的重组，使其具有教学性。事实上肯迪的观点与莱德曼等学者是相通的[4]。

4. 知识表达

知识经过一定的探索与检验，获得一定的结论（知识内容），并借助一定形式加以表达（知识表述）。知识表达形式有两大类：言述的表达与非言述的表达。言述的形式如符号、概念、术语、公式、定理、图表，它们一般较为明确、具体。非言述的形式有动作、图像、色彩、线条、音乐、舞蹈、雕塑等（操作知识、个人知识的表达主要凭借这些表达形式）。前者储存于书籍、文件、期刊等文本之中，借助概念符号公式进行具体的或抽象的表达。后者存在于照片、视频、表演、劳作及其人工制品之中，表达形式较为形象直观。在学校教育中，知识表达的基本形式是言述的。这是因为，概念是我们把握外部事物特征的基本方式。正如沃尔夫（B.L.Whorf）所说：“世界在印象的瞬息万变中呈现，印象只能由我们的头脑去组织，即是说，主要是由我们头脑中的语言（学）系统去组织。我们切分自然，将其编织为各种概念，赋予意义，所以能如此，主要是因为我们约定了以这种方式去编织自然。”思维方式影响知识表达形式，形象思维的句法表达方式是记述、叙述、描述，抽象思维的句法表达方式是评价、断定、诠释。不同学科在知识的表达形式上各具特色。数理学科与人文社会学科的知识表达方式存在差异。一门学科知识表达亦存在多种可供选择的方式，如文学作品的知识表达方式有小说、诗歌、散文、戏剧、杂文等，不同文体表达方式具有不同的特点与功能，服务于不同的写作目的。在自然科学中，有数学的算术表达式、物理的物体运动公式、化学的化学反应方程式等。哲学表述方式不同于数学表述方式。胡塞尔说：“在哲学中不可能像在数学中一样去定义；在这方面对数学方法的任何模仿不只是毫无成效，而且还会导致最有害的后果。”应当看到，知识表达总是对一定事物的某种言说，这种言说、表述总是存在这样那样的问题与困境。“我们的表述活动本身就处在这样一种困境中，即无法将内在的意识活动完全地揭示出来。因为无法将所要说的内容全部表达出来，所以用语言表述思想常常感到力不从心，即‘说出的话语总是落后于想说的或不得不说的东西’。”在表述活动中，能指与所指、符号与意义的复杂关系，致使语言表述存在多义性乃至歧义，“每个符号都是某种东西的符号，然而并不是每个符号都具有一个‘含义’、一个借助符号而‘表达’出来的‘意义’。在许多情况中人们甚至不能说，这个符号所‘标志’的就是人们用这符号来指称的东西。而且即使这个符号有效，它也并不总是作为那种体现表达之特征的‘含义’而有效”。因此，学科的言说需要多种表达方式结合，相互补充，以尽可能地接近或通达事物本身。

不同学科的研究对象与方法不同，其知识表达形式亦不相同，掌握一门学科的基本知识，就是学会使用该学科特定的符号、概念、公式等言语表达方式，运用本学科的基本符号、术语、概念表达思想、意见与观点，学会该学科特有的思维方式，学会按照学科的特有的表达方式进行思考与表达，因为概念是人们处理经验、加工信息的基本方式。语文、数学、科学、历史具有不同的逻辑结构与表达方式。文科中的叙事表达、隐喻表达，可以表现丰富的内容与寓意，甚至可以表达概念与逻辑难以表达的内容。数学、物理、化学中的符号、概念、公式、方程式，文科的论文写作，文学作品中的小说、散文、诗歌、戏剧表达方式，音乐中的音符、乐谱，美术中的线条、色彩，舞蹈中的动作、韵律等，都是一些学科特有的表达方式。学科知识的学习，除了理解知识内容，还应让学生理解各种表达形式、格式及其内在的思维方式、技巧，学会学科式表达与思维，关注学科表达的独特方式及其逻辑性、清晰性，做到合乎规范、逻辑，准确地表达自己的认识与思想。在正确、经常地使用该学科概念与表达方式的过程中，习得学科思维，要尽可能减少经验的、日常生活的表达方式，用学科表达方式与思维方式改造日常经验的表达方式与思维方式。当然，在知识表达的学习过程中，也应鼓励学生尝试多样化表达方式，形成自己的个性化表达方式。

不同的表达方式体现了不同学科的思维方式、检验与证明方式，知识表达是知识探究的部分外化（尽管不是全部），可以说，有什么样的学科思维方式便有什么样的学科表达方式，因此，表达方式的学习亦有助于学科思维方式、检验方式的巩固与深化。

5. 反思与对话

反思建构即通过教师的教学反思建构学科教学知识，是教师积极建构或重建有关学科教学知识、促进专业成长的重要手段。反思是教师建构自身的教学专业知识的过程，“从教师的专业成长来看，反思是专业成长的出发点，实质上正是在反思性教学的基础上，教师开始建构自己的教学世界和教学风格。”[5]反思什么？在教育实践中，教师首先要反思自我的形象与角色。其次，反思课程与教学。课程与教学需要教师不断建构，这就需要教师不断反思课程与教学问题，诸如课程是如何建构而成的？如何提高学科知识的组织化程度？在教学设计中，如何按照教学目标的要求将教学内容与学生的认知特点进行有效地整合？等等。再次，反思教学方法与教学策略。诸如板书设计是否合理？多媒体课件的设计与运用能否促进学生对知识的理解？课堂提问的方式是否恰当，等等。

对话建构。即通过学习共同体的对话建构学科教学知识。首先，是青年教师与资深教师的互动。从青年教师与资深教师在教育实践中不同角色关系来看，青年教师与资深教师既是师徒关系，又是同伴关系。他们之间的互动实质上是双方各自以自己拥有的经验，来了解对方的一种相互交流与沟通的方式。从青年教师与资深教师之间的信息交流方式来看，他们之间的互动主要采用讨论方式。其次，是同一教研组教师之间的互动。同一教研组教师之间的互动主要有合作、讨论与争论三种形式。在教育实践中，同一教研组教师之间的合作主要体现为集体备课、说课、听课与评课。在集体备课、说课、听课、评课中，教师经常会就某些议题展开讨论或争论。通过讨论与争论，一般能产生两种效果：“视界融合”与“视界分延”。前者指通过对话，彼此达成一种对教学的相对一致的看法；后者是通过对话，彼此暂时不能达成共识，但却深化了自己的原有看法，并在其原有基础上发展了彼此有差异的观点。总之，通过对话与互动，能促使教师更好地改进自己的教学实践性知识，逐渐形成自己独特的学科教学知识与技能[6]。

二、学科知识之间的相互联系

知识是一个整体，学科本身及学科之间都有一定的内在联系。作为教师，要注重学科知识的整体性和系统性，指导学生学习知识的时候，同样要注重知识的整体性和系统性。整体性和系统性的知识，学生容易理解、容易记忆、容易掌握。因此，建构学生知识，遵循整体性和系统的规律。

（一）学科模块相连

一幢建筑物是由许多材料建筑而成，建筑物中的各种材料是相互联系着的，缺少任何一种材料建筑物便是不完整的，甚至是不安全的。学科知识就像建筑物一样，尽管任何一本书，任何一本教材，都是分章节分单元篇写的，但章节之间、单元之间都是相互联系着的。这种种联系也都是有顺序有规律的，而不是杂乱无章的。学生学习也要遵循这些相互联系的顺序和规律去进行。这样，学生学到的知识就不是零碎的、残缺的、断裂的。学习好的学生在学习过程中，就是遵循了这种内在的顺序性和规律性，他们所掌握的知识也是相互联系的，相互联系的知识也是牢靠的、容易巩固的。因此，教师在教学的过程中，就不要把知识割裂开来，要着力去吃透知识间的内在联系，按照知识间的顺序和规律，依照学生的认知顺序和认知规律去指导学生学习，这种就能起到事半功倍的效果。

（二）学科之间相通

我国几千年传承下来的典籍，都是文哲史不分家的。随着历史的发展，学科越分越细，但并不是把学科割裂开来，学科之间的联系依然存在。小学语文教学如果不顾及思想品德教育、伦理道德教育、历史文化教育、社会规范和行为规范教育等等，也就失去了语文教学的意义。小学算术教学如果离开生活知识、离开文字表达，不懂得学习算术的基本意义，算术也是学不好的。思想品德课教学，如果离开生动的历史和现实故事，离开现实生活，离开艺术及体育等等，单单依靠重复而单调的说教，学生是听不懂的，也不感兴趣的，也根本达不到教学目的。因此，教师在教学过程中，要注重学科知识之间的联系性，要把握学科之间相关的联系规律。

三、学科知识与社会实践的联系

知识来源于社会，来源于自然，来源于生活，知识也都是社会、自然和生活规律的提炼和概括，知识是社会、自然、生活的普遍的规律。因此，知识的学习是对社会、自然规律、生活规律的学习，学习的目的是更好地适应社会、自然和生活，同时，也为正确改造社会、自然和生活积蓄知识和能量。因此，学科知识的教学离不开社会、自然、生活，离不开社会实践。

（一）运用生活知识帮助学科教学

孩子在上小学之前，已经积累了一些生活知识和生活经验，孩子的听说基本没有问题。

语文教学就可从孩子说话开始，通过孩子间的对话、师生间的对话，学习字词的读音和书写，通过与孩子的对话来学习句子，学习故事。算术教学可通过孩子已经积累到的家庭生活环境知识，启发孩子用数字表达他们认识到生活知识，并且通过数字计算来解决和表达他们发现的生活现象和生活问题。同时，要告诉孩子，“留心处处皆学问”。要多观察、多思考自己生活中遇到的现象和问题，这些现象和问题就是我们要学习的知识，就是我们要思考的问题。如果能这样去做，学生不仅对学习非常感兴趣，而且学习效率非常高，学生的学习能力和思维能力也会得到很快的提高。

（二）运用学科知识指导生活实践

学生从进入一年级开始，就在一点一滴地学习书本知识，这些知识虽然不多，但很实用。教师要引导学生去运用这些知识，通过运用，学生就会发现，学习知识是很有用。同时也会发现，自己学习的知识远远不够用。因此就会暗暗下决心，一定要好好学习，要多学一点知识。例如，算术教师可以教一年级的学生帮助爸妈记账。爸妈今天买了什么东西，每样东西花了多少钱。学生在家里就做这个记账员。可能有些东西的字不会写，教师可先教会学生写这些日常生活用品的字，由家长去进行记账辅导。语文教师可以让学生把家里每天发生的事情记下来，给家里做台账记录员。教师可让家长督促、辅导做台账这件事情。如果坚持这样做下去了，学生尽管学的知识不多，但他们能够运用这简单的知识去完成生活中的一些简单的事情，学生会有兴趣的。记账及做台账，不仅是学科知识的运用，也是学科知识能力的锻炼和提升，更重要是的让学生学会承担家庭责任，记账和做台账是一种家庭责任。这样的教学策略，一定是非常受欢迎的，也是非常有效果的。

四、专业知识的学习和积累

《教师教育课程标准（试行）》强调：“教师是反思性实践者，在研究自身经验和改进教育教学行为的过程中实现专业发展。”小学教师要学会“理解小学生成长的特点与差异，学会创设富有支持性和挑战性的学习环境，满足他们的表现欲和求知欲；理解小学生的生活经验和现场资源的重要意义，学会设计和组织适宜的活动，指导和帮助他们自主、合作与探究学习，形成良好的学习习惯；理解交往对小学生发展的价值和独特性，学会组织各种集体和伙伴活动，让他们在有意义的学校生活中快乐成长。”因此，作为“反思性实践者”的教师，专业知识不仅仅指传统的书本知识，还包括树立什么样的教育教学理念、教师的责任、对学生特性的了解、如何创设适合学生特点的学习生长环境、如何有效地组织学生学习活动、如何与学生及家长沟通以及有效地陪伴学生，等等。

（一）教育信念与责任

1. 具有正确的学生观和相应的行为

要理解小学阶段在人生发展中的独特地位和价值。小学是人生的开始阶段，小学生充满着无限的幻想和希望，小学学习是小学生整个生活的重要组成部分，小学学习生活应该让孩子充满乐趣，充满好奇，充满信心。小学生的学习生活应是生动活泼、积极上进的，这种学习生活应该对小学生有无限的吸引力和诱惑力。这是一种积极上向的生活，这种生活对孩子的未来人生的健康发展将打下坚实的基础，决不允许在小学阶段给孩子身心健康造成任何的不良影响。教师在教育教学过程中要精心呵护孩子，真情陪护孩子，要细心了解孩子的个性特点，充分展示孩子的个性，始终让孩子朝着健康向上的方向成长、发展。

教学案例

40年前，某所农村小学一个一年级的小男孩，在学校学雷锋活动中，积极响应老师号召，帮助人，做好事，拾金不昧。一天上午，他在学校的花圃中捡到一个丢弃的被泥土弄得脏兮兮的白口罩，兴冲冲地交给老师。教师见状有点尴尬，但很快她就高兴地接受了那个破口罩，并竖起大拇指表扬他很棒。

案例中，小男孩的行为是健康的、快乐的、美好的、充满好奇的、积极向上的，但这件事情的本身又是幼稚的、可笑的。这个时候如果老师说："笨蛋！这么脏的东西你也捡？赶紧扔了。"那么这个小男孩美好的内心世界便被老师无情地撕裂了，老师留给小男孩内心的阴影永远无法抹去。可是，那位女教师懂得如果保护孩子的自尊心，懂得如何保护孩子的自信心，懂得如何保护孩子的好奇心，所以，她能创造那么美的育人情景。

要尊重学生学习和发展的权利，保护学生的学习兴趣和自信心。学习和发展是学生基本权利，学生各有各的个性爱好，各有各的学习兴趣，学生的学习爱好和兴趣，教师要了解清楚，这是教师必备的知识和技能。只有充分发挥学生的个性行长，充分保护学生的学习兴趣，才能保护学生的积极向上的学习精神，才能培养学生的自信心，才能让学生自觉地把学习当成生命的一部分，有的学生甚至把学习转化成了一种生命本能。只有这样，才能让学生学好，成长好，发展好。

教学案例

有个学生喜欢画画，语文老师让学生用画来编写故事，英语老师让学生给英语单词和句子画上相应的物件和场景，数学老师让学生画三角形、四边形，画线段并标上数字。

画画似乎与语文、英语和数学没有多少关系，这些学科的老师往往希望学生把兴趣停留在自己所教的学科上，但我们不能因为自己所教的学科不是美术而打消或压制孩子学习画画的兴趣，我们可以发挥孩子的兴趣特长，引导孩子把兴趣特长与学科学习结合起来，找到孩子兴趣和学科学习的结合点，保护孩子的兴趣，尊重孩子的学习和发展权利。

要尊重学生的个体差异，相信学生具有发展的潜力，乐于为学生创造发展的条件和机会。学生每一个个体都是不一样的，而且是千差万别的，所以，我们不能施以一样的教育。尽管我们是以班级为单位的集中授课制，但作为负责任的教师，我们无论在课堂还是课外，都要注意学生的个体差异。一堂课下来，的确有一些学生听不懂，有些学生不会做，有些学生问题回答不出来，等等。针对这些问题，我们不能一笔带过，我们在实施课堂教学的过程中，就得创设一定的教学情境，带领每一个学生进入这种教学情境，在一定的学习情境中，大多学生能够主动去认知，主动去发现，主动去探究，主动去解决问题。这里面，不同的学生可能认识到东西不一样，发现到的问题可能不一样，解决问题的方法可能不一样，学生的潜力发挥可能也不一样，学生的学习感受和领悟也不一样。但有一点是一样的，即学生的学习兴趣都很高，学生的学习自信心都很强。

教学案例

课堂上不少老师让学生举手发言，但老师往往只注重回答问题好的几个同学，给他们发言的机会多，而其他同学则长期被冷落。久而久之，班上会主动发言的就只有一小部分，大部分同学都不主动发言。

学生的表达能力、表现能力、对问题的理解能力等等都是有差异的，了解学生的差异性是教师必备的能力，在教学过程中要尊重学生的差异，正视学生的差异，不要因为这种差异而打击部分同学的学习积极性，要充分利用学生性格和能力方面的差异因材施教，让学生形成互补，兴趣得到持续，能力得到提高。

2. 具有正确的教师观和相应的行为

教师是学生学习的促进者，教师工作的意义在于创造条件帮助学生快乐成长。教师的职业不仅教学生知识，也不仅仅是帮助学生学知识，而是让学生成长，让学生发展。教师是学生成长发展过程中的引领者、组织者、陪伴者、倾听者、发现者、合作者，也是学生成长的欣赏者、批评者、反思者。所以，教师的行为能力就不仅仅是会教书，还要会沟通、会组织、会发现、会开发、会欣赏、会批评。要了解小学教师的职业特点和专业要求，自觉提高自身的科学和人文素养，形成终身学习的意愿。

教学案例

某位数学教师备课、上课、批发作业都很认真，上课基本是用讲解、灌输的方法，课后时间基本上花在备课和批改作业上，工作很辛苦，但学生发展并不理想，自己也缺乏成就感，工作非常努力，使得自己整天疲惫不堪。

这位教师还是把学生当作被动的知识接受者，没有把学生当成主动的学习者，学生学习的自觉性和主动性没有得到正常的发挥，没有把“人”放在突出的位置。学科知识不是教育教学的全部，学科知识只是育人的工具和手段，通过学科知识的学习来培养学生的相关素养和能力。教师应当往这一方面去努力，不断积累相关的素养和能力，并付诸行动。教师是学生老师，也是学生的陪伴者，教师的言行对学生的影响巨大。因此，教师各方面应该为学生的榜样。

3. 具有正确的教育观和相应的行为

教育对学生成长、教师专业发展和社会进步具有重要的意义，教育充满了创造的乐趣。这是教师应具备的基本教育观念。从事小学教育事业，首先要爱好小学教育，要有职业的荣耀感、使命感、责任感和幸福感，要有为从事小学教育事业的自信心和自豪感，要有为小学教育事业做出贡献的奋斗精神和献身精神。其次，要了解学校教育的历史、现状和发展趋势，认同素质教育理念，并积极主动地参与教育教学改革。第三，要形成正确的教育质量观，高质量的教育不仅仅体现在考试分数上，更主要体现在学生的发展上，体现在学生的正确价值观和为社会为国家奉献的精神上。第四，要正确评价学校教育教学的现象，积极主动地对学校现状和发展做专业思考与判断。

教学案例

几个学生正趴在树下兴致勃勃地观察着什么，一个教师看到他们满身是灰的样子，生气地走过去问："你们在干什么？"

"听蚂蚁唱歌呢。"学生头也不抬，随口而答。

"胡说，蚂蚁怎会唱歌？"老师的声音提高了八度。

严厉的斥责让学生猛地从"槐安国"里清醒过来。于是一个个小脑袋耷拉下来，等候老师发落。只有一个倔强的小家伙还不服气，小声嘟囔说："您又不蹲下来，怎么知道蚂蚁不会唱歌？"

这个案例，体现的是教师忽视了学校的主体性作用，没有树立以学生发展为本的教育观，没有注重学生的兴趣的培养，没有注重学生个性的发展，没有把学生看成能动的充满生机和活力的人，没有注重师生人格上的平等关系，没有坚持教学民主。

（二）教育知识与能力

1. 具有理解学生的知识与能力

了解儿童发展的主要理论和儿童研究的最新成果。了解儿童身心发展的一般规律和影响因素，熟悉小学生年龄特征和个体发展的差异性。能掌握一些观察和测量小学生个性特征的基本方法。了解小学生的认知发展、学习方式的特点及影响因素，熟悉小学生建构知识、获得技能的过程。了解小学生品德和行为习惯形成的过程，掌握一些矫正小学生行为的基本方法。了解小学生的交往特点，理解同伴交往对小学生发展的影响。掌握观察、谈话、倾听、作品分析等方法，理解小学生学习和发展的需要。

教学案例

某校三年级有位姓张的学生，经常迟到、旷课、上游戏厅，甚至打架、敲竹杠，学习成绩就更不说了，门门功课挂红灯，尽管老师多次教育，仍不见好转，还是经常旷课、打游戏，向同学借钱，同学不借就打同学，以致班里同学见了他都躲得远远的。虽然偶尔也有进步，但没过两天又恢复原样，老师对他失去了信心。不过，这个学生并不是一无是处，他百米赛跑速度超人，在校运会上，他连续两年获得百米赛冠军，为班级争得了荣誉。除此以外，他还特别喜爱画画，象棋也下得非常棒。

这个案例中，小张有行为习惯的问题、品质的问题、学习成绩不好的问题，但同时有体育和画画方面的特长和喜好，而且特长方面的成绩不错。面对这样的学生，老师就要作认真的了解、分析、研究，找出问题的原因，和学生及家长一起商讨解决问题的办法，让学生在行为习惯和品质上逐渐有所改变，鼓励并帮助学生发展其特长，把玩游戏的兴趣转移到特长发展上来，通过这些改变逐渐提高学生对文化课的兴趣和成绩，促进学生综合素养的提高。

---

2. 具有教育学生的知识与能力

了解小学教育的培养目标，熟悉至少两门学科的课程标准，学会依据课程标准制定教学目标或活动目标。熟悉至少两门学科的教学内容与方法，学会联系小学生的生活经验组织教学活动，将教学内容转化为对小学生有意义的学习活动。了解学科整合在小学教育中的价值，了解与小学生学习内容相关的各种课程资源，学会设计综合性主题活动，创造跨学科的学习机会。了解课堂组织与管理的知识，学会创设支持性与挑战性的学习环境，激发学生的学习兴趣。了解课堂评价的理论与技术，学会通过评价改进教学与促进学生学习。了解课程开发的知识，学会开发校本课程，设计、实施和指导简单的课外、校外活动。了解班队管理的基本方法，学会引导小学生进行自我管理和形成集体观念。了解小学生心理健康教育的基本知识，学会诊断和解决小学生常见学习问题和行为问题。掌握教师所必需的语言技能、沟通与合作技能、运用现代教育技术的技能。

教学案例

上《品德与社会》课时，老师讲述了这样一个故事：重阳节那天，小明趁奶奶不在家时，帮奶奶打扫房间，发现奶奶的藤椅垫很破旧，里面的棉絮都要露出来了，便用自己积攒的零花钱为奶奶买了一个新的，将破旧的藤椅垫扔了。谁知奶奶知道后非常生气，因为那个藤椅垫是爷爷送给奶奶的生日礼物，东西虽不值钱，但对奶奶来说具有纪念意义。妈妈回家后也批评了小明，为此小明很苦恼。然后老师提出问题：藤椅垫该不该扔？围绕这个问题老师组织学生讨论，通过讨论，学生明白百善孝为先，要理解老人的情感、尊重老人的情感，孝也要讲究方式方法，要做到得体、恰到好处，等等。

孝敬老人是一个社会问题，也是一个品德问题，也是每个公民应承担的一种社会责任。如何让学生明白这些道理，并不断走向社会化，不断成为社会人，老师在课堂上讲道理恐怕达不到很好的效果。老师通过组织学生去讨论、分析、思考、感悟、体验，学生会明白很多，感悟很深，育人的效果也很明显。因此，教师要上好这个内容，了解的不仅仅是课本上的学科知识，还得结合其他知识和自己的人生经验，还得了解学生的年龄特点和个性特点。

---

3. 具有发展自我的知识与能力

教师要了解教师专业素养的核心内容，明确自身专业发展的重点。了解教师专业发展的阶段与途径，熟悉教师专业发展规划的一般方法，学会理解与分享优秀教师的成功经验。了解教师专业发展的影响因素，学会利用以课程学习为主的各种机会积累发展经验。

教学案例

陈老师30岁不到就成了当地的教学骨干和教学名师。她给自己定下的任务，是每周读一本书，每天写一篇教育教学笔记和反思，并申报了市级和省级课题，长期坚持课堂教学改革实验。教学改革成果丰硕，主持的一个省级课题和一个市级课题都已结题，发表了10几篇文章。如今40岁出头，就评上了特级教师。

陈老师一开始就懂得如何规划自己的专业发展，并能长期坚持自己的志向和目标，坚持不断提升自己的能力和水平，不断取得成长的机会和平台。

（三）教育实践与体验

1. 具有观摩教育实践的经历与体验

结合相关课程学习，观摩小学课堂教学，了解课堂教学的规范与过程。深入班级，了解小学生群体活动的状况以及小学班级管理、班队活动的内容和要求，获得与小学生直接交往的体验。密切联系小学，了解小学的教育与管理实践，获得对小学工作内容和运作过程的感性认识。

教学案例

老师在《搭支架》一课的教学中，把全班分为8个小组，每个小组都有课前准备好的旧报纸、透明胶、胶水等。任务是各小组合作搭一座高塔，然后讨论：采用什么样的结构承受力最大、最稳固，使用的材料又最少？活动结果：一组搭的高塔是三角形立体柱的支架，高19厘米，可以承受8本作业本。二组搭的高塔是长方体形状的，高18厘米，但是不能承受一本作业本。三组搭的高塔也是长方体形状的，高13厘米，可以承受5本作业本。四组搭的高塔是圆锥体形状的，高15厘米，但是也不能承受一本作业本。五组搭的高塔是立体三角形的，高24厘米，可以承受8本作业本。六组搭的高塔也是立体三角形的，高19厘米，可以承受6本作业本。七组搭的高塔也是立体三角形的，也高19厘米，可以承受2本作业本。八组搭建的高塔也是立体三角形的，也是高19厘米，但是可以承受24本作业本。通过观察、比较、讨论，得出结论：三角形的结构承受力最大、最稳固；三角形的支架比正方形、长方形的支架使用的材料少。

小学科学课程的基本理念是“以探究为核心”，“能通过观察、实验、制作等活动进行探究”。本节课的教学以学生的探究学习为主。在探究学习过程中，学生经历了制作、实验、观察、讨论、交流等各个活动。老师对课堂的设计能力、组织能力、掌控能力是相当不错的，学生学习的积极性和创造性也发挥得很好。

2. 具有参与教育实践的经历与体验

能够根据小学生的特点和教学目标设计与实施教学方案，经历1~2门课程的教学活动。能够参与指导学习、管理班级和组织班队活动，获得与家庭、社区联系的经历。参与各种教研活动，获得与其他教师直接对话或交流的机会。

教学案例

《避障小车教学案例》

（杏花岭区后小河小学 尹伟伟）

1. 情境导入

（1）出示视频，学生观看

（2）提问：从视频中你能知道什么？（引出超声波）

（3）说说它在我们生活中的应用。（引出汽车倒车雷达）

（4）如果把超声波传感器运用我们的小车上，会有怎样的情况发生呢？（引出课题：避障小车）

本环节设计意图 通过观看视频，从视频中提取有用的信息，引出“超声波”，并让学生联系生活，说说超声波在生活中的运用。在此基础上说说汽车倒车雷达的原理，并引起学生的思考：把超声波传感器用到小车上，会发生什么呢？给学生提供一个真实的问题情境，在情境中进行有意义的学习以及创作设计。

2. 小组活动：搭建机器人并进行编程

出示活动要求：请每六位同学结合成一个活动小组，其中三人合作按照基础小车搭建图，制作简易机器人；另外三人合作完成编程设计，要求：机器人距离障碍物30厘米时可以自动避障。（提示：每一位学生认真读懂要求，30秒时间记忆，然后倒计时，活动时间为15分钟。）

本环节设计意图 在小组活动中，学生通过设计、交流、表达、实践等一系列活动，学会合作学习，能够让学生主动、积极、有意识地参与活动的过程。通过明确分工、充分协作，学生在研究设计中主动地获取知识、应用知识、解决问题，培养孩子们的创新精神和实践能力，在相对开放的学习环境中加以实践，允许试错，在遇到困难时，不能放弃、要努力向前去解决问题，在分析原因中一步一步完成设计。利用建模的思想，使用程序编写的方式进行设计，培养学生的逻辑思维。在设计中也可以进行创造性的发挥，提高对电子产品的认识，增强学习的兴趣，实现奇思妙想，弘扬“创客”精神。

3. 活动分享

（1）在拼搭过程中，你们有什么好的经验分享给大家？

（2）说一说你们组的设计思路。在设计中遇到了哪些问题，你是如何处理的？

本环节设计意图 活动中，学会在成功中分享经验、在失败中分析原因，塑造良好的人格品质，能正确评价自己与他人，通过亲身经历对事物做出判断，充分发挥自己的主动性。

4. 课堂总结

在工程设计中，我们往往都不是一次成功的，我们需要在搭建的基础上进行设计，然后测试，遇到问题时，进行反复分析，进行调试，在这个过程中可能需要重新设计，多次测试，进行反馈，直到顺利运行。希望大家在以后的学习中，也要学会分析，不怕失败，勇于尝试，在人生的路途中收获绚烂之花。

分析

这节课，教师根据自己的实践经验，设计学习目标、学习内容和学习过程，学习过程进行得很顺利。教师指导得法，课程活动有序进行，目标得以达成。

第三节　小学教师学科知识应用

一、学生基础知识和基本技能的学习应用

我国古人一贯主张“知难行易”，即认识事物是相对难的事情，事物认识清楚了，带着认识去实践是相对容易的事情。对于教书育人的工作，教师不仅要熟悉学科的基础知识，还要了解学生的个性特点和学生的个性差异，同时要掌握一定的教育教学技术（方法），即要基础知识、学生特性、教育技术（方法）三者相结合，也就是说要创设适合学生的教育。

（一）学科知识应服务于核心素养的培养

“核心素养”的提出是“知识本位时代”走向“素养本位时代”的转折点，《中国学生发展核心素养》指出，学生发展核心素养，主要是指学生应具备的、能够适应终身发展和社会发展需要的必备品格和关键能力。按照这样的定位，“学科知识”概念不仅指传统的知识结构和知识内容，而应该界定为“学科核心素养”，即学科学习是核心素养的学习，是学生终身发展和适应社会发展的必备品德和能力的学习，学生对学科的学习，不仅仅是学知识，更主要的是学做人、学能力。“学科核心素养”所追求的教育效果，就是多大程度上能改变学生的思想准则和行为习惯。具体的知识可能忘记了，或者记得很模糊，但是在这些知识基础上形成的思维方式、行为能力等内化于心、外现于形，构成人的综合品质的一部分。所以，教师对课程和教材的理解，应超越学科知识范畴，应突出人的因素。例如，对语文和英语的学习，不仅仅是学科知识的学习，更主要的是人文素养、价值观的培养，以及适合自己和社会发展的必备的阅读、写作及语言交流等的培养。对数学的学习，主要是科学素养的培养以及数学思维的建构和数学规律的掌握。因此，教师在备课及课堂实施的过程中，就不能只拘泥于传统学科知识的教授，而应突出学生核心素养的培养。

教学案例

在指导学生学习《伟大的友谊》一文时，教师设计的问题很简单，“为什么说马克思和恩格斯的友谊是伟大的友谊？”有同学说，马克思生活艰苦，恩格斯在生活上给了马克思很大的帮助。有同学说“恩格斯竭尽全力，在生活上给他很大的帮助。”有同学说，“马克思和恩格斯合作了四十年，共同创造了伟大的马克思主义。在四十年里头，在向着共同目标的奋斗中，他们建立了伟大的友谊。”在同学们充分讨论发言以后，教师重点引导学生理解，“更重要的是在共产主义事业上，他们互相关怀，互相帮助，亲密地合作。”要让学生清楚，伟大的友谊是建立的共同的共产主义事业上的。因为，他们两人克服了重重

困难，共同为共产主义事业奋斗终生，并做出了巨大的成就。所以说，这是伟大的友谊。同时，教师引申到实现生活中，伟大的友谊不是江湖义气，不是两肋插刀，不是帮助朋友谋取自己的利益，而是能够共同为祖国、为人类事业作出牺牲和贡献。

教师在指导学生学习这类课文的时候，要注重学生人文情怀的培养，注重学生正确价值观的培养，在挖掘课文中的育人要素，从点点滴滴去培养学生的核心素养，做到润物细无声。

（二）基于核心素养学科知识之间的界限既清晰又模糊

我们把核心素养的发展作为教育教学的主要目标，所有的学科知识都得围绕这个核心目标服务。这里有三个概念之间的关系要弄清楚，即核心素养、学科知识和跨学科知识，这三者的关系是相融合的，学科知识的学习也好，跨学科知识的学习也好，都是为了核心素养的培养，但有些素养适合于通过学科知识的学习来培养，有些素养适合于通过跨学科知识的学习来培养效果更好。所以，我们不要一味地强调学科知识的重要性，也不要一味地强调跨学科知识的重要。每门学科都有其特定领域中所特有的规范、标准以及该领域独特的思维方式，学生在单门学科知识的学习活动中，会逐渐形成该学科的严谨的科学态度等核心素养。跨学科知识既模糊了学科知识的界限，例如，我们传统的经典著作，是文哲史不分家的，一部《史记》，既是历史著作，也是文学著作。就算我们今天的数学、物理、化学、生物、地理等学科知识，也有相融相通之处。跨学科问题研究值得借鉴的是芬兰，芬兰通过划分素养学段任务、明确素养与已有学科课程标准的对应关系，将跨学科素养融入学科教学。在课程内容上，拓展学生可自由选择的科目，并留有地方课程灵活设置的空间。有些核心素养可能分科实施更好，而有些核心素养需要以整合的方式来实施，还有一些核心素养也许需要分科与整合联合在一起实施更好。分科与整合只是培育核心素养的手段，两者相辅相成，相互补充。由此可见，核心素养是一个综合体，知识是一个大系统，学科核心素养与跨学科核心素养相互交其实，不断丰富学生核心素养的内涵，促进学生综合素质的提高。

教学案例

教师在教小学语文第四册12课《猴子种树》时，教师先让学生找出猴子“这只猴子什么树也没种成”的原因，那只猴子先后听了乌鸦、麻雀、杜鹃的话，拔掉五年熟的改种成四年熟的，又拔掉四年熟的改种成三年熟的，再拔掉三年熟的改种成二年熟的，最后一棵树也没种成。然后换一种思维出了一道数学题让学生去做，即猴子如果不去拔掉已种的树，而是在不远处再种一棵树，那么几年下来种了多少棵树？学生对这个问题非常有兴趣，很快就把题目做出来了。

学习这篇文章，不仅让学生明白，做事要有耐心，而且还要明白，生活和学习也需要数字的积累，种树是这样的，学习是这样的，做事也是这样的。学会积累才不断有收获，学会积累才能不断健康成长。学会积累也是人生必备的素养。从这节课也可以看出，学科素养的界限是既清晰又模糊的。我们在教学过程中要善于运用和挖掘教材的学习资源。

二、小学各学科知识的学习和应用

（一）语文学科核心素养的培养

其实，素养是综合的，本不可分。分解开来说，是为了表述和阐释。语文素养包括语言、思维、审美和文化，可以分解为语言建构与运用、思维发展与提升、审美鉴赏与创造、文化传承与理解四个方面。

我们知道，语文是母语教育，思维发展与提升、审美鉴赏与创造、文化传承与理解这三个方面都和语言建构与运用如影随形，呈综合推进的态势。因为语言是思维的外壳，思维是一切言语活动的核心推动力。一般说来，都是以个人生活经历、思维品质、文化修养、价值体系等生命状态的全息为背景的。语文学习，说到底就是要解决语言输入和输出的问题。如果把以上四个方面进行更加宏观的概括，阅读力和表达力是语文学科最核心的素养。

《义务教育语文课程标准（实验稿）》中相继提出“全面提高学生的语文素养”。在2011年《义务教育语文课程标准（2011年版）》中，将全面提高学生的语文素养作为义务教育阶段语文课程的基本理念，同时在课标下文对语文素养做出相应的阐释：“语文课程应该激发和培育学生热爱祖国语文的思想感情，引导学生丰富语言积累，培养语感，发展思维，初步掌握学习语文的基本方法，养成良好的学习习惯，具有适应实际生活需要的识字写字能力、阅读能力、写作能力、口语交际能力，正确运用祖国语言文字。”

因此，语文学习应围绕语文学科核心素养目标，突出阅读力和表达力的培养。

学段目标与内容从“识字与写字”“阅读”“写作”（第一学段为“写话”，第二、第三学段为“习作”）、“口语交际”四个方面提出要求。课程标准还提出了“综合性学习”的要求，以加强语文课程内部诸多方面的联系，加强与其他课程以及与生活的联系，促进学生语文素养全面协调地发展。

教学案例

学习人教版三年级上册语文《燕子》一文，教师首先让学生通过朗读感受文章的语言美。“一身乌黑光亮的羽毛，一对俊俏轻快的翅膀，加上剪刀似的尾巴，这就是活泼机灵的小燕子。”这段文字，通过对“羽毛”“翅膀”“尾巴”简要的概括和描写，绘出了“活泼机灵的小燕子”的美丽的形象，然后让学生通过阅读感受春天“雨”“柔柳”“草”“叶”“花”的美丽的画面，而燕子“斜着身子”的“掠过”，“唧”的叫声，那“横掠过湖”，“剪尾或翼尖偶尔沾了一下水面”，“荡漾”的“那小圆晕”，以及“像五线谱”“落在电线上”行踪，把整个春的画面激活起来了。这就是语言的魅力。教师教学的目标，是把学生的思维引入课文，让学生走进课文的情境中，让学生感悟课文情境，并读懂课文意境，品味课文语言艺术，让自己思想得到升华，综合素养得到提升。

语文课文的教学目标，就是要提高学生的阅读能力，锻炼学生的思维能力，把文章优美的语言不断内化为自己的语言，为提高表达能力打好语言基础。

（二）数学学科核心素养的培养

《义务教育数学课程标准（2011年版）》指出，“数学是人类文化的重要组成部分，数学素养是现代社会每一个公民应该具备的基本素养。作为促进学生全面发展教育的重要组成部分，数学教育既要使学生掌握现代生活和学习中所需要的数学知识与技能，更要发挥数学在培养人的思维能力和创新能力方面的不可替代的作用。”

“义务教育阶段的数学课程是培养公民素质的基础课程，具有基础性、普及性和发展性。数学课程能使学生掌握必备的基础知识和基本技能，培养学生的抽象思维和推理能力；培养学生的创新意识和实践能力；促进学生在情感、态度与价值观等方面的发展。义务教育的数学课程能为学生未来生活、工作和学习奠定重要的基础。”

“在数学课程中，应当注重发展学生的数感、符号意识、空间观念、几何直观、数据分析观念、运算能力、推理能力和模型思想。为了适应时代发展对人才培养的需要，数学课程还要特别注重发展学生的应用意识和创新意识。”

“通过义务教育阶段的数学学习，学生能：①获得适应社会生活和进一步发展所必需的数学的基础知识、基本技能、基本思想、基本活动经验。②体会数学知识之间、数学与其他学科之间、数学与生活之间的联系，运用数学的思维方式进行思考，增强发现和提出问题的能力、分析和解决问题的能力。③了解数学的价值，提高学习数学的兴趣，增强学好数学的信心，养成良好的学习习惯，具有初步的创新意识和科学态度。”

数学的“学科核心素养”可以分为“数学抽象”“逻辑推理”“数学建模”“直观想象”“数学运算”“数据分析”等方面，对于以数学为终身志向的学生而言，数学学科核心素养基本可以满足他们的需求。

教学案例

《观察物体》活动课的教学片段

（太原市杏花岭区后小河小学　强晓阳）

1. 从前面和后面观察

谈话：我们每天都在教室里上课，大家想看一看自己在教室里样子吗？我用手机给大家拍照，大家笑一笑，再来一张大家可爱的背影。

（分别在教室前和后为学生拍照）

大屏幕出示两张照片，提问：仔细观察，你知道哪一张照片是在教室的前面拍的？另一张照片是从教室的哪一面拍的？

小结：同样都是大家，分别从前面和后面不同的位置观察，看到的样子是不同的。生活中很多物体都需要我们仔细观察，今天，我们就来学习观察物体。

2. 从前、后、左、右四个方位观察

过渡：明年是猪年，今天老师提前带来小猪送祝福，如果从不同的位置观察这只小猪，看到的样子又会怎样呢？

我们以四人小组为单位观察这只小猪，请看观察要求：

观察要求

1. 手不摸、眼平视、仔细看。

2. 想一想，说一说：

我坐在小猪的（　）面，看到了小猪的（　）。

3. 选一选，你看到的是（　）号图片。

请一位学生为大家大声读出来。（学生读）

大家听清楚了吗?

表扬：这位同学声音洪亮，表达清楚，让大家一听就懂，我们大家感谢你。

请大家按要求仔细观察，认真填写。

学生按要求活动，教师参与学生的活动，并进行必要的个别辅导。

（提问：前面和后面的同学）

师：你坐在小猪的哪面？看到了小猪的什么?

生：我坐在小猪的前面，看到了小猪的脸，我选1号图片。

师：坐在你对面的小朋友，请你说一说?

生：我坐在小猪的后面，看到了小猪的尾巴和屁股，我选2号图片。

师：这两位同学声音都很动听，表达特别完整，值得大家学习。

小结：他们分别坐在小猪的前面和后面，不同的位置去观察，看到小猪的样子也不一样。

（提问：左面和右面的同学）

师：你来说一说

生：我坐在小猪的左面，看到的是小猪的身体的一部分，我选3号图片。

师：请你对面的同学说一说?

生：我坐在小猪的右面，看到的是小猪的身体的一部分，我选4号图片。

师：坐在左面的同学，谁还想说一说?

生：我也坐在小猪的左面，看到的是小猪的身体的一部分，我也选3号图片。

师：请你对面的同学说一说?

生：我也坐在小猪的右面，看到的是小猪的身体的一部分，还有一只耳朵，我也选4号图片。

师：这几位同学都善于观察，听了他们的发言，你们有什么想法?

生：左面和右面看到的小猪的样子也不一样。

小结：坐在小猪的左面和右面，不同的位置去观察，看到的样子也不同。

（抓住主要特征，区分左面和右面）

师：请大家认真观察左面和右面这两张图，看到的小猪样子不同在哪里?

生：3号图片头在左，尾巴在右；4号图片头在右，尾巴在左。师：这位同学观察很仔细，也很准确。

师：比较这两张相似的图片，你有什么好办法能快速判断出是小猪的左面还是右面?

（小组内小朋友交流讨论）

生：看小猪的尾巴，尾巴在左是右面，尾巴在右是左面。

师：尾巴的位置和小猪的左面和右面的关系是怎样？

生：正好相反。

师：这是一种观察尾巴的位置的方法，还有什么新想法？

生1：看小猪的脸，脸朝左就是小猪的左面，脸朝右就是小猪的右面。

生2：看眼睛，眼睛在左就是小猪的左面，眼睛在右就是小猪的右面。

生3：看鼻子，鼻子朝左就是小猪的左面，鼻子朝右就是小猪的右面。

生4：看耳朵……

师：同学们观察得好仔细，个个都是观察小能手，老师为大家点赞。

师：我们有了这么多的方法，请大家带着这些方法到小猪的左面和右面亲自去看一看，体验一下，是不是这样的？如果是，哪个方法更适合你去判断？

（组织学生有序活动：先去小猪左面观察体验，和组内小朋友交流讨论；再到小猪右面观察体验，和组内小朋友交流讨论）

师：哪个方法更适合你？为什么？

生1：我觉得观察小猪的头最快速最准确。

生2：我觉得看眼睛比较适合我。

生3：我觉得看鼻子比较适合我。

……

师：鼻子，眼睛，嘴巴，耳朵，这些器官都是在小猪的脸上，那说明小猪抓住脸的朝向这个主要特征，我们就能很快地判断出是小猪的左面还是右面。

小结：所以观察物体要抓住物体的主要特征。

师：通过刚才观察小猪的活动，大家有什么体会？

小结：同一物体，不同位置去观察，看到的样子是不一样的。

师：在生活中，有没有从不同位置去观察看到的样子都是一样的物体呢？

生：正方体。

拿出准备好的正方体，学生观察，所以面都是一样的。

小结：同一物体，不同位置去观察，看到的样子可能是不一样的。

（板书加上：可能）

分析

以上案例，教师对教材作了灵活的处理，都是从创设情境入手，让学生观察、体悟、讨论生活中的现象和情境，在活动中，教师引导学生从“数学抽象”进入到生活实际，从抽象的数学进入到“逻辑推理”，从“直观想象”过渡到“数学建模”，从真实的生活现象思考联想到“数据分析”，再通过“数学运算”得出问题的结论。这是一个“提高学习数学的兴趣，增强学好数学的信心，养成良好的学习习惯，具有初步的创新意识和科学态度”的学习过程。

（三）英语学科核心素养的培养

《基础教育小学英语新课程标准（2011年版）》指出：“英语课程的学习，既是学生通过英语学习和实践活动，逐步掌握英语知识和技能，提高语言实际运用能力的过程；又是他们磨砺意志、陶冶情操、拓展视野、丰富生活经历、开发思维能力、发展个性和提高人文素养的过程。”“基础教育阶段英语课程的任务是：激发和培养学生学习英语的兴趣，使学生树立自信心，养成良好的学习习惯和形成有效的学习策略，发展自主学习的能力和合作精神；使学生掌握一定的英语基础知识和听、说、读、写技能，形成一定的综合语言运用能力；培养学生的观察、记忆、思维、想象能力和创新精神；帮助学生了解世界和中西方文化的差异，拓展视野，培养爱国主义精神，形成健康的人生观，为他们的终身学习和发展打下良好的基础。”

“英语课程要面向全体学生，注重素质教育。课程特别强调要关注每个学生的情感，激发他们学习英语的兴趣，帮助他们建立学习的成就感和自信心，使他们在学习过程中发展综合语言运用能力，提高人文素养，增强实践能力，培养创新精神。”

“基础教育阶段英语课程的目标是以学生语言技能、语言知识、情感态度、学习策略和文化意识的发展为基础，培养学生英语综合语言运用能力。”

“基础教育阶段英语课程的总体目标是培养学生的综合语言运用能力。综合语言运用能力的形成建立在学生语言技能、语言知识、情感态度、学习策略和文化意识等素养整体发展的基础上。语言知识和语言技能是综合语言运用能力的基础，文化意识是得体运用语言的保证。情感态度是影响学生学习和发展的重要因素，学习策略是提高学习效率、发展自主学习能力的保证。这五个方面共同促进综合语言运用能力的形成。”

综上所述，英语学科重在学生的综合语言运用能力的培养。“综合语言运用能力的形成建立在学生语言技能、语言知识、情感态度、学习策略和文化意识等素养整体发展的基础上。”因此，在英语学习的过程中，在突出综合语言能力的培养的基础上，要注重“提高人文素养，增强实践能力，培养创新精神”。

教学案例

绘本《The baby turtle》教学案例描述

（太原市职工新街小学　王琦）

根据绘本内容，教师将本课分为读前、读中、读后三大环节。

1. 读前Before reading

（1）观看视频，引入话题。What sea animals do you like? 在设计导入环节时，教师选取了海洋生物的视频，但是一上来就播放视频难免突兀，于是思考如何在交流中直击主题，由Do you like animals? Do you like sea animals? What sea animals do you know? 三个问题引入，但还是感觉拖沓，再次观看视频，从视频入手，由What can you see in the ocean? What sea animals do you like best? 两个问题介入本课话题，自然，直接。

（2）通过猜谜活动，借助问题What can it do? 学生初步感知crawl，dig，lay等核心词汇从绘本封皮提取信息。我通过问题What do you know from the cover? 引导学生读封皮，找到绘本的名字、作者、内容提示等信息。并通过观察图片思考Where's the baby turtle from? 从而引出The Mother turtle lays eggs.这一部分是对学生逻辑思维推理能力的培养。

2. 读中While reading

（1）通过略读的方式，以How does mother turtle lay eggs? 为问题引领，让学生通过阅读图片，提取文本核心词汇来进行Look and match，并用First，swam a long long way; Then，crawled up the sand; Next，dug a hole; After that，laid eggs; Finally，crawled back to the sea进行概括梳理。

（2）发现问题，引发思考。

在问题预设时，教师通过Can all the eggs become baby turtles? Why not? 引导学生发现并非所有的蛋都能孵化出海龟，并思考其中的原由。学生的思维得到了发散，从而解决了生命科学等深层次问题。

此外，小海龟是本课的主人公，也是本课学习的重点，在讲述小海龟破壳而出时，绘本内容上只是出现了Many days later a baby turtle hatched from one of the eggs.这句话。从生命科学的角度讲，没有体现出由海龟蛋到小海龟出壳的过程中时间、温度、自然规律等因素对成活率的影响。于是，我们搜索了海龟蛋的图片，以天数计时的方式展示了海龟蛋大约60天的变化，并跟进语言，讲述小海龟破壳而出的过程，体现生命的不易。

（3）激发想象，发散思维

1）T：The baby turtle hatched from the eggs. If you were the baby turtle，what can you see?

S1：I can see the blue sky.

S2：I can see the beautiful world.

S3：I can see my brothers.

2）T：If you were the baby turtle，what do you want to say?

S1：Wow! How beautiful!

S2：Where's my Mum?

S3：I'm afraid.

在小海龟破壳而出时，教师引导学生分析小海龟的心理活动，提出问题。让学生站在小海龟的角度进行想象，发散思维训练。学生的发言精彩迭出，远远超出我的预设。从学生的回答可以看出两个问题极大地激发了学生创造性思维的能力和想象的角度。因此，在之后的教学中，只要能充分挖掘可供学生创造思维的素材，为学生提供一个空间，变学生的被动学习为主动探究，就可以有利于学生学习的可持续发展。

（4）Sharp reading

1）Read the picture

2）Read and finish the worksheet

Where were they?

What did they do?

How did they feel?

3）Read and talk in groups，then act out.

Group1 A：I'm tired.

B：Hurry up!

C：Oh，no! It's dangerous.

D：Come on!

Group2 A：I like running.

B：Mum! Where are you?

C：Help! Help!

D：Let me help you!

这部分内容是本节课的高潮，学生通过读图完成任务单、小组合作表演的方式又一次培养了学生的思维能力。在一种轻松、活泼、富有创新精神的课堂氛围中，学生的思维在小组交流中碰撞，发散思维的同时，有助于形成有效的学习策略。

（5）突破难点，情感铺垫

T：What happened on her way home?

S：Birds and crabs tried to catch them.

这一环节我利用视频突破难点，同时激发学生的同理心，为本课铺垫了一条情感线。

3. 读后 After reading

（1）续编故事，展开想象

T：The baby turtle went to the sea. What maybe happened in the sea?

再次给学生遐想的空间，此时学生思考的热情和发言的欲望更加浓烈。下面是部分学生的回答：

Maybe she grew up happily in the sea.

Maybe she was in danger in the sea，because sharks can eat her.

（2）基于过程，总结规律

通过海龟妈妈产卵到小海龟成长并最终返回同一片沙滩产卵的过程，揭示了海龟生命的循环规律，并对学生进行思维迁移，拓展动物、人类同样具有生命循环的规律。

分析

这节课教师从“激发和培养学生学习英语的兴趣”入手，帮助和鼓励学生树立自信心，通过“读前”“读中”“读后”三个教学环节，训练学生听、说、读、写的语言技能，形成了一定的综合语言运用能力。着重培养良好学习习惯的养成，通过引导学生观察、思考，学生的观察和思维能力得到发展；通过讨论和自主发言，学生的自主学习能力和合作学习精神得到锻炼，学习策略行之有效。通过这则小故事的学习，学习了解到海龟生命的循环的规律，体悟到人与自然的和谐相处，增加了学生和自然知识和人文知识，提高了学生的人文素养。

教师对教材的处理较为科学合理，同时结合了自己的教学经验和学生的学习状况，能创造性地设计课堂，通过运用视频、设置情境问题等教学手段，激发学生的学习兴趣，让学生从发现问题入手，引导学生思考问题，组织学生讨论问题，解决问题，同时让学生借助想象和联想让故事得到延伸。学生的思维能力和综合语言运用能力得到提升。

（四）思想品德学科核心素养的培养

《小学思品课程标准》强调："本课程根据小学中高年级学生社会生活范围不断扩大的实际，认识了解社会和品德形成的需要，以儿童的社会生活为主线，将品德、行为规范和法制教育，爱国主义、集体主义和社会主义教育，国情、历史和文化教育，地理和环境教育等有机融合，引导学生通过与自己生活密切相关的社会环境、社会活动和社会关系的交互作用，不断丰富和发展自己的经验、情感、能力、知识，加深对自我、对他人、对社会的认识和理解，并在此基础上养成良好的行为习惯，形成基本的道德观、价值观和初步的道德判断能力，为他们成长为具备参与现代社会生活能力的社会主义合格公民奠定基础。"

因此，思想品德学科的核心素养，通过本科的学习，培养学生具有丰富的内心世界和主体人格，培养他们对生活的积极态度和参与社会的能力，培养他们成为有爱心、有责任心的社会公民，培养学生的社会情感能力，并形成良好的行为习惯和个性品质。

教学案例

《创活动之情境，促学生之发展》

（太原市杏花岭区后小河小学　白志红）

活动一：排队乘坐公交车，习得方法——沿车身方向排队

师：哎，万达影城离我们还有一定距离，咱们怎么去呀？选择什么样的交通工具去更合适呢？你们快出出主意。

生：坐大巴或公交车。

师：好咧，我们就坐公交车或者大巴车去吧。嘀嘀，车来了——

师：哎呦，好痛。别挤别挤。孩子们，车一来，好多人都一窝蜂地向车门涌去。老师被踩了好几脚呢，面对这样的情形你们认为应该怎么做？

生：应该排队，号召大家排队。

师：大家同意这样的做法吗？

生：同意。

师：坐车的人太多了，正对着车门排不下，这个时候应该怎么排呢？谁有好办法？

生：沿着公交车身的方向排。

师：这个主意真好，现在我们就排好队上车出发吧。

活动二：模拟乘扶梯过程，习得乘梯的规则——左行右立

师：很快就来到了万达广场。万达影城在四层，咱们怎么上去呢？

生：可以乘直梯也可以乘扶梯。

师：说得对，我们现在就来体验一下吧。先来坐坐扶梯。

师：谁想尝试呀？呀这么多同学都想尝试呀，可是场地有限啊，这样咱们先请中

间的这两组同学来试一试，其他同学别着急，稍后还有其他活动可以尝试。

师：请听清楚规则：后面的黄线是上梯处，前面的黄线是下梯处。一会儿，同学们从上梯处缓慢前行通过下梯处。要注意扮演好小小乘梯者的角色哦。其他同学，你们作为文明观察员，也有任务，就是要仔细观察他们在乘坐扶梯时的表现。都准备好了吗？好，开始站队。

现在可是在电梯上啊，大家要扶好站好呀。老师也是一个乘梯者。

情境表演：模拟乘梯，老师中间插队

哎呀哎呀，前面的让一让，我有急事，让一些，谢谢。

结束后交流

师：这些同学已经乘梯完毕，现在文明观察员们，你们来说说他们刚才的表现吧？

生：同学们排队了，但是老师插队过，没有按顺序。

生：在电梯上穿行很不安全。

师：可是我真的有急事，很着急的。我想生活中同学们也肯定遇到过这样的情况，有的人就是有急事需要先过去，那怎么样就能让像我这样有急事的人，在扶梯上能既快速又安全的通过呢？

生：学生自己能想出办法

生：站在一边。

师：站在哪一边呢？

生：右边。

师：同学们想的办法真好。其实在乘扶梯时有这样一个原则，就是“左行右立”。

师：在很多文明城市，人们在乘扶梯时都是这样做的。

生：想不出办法。

师：想不出也没关系，老师教给大家一个办法，我们在乘扶梯时要按照“左行右立”的原则来排队。在很多文明城市，人们在乘扶梯时都是这样做的，方便有急事的人安全快速通过。这样做多好啊，以后咱们也要这样做啊。

活动三：模拟乘直梯过程，习得乘梯的规则——先下后上，中间下两边上

师：刚才还有同学提议乘直梯上去，那我们现在就来体验体验乘直梯这种方式。这次我们请两边的同学来参与体验，中间的孩子们，这次换我们来当观察员。

出示道具，请两个同学帮忙扶“电梯门”，请第一组同学先上电梯，第二组同学在电梯外等。其他同学还是文明观察员。

师：老师需要两个同学当助手来控制电梯门。

师：第一组同学们（5个人）你们的电梯来了。请打开电梯门。

师：一组的同学们你们的楼层到了，二组同学（15个人）准备上梯。请打开电梯门。

师：滴滴滴，出示超载提示。我们电梯准乘10人哦，怎么办呢？

生：主动下梯。表扬这几个懂得礼让他人的孩子，把文明奖状奖励给你们，请回到座位上去吧。

师：好，现在电梯关上，开始运行。已到四楼，请下电梯。（打开电梯门）模拟乘梯的过程结束，请同学们回到座位上。

师：现在小小观察员们说说，你们刚才观察到了什么？

生：自觉排队、先下后上、超载时自觉礼让等下趟电梯、在外排队时，靠右站，左边出。

师：关于怎么上下的问题，在我们生活中有许多地方还会遇到。比如坐公交时我们是前门上，后门下。再比如这个（出示地铁PPT），同学们认识吗？

生：地铁。

师：你们坐过吗？

师：咱们太原有没有？马上就有了，所以我们都得学会怎么上下地铁。看，这就有标识线呢。我们要中间下，两边上。

分析

教师灵活地运用教材，科学地拓展教材内容，结合学生生活实际，创设了三个生活情境，让学生从模拟活动中学会文明乘坐公交车和文明乘坐电梯，这是一个社会化的过程，也是一体验社会情感的过程。通过学生自己的行动，让学生学会社会规则，养成良好的文明行为习惯，形成了正确的价值观，并逐渐成长为懂得责任、具有爱心、遵纪守法的优秀公民。

（五）科学学科核心素养的培养

《义务教育小学科学课程标准》指出，小学科学课程是一门以培养学生科学素质为宗旨的义务教育阶段的核心课程，科学素质的形成是长期的。早期的科学教育将对一个人科学素质的形成具有决定性的作用。科学素质一般包括：对自然现象的好奇心和求知欲，运用基本的科学知识和技能认识自己和周围世界的能力，具备进行科学探究所必需的科学思维和方法，与自然界和谐相处的生活态度等。全面提高每一位学生的科学素质是科学课程的核心理念。

科学课程不仅要使学生获得重要的基本的科学概念并认识科学概念之间的联系，还要使学生获得科学探究的技能和方法，以及合作交往、语言表达的能力，更要使学生获得善于思考、勇于开拓、实事求是的科学态度。科学知识、科学思想、科学方法和科学精神是科学的四个层面，也是本学科的核心素养。

①小学科学课程的学习目标，使学生掌握关键的基础科学知识和技能，培养科学兴趣和思维习惯；了解科学探究的基本过程和方法，并应用于力所能及的科学探究活动；了解科学和日常生活以及社会可持续发展的关系；理解求真务实、开拓创新是科学精神的核心。

②科学课程要从学生的认知特点和生活经验出发。让他们在熟悉的生活情景中感受科学的重要性，了解科学与日常生活的密切关系，逐步学会分析和解决与科学有关的一些简单的实际问题。要创造学习科学良好的条件和环境，使学生在学习中体验科学的魅力和乐趣；培养学生终身的探索乐趣、良好的思维习惯和初步的科学实践能力。

③科学课程以科学探究为最为重要的学习方式。科学探究是科学研究过程的本质特征。在小学科学课堂中，教师是儿童学习科学的支持者和引导者。引导儿童主动探究，亲历科学探究的过程，这将有利于保护儿童的好奇心和激发儿童学习科学的主动性。

教学案例

《透明与不透明》

（杏花岭区杏花岭小学　白丽）

一、情景导入，揭示课题

情景导入：老师最近在装修家，还有一个卫生间的门没有装好，我总是在这三种门之间犹豫不决，不知该选哪个？听说咱们班的孩子很有想法，你们能帮帮我吗？

生1：选第二种门，因为这种门关好也看不见。

师：看来这位同学更喜欢这种不是很透明的门，一下子抓住了这三种门最主要的区别去选择，很好！

生2：选第三种门，因为这种透明玻璃能看见里面有没有人。

生3：选第一种门，因为这种门看不见里面的人，作为卫生间，有利于保护我们的隐私。

生4：选第二种门，因为这种门既能看见里面有没有人，同时还看不清里面人在做什么，可以保护我们的隐私，同时外面的人知道里面有人，也不会随便闯进来了。

看来，同学们在选择门的时候都会考虑到材料看到，看不到或者看不清的问题，这便涉及一个透明度的问题，这节课我们就来研究《透明与不透明》。

二、明白透明、半透明和不透明材料的特点并学会判断的方法

作为一个优秀的设计师，我们首先需要辨别不同的材料，老师今天给大家带来了三种不同的玻璃纸，同学们看看它们有什么不同？

生1：透明的、白色的、黑色的。

师：这是黑色的，这是白色的，没错！但是，从颜色的角度来说，它应该说无色，而不是透明，但这位同学能用透明来描述这张纸，一下子抓住了它最明显的特点，非常棒！

生2：透明的，能看见；看不清；看不见。

师：你说得很全面，也很详细。但是能看见我们就说它是透明的吗？

生3：这个看得非常清楚；这个看上去模糊；这个完全看不见。

师：对了，如果透过它我们看对面不仅能看见而且能看清，我们就说它是透明的；如果透过它看对面很模糊，我们就说它是半透明的；如果透过它看对面，我们什么都看不见，我们就是说它是不透明的。

了解了这三种材料的不同，设计师们能介绍一下如何判断一种材料的透明程度吗？

生：透明就可以全部看到；半透明看得比较模糊；不透明完全看不见。

师：是全部看到，还有我们透过它可以全部看到。

生：透过它可以全部看到。

师：所以我们科学的表达应该力求严谨，你能再准确地说一遍吗？

生：透明就是透过它可以全部看到；半透明就是透过它看得比较模糊；不透明就是透过它看不见对面。

师：这次就总结得很全面、很严谨了！

三、学生分组实验，用所学的方法判断一些物品的透明程度

我们已经找到了判断透明程度的方法，接下来，老师来检测一下我们的班的设计师是否可以准确判断以下物品的透明程度？

老师为大家准备了垫纸板、硫酸纸、作业本（用自己的科学书来代替）、一杯水、一袋空气（边说边演示实物）。同学们隔着这些物品看木块来判断它们的透明程度，并填写实验报告单。

这些物品是哪种情况？在相应的空格中打“√”。

（略）

四、实践应用，给不同的房间设计不同透明程度的门

看来我们的设计师已经能够准确判断生活中不同透明程度的物品了。优秀的设计师不仅能够准确判断不同的材料，还能让不同的材料得到恰如其分的应用。

老师为大家提供了四种房间的模型，分别是书房、衣柜、卫生间和卧室。你会为它们选择什么样的门？说出你的理由。

设计主要事项：

1、你可以选择一种材质的门，也可以选择不同材质的门拼接在一起。

2、用透明胶粘在门的一侧即可。

3、使用剪刀主要安全。

学生分组设计

学生汇报展示（投影展示学生设计作品）

师提示：汇报时可以从以下几方面进行，1）你设计的是什么房间的门？2）你设计的是什么样的门？3）你设计的理由是什么？

生1：我设计的是卫生间的门，用的是半透明的，因为我上厕所时不希望被别人看到。

师：你充分利用了半透明材料的特点。

生2：我的衣柜用的是透明的门，因为这样找衣服的时候很方便。

师：你也充分利用了透明门的特点。

生3：我选择的是衣柜，上面用透明的，下面用不透明的。因为上面找衣服方便，下面还可以换衣服。

师：她的门将两种不同的材料组合在一起，功能更多了。

生4：我做的卫生间的门，用了两重门，里面用透明的一层，外面用半透明的一层。平时开里面的门，可以很方便地找到厕所。上厕所时，可以把外面一层关上，这样可以保护隐私。

师：他的设计也很有创意，发挥了两种门的特点，将两种门组合在一起使用。很棒！

生5：我设计的是卧室的门，用的是不透明的材料。因为我睡觉时不希望别人看到。

……

师：咱们班的设计师奇思妙想，有这么多精彩的想法，你们都是非常优秀的设计

师。随着科技的发展，透明和不透明也可以做到随意切换了，接下来我们看段视频。

五、播放视频

看了视频之后，你是不是觉得很神奇，科技改变了我们的生活，让我们的生活更加方便与快捷。希望我们的设计师好好学习，能够掌握未来材料的特点，设计出更好的作品。

分析

教师大胆创新，勇于整合和拓展教材，通过创设问题学习情境，建立生活模型，让学生动手去做，让学生讨论、探究。这是一个科学的研究过程，让学生不仅掌握了玻璃透明与不透明的知识，懂得了如何去分析问题、研究问题、解决问题的方法，体验了科学探究的科学的态度，培养了科学探究的科学精神，学生的科学素养得到很好的培养和锻炼。

（六）综合实践活动核心素养的培养

《小学综合实践活动课课程标准》指出：综合实践活动课程是一种超越了学科领域的框架，且相对独立的课程组织形态。它将儿童本位教育与社会本位教育相结合，以学生为主体，以综合体为学习对象，以“问题学习”“履历学习”“合作交流学习”“柔韧学习”等为基本学习方式，以培养学生自我发现课题、自主探究课题、综合解决问题的精神、资质和能力为宗旨，经过学生主体性的、创造性的学习活动，将教与学、内容与形式、感情个体与群体、课内与课外、自然性和社会性、科学性与人文性有机地结合起来，使学生积累和丰富更多的直接经验，促进学生综合素质的形成和提高，培养学生的创新精神和实践能力，为学生的终身学习打下良好的基础。

综合实践活动课程是一门独立的课程，在新的基础教育课程体系中，它是综合程度最高的课程形态。它在学习系统结构、实践方法和手段等方面有着与学科课程质的不同。

综合实践活动课程作为一种相对独立的课程组织形态，超越了传统单一学科的界限，体现了水平组织的原则。课程根据组织成完整的教学单元。通过学生主体性的、创造性的、实践性的学习过程，有机地将知识与经验、理论与实践、课内与课外、校内与校外结合起来，以提高学生综合解决问题的资质和能力，促进学生知情意行和谐统一的发展。

本课程的开发是一项复杂的思想和思维的统和工程。从课程目标的视点看，本课程的开发力求“全人化”，即从课程的内容到结构的编排，从问题窗口到解决问题的材料援助，力求促进学生个性的自我张扬、学生人格的和谐发展、学生精神底蕴的充实饱满、学生能力的全面提升。从课程设计的视点看，本课程的开发力求“全程化”，即课程设计的动态性和发展性。对学生而言，本课程不是接受的对象，而是开发、开创的对象。学生面对的不是既定的静态的课程“支持本”，而是以学生的主动性、能动性、创造性为基础的，可以叠加、拆分、完善的学习体系。对于学习而言，本课程不是学习的终极目标，而是一种履历、一种经验、一种方式、一种导向。学习本课程不是为了占有它，而是为了感知它、享用它。从课程定位的视点看，本课程的开发力求“全息化”，即课程所含的信息量，以及信息量的无穷大。本课程追求一定的学问知识，但更注重体验性知识，并且力图促进两者之间的依存与融合，努力实现学科知识在应用中的沟通与活化；追求事实性知识、但更重视方法性知识，并力图体现两者之间手段与目的、基础与升华的统一性。

总体目标：为了促进学生综合素质的形成与提高，本课程的教学设计重在为学生构建社会化、生活化、活动化、主体式、开放式的学习环境，提供多渠道获取知识、综合应用知识的实践机会。在知识目标方面，重视体验性知识、策略性知识和跨学科知识；在能力目标方面，注重培养学生的自主能力、认知能力、计划能力、表现能力、管理能力、创造能力和信息的搜集和处理能力；在情义目标方面，着重培育学生的好奇心、求知欲、进取心、责任心、共生心，增强学生的质量意识和效率意识，发展学生的个性、提高学生的学习意志，使学生的身心得到健全发展。

教学案例

《生活中的食品安全主题实践活动》

（太原市杏花岭区锦绣苑小学校　赵祥瑜）

实践活动具体分为四个阶段：信息搜集，分析整理；掌握技巧，提高能力；运用技能，服务校园；购物实践，回归生活。

第一阶段：信息搜集，分析整理

1. 看“图”，构建思维框架

师：同学们，民以食为天，怎么吃，吃什么，是一门大学问。今天我们就一起走进《生活中的食品安全》进行探究。关于这个话题，你们搜集到了哪些信息呢？

生1：我在网上查到了食品安全的一些法律内容。有《中华人民共和国食品安全法》《中华人民共和国农产品质量安全法》《中华人民共和国产品质量法》《中华人民共和国标准化法》《中华人民共和国消费者权益保护法》《中华人民共和国进出口商品检验法》等。

师：为我们的食品安全提供了法律保障。

生2：我了解到了近年来的一些食品安全事故。有日本“核污染区”食品惊现中国，著名零食店卖过期食品，“僵尸肉”流入餐桌等，特别多，感觉都不敢吃了。

师：对，食品安全事件必须引起重视。

生3：我比较喜欢吃零食，就搜集了很多跟零食有关的内容，比如零食的分类，零食的来源，选购零食的注意事项等。

师：从自己的喜好出发来搜集资料。那同学们还搜集到了什么信息啊。

生4：我了解到我们买零食的时候应该看生产日期、保质期，不买过期的产品和“三无”产品。

师：老师发现大家搜集到的资料真不少，关于食品安全有太多值得我们关注的地方了。围绕这个话题，你们有什么想研究的问题呢？

生5：如何选购安全的食品？

师：这个是难题。根据大家搜集的资料，怎么办呢？

生6：我搜集了选购冷饮食品的方法。需要看包装、看色泽、闻香味、品滋味、观汁液。

生7：选购食品做到“五个查看”——查看商家是否持有合法有效的食品经营许可证、营业执照；查看食品包装标签上的内容是否清楚齐全；查看食品是否超过保质期；查看外包装是否整洁，有无破损现象，真空包装食品是否出现漏气、胀袋等现象；查看购物凭据的内容是否与实物一致，并妥善保管。选购保健食品牢记“五个注意”……

师：我们可得好好学一学，这些方法从哪儿学到的呀？

（在学生说的过程中，教师板书关键词，按类别来梳理学生说的内容，形成思维导图）

师：同学们，我们在“生活中的食品安全”这样的大主题下，将其细化为“如何选购安全的食品”，继续深入，就有了“带包装食品的安全鉴别”“选购冷饮食品的方法”“不带包装食品的选购方法”等小问题。这样层层深入的思维方式就是思维导图。

（设计意图：思维导图作为一种可视化的思维工具，目前国内已有一些教师尝试将思维导图运用到课堂教学中，取得了有效的成果。在这次的探究活动中，前期我们采用的也是传统的信息搜集方法，可是发现，太过庞大的信息量反而使得活动无从下手。于是引导学生将自己搜集到的信息利用思维导图进行分类整理，将熟悉的话题与生活紧密联系，从小处入手，大问题分解成小主题，归纳出食品安全的法律法规、身边的零食安全等研究话题，再将问题细化，聚焦在“小学生的零食安全”上。）

2. 制“片”，聚焦重点镜头

活动设想：小组合作制作微视频，用手机捕捉15秒能够呈现小学生零食安全问题的镜头，将其以微视频的形式在课上进行交流。在前期素材采集完成后，学生得到大量的影像资料，这时的重点放在如何通过微视频再现重点信息上。在信息技术的课堂上，学生在信息老师的指导下下载软件，每个小组选择不一样的软件来进行尝试，利用微课形式进行演示。然后学生以小组为单位，选取典型的镜头进行剪辑，最终在课堂上进行展示交流。通过微视频再现情景，学生关注到小学生校门口的零食购买已经成为严重的安全隐患。

师：同学们，在这段时间，大家一个个化身摄影师，捕捉镜头，进行剪辑。今天我们就来看看大家的成果吧。

小组1：我们用了“格式工厂”将视频和照片剪辑在一起，请大家看我们组的微视频（播放）。视频里的场景比较熟悉，就是咱们校门口大家购买零食的镜头。我们小组一看到任务，首先就想到了这儿，因为小卖部、小摊儿比较多，拍摄起来比较便利，大家看的时候能想到自己。

师：注意联系了我们的实际生活。

小组2：我们用的是“爱剪辑”，请大家看（播放）我们是小组六个人选择了不同的地点拍摄，有超市、便利店、小摊儿等，然后经过讨论确定放在视频里的内容的。我们其实一开始用的也是“格式工厂”，但后来发现“爱剪辑”似乎更方便，我们的片头片尾做得不错吧。

师：不光整理了内容，还比较了视频编辑工具。

（小组依次交流）

（设计意图：对于综合实践活动而言，收集视频、图片是对现象的观察分析，可以帮助学生更好地展开主题活动，为结论的提出提供事实证据的支撑。如何将零散的镜头和信息进行整合，聚焦重点，这是学生需要培养的信息能力。）

3. 问“卷”，收集数据信息

活动设想：结合现代信息技术，利用手机软件《问卷星》，先将事先讨论好的问题输入APP中合适的模板，软件自动生成整个问卷，然后通过网络便利条件在微信群和朋友圈发放，随后进行跨学科的整合，学生运用数学课上学过的统计知识读图分析，发现问题。

（设计意图：问卷调查是综合实际活动中常用的数据收集手段。在以往问卷调查中我们发现，纸质的问卷存在效率低，范围小，后续数据整理麻烦等缺陷。问卷星的使用不仅扩大了问卷发放的范围，而且回收更加便捷，准确率相对较高。对于小学生而言，食品安全的意识相对淡薄，辨别零食安全的方法很少在实际生活中去运用。于是我们确定了下一阶段的活动小主题——《零食包装的安全辨别》。）

（第一阶段设计意图：在此阶段，学生将自己得到的信息进行分析、整合处理，进行交流。孩子们得到的信息是方方面面、多种多样的，在这一阶段，他们坐到一起，建立多个研究性学习小组，便于从多个角度去发现、分析和解决问题，使每个同学从各个方面都对生活中的食品安全有所了解。同时，利用现代信息技术手段指导学生处理搜集的信息，不但非常方便，还改变了学生对计算机网络的认识，学生对现代信息技术的关注度也开始从游戏、聊天转移到对软件工具的运用，一定程度改变着学生的研究性学习方式和思维。）

第二阶段：掌握技巧，提高能力

活动设想：采用多种形式来找“老师”——专家讲座，掌握理论知识；课堂活动，技巧共享交流；导购指导，实践提升能力；请教家长，获取生活经验。通过多样的活动形式，掌握通过零食包装袋辨别安全的技巧，提高生活能力。

观察活动一

师：同学们，这是老师从超市买来的带包装的食品，哪个小组先坐好，就有优先领取权哦。请看大屏幕上的活动要求（活动一要求：小组合作，认真观察手中带包装食品的包装袋，填写活动任务单一。活动时间5分钟）。了解了活动要求就可以来领取食品啦。

（小组代表领取活动任务单及食品，积极讨论）

师：好，孩子们，时间到了。哪个小组先来和我们交流一下呢。提醒一下大家，要做到积极发言，认真倾听哦。

小组代表1：我们发现这些食品包装上的标签项目都很齐全，包装袋完好，都有食品安全标志。

小组代表2：我们发现有的包装带上还有环保标志和绿色食品标志。

（依次发言）

师：刚刚我们发现了食品包装袋上的各种信息，那这些信息对于我们选购食品，有什么帮助呢？

生1：通过生产日期和保质期判断食品是不是过期了。

生2：看是不是“三无产品”，要购买有生产日期、质量合格证和生产厂家的食品。

生3：食品添加剂能帮助作出判断。

（第二阶段设计意图：在这一阶段，学生通过多种渠道来掌握辨别零食安全的技巧，将自己得到的信息进行分析、整合处理，进行交流。孩子们得到的信息是方方面面、多种多样的，在这一阶段，他们坐到一起，交流、相互学习，将大家的知识汇总到一起，使每个同学从各个方面都对生活中的食品安全有所了解。同时，现代信息技术手段的介入也改变着学生的研究性学习方式和思维。）

第三阶段：运用技能，服务校园

活动设想：通过主题班会、国旗下的讲话、制作宣传报等方式向大家宣传零食安全的重要性，并且高年级学生走近低年级孩子，手把手进行宣传指导。在这一阶段，学生对校园服务的理解更加深入，能与组员合作完成校园服务工作，反思服务活动中的困难和解决方法，提高与人交往的能力。

（第三阶段设计意图：引导学生设计不同形式的服务项目，让学生将本次主题活动和校园服务队进行了整合，让活动更加深入，推广活动效果。在一定程度上检验学生活动的效果，在增长知识的同时训练学生的能力，并且让学生在系统的能力和知识层次中成长。）

第四阶段：购物实践，回归生活

活动设想：结合不同学段的情况，开展“小鬼当家”活动，孩子们运用已有的经验和学到的技能，进行安全购物活动。

（第四阶段设计意图：培养学生关注实际生活，将生活与实践探究相结合，学以致用，运用学到的知识解决生活中实际问题的能力。同时，在购物实践环节中能进一步让学生学习选购安全食品的技巧，深化安全意识。）

分析

这节课，教师通过四个阶段的教学活动，让学生从观察、阅读、调查、制作、展示、讨论、实践等活动环节中，积累了知识、锻炼了能力、学会了思维判断，学生的综合素养得到锻炼和培养。注重培养学生的自主能力、认知能力、计划能力、表现能力、管理能力、创造能力和信息的搜集和处理能力。重视培育学生的好奇心、求知欲、进取心、责任心、共生心，增强学生的质量意识和效率意识，发展学生的个性，提高学生的学习意志，使学生的身心得到健全发展。

参考文献

[1] 姜美玲. 论教师实践性知识的表征形式［J］. 全球教育展望，2010，（3）：50–57.
[2] 应国良，袁维新. 论教师的学科教学知识及其建构［J］. 教育发展研究，2006，（10）：41.
[3] 但武刚，万灿娟. 学科教学知识转化：内涵、过程及路径［J］. 外国中小学教育，2019，（3）：72.
[4] 应国良，袁维新. 论教师的学科教学知识及其建构［J］. 教育发展研究，2006，（10）：40.
[5] 刘正伟. 培养反思型教师：从教育实习开始［J］. 高等师范教育研究，2003，（3）：35.
[6] 应国良，袁维新. 论教师的学科教学知识及其建构［J］. 教育发展研究，2006，（10）：41.

第七章 小学教育教学知识的建构与应用

问题引出案例

小木，小学四年级学生。成绩较差，尤其是这学期以来，成绩逐步下降。课堂上注意力不集中，一直昏昏沉沉、无精打采，老是趴在课桌上。不肯写作业，有时干扰同学上课，父母分居，根本没有心思管他，似乎对他放弃了，爷爷对他要求过于严苛。作为小学教师该如何运用教育教学的专业知识帮助小木同学？

小学教师是履行小学教育教学工作职责的专业人员，教育教学知识的学习和积累是教师专业理念、专业精神、专业知识和专业能力等方面提升和发展的基础和前提。根据《小学教师专业标准》规定，教育教学知识属于“专业知识”维度，是教师开展教育教学活动的基础性知识。因此，小学教育教学知识的合理建构和恰当应用，对促进中小学不同学科的教师专业发展有着重要的促进作用。

第一节 小学教育教学知识概述

小学教育是各级各类教育的基础，为培养较高文化素养的公民打下坚实的基础，对国家和民族的发展起着奠基作用，并与“终身教育”“学习社会化”“社会学习化”一起构成了“全民教育”运动的重要内容。

小学教育教学知识是教师开展教育教学工作的基础，是解决小学教育教学实践问题的基本依据。《小学教师专业标准》中规定的教育教学知识旨在促进小学生身心健康发展，要求教师掌握小学教育教学的基本理论知识、掌握小学生的认知发展规律、学科课程标准及学科教学知识等内容，具体包括以下四方面：

一、小学教育教学基本理论

小学教育教学基本理论集中体现在教育学类学科中。一些教师常常关注学科知识的学习，而忽视对教育基本理论知识的学习和教育基本问题的思考。虽然“关于教育的问题，自古以来人们都在谈论。但是，究竟‘教育是什么’这一根本问题，许多人是不甚了解的……

这种以个人经验为基础形成起来的关于教育的共同认识，是一种世俗之见……我们不能凭借迄今的世俗之见，而必须凭借从根本上探究‘何谓教育’来确立起科学地认识教育的方法。教育学的目的就在于首先是确立科学地认识教育的方法，以解答‘何谓教育’的问题，然后在此基础上，对‘引导如何进行教育’的问题，做出科学的理论上的回答”[1]。所以，对于小学教师而言，更要注重有关教育基本理论的学习和教育基本问题的思考。

作为履行教育教学职责的专业人员，掌握小学教育教学的基本理论是体现小学教师专业性的重要标志，也是促进教师专业发展的基础。就教师的知识结构而言，我国著名学者林崇德、申继亮和辛涛将教师的专业知识划分为本体性知识、条件性知识和实践性知识三类。本体性知识是指教师所应具备的本学科知识，例如语文学科知识、数学学科知识等；条件性知识是指教师进行教学工作所应具备的教育学和心理学的知识，这类知识是保证教学顺利进行的条件；实践性知识通俗地讲就是教师的教学经验，主要靠教师在自身的教学实践中不断积累、丰富。

在教师的知识结构中，小学教育教学的基本理论属于条件性知识的范畴。之所以称之为条件性知识，是因为这部分知识是影响和制约教师获得教学成功的一种重要因素，是保证教学顺利进行的条件，但往往也是教师培训和教师自身比较轻视的一类知识。按照申继亮教授的研究观点，教师的条件性知识包括学生身心发展的知识、教与学的知识和学生成绩评估的知识三类。小学生身心发展的知识包括小学生的身体发展、认知发展、社会发展、成长背景、已有的知识经验等方面的知识；教与学的知识主要包括学科教学策略及学习理论相关的知识，比如课程理论、学习心理、教学心理等方面知识。教师正是借助教与学的知识，将教学层次的课程转换为体验层次的课程[2]。评价学生的知识主要是指通过掌握学生成绩评估的标准、方法和技术，对学生的学习进行价值判断、评价的相关知识，这类知识对教师的教材理解具有评价和指导功能。

（一）了解小学生身心发展特点及身体保健方法

健康的身体是小学生全面发展的基本条件，了解小学生身心发展特点及身体发育的保健方法是小学教师的必备知识和能力。小学生的身体发育包括体格发育、骨骼和肌肉的发育、生殖系统发育等方面。

小学生身高和体重是生长发育的两个重要指标。女孩发育较早，小学高年级女孩的身高和体重会超过男孩，男孩在进入青春期之后才在身高和体重上全面超过女孩。小学生的骨骼和肌肉在这一时期发育迅速，骨骼变得更加坚硬而富有弹性，容易变形和脱臼，但不易骨折。由于软组织的生长，有时会使肌肉和韧带产生疼痛，所以，“生长性疼痛”是生长发育过程中的正常现象[3]。教师要特别注意儿童姿势的培养，为他们配备合适的课桌椅，教育他们保持良好的坐姿，以免造成脊柱弯曲和胸部变形，以至于形成驼背或鸡胸。此外，小学生心脏成长的速度较慢，其发育落后于血管，肺活量显著增加，视器官的发育也逐渐成熟，要注意养成正确的读书写字姿势。还有，神经系统的发育，随着大脑的发育，抑制能力和综合分析能力得到加强，儿童的行为也变得有意识，但自我控制能力还不够。应引导儿童扩大知识面，避免发生冒险行为。

在小学生身体发育的关键阶段，要注意合理膳食，加强营养。这个时期，孩子的生长发育很迅速，对能量的需要量要高于成人。所以，要给孩子补充足够的营养。比如多食用高蛋白食物、富含叶绿素的蔬菜、多种水果等健康食物，补充身体生长需要的各种元素；合理的户外活动和体育锻炼。活动和锻炼能促进孩子的骨骼发育和肌肉发育，同时，也能促进呼吸系统和循环系统的发育，保证孩子充足的睡眠。孩子分泌生长激素的高峰时间是在睡眠中，睡眠不好的孩子食欲就不好，身体长高的速度就会减慢。课桌椅高度要合适，这样可以减轻疲劳，提高学习效率。

（二）掌握教与学的知识和方法

课堂教学既有教师的教，又有学生的学，同时又是实施素质教育的主渠道，是学生成人、成才的主阵地。因此，课堂教学活动的设计、组织与实施是小学教师必须掌握和具备的基础知识与能力。随着素质教育的全面推进，以学习者为中心的教学理念逐步树立，教学设计开始取代传统教学中的备课，最大程度地突出了学生在学习过程中的主体地位。所谓教学设计，是以获得优化的教学效果为目的，以教育学、心理学等为理论基础，运用系统的方法确定教学目标，建立解决教学问题和实现教学目标的策略方案，并对方案进行评价、检验和修改的基本理论和操作程序。简单来说，就是教师为了达到一定的教学目的，对教什么（课程、内容等）和怎么教（教学组织、方法选择、媒体选用等）进行设计。

现代教学理论和学习理论为教学设计提供了科学的理论和方法，使得现代教学设计能很好地促进学生的学习，提高教学的科学性[4]。

教学理论是为了解决教学问题而对教学一般规律进行研究的科学，因此教学理论是教学设计的直接理论来源。结构主义教学理论使教学设计注重学科的基本结构以及建立知识结构，通过设计适合的、不确定的课题和活动充分激发学生的学习动机，并在教学过程中重视发现教学法的使用，强调直觉思维、内在动机和信息的提取。掌握教学理论使教学设计活动中重视教学目标的确定、评价的作用，充分运用“诊断性评价”“形成性评价”和“终结性评价”帮助教师了解学生达到教学目标的程度。非指导性教学理论使教学设计注重学生的情感因素，促进学生成为一个完整的、完善的人。有关教学理论的研究启示我们，教学设计应该安排使学生掌握学习内容所需要的足够时间，激发学生的积极性和主动性，提高学生的理解能力，加强学生的个别指导。

学习是教学的基础，只有充分了解学生学习的心理规律，探明不同学习类型以及学习的过程和条件，才能有效进行教学设计。早期行为主义的学习理论通过任务分析和确定学习行为目标，使教学变得具有操作性。认知学习理论使得教学设计开始重视学习者学习的内部过程，重视教学情境中不同知识和技能的发展，重视知识和技能生成策略的研究。建构主义学习理论使教学设计者开始重视教学的整体性和变化性，重视教学内容应该与特定教学情境相联系的学习者知识的获得和运用。

小学教师进行教学设计需要遵循准备性原则、适当性原则、反馈性原则和系统性原则。所谓准备性，是指教师在教学设计过程中，既要考虑教学过程的要求，又要考虑学生已有的准备状态，力求从最符合学生的位置起步，使每个学生都能有效地学习；所谓适当性，就是教学模式、教学媒介、教学方法等的设计与选择，既要考虑不同的学习类型，又要兼顾不同年龄段小学生的性格、发展差异。而反馈性和系统性原则，则要求教师要根据教学前后学生学业的变化，及时进行教学评价和反馈，综合掌握学生的学习状况和教师的教学情况，以此来完善教师的教学设计、教学过程，同时促进学生的学习和发展。

教学过程的组织和实施是课堂教学活动的重要环节。以小学语文课堂教学为例，包括前期组织准备、任务提出、内容理解、学习评价四阶段。前期组织准备，并不简单地理解为仅仅是课堂内的活动，事实上，在进入课堂前就已发生了，也就是在课堂教学的前期进行的准备活动，包括，教师教学过程组织和实施之前的教学设计、学生学习前的认知准备、教学环境、教学资源和教学手段等的前期系列准备活动；任务提出，即小学语文课堂教学必须围绕具体、明确的任务、目标展开。教师可以通过以下方式呈现给学生任务：①情境呈现。教师预先设计、提供给学生一个有效的情境，例如图片、音乐、视频等；然后，师生一起对情境进行表征活动，进而引出所要学习的问题，确定学习任务，帮助学生进行认知策略的建构。②复习导入。教师组织学生进行旧知识的复习活动，使学生形成认知冲突，从而明确、突出学习任务。例如在讲《题西林壁》一诗时，先复习以前学过的《盲人摸象》一课，师生共同回顾了那一课中所学习的道理：观察问题应客观全面，如果主观片面，就得不出正确的结论。新学的这首诗同样讲述了这样一个道理，通过回顾，帮助学生形成知识的迁移。③直接呈现。教师在教学开始时，通过言语和文本直接呈现学习任务。例如，教师直接说“前面，我们已经学习了标点符号中的逗号和句号，今天，我们一起再学习一种新的标点符号。”内容理解，小学课堂教学的目标并不是简单地让学生知道“是什么”，更要引导学生理解“为什么”，在“学会”的基础上，更重要的是让学生学会“如何学会”。学习评价，是教学的最后一个环节，但要贯穿于师生的整个语文教学活动当中。评价的目的在于帮助学生反思自己的学习过程，调整学习方式；帮助教师掌握学生的学习动态，以及自身的教育教学活动状况，根据学生的学习情况，及时调整教学过程中的策略方法。需要注意的是，评价活动并非总是以教师为主，更多地应该让学生之间进行交流和分享。上述以语文课堂教学为例，阐述了教学活动的基本环节，与广义的教学过程中的五个基本阶段有相似之处。

一堂完整的课堂教学活动除了知识的学习和理解，还需要教师的教学策略和小学生对学习策略的掌握。教师需要根据教学目标、学生的学习状态、教学环境以及教学内容等选择恰当的教学策略。例如，掌握学习教学策略，是将学习内容分成若干个小的单元，学生每次只学习一个小的单元，然后参加考试，直到学生以80%~100%的掌握水平通过考试时，才进入下一个单元的学习；先行组织者教学策略，是通过提高学生原有认知结构的可利用性、可辨别性和稳定性，促进学生学习中的认知同化，即先呈现一般的、较抽象的概念和原理作为先行组织者，然后再逐步分化，最终使学生的认知结构达到平衡；探究学习的教学策略，即充分利用学生对事物的兴趣和好奇心，积极地为学生创设问题情境，鼓励学生探索，提出问题、分析问题、提出假设并寻找问题的解决方案，给学生提供一种宽松的学习氛围，努力培养和提高学生的探究能力和创新精神。小学课堂教学策略有很多种，教师要综合学生、环境、内容、教师自身等因素来选择有效的教学策略。对学生而言，“授之以鱼”不如“授之以渔”，也就是教师要教给学生学习的方法和解决问题的思维策略。小学生对学习策略的使用通常是随机的、不稳定的，因而教师要有意识地培养和训练学生主动地、自觉地使用学习策略。基于小学生的年龄及其发展特点，他们应该掌握以下学习策略：听讲策略，在听课中，小学生如何集中自己的注意力是一个很关键的问题，尤其是低年级的学生，注意力容易分散。所以，教师需要教给学生一些抑制分心的学习策略，例如上课之前告知学生教学目标、标示重点线索或划线、加强情绪色彩吸引学生的注意力、使用独特的刺激物等；做笔记策略，做笔记有助于引起学生对目标信息的注意力，而且，在做笔记过程中，学生识别重要信息的能力得到很大发展；复习策略，使学生短时记忆中的信息进入长时记忆，必须要经过复习这个环节，有效的复习策略帮助学生提高记忆效率，所以，教师要指导学生进行有效的复习，例如试图回忆、适度过量的学习、归纳法、概括组织法等。以上学习策略的掌握和运用能帮助学生更有效地进行学习活动，提高学生的理解能力和学习能力。

（三）掌握学生成绩评估的知识和方法

教师对学生成绩的评估有助于整体把握学生的学习情况。这就需要教师掌握学生成绩评估的标准、方法和技术，从而对学生的学习进行价值判断。通过对学生成绩的评估，教师既可以了解学生的学业发展状况，也可以对教学效果进行系统分析，反思自己的教学设计与教学行为，提高自己的专业能力，进而促进教师专业发展。

总之，作为小学教育工作者，教师学习和掌握一定的教育教学基本理论，有助于加深对教育现象的认识，认清教育与社会、教师与学生、知识教育与能力培养等各种基本关系，避免因认识的混乱带来实际行动的偏差。作为一名小学教师，要想正确解释教育活动中遇到的各种问题，了解事情的原委，抓住问题的关键，作出正确的判断，就离不开教育理论的指导。

小学教育教学基本理论来源于教育实践，又对实践具有能动作用。教育基本理论的学习有助于教师将教育教学理论与教育教学实践密切地结合起来，用科学的理论指导教育教学实践，同时，对教师组织学生有效地进行文化知识学习具有重要的支撑作用。教育理论是高度抽象思维的产物，它反映了教育活动中本质的必然的联系，具有普遍性，能预测教育活动的发展方向。优秀教师总能在课前正确判断一堂课中可能出现的各种问题，多方准备；总能设想出某集体活动中可能存在的障碍，防患未然；总能在教育活动中渗透超前意识，面向未来。这种素质可以通过教育理论思维训练获得。

二、小学生品行养成的特点和规律

小学教育不仅要教授小学生知识，更要注重学生的品行培养与引导，使学生成为德才兼备的人才。品行规范是指个体的思想品德的日常行为表现合乎一定社会道德准则要求的程度，实质上是一个人内隐的道德意识、观念在外部行为特征上的表现，集中反映了一个人品德心理发展的水平[5]。看一个学生的品行，主要不是看他认识到什么，而是看他是否言行一致。苏霍姆林斯基说："了解孩子——这是教育学的理论和实践的最主要的结合点。"[6]作为小学教师，了解孩子，掌握小学生品行养成的特点、规律和方法，是帮助学生形成良好品行的基本条件。

关于小学生品行养成特点和规律，小学教师要了解儿童品德发展基本阶段理论，为分析和促进小学生的品德发展奠定理论基础，在此基础上正确认识品德心理结构中道德认识、道德情感、道德意志和道德行为四要素之间的辩证关系，树立形成小学生知行统一的完善品德的意识。同时要掌握品行养成的基本途径和方法，了解我国当代小学生品行发展的基本特点，因势利导，有效地促进品行养成。对于小学生的品行发展，教师不仅要了解一般的发展特点和规律，还要知道小学生分享、合作、助人、安慰等亲社会行为以及攻击等不良行为的成因，为有效促进学生社会性发展和良好行为习惯奠定基础。

三、不同年龄段小学生的认知规律及身心发展的基本理论和方法

（一）了解不同年龄段小学生的认知发展特点和规律

不同年龄段的小学生具有其相应的认知发展特点和规律。皮亚杰将认知发展分为感知运动阶段、前运算阶段、具体运算阶段和形式运算阶段。小学生的年龄一般为六七岁到十一二岁，他们处于具体运算阶段，也就是开始使用心理运算来解决具体的实际问题。该时期的心理操作着眼于抽象概念，属于运算性（逻辑性）的，但思维活动需要具体内容的支持。值得注意的是，小学生认知能力的变化并非到了某一阶段就能立竿见影，而是在整个小学阶段逐渐达到，所以，教师要把握这一特点和规律，切莫急于求成。

具体运算阶段的认知特点是：守恒性、去自我中心主义、多维度分类、思维的逻辑性增强。研究表明，儿童掌握数量守恒的平均年龄为6~7岁；掌握长度守恒的平均年龄在7~8岁；掌握面积和质量守恒的平均年龄在9~10岁；掌握体积守恒的平均年龄为12岁。去自我中心主义，是指逐渐学会从他人的角度看问题，逐渐能接受别人的意见，修正自己的想法，这是儿童社会性发展的重要标志。因此，教师要在一定的年龄阶段逐渐培养小学生社会性的发展，不宜过早。多维度分类，是指小学生能根据物体的多个维度进行分类，如既能按颜色、形状分类，又能按主题进行分类，也就是根据事物的逻辑关系来分类[7]。在小学阶段，学生思维的逻辑性增强，主要体现在小学生不仅能够解决较为复杂的排序任务，也能够在7~8岁时获得传递推理能力，比如，小学生如果知道A>B和B>C，就会得出A>C的结论。有研究表明，7~11岁学生的一维空间方位传递性推理能力明显提高，对于二维空间方位推理，7岁儿童处于萌芽阶段，9岁和11岁儿童则处于这一能力的发展和提高过程[8]。

小学教师不仅要了解和掌握小学生的认知发展的一般特点，还要认识到每个学生的认知发展从一个阶段到另一个阶段，其速度并不相同。所以，教师要敏感地意识到学生认知发展的这种差异性，在进行相关理论学习的基础上考虑小学生的技能水平和发展速度，为学生制定具有针对性的、个体差异性的学习计划和指导。

（二）掌握促进小学生身心健康发展的教育基本理论和方法

现代社会中，身、心健康的人才能称之为一个健康的人。大量事实表明，小学生在心理健康方面也有诸多问题，并时时影响着小学生们的健康成长，如入学适应、问题行为、厌学逃学、人格障碍等问题。如果教师、家长和小学生没有充分的思想认识和积极的态度，往往就使得问题堆积，小问题变成大问题，轻问题变成重问题，甚至出现不良事件。所以，小学教育必须重视对小学生的心理健康教育，尤其是小学教师，要充分运用教育学、心理学相关理论引导小学生的身心健康发展。

小学生的身体发展包括身体外形的变化，即身高和体重随着年龄的增长而稳步提高；体

内机能的发育，包括心脏、血管的变化、骨骼肌肉的变化、肺的变化也就是呼吸系统的变化等方面；神经系统的发育，包括脑重量的变化、脑电波的发展等。教师要能根据不同年龄段小学生的生理特点及变化做好保护、培养与发展工作。

小学教师还要了解小学生心理发展的一般特点，包括感知、注意、记忆特点；想象思维特点；情感特点；意志特点和性格特点，掌握科学的、恰当的引导方式方法。比如小学生的想象从形象片段、模糊向着越来越能正确、完整地反映现实的方向发展。低年级的小学生，想象具有模仿、简单再现和直观、具体的特点，到中高年级，他们对具体形象的依赖性会越来越小，创造想象开始发展起来。小学生的思维从以具体形象思维为主要形式逐步向以抽象逻辑思维为主要形式过渡，但他们的抽象逻辑思维在很大程度上仍是直接与感性经验相联系的，具有很大成分的具体形象性。所以各学科教师在教育教学中都必须针对以上特点，因材施教，运用灵活多样的教学方法促进学生想象力的发展，这样才能取得好的教学效果，真正地帮助学生实现身心健康发展。

此外，小学阶段低、中、高年级学生的生理和心理发展都具有明显的阶段特征，所以，小学教师还要了解不同年级小学生在生理和心理发展上的差别特征，以及小学生的遗传素质、成长环境、教育背景等方面的差异，学习和掌握保护、促进小学生身心健康发展的策略与方法，尤其是教育学、心理学相关的基本理论和方法，有的放矢地进行教育教学活动

四、所教学科的课程标准和教学知识

为了适应新时期全面实施素质教育的要求，深化基础教育课程改革，提高教育质量，教育部组织专家对义务教育各学科课程标准进行了修订完善，于2011年12月正式印发，2012年秋季开始执行。每位教师都要全面、深入领会和准确把握新课程标准的精神实质和主要变化，切实把新课程标准的教育理念和基本要求落实到小学课堂教学中。

课程标准是课程组织和课程管理的指导性文件，体现了国家的课程意志，提供了课程实施的目标、原则、策略和方法等依据或手段。作为小学教师，在教育实践和教学活动中要忠于课程标准的要求，树立以课程标准为指导的课程观，把学生放在教育教学活动的首位，做到“脑中有课标、心中有学生、眼中有教材、手中有方法”，使自己的教学方向正、方法活、效益高。

美国斯坦福大学舒尔曼教授于1986年在美国教育研究协会会刊《教育研究者》发表的一份研究报告中，首次提出学科教学知识，即“教师个人教学经验、教师学科内容知识和教育学的特殊整合”。[9]学科教学知识是教师在面对特定的学科主题或问题时，如何针对学生的不同兴趣和与能力，将学科知识组织、调整与呈现，进行有效教学的知识。学科教学知识是教师专业知识的核心，也是教师专业发展的前提条件。学科教学知识丰富的教师能够精心选择、精细加工教学内容，引导学生由浅入深地逐步建构自身的知识体系，且能在具体的教学情境中，将学科知识、学生知识、一般教学法知识等经由自身的经验、价值观做出判断、选择、重组而形成，内化为教师自己的认知框架，成为指导其教学行为的标准与原则，直接影响着教师的教学效果。所以，学科教学知识是实现高水平教学的重要因素。因此，各小学学科教师要在深入研读课程标准的基础上，精准把握学科教学知识的输出，发挥每门课程特有

的功能，合理而有效地设计和组织教学活动，引导学生的全面发展。

第二节 小学教育教学知识的建构

掌握小学教育教学知识是小学教师专业性的集中体现。小学教育要培养身心健康发展的、德才兼备的人才，就必须了解小学教育教学基本理论知识、小学生品行养成特点和规律、小学生认知发展等基础知识，还要根据小学生身心特点，做到因势利导，因材施教。因而，小学教育教学知识的建构对小学教师的专业发展起着重要的促进作用。本节将以建构主义学习理论作为基础，结合《小学教师专业标准》相关内容，提出小学教育教学知识的建构策略。

一、建构主义学习理论的主要观点

建构主义是一种关于知识和学习的理论，强调学习者的主动性，认为学习是学习者基于原有的知识经验生成意义、理解建构的过程，而这一过程常常是在社会文化互动中完成的。

建构主义的最早提出者可追溯至认知发展领域最有影响的一位心理学家皮亚杰（J.Piaget）。他所创立的关于儿童认知发展的学派被人们称为日内瓦学派。他坚持从内因和外因相互作用的观点来研究儿童的认知发展，并认为认知个体是在与周围环境相互作用的过程中，逐步建构起关于外部世界的知识，从而使自身认知结构得到发展。个体与环境的相互作用涉及两个基本过程："同化"与"顺应"。同化是指把外部环境中的有关信息吸收进来并结合到个体已有的认知结构（也称"图式"）中，即个体把外界刺激所提供的信息整合到自己原有认知结构内的过程；顺应是指外部环境发生变化，而原有认知结构无法同化新环境提供的信息时所引起的个体认知结构发生重组与改造的过程，即个体的认知结构因外部刺激的影响而发生改变的过程。可见，同化是认知结构数量的扩充，而顺应则是认知结构性质的改变。认知个体就是通过同化与顺应这两种形式来达到与周围环境的平衡：当个体能用现有图式去同化新信息时，他是处于一种平衡的认知状态；而当现有图式不能同化新信息时，平衡即被破坏，而修改或创造新图式也就是顺应的过程就是寻找新的平衡的过程。

皮亚杰关于建构主义的基本观点对小学教育教学知识建构有很大的影响。小学教育教学知识的学习和掌握并非单纯通过教师的讲授所习的，也就是单一的知识输入不能真正地帮助教师理解和掌握教育教学知识，还需要基于一定的社会文化背景、教育环境、师生发展等多方面内容，并结合教师的教学实践经验，积极主动地去建构知识，也就是所谓的意义建构，即将已有的知识经验、教学实践经验纳入自己原有的教育教学知识系统中，通过同化与顺应过程逐步建构起来，并在"平衡—不平衡—新的平衡"的循环中得到不断的丰富、提高和发展。

建构主义强调学习者的认知主体作用，即学习者是信息加工的主体、是意义的主动建构者，而不是外部刺激的被动接受者和被灌输的对象。小学教育教学知识的获取需要教师结合自身的实践经验主动地进行信息加工和建构。这就需要教师用探究法、发现法等方法去建构知识的意义；在建构意义过程中主动去搜集并分析有关的信息和资料，对所学习的问题要提出各种假设并努力加以验证。也就是说，知识不是通过教师传授得到，而是学习者在一定的情境即社会文化背景下，借助其他人（包括教师和学习伙伴）的帮助，利用必要的学习资料，通过意义建构的方式而获得。因此建构主义学习理论认为“情境”“协作”“会话”和“意义建构”是学习环境中的四大要素或四大属性。

“情境”：学习环境中的情境必须有利于学习者对所学内容的意义建构。教师对小学教育教学知识的学习要基于一定的情境创设，将自身的学习、实践经验融入情境中，加工、转换成教师所需要的教育教学知识。“协作”：协作发生在整个知识学习过程的始终。协作对学习资料的搜集与分析、假设的提出与验证、学习成果的评价直至意义的最终建构均有重要作用。“会话”：会话是协作过程中不可缺少的环节。教师对教育基本理论知识、品行养成知识、学科知识等内容的获取，除了书本知识的习得，更需要教师之间学习经验的交流、研磨，此外，协作学习过程也是会话过程，在此过程中，每个学习者的思维成果（智慧）为整个学习群体所共享，因此会话是达到意义建构的重要手段之一。“意义建构”，这是整个学习过程的最终目标。所谓意义建构是指事物的性质、规律以及事物之间的内在联系。在学习过程中帮助学习者对当前学习内容所反映的事物的性质、规律以及该事物与其他事物之间的内在联系达到较深刻的理解。这种理解在大脑中的长期存储形式就是前面提到的“图式”，也就是关于当前所学内容的认知结构。由以上所述的“学习”的含义可知，学习的质量是学习者建构意义能力的函数，而不是学习者重现教师思维过程能力的函数。换句话说，获得知识的多少取决于学习者根据自身经验去建构有关知识的意义的能力，而不取决于学习者记忆和背诵教师讲授内容的能力。所以，小学教育教学知识的学习和获取重点在于教师结合自身的教育教学实践进行意义建构。

建构主义所蕴含的教育教学思想主要包括知识观、学习观、学生观等内容。

（一）知识观

知识不是对现实的纯粹客观的反映，任何一种传载知识的符号系统也不是绝对真实的表征。它只不过是人们对客观世界的一种解释、假设或假说，它不是问题的最终答案，它将随着人们认识程度的深入而不断地变革、升华和改写，出现新的解释和假设。知识并不能绝对准确无误地概括自然与社会的法则，提供对任何活动或问题都适用的解决方法。在具体的问题解决中，是需要针对具体问题的情境对原有知识进行再加工和再创造。教师在掌握教育教学知识的基础上，要融会贯通，结合具体教育情境中的问题，进行分析和加工，最终内化为自身的教育教学知识。且知识不可能以实体的形式存在于个体之外，尽管通过语言赋予了知识一定的外在形式，并且获得了较为普遍的认同，但这并不意味着学习者对这种知识有同样的理解。真正的理解只能是由学习者自身基于自己的经验背景而建构起来的，取决于特定情况下的学习活动过程。否则，就不叫理解，而是叫死记硬背或生吞活剥，是被动的复制式的学习[10]。所以，教学不能把知识作为预先决定了的东西教给学习者，不要以我们对知识的理解方式作为让他们接收的理由，用社会性的权威去压服学生。学习者对知识的接收，只能由他自己来建构完成，应以他们自己的经验为背景，来分析、判断知识的合理性。

此外，小学教师要能主动组合自己所习得的不同部分的教育教学知识之间建立联系，比如教育基本理论的知识、小学生品行养成的知识、小学生认知发展的知识，学科课程标准和学科教学的知识。同时，还应注意观察生活进行反思和实践，将自己新建立起来的理论知识同学生的实际生活、学习经验联系起来，将抽象的理论知识转变为用于教育教学的实践知识。

（二）学习观

学习不是简单地把知识传递给学习者，而是由学习者自己建构知识的过程，主动地建构知识的意义，是他人无法代替的；知识的学习也不是被动接收信息刺激，而是主动地建构意义，是根据自己的经验背景，对外部信息进行主动地选择、加工和处理，从而获得自己的意义。外部信息本身不具有什么意义，是学习者通过新旧知识经验间的反复的、双向的相互作用过程而建构成的。因此，学习是主动建构意义的过程；学习意义的获得，是每个学习者以自己原有的知识经验为基础，对新信息重新认识和编码，建构自己的理解。在这一过程中，学习者原有的知识经验因为新知识经验的进入而发生调整和改变；学习者认知结构发生变化的两种途径或方式是上述内容中皮亚杰关于认知发展的同化和顺应。同化是认知结构的量变，而顺应则是认知结构的质变。同化—顺应—同化—顺应……循环往复，平衡—不平衡—平衡—不平衡，相互交替，学习者的认知水平的发展，就是这样的一个过程。学习不是简单的信息积累，更重要的是包含新旧知识经验的冲突，以及由此而引发的认知结构的重组。学习过程不是简单的信息输入、存储和提取，是新旧知识经验之间的双向的相互作用过程，也就是学习者与学习环境之间互动的过程。

（三）学生观

建构主义强调，学习者并不是空着脑袋进入学习情境中的。在日常生活和以往各种形式的学习中，他们已经形成了有关的知识经验，他们对任何事情都有自己的看法。即使是有些问题他们从来没有接触过，没有现成的经验可以借鉴，但是当问题呈现在他们面前时，他们还是会基于以往的经验，依靠他们的认知能力，形成对问题的解释，提出他们的假设。所以，教学不能无视学习者的已有知识经验，简单强硬地从外部对学习者实施知识的“填灌”，而是应当把学习者原有的知识经验作为新知识的生长点，引导学习者从原有的知识经验中，生长新的知识经验。教学不是知识的传递，而是知识的处理和转换。教师不单是知识的呈现者，不是知识权威的象征，而应该重视学生自己对各种现象的理解，倾听他们时下的看法，思考他们这些想法的由来，并以此为据，引导学生丰富或调整自己的解释。

因此，在建构主义学习理论的指导下，小学教师对教育教学知识的习得不仅要主动地进行意义建构，构建新旧经验之间的联系，通过新旧知识经验间的反复的、双向的相互作用过程获得新的认知结构的平衡，更要结合自身已有教育教学实践经验，对理论知识进行深入的学习和理解，并掌握相应的教育教学知识应用方法和策略。

二、小学教育教学知识的建构策略

小学教育教学知识对小学教师的教育教学活动非常重要，在了解了教育教学知识的建构理论基础后，根据建构主义理论，特提出以下几方面的具体策略。

（一）小学教育教学基本理论知识建构的策略

教育教学活动是一种复杂的实践活动，教师如果不具备一定的教育理论素养和教育理论思维能力，就很难应对、反省复杂的教育情境，就会常常感到力不从心，毫无头绪。所以，教育教学基本理论知识的学习，能提升教师的教育智慧，从容应对变动不定的教育情境。所以，小学教育教学知识的建构，就需要小学教师充分认识学习和掌握教育教学理论知识的意义，端正学习态度，提高理论学习的自觉性，并掌握正确的方法，形成完整的教育教学知识体系；为实现教师专业发展，小学教师更要注重职后学习和培训，在教育教学实践过程中，不断学习和掌握教育教学基本理论知识，提高自己的教育教学理论素养。

1. 重视教育教学理论知识，提高理论学习的自觉性

首先，教师要端正学习态度，树立正确的学习动机。在我们现实的教育情境中，许多小学教师进入工作岗位后，大多忙于繁杂的日常教育教学事务，对教育理论知识的学习和掌握严重不足。客观上说，是由于教学任务的繁重使得教师无暇顾及教育理论知识的学习和掌握。但从主观上看，则与教师自身对教育理论的错误认识有关，一部分教师不相信教育理论的力量和指导作用，将教育理论视为实践的附庸；而有些教师则是在教育教学实践中遇到问题后，寄希望于通过寻找合适的理论来解决，但却无功而返，大失所望，从而对教育理论产生失望的结果。其实，虽然教育理论并不能给教育实践像抓药方一样提供一对一的具体指导，但它毕竟是千百万教育工作者实践的产物，它源于实践又高于实践。它更重要的价值在于对教育现象及教育实践的解释力和改造力，在于给教育实践提供理论的依据和想象力。教育理论价值的实现程度取决于教师对教育理论的掌握程度。因此，教师只有不断学习和掌握教育教学理论，提高教育理论素养，才能对教育实践做出理性思考并将教育理论知识转化为教育实践能力，提高教育智慧，促进教师专业化水平的提高，使教育真正成为一种专业化很强的职业。

2. 将研究与工作相结合，促进外显的教育教学知识内隐化

教师在职前教育和职后培训中，教育教学理论的学习是必不可少的。但是，这些理论知识并不一定就能指导教师的教学实践。教师在做教学决策时，真正起作用的往往是那些隐藏在教师内心、嵌入教师日常思维的、难以言传的“内隐知识”，是基于那些内化后的教育教学知识。所以，对教师而言，只有保持自己内隐知识的“先进性”和“系统性”，才有可能保证教学决策的科学性，进而保证教学行为的有效性。因此，教师仍需要向书本学习，向实践学习，在工作中研究，在研究中工作，促进理论与实践的结合，使外显的教育教学知识不断内隐化，不断优化内隐知识，促进教师专业知识和专业能力的提高。

3. 强化同侪互助，提高教育理论素养和教学实践能力

小学教师队伍这一群体也存在着差异，这种差异也是一种资源，教师要善于利用所在学校的资源优势，通过信息交流、经验分享、深度会谈、专题讨论、听课评课、教师工作坊等多种方式，强化自己对教育教学理论的理解，丰富自己的实践策略。

（二）小学生品行养成和发展知识建构的策略

小学生的品行养成是在一定的社会与环境中习得的，经历着外在准则规范不断内化和内

在观念外显的复杂过程。良好的行为是与个人的道德认识和道德情感联系在一起的。也就是说看一个学生的品行，主要不是看他认识到什么，而是看他是否言行一致。因此，小学教师要在教育部制定的中小学生的行为条例和规范的引导下，积极促进学生品行的养成和发展。

学生品行养成的过程不是孤立的，而是连续发展的。品行养成会受到学生年龄阶段的限制，但是可以通过教育来促进。著名教育家叶圣陶先生曾经说过："教育是什么？往简单方面说：'只需一句话，就是要培养良好的习惯。良好的行为习惯主要在学校中养成'。"小学阶段是品行养成的关键时期，针对小学生品行养成特点，教师的知识建构主要围绕以下几方面进行。

1. 深入了解小学生品行养成的特点，按照科学规律制定方案

小学生的品行养成具有幼稚性、可塑性、模仿性、易变性、自我中心和缺乏自律性等特点和规律。因此，教师要根据小学生品行养成的特点，收集相关的资料，建构自己的知识体系，并在此基础上制定出适合小学生品行养成的教育方案。在对学生进行思想品德的教育中，以正面教育为主，注重学生的行为规范，以良好行为习惯的养成促进小学生整体品行的形成和发展。

2. 理解学生品行养成存在着个体差异，根据差异选择不同的教育方法

每个小学生的品行养成都与内、外部环境息息相关，不是每个人都完全一样的，存在着个体差异。学生面临的环境不同，养成的品行有可能会存在差异。所以，教师要理解学生品行养成的个体差异性，并能根据差异选择不同的方法，因势利导、因材施教。针对不同的个体，采用不同的策略。

3. 通过恰当的教育方式促进学生良好品行的养成

对小学生而言，榜样的影响是很大的，榜样的行为示范，以及有关的适度惩罚，会引导学生学习某种合乎要求的态度，促进学生品行的养成和发展。教师要根据小学生在某一阶段中品行养成方面的需要，选择好不同类型的榜样，最好是考虑学生身边的、能让学生真切感受到的、通过自身努力可以实现的典型，这样更大程度地发挥榜样教育的作用。教师的赏识、激励教育、自身示范和适当引导也会对小学生品行的养成形成良好的影响。

（三）小学生认知发展知识和教育方法建构的策略

1. 学习、建构小学生认知发展知识体系

认知发展是心理发展中极其重要的组成部分，一般来说是指与大脑生长和知识技能有关的发展方面。具体来说，包括小学生在知觉、记忆、思维、语言、智力等方面种种功能的发展变化。长期以来，心理学家对认知发展进行了多方面的研究。《教育学》《小学生心理学》《小学儿童发展与教育心理学》等专业书籍也对小学生认知发展特点和规律有系统、深入的阐述，小学教师应结合教学实践经验来学习和掌握这些基本知识，主动地建构小学生认知发展知识体系，用理论知识武装头脑，指导实践，促进小学生认知水平的发展。

2. 深入了解小学生发展规律，建构适合不同年龄段学生身心发展特点的教育教学策略

小学教师除了要掌握小学生身心发展的特点和规律的知识，还要深入了解学生的发展程度和水平，尤其是小学阶段不同年龄段学生的发展状况，根据学生发展的个体差异性，制定

教育教学计划，促进学生身心健康发展。此外，教师要将所学的教育理论知识融入教学实践活动中，应用于学生成长的过程中，切实地帮助学生解决疑难杂症，同时也要加强实践，检验自己对理论知识的掌握程度。而教育教学方法的掌握则会直接影响小学教师提升问题解决的能力。要知道，学生的身心发展具有不平衡性，所以，要根据学生的不同年龄段的特点，选择与之相适应的教育教学策略和方法。

3. 运用教育教学基本原理，在教学实践中根据学生个体差异选择教育方法

教师在教学组织、实施过程中，除了应该具有基本理论知识，还要有方法保障，也就是教师要清楚如何将自己所教的学科内容用学生容易理解的方式进行处理、加工和转化。而对于这些方法的应用，要根据学生个体差异性进行筛选。因为，学生的身心发展具有个体差异性，所以，这就要求小学教师要有足够的耐心去了解不同类型的孩子，针对孩子的特性，调整教育教学方法，真正地实现因材施教。

4. 了解小学生的各种学习障碍及矫治策略

学习障碍问题既是小学生常见的学习心理问题，也是直接影响小学教育质量的重大问题。据20世纪90年代的统计资料，从总体上看，学习障碍儿童占我国儿童的8.19%[11]。近年来，学习障碍儿童的检出率也未见有下降趋势。实践表明，小学生的学习障碍如得不到及时的矫正，一方面必将导致他们的学业不良，致使其失去学习信心，甚至有放弃学业或辍学的危险；另一方面，还将直接影响儿童的后续学习及成年后的生活，使其在激烈的社会竞争中丧失发展优势。

小学生学习障碍是指由学生智力之外的原因所引起的，导致其听、说、读、写、推理、计算等基本学习能力受损的严重学习困难现象。常见的小学生学习障碍主要有拼音障碍、书写障碍、阅读障碍、计算障碍和交往障碍。前四种属于认知方面的障碍，后者属于社会性发展的障碍。

小学教师不仅要掌握学生认知发展的一般特点，还要了解小学生的各种学习障碍及其矫正策略，如运用注意规律、运用心理方法、合理运用精细加工策略、复述策略、鼓励学生提问思考等[12]。首先，教师要更新观念，摒弃偏见、倾情关注学习障碍学生，只要教育矫治方法得当，他们完全能够达到正常儿童的发展水平；其次，针对学生学习障碍的不同类型和程度，采取科学有效的个别化辅导策略，根据学习障碍学生的障碍类型、程度及接受能力等，确定适合学生的教育指导任务和内容，明确教育指导要点，在考虑教育指导的顺序性和阶段性的同时，安排具体明确的辅导措施与方法；最后，针对不同类型的学习障碍，切实开展矫正性训练。

（四）教师所教学科的课程标准和教学知识建构的策略

为了实现全面实施素质教育、深化基础教育课程改革的要求，小学教师在学习课标时要将阅读与研究相结合，做到系统学习，深刻领会。

1. 熟读课程标准，明确课程性质，把握核心理念

各学科课程标准的前言部分包括“课程性质”“课程基本理念”“课程设计思路”三个部分，在整个课程标准中居于“统领”地位。

课程性质阐述的是各门课程的基本属性，也就是各课程在整个课程体系中的功能定位；

课程基本理念反映的是对课程与教学的总体要求、课程内容及评价等方面的基本认识、观念和态度；课程设计思路则是对课程设计的指导思想、学段划分、课程目标框架、课程内容框架等做了说明。教师有效地实施课堂教学的前提是准确把握学科课程标准，对于前言，教师们应该经常读、反复读、力争做到熟读成诵，烂熟于心。这样才能将其内化到自己的观念体系之中，自觉地予以落实到课堂教学中。

对于课程标准，教师首先要明确自己所教学科的课程性质，把握课程的核心要素，只有这样，才能准确理解课程所要发挥的功能。如《义务教育数学课程标准（2011年版）》指出:“义务教育阶段的数学课程是培养公民素质的基础课程，具有基础性、普及性和发展性。”这就阐明了义务教育阶段的数学教育必须面向全体学生，为每一位学生的终身发展奠定基础，通过发挥数学课程特有的功能，促进学生生动活泼而又有个性的发展。其次要准确把握课程的基本理念。对教师而言，这是课程实施的指导思想和方向，也为课程的教育改革提供了路径，是每一位学科教师教学的行动指南。再者，明晰课程设计思路，有利于教师从整体上把握课程标准的结构体系，做到“心中有数，脑中有路。”

2. 研究课程标准，领会精神实质，形成行动策略

课程标准倡导的理念和提出的要求最终是要通过教师的教学行为落实到课堂教学中去的，所以小学教师要在熟读课程标准的基础上，一定要以研究者的身份，认真分析，深入思考，带着问题有针对性地进行研究，才能获得“通透感”，找到“方向感”。对于课程标准中的每一个核心概念，我们都可以按照如下的步骤予以研究：精读课标原文，把握重点内容；查阅资料，明确其内涵和外延；对比课程标准，明确变化之处；搜集相关案例，分析成功与不足；辅助教学时间，形成行动策略。通过这样的研究实践，才能整体把握学科教学的核心，合理而有效地设计和组织教学活动。

第三节　小学教育教学知识的应用

小学教师掌握教育教学理论知识，不仅是为了提升教师的教育理论素养，更重要的目的在于有效指导教育实践，提高教师的实践能力，从而更好地实现我们的教育目的。因此，小学教师不仅要熟练掌握小学教育教学知识，还必须掌握一定的策略与方法，并有效地应用。这既是掌握教育教学知识的目的所在，也是促进教师专业发展和提高教师专业素养的重要内容。

一、以课题为依托，以研究为手段，实现理论与实践的有机结合

教育教学知识虽然作为一种理论形态，具有高度的抽象性，但它却是来源于千百万教育工作者实践经验的概括和总结，本身蕴藏着巨大的实践能量。而要将这种实践能量转化为具体的教育实践，就必须使理论与实践有机结合，融为一体。对于小学教师来说，实现这种转化的有效途径就是要以教育教学工作中存在的问题为目标，组建教师团队，开展课题研究，在研究和解决问题中找到理论与实践的结合点，实现理论的价值，提高教育的效能。在这方

面，江苏省海门市实验小学校长张兴华老师就是一个很好的案例。

教学案例

名师团队的成功之道

张兴华是全国著名的特级教师。他在担任江苏省海门市实验小学校长及主持省级规划课题“小学数学教学心理的实验与研究”课题期间，团结和带动了一批有作为、有理想、有思想的年轻教师，通过系统学习教育教学理论，着力改造教育教学实践，在小学数学教学心理研究与实践上取得了突破性进展。在他的指导下，华应龙、徐斌、蔡宏圣、张齐华等一大批优秀青年教师成长为当前我国小学数学教育界的精英人物，形成了一个基于儿童学习心理的数学教学流派。

张兴华老师在南通师范学校读书时，就对心理学产生了浓厚兴趣。工作后一方面深入学习《儿童心理学》《教育心理学》等理论书籍，另一方面以这些理论为指导，在课堂里观察儿童，关注儿童的学习表现，随后，自己进行主动实践，开始了适合儿童心理的教学。工作不出五年，就经常在区里、县里上公开课。

他当校长期间，组织学校及省内其他学校的优秀青年教师利用周末时间系统学习邵瑞珍、皮连生两位教授主编的《学与教的心理学》。他要求弟子们对所读的每个章节进行自己的思考，提出相应的教学实例和分析，然后再进行集体研讨。在此基础上，张老师对弟子们的观点进行指导和点拨。对学习中遇到的困惑，他还带着弟子们不远千里去拜访该书的作者，虚心求教。经过一学期的学习，他带领弟子们硬是“啃”下了这部著作，而且他和弟子们所作的笔记字数超过了原著作字数。

张兴华老师的团队定期学习教学心理学，难能可贵的是，他们始终追求理论与实践的有机结合，用理论解读实践，用实践阐述理论。他们深知：教学实践如果没有理论的支撑是盲目的，理论如果没有鲜活实践的注解是空洞的。他们在坚持不懈地围绕“儿童学习心理”进行研读、探讨、辩论、磨课中形成了《儿童学习心理与小学数学教学》的专著，丰富和发展了小学数学教学心理学的理论，被北京师范大学周玉仁教授誉为我国学科教学心理学的奠基之作。

上述案例充分说明，学习并掌握小学教育教学理论，在理论与实践间前行，一定会促进教师对小学教育教学的认识与理解，使理性之花更灿烂，实践之果更丰硕。

建议

对小学教师来讲，使自己成为一个专业化的教师是落实自己教育实践主体地位的关键。而要成为一个专业化的教师，就必须实现教育理论与教育实践的有机统一，做到教育理论与教育实践的相互促进、相得益彰。首先，要认识到理论的巨大意义，真正学懂弄通理论。其次，在理论的指导下，立足于小学教育教学实际，以问题为导向，借助课题，针对教学实践中存在的具体问题，从不同的层面、不同的视角、不同的维度等开展教学研究，以课题研究来提升自己的教育教学实践能力。在实际的教育教学实践中，这样的课题很多，如学生的学习兴趣问题、教师课堂教学方式选择问题、学校管理问题等。对于这些问题，虽然许多教师都有基于经验的解决办法，但效果并不理想。所以，以课题的形式开展研究，不仅可以有效解决问题，而且也是提高自己应用理论的有效手段。

二、以理论为指引，以实践为基础，探索理论变为实践的具体途径

作为理论形态的教育教学知识，要想在教育实践中很好地发挥其指导作用，就必须找到具体的实践途径。比如，小学生的品行养成具有可塑性、模仿性、自我中心、缺乏自律性等特点和规律，所以，教师要想养成小学生良好的品行，就必须避免单纯的说教，以正面说服教育为主，尤其要充分发挥榜样、模范的示范作用，并根据学生的年龄特点开展多种形式的教育引导，如讲故事、看图片、创设情境等激发学生情趣，提高认识。同时也要因人而宜、因事而宜、因地而宜，充分考虑小学生的个体差异性，有针对性地引导学生的品行养、习惯的养成。

教学案例

心里只有“我”

学生周周，12岁，男，平时不善言谈，孤独冷漠，不喜欢集体生活，不会关心别人，也不善于与他人相处。在“六一儿童节”活动中，他把自己爱吃的炸鸡腿、薯条一股脑儿地全放在自己的面前独自享用，全然不顾周围其他的同学和老师。

现代社会的家庭里，一般来说孩子成为了家里的“中心”，家长都在围着孩子转，家长关心、爱护孩子，而有些孩子却对家长和他人往往是漠不关心。出现这类现象的原因在于孩子习惯了被照顾、被保护、被宠爱，慢慢地忘记了去爱他人，变得冷漠、孤独，不喜欢集体生活，不会关心别人，不善于与他人相处。周周就是这样一个心里只有“我”的孩子。偏差的行为习惯导致孩子心中无他人，将来进入社会也难以与他人很好的合作共事，影响个体的发展。

建议

1. 小学生品行养成教育要从点滴抓起

古人云：“勿以善小而不为，勿以恶小而为之。”培养学生良好的品行必须要求学生从点滴小事做起，比如分享给小朋友一小块糖。这些看似平常的小事，其实“千里之行始于足下”“百尺高台起于垒土”。良好的道德素质是建立在种种良好的道德习惯之上的。案例中的周周就缺乏与他人分享的意识及行为习惯。所以，教师要正面引导学生，让他懂得与人分享、和睦相处的意义。模仿性是小学生品行养成的一个重要特点，因而，教师可为学生提供合适的榜样、模范，帮助其逐渐形成好的品行。在学生成长的过程中离不开与人的相处和交往，只有在不断的交往过程中才能增长知识、积累经验、认清和完善自我，才能更好地适应社会。

鉴于周周的情况，教师可在班上多组织集体活动，让他参与到其中，体会集体的力量。在这一过程中，培养孩子关心爱护他人，帮助孩子逐渐地产生发自内心的爱，自觉地为别人

着想，引起情感共鸣。

2. 小学生品行养成教育要从关键期抓起

抓住关键期对学生进行教育可以收到事半功倍的效果。低年级学生年龄小，易变性大，因此要抓住这一特点，严格要求、正确引导，对学生的不良行为进行规范性训练。如学生接、发东西、说话等不太有礼貌，就及时教如何说，如何做，学生他们缺乏生活经验，如果没有具体地指导是很难形成良好习惯的，所以培养学生良好的习惯必须具体指导。教师在学校指导，家长在家里指导，边指导边训练，教师要在关键期把学校生品行养成教育抓小、抓早、抓紧、抓细、抓实，有的放矢地开展各种教育活动让学生在生动形象的活动中去体验，逐渐养成良好的道德品质和行为习惯

3. 小学生品行养成教育要严抓学生的行为训练

教师要重视小学生行为习惯的训练，没有训练就没有习惯。在训练过程中，首先要强调持之以恒，所谓“习惯成自然”，但这是需要时间和过程的，冰冻三尺，非一日之寒，要长期抓、要持之以恒、要有耐性。其次要严而有爱，训练要强调“严”，突出“爱”，爱学生的同时严格要求，坚持不懈，帮助学生矫正不良的习惯。最后，在习惯养成过程中，要注意激发学生接受训练的兴趣，可通过创设学生感兴趣的情境，让训练成为一种愉快的过程，而不是强制学生进行训练，要增强训练过程中的灵活性和游戏性。如低年级学生正确的坐姿、握笔的姿势等，可以开展“请你像我这样做”活动，使小学生们在活动中得以训练，在训练中养成习惯。

三、把握学生的认知规律，探寻教学的有效方法，实现知识的良好内化

小学生的认知活动以具体形象思维为主。根据皮亚杰的认知发展阶段理论，小学生的认知发展主要处于具体运算阶段，形式运算能力较差，学生动手操作可以加深对数学概念的理解、记忆，最终将抽象的概念内化为已有观念，扩建自己的认知结构。

教学案例

20根小棒

一年级的学生年龄小、好动、好奇心强、自控能力差，动手操作容易吸引学生的参与，让学生在课堂上亲手动一动，胜过老师一遍又一遍地讲解。在教学《11到20各数的认识》一课时，课前涂老师让孩子们每人准备了20根小棒。导入新课文后，老师提出请同学们跟老师一起数一数“小精灵”带来的小棒有多少根？他们的注意力立刻被老师手中的小棒吸引了，11根小棒数完后，接着老师又提出“一根一根数既慢又麻烦，有什么办法能让我们一眼就能看出有11根呢？请你拿出你的小棒试着在桌子上摆一摆。”孩子们的兴趣更浓了，纷纷开始操作手中的小棒并在小组内交流方法。在老师巡视的过程中，发现了很多种摆法，最后请了3位同学给大家展示，并口头阐释摆法，如（10根一组，5根一组，3根一组）。随后老师提问：“对比这三种摆法，哪一

种你们觉得跟快一些？”正因为有了亲子动手操作以及同学们的展示对比，他们迅速地说出了“10根一组的更快些”。接着，老师演示了如何把10根小棒捆成一捆。在老师的示范引导下，同学们都动手把手中的10根小棒捆成了一捆。经历了数小棒，捆小棒，学生很快理解了10根小棒代表10个一，10个一就是一个10。

学生动手操作可以加深对数学概念的理解、记忆，还可以通过发现知识的内在联系，更好地获取新知识。如在学生明白一捆小棒就代表1个十的情况下，老师提出“用你们手中的捆好的小棒快速地摆出12根。”学生迅速地操作并回答：一捆小棒加2根小棒就是12根，代表12。随后老师继续提问：“那12的组成是什么呢？”同学们争先恐后地举手回答“1个十和2个一合起来是12”。接着用同样的方法，他们理解并记住了11~20各个数的组成。

以上案例中的涂老师，遵循了学生的认知规律，通过捆小棒，采用学生动手演示的方法，帮助学生逐步认识到抽象的算理，从而获得进步，帮助学生理解并学会了11~20各个数的组成。

建议

1. 把握不同年龄段小学生的认知发展特点和规律

上述案例中，涂老师运用直观形象的小棒，引导、启发学生对数的认识、理解和记忆，鼓励学生进一步地动手操作，发现知识的内在联系，进而获取新知识，在这一过程中很好地培养了学生的探索精神和发现、思考问题的能力。

好动是儿童的天性，尤其是小学低年级学生，有意注意的时间持续很短，上课后的5~20分钟时间里，学生的学习处于最佳活动状态，对外来的信息接受快，记忆深刻、思维活跃。掌握不同年龄小学生的认知规律，会引导教师初步理解学生不同年龄段的学习能力，并由此制定出符合并促进学生认知水平的学习方法。众所周知，认知本身是一个发展的过程，是个体自然成熟、个体日常经验与学校教学共同作用的结果。

2. 探究课堂教学方式的变革，提高学生课堂参与度，促进学生的认知发展

基础教育新课程改革对小学教师的课堂教学方式变革提出了新的要求。教师在课堂教学中，要充分调动学生的主动性和积极性，提高学生的课堂参与度，与学生积极互动，引导学生质疑、探索，在实践中学习，培养学生的创新精神和实践能力。在此过程中，教师要选择恰当的教学方法，提高课堂教学效率，促进学生实现新知识的内化。例如，改变传统的课堂，尝试运用翻转课堂、探究性学习、混合式学习等方式，将学习的主动权交给学生，引导学生自主地完成学习，让学生更加积极、主动地参与到学习中。对于教学方法的选择和应用，教师需改变一贯的讲授法为主的课堂教学，根据不同的学科特点和学生认知发展规律，运用多样化的教学方法，如讨论法、演示法、实验法、练习法等，尤其借助现代教育多媒体技术，为学生呈现更加直观、立体、多元的知识内容，从而激发学生的学习兴趣，从视、听、触等各方面刺激学生的感官，将知识的学习融入生动的活动中，激发学生的探究意识和行为，进而提高课堂教学效果。

3. 认真研读所教学科的课程标准，把握学科课程的核心理念

《小学数学课程标准》指出：“有效的数学学习活动不能单纯地依赖模仿与记忆，老师应

向学生提供从事数学学习活动的机会，通过动手实践，探索与合作交流等方式使学生更好地学习数学知识。”这都充分说明了动手操作应该成为学生学习数学的有效方法。

四、注重学生的个性差异，针对学生的具体特点，有效促进学生的身心发展

教育教学理论虽然来源于教育教学实践，但却只是对教育教学规律的普遍概括，具有高度的抽象性。因此，我们在应用教育教学理论的时候，必须考虑到具体的教育对象、教育情境，不仅要遵循不同年龄阶段学生的身心发展特点，更要针对每个学生的个别差异，做到因材施教，充分发挥每个学生的潜力和积极因素，选择最有效的教育途径，使每个学生实现身心的全面发展。

教学案例

上课总“走神”的林林

牛老师所教的小学四年级二班有一位同学林林，上课的时候总是听一会儿，就不自觉地东瞧瞧、西看看，桌面上有什么东西都想玩，一支铅笔、一块橡皮都能让他玩上半堂课，等到被老师提醒而转过神来听课时，由于没听到前面的而跟不上，所以又去玩手边的东西。考试成绩自然不好，老师和家长都为他着急。他自己也知道上课应认真听讲，想改掉这个坏毛病，可一上课就不自觉地又走神了。

从以上林林的课堂表现我们可以知道，小学四年级学生的有意注意有了一定的发展，但还是容易被其他事物影响而分心，还没有养成上课认真听讲的良好习惯。这个年龄段的学生自我控制能力还比较差，上课不专心听讲，有其自身的年龄特点；对上课所讲的内容不感兴趣，或不适应老师的讲课方式；平时受老师关注比较少，而老师课堂上的点名提醒正是一种关注，潜意识想得到老师的关注因而不认真听讲。

建议

1. 准确把握不同年龄段小学生的发展特点

教师要根据小学生的年龄特点，选择恰当的教学方式，上课时可以多采用新鲜、有趣、生动、形象的事物来吸引学生的注意力，如具体的实物、图片、视频等，逐渐培养和提高学生的注意力。另外，可适当增加活动性的内容，让学生参与其中，以此将学生的注意力集中到课堂上，同时，也使学生对课堂活动有了更大的参与性、体验性。

2. 教师要针对不同学生的特点给予及时关注、鼓励和恰当的引导

案例中的林林上课不认真听讲，难以集中注意力，教师平时应给予较多的关注。小学生都希望自己能够获得教师的关注，比如，平时交往中，摸摸学生的头、拍拍学生的肩膀、给予一个鼓励的眼神等，都会让学生感到自己在老师心目中是有位置的。课堂上可以经常提问，一是使学生集中注意力听课，二是促使学生积极思考问题，三是经常受到教师提问的学生，不会以不注意听讲或搞小动作而引起教师的关注。

五、准确把握课程目标，努力实现课标与课堂的完美统一

课程目标是国家对教师教学的基本要求，是每位教师教学必须完成的教学任务。因此，准确把握课程目标的基本内涵，实现课程目标与课堂教学的完美统一，应该是我们每位教师的基本职责和追求所在。

教学案例

课标引领教育教学实践

2011年版课标的“两句话”让我最有感触：“人人都能获得良好的数学教育，不同的人在数学上得到不同的发展。”良好的数学教育强调的它不仅获得数学知识，还获得数学思想，这能对学生的终身发展起到良好的作用。“不同的人在数学上得到不同的发展”体现了数学教育中对学生的主体性地位的回归与尊重，需要正视学生的差异，尊重学生的个性，促成发展的多样性，促进学生更好地自主发展。作为教师，我们要把基本理念转化为自己的教学行为，这个转化的过程是我对新课标不断认识的过程，也是我对新课标不断理解的过程。以下是我在新课标研读和自己的教学实践过程中的几点感悟：

从教材中寻找课程目标的突破点。拿到一本数学书，首先要结合课程目标对教材进行研究，明确在知识与技能方面要实现哪些目标：了解什么，理解什么，掌握什么，能灵活运用什么；明确在数学思考和问题解决的过程中让学生经历什么，体验什么，探索什么；情感态度方面培养孩子什么，实现什么样的效果。然后再具体到每一节课的课程和教学活动的设计上，这样心中有数，找准实现课程目标的突破口，才不会偏离数学教育的方向。

在课堂教学中培养学生学习的能力。新课标中由“双基”变为“四基”，这一变化让我关注学生基本思想的形成和基本活动经验的积累。以前关注学生对基本知识和基本技能的掌握，讲究精讲多练，课堂上花大量时间训练基本知识，课后也反复进行练习，使学生获得扎实的基础知识和熟练的基本技能。但明显发现，一部分学生的思维不够灵活，题型稍有变动，就无从下手，说明长时间只关注基本知识和基本技能，使得学生学得比较机械。基础知识固然重要，但更重要的是，要让学生了解或理解一些数学的基本思想，学会掌握一些研究数学的基本方法，这样学生才能获得学习的能力。小学阶段是学生学习知识的启蒙时期，在这一阶段注意给学生渗透研究数学的基本思想和方法，提高学习的能力便显得尤为重要。

在实践活动中发展学生数学的思维。《课标》指出：数学活动经验的积累是提高学生数学素养的重要标志。数学活动经验需要在“做”的过程和“思考”的过程中积淀，是在数学学习过程中逐步积累的。学生学习应当是一个生动活泼地、主动地和富有个性的过程，除接受学习外，动手实践、自主探索与合作交流也是数学学习的重要方式，学生应当有足够的时间和空间经历观察、实验、猜测、验证、推理、计算、证明等活动过程。让学生在生活中，实践中学习数学，从而体验学习数学的价值。

以上是我对新的课程标准的一些理解和感悟，只有不断地学习，不断加强修养才

能提升自己的教学能力。也只有真正读懂学生、读懂教材、读懂课堂，才能为孩子们奉献出既“好吃”又“有营养”的数学。

——兴平小学 刘兴海《研读课标之感悟》

刘老师对课标的学习和实践表明了课程标准对于教师教学具有方向性的指导意义和实践意义。教师掌握课标要做到“入眼”“入脑”“入心”，在教学工作中，我们必须坚持以课程标准为指导，学习课标，钻研课标，理解课标，践行课标。只有这样，才能正确把握教学和评价的方向，准确解读教材文本，科学设计教学活动，将课程改革的理念和目标落在实处。

建议

1. 熟读课标，树立目标意识

各学科教师要熟悉学科课程标准，树立目标意识，形成目标转换的框架，如何将课程标准的要求转换为学生的需求，并根据学生不同阶段的特点，进行针对性地教学与指导。借鉴教学系统设计的相关理论，将学习评估前置，做好学习结果分析、学习内容分析、学生特征分析，从而实现课程标准—学生学习—课堂教学的紧密连接。

2. 从课标到教材，从教材到课堂，从课堂到实践，实现课标和课堂的统一

如何将课程标准落实到课堂教学之中，克服“两张皮”现象，是课程实施的一个难点。究其原因，是因为课程标准反映的是学段目标，即学生经过若干课时学习积累的结果，而课堂教学目标是源于课程标准的一节课的具体目标。从课程目标到课时目标，需要教师经过多重转换。所以，教师要认真研读课标，将学科课程标准真正融入课堂教学实践中。

首先，教师要对标课程标准研究学科教材，明确要实现的各类目标，反复研读、斟酌教材，确定具体的课堂教学目标。其次，在课堂教学中根据学科特点和学生学情，选择适宜的教学方式、方法，培养学生相应的学习能力、思维能力和实践能力，使教育理论和教学实践有机结合，真正实现课标与课堂的统一。

参考文献

[1] 教育部教师工作司. 小学教师专业标准解读 [M]. 北京：北京师范大学出版社，2013：73.
[2] 申大魁，刘峰贵. 教师专业知识结构研究综述 [J]. 高教学刊，2018，(12)：51-53.
[3] 董妍，刘爱书. 小学生心理学 [M]. 杭州：浙江教育出版社，2015：44.
[4] 沈德立. 小学儿童发展与教育心理学 [M]. 上海：华东师范大学出版社，2003：238.
[5] 葛明贵. 品行规范差异与学业成绩相关的研究 [J]. 教育理论与实践，2000，(5)：60-61.
[6] 雷玲. 教师要学苏霍姆林斯基 [M]. 上海：华东师范大学出版社，2013：9.
[7] 沈德立. 小学儿童发展与教育心理学 [M]. 上海：华东师范大学出版社，2003：34-38.
[8] 董妍，刘爱书. 小学生心理学 [M]. 杭州：浙江教育出版社，2015：71.
[9] 杨薇，郭玉英. PCK对美国科学教师教育的影响及启示 [J]. 当代教师教育. 2008，(3)：6-10.
[10] 曾玲娟，李红云. 心理学基础心理学 [M]. 北京：北京师范大学出版社，2015：142.
[11] 田澜，饶清强. 小学生学习障碍及其矫正 [J]. 现代中小学育，2004，(7)：39-40.
[12] 张红梅，朱丹. 小学教育心理学 [M]. 北京：北京师范大学出版社，2013.

第八章　小学教师通识性知识建构与应用

问题引出案例

曾经从《小学语文教学》上看到这样一个案例：有作者从某区域举行的以“科普类文本教学”为主题的系列赛课活动入手，将目光聚焦到科普类文本的教学上，观察到语文教学中科普类文本教学的尴尬现状。小学语文教材体裁广泛，在各种版本的教材中，科普文亦占有一席之地。对科普文来说，教学时教师不仅要让学生感悟到文本独特的“科学言语”的表达魅力，懂得一定的科学知识，还要唤醒学生勇于探索的科学精神。尽管科普文对学生的成长意义重大，但目前教学中，很多教师并未重视这种文本，都认为其干巴巴的，读也不好读。大部分语文教师还是喜欢教学如《第一次抱母亲》《姥姥的剪纸》这类记叙性文本，期待“情”溢课堂的同时，学生、听课教师还能被感动。这样的情形最终让科普类文本的处境变得尴尬。最终，学生就失去了学习科普文的兴趣。

参加此次赛课共有36位教师，女教师是赛课的主体。以此次中年级组12位女教师执教的三年级下册《跟踪台风的卫星》一课为例，回顾比赛，因科学素养缺乏，所以很多教师在课堂上频频“露怯”：比如有两位女教师在出示的PPT背景上使用的图片是龙卷风；有两位教师在拓展讲到其他种类卫星中的同步通信卫星时，把我们打的电话也归为同步通信卫星……再审视平时的小学语文课堂教学，教师缺乏“科学素养”的情形也频频出现：一位教师执教苏教版一年级下册《识字6》，在讲到“北斗星”一词时，她告诉学生迷路时只要找到北斗星即可，因为它永远指向北方；一位教师在执教苏教版五年级上册《变色龙》一课时，在教学“变色”这一部分时，面对一个男生质疑变色龙的肤色是否只会随着周围环境的颜色而变化，她斩钉截铁地回答“是”……

语文学科巨大的包容性是任何一个学科都无法比的，特别是在当今的时代背景下，这就决定了与其他学科的碰撞和融合在所难免。因此教师应具备怎样的学科素养是个值得深入思考的问题。小学教师是只关注本学科的专业知识，还是拓宽视野，兼容并包地整体把握一切教学资源，提高自身的综合素养，这是学习小学教师专业标准之通识性知识一节首先要面临的问题。

第一节　小学教师通识性知识概述

美国教育家舒尔曼曾明确指出，“一个专业既是一种根植于知识的专业行为，又是一种高度复杂和熟练的工作”。教师既然被视为一种专业，专门和完善的知识结构和体系是必须具有的，这是教师职业走向专业化的必要条件。那么教师应具备的专门和完善的知识结构和体系包括哪些内容呢？我国《小学教师专业标准》提出了小学教师除了掌握小学生发展知识、学科知识和教育教学知识外，还应掌握一定的通识性知识的要求。

这里，通识性知识作为小学教师应具备的一项专业知识被正式写入文件要求。对小学教师而言，通识性知识是指有利于有效的小学教育教学工作开展、体现教师素质的普通文化知识。这些通识性知识虽然是普通文化知识，却是小学教师作为专业人员和提高自身修养不可或缺的知识。

一、通识教育思想概述

通识性知识的提法源于通识教育。“通识教育”则根植于西方教育思想和传统。西方高等教育思潮虽然流派纷呈，但究其实质一直围绕两个核心概念展开：一是自由教育，一是职业教育。它们有着几乎背道而驰的教育哲学理念和教育实践诉求。

自由教育注重提升人的内在价值而不是纯粹的功利，课程以原理型和普遍性的基础学科为主。亚里士多德在《政治学》一书中论述：“应该有一种教育，既不立足于实用也不立足于必需，而是为了自由而高尚的情操。”这种起始于两千多年前古希腊的教育思想在西方高等教育发展史上一直占据主导地位，只是因为时代的不同而呈现不同的风貌，英国古典大学的博雅教育、德国柏林大学的洪堡模式、美国芝加哥大学的永恒主义教育运动以及现在的通识教育，都是对自由教育的一脉相承。

职业教育则注重知识的外在价值即其实用性，课程注重操作性和技术层面。联合国教科文组织1997年修订的“国际教育分类”，对各级教育都进行了类型划分，即普通教育与职业教育，这里的职业教育主要就是指“面向实际，适应具体职业，主要目的是使学生获得从事某种职业、行业所需要的实际技能和知识”。

通识教育起源于19世纪的西方，真正形成是在20世纪七八十年代，从美国本土的三次通识教育课程改革运动，再到世界范围内的高校课改狂潮，对通识教育的思考和探索是当今高等教育理念中最受关注的命题，在传统观念中，自由教育和职业教育是“水”与“火”互不相容的关系。而在通识教育看来，自由教育和职业教育是“土壤”与“作物”的关系，只有土壤深厚肥沃才能获得作物丰收。通识教育作为一种教育理念和人才培养模式是以“全人”为目标的，即“具有远大眼光、通融见识、博雅精神和优美情感的人，而不仅仅是某一狭窄专业领域的专精型人才”。就是给学生更多选择的空间，以充分培养其个性和创造力。

二、通识教育的真谛

通识教育在中国已经开展多年，已经成为中国高等教育领域不可或缺的组成部分，深刻地改变了中国大学的育人面貌。但通识教育作为当今教育中最流行的词语之一，在实际操作中却常常陷入困境。主要的问题有两个方面：首先是理论上的通俗化和庸俗化，其次是实践上的形式化和技术化。通俗原本为了便于理解和接受，但也容易演变为空洞的口号。庸俗则是消解了价值和意义，使谬误和浅见得以滥觞。形式化和技术化是指把通识教育变成了一种操作的程序，追求形式上的严密和完善，课程力求多而全，这使人们在按照制度安排完成教学任务的同时，丧失了对实质的追求。

那么通识教育的真谛到底是什么？我们需要建构什么样的知识体系以实现通识教育的目的？

先理解“知识”的含义。“知识”是人类对自然、社会和人类自身精神现象认识成果的总称，知识的发展与人类对认识对象的划分和对象世界的发展密切相关。早期的知识是以整体的形态展现在人类面前的，社会的发展，人们对对象世界认识的不断深入，认识对象的划分也越来越细，知识的领域越来越多。自启蒙时代以来四百年的历史进程，也是知识领域高度分化的过程。在这快速发展的几百年里，知识的分化与劳动的细密分工相互影响，出现了高度专业化的知识。但是，在知识不断分化的同时，人类也从未放弃过建构整体性知识。在相邻的知识领域、不同的知识领域之间，不断产生具有一定综合性的新的知识领域。

把“通识教育”解释为全面发展、一般发展或通才教育，以区别于专业教育，是当今最普遍的理解。在全面发展意义上理解的通识教育，把通识看作全面的知识。人们想当然地以为，只要把尽可能全面的知识传授给学生，那一定会派上实际用场。实际上，只有少数人能够从意义关联入手，自觉和自发地对分科出来的知识进行梳理和整合，使之成为活的和有用的东西，没有通识教育他们也照样能做到。而对大多数人来说，即使有通识教育，那些被割裂的知识也难以被整合到一个有机关联的知识系统中。因为那根本不是通识教育。“全面发展”的口号极易流于形式，是由于人实际上很难完成“全面”的学习任务。人的本质的丰富性，是在过程之中展开的，而不是仅由学习得来。按照马克思的说法，全面发展是历史地形成的。在马克思的学说中，找不到任何根据可以证明全面发展是通过全面知识的学习而实现的。那么，全面的学习是否有助于为全面发展提供必要的知识基础呢？那就要看什么是必要的。基础不在多而泛，而在精与通。

“通识”，代表个人对事理能够通达、贯通、融汇于一体，有见识、有远识地审查事物的前因后果，并依其教育价值做出是非真假的判断。也就是说，“通识”强调的不仅是个人对事物的理解，而且还包括个人必须具备的主体意识，对事物做出洞识和区辨。

这种将“通识”视为融通一切的学识的见解古今中外皆有。孔子说“君子不器”，君子有“风”的德行以周流六虚、遍行八荒而不受限制，小人则囿于“草”的本性，根系土壤，利益纠缠而难以伸张。君子之所以能够做到“智者不惑，仁者不忧，勇者不惧”就在于“通达”。《学记》就有“知类通达”的道理，“类”讲区分，而“通达”则是认识将之贯通，贯通了才有古人所追求的“和”，“和也者，天下之达道也”（《中庸》）。佛家有一句闪烁着智慧之光的话叫“头头是道”，值得注意的是，西方也讲“条条道路通罗马”。世间道理千条万条，最终还是殊途同归。真知是共通的，它横贯时空而不相悖。中国近现代以来思想界的先驱们主张要有一种“一以贯之”的学问，将中西、古今、文理的学问融会贯通，将自然、社会、人文作为一个整体的世界来理解。在这个意义上理解的通识才是真谛，这与古代西方的智者们主张的自由教育在根本含义上也是一致的。从融通的学识之意义上来认识通识，那么它与专业知识之间就不是对立的。通识应能在深刻的层面揭示不同学科领域之间的意义关联。专业领域中真正深刻的知识，必然体现着真实世界的运行法则，在本质上与整体世界相通。认识能将之贯通，知识就活了，反之，不过是僵死的知识而已。古希腊的哲人们曾将数学、几何这样的知识列入人文课程，因为它们被看作认识世界本质联系的方法与途径。了解和认识人类把握自然的特点和方式，远比只知道一些技术上的细节和知识点更为重要。当然，人类对世界的认识在早期尚未分化，逐渐离开整体性思维，是随着分析式智慧的增长和近现代经典科学范式的盛行而出现的趋势。人类对世界的认识遵循的是超循环的增长模式，由整体认识—分解世界—统一地解释世界，是一个正、反、合的过程。从真正的科学意义上看，专业知识与通识之间也非相悖与对立。整体的世界被分割为单独的部分是由于人类认识能力的局限性，不把事物分析开来，不将千丝万缕的联系割断，不使之非动态化，人类思维就很难想象、表达、测量、描述外部世界。为人类理性的还原性本质所决定，整体关联的世界在课程中被分割为互不相连的部分，这个事实的真相被貌似深刻的“专业”形象遮蔽了。课程与生活的分离、理论与实际的分离、知与行的分离、道德观与行为的分离、内心世界与外部表现的分离等种种不和谐都可以在这种教育范式中找到根源。那些被科学家们视为反映了世界统一性的原理，怎么一进入学校的课程就成为互不相通的专业知识了呢？很多值得深思的教育问题，都联结着对“通识”的理解。在知识大爆炸的时代，任何人都没有能力掌握到全面的知识。因此，在个体有限的受教育过程中，智力资源的可持续发展就成为基础建构中头等重要的事情。最有价值的知识是具有转换和生成功能的知识，这种知识能使专业知识与整体世界融会贯通，它是开放的体系，能通过与外部世界的交流汲取能量和信息，从而保持不断生长的活力。通识教育的目的，正是要在已经被分割的知识领域间重新架设意义联结的桥梁，而非不切实际地定位于获得全面的知识。

真正的通识教育能否实现，取决于很多因素，教师是我们迫切需要思考和解决的问题，在“教师职业专业化”的过程中，过分强调“专业化”极易导致极端。它的模式化运作复制和再生产出一代代具有狭隘的专业知识结构的教师，成为教育从内部毁灭自身的因素。改变这种状况的现实路径，应当从教师教育入手，要求师范生的通识教育必须落到实处。通识课的教师自身得有通识，他关注的不是那些能够被“教”会的东西，不再殚精竭虑地致力于用某种技术和程序将现成的知识传递给学生，他必须得使自己具备活的知识并且有能力在被分割的知识领域间架设意义的桥梁。如果上通识课的教师只会操着本学科的语言，按照专业课的方式传授知识，开设再多的通识课程也是枉然。高中文理分科之争的背后，岂止是一个“减负”的问题。人们几乎不去思考这样的结局：即使将文理课程都合到一本教材里，结果还不是各科的老师分讲属于自己学科的知识？学科与学科之间、课程与生活之间的意义关联依然无从知晓。指望所有的教师都能像古希腊的哲学家那样把几何课讲成人文课是不现实的，但也不是说这永远不能成为现实，更不能放弃这样的努力。通识教育需要一批先行者，他们是真正的社会精英，能将“很多人知道得很少，很少人知道得很多的东西”变成人人都能通晓的知识。大学是唯一能够涌现出这种真正的社会精英的系统，而广大的师范类院校作为培养教师的高等学府更是担负着重要的文化使命，并为基础教育的教师培养奠定基础并创设适合发展的环境。

三、通识性知识内涵

综合来讲"通识性知识"就是指"通识教育"模式下个人所需掌握的"一种广泛的、非专业性的、非功利性的基本知识、技能和态度"，具体到小学教师也同样如此。顾明远在解释教师的通识性知识时说："我们要关注通识性知识的重要价值，通识性教育要求所关注的是小学教师作为人的整体素质的提升，它是非功利的，非职业性的，同时也是教师作为专业人员必须具备的素质。"需要特别指出的是，这里讲的"通识"不是指拥有多少知识、多少种知识、掌握到什么程度，也不是指拥有多少观念；而是指在通识学习中造就自己，拥有一个能够思考的大脑，使不同学科、领域的知识能够相互通融，在思考和处理问题时能够从较为开放的、跨学科的视角来进行，以"达到不同文化和不同专业之间的沟通"。"通识性知识"对个人思想上的启发和拓展是十分重要的，这种启发和拓展绝对不同于职业和工作导向的专业养成，而是一种能够协助自己悠游于生活之中，并自由地穿梭在工作与非工作世界之间的"智识"。它能够引领人们走出知识上的无知与局限，在遇到问题时多一些有别于专业层面上的思考，进而将这种思考收获回馈至专业领域，让专业更加灵活、更有弹性。其表现主要体现在以下两个层次：一是对信息的了解。对某个领域或某个主题由全然不知走向知道，甚至通晓，并对相关的事务有所了解。二是对信息的批判与应用。能运用自己已有的知识对新的信息做出判断、决定或解决问题。无论是哪种层次的启发和拓展，所反映的实质都是认知主体"智识"的增长和提升。如此一来，学习者不但能活化自身所学，拓展自己的视野，而且对于很多陌生的事物与议题，也能发挥"通则化"的作用，展现举一反三的学习迁移能力。

四、核心素养观下的教师通识性知识建构的意义

（一）小学是学生核心素养培养的关键阶段

学生核心素养及其培养已经成为当下中国教育界的热门话题，并将成为国人追问教育如何进一步深化改革的焦点。核心素养是对教育应当培养什么样的人更为精准的回答。"学生核心素养是学生在接受相应学段的教育过程中，逐步形成的适应个人终身发展和社会发展需要的必备品格和关键能力。"根据正式公布的《中国学生核心素养框架》，学生核心素养可以概括为"一三六一八"。"一"即一个核心即目的：培养"全面发展的人"。"三"即"文化基础、自主发展、社会参与"三个维度。"六"即人文底蕴、科学精神、学会学习、健康生活、责任担当、实践创新六个方面。"一八"即十八个基本要点。毫无疑问，这些核心素养必须分解到各个学段并落实到各门学科教学中，与各学科课程教学有效融合。那么，小学阶段在学生发展核心素养培养中起着怎样的作用？小学阶段具体应该培养学生哪些素养？

小学阶段是学生成长发展的关键时期。"人生小幼，精神专利。故须早教，勿失机

也。”教育心理学研究表明，小学是人身心发展的重要阶段，在这个阶段，学生身体的体质和体魄都处于快速成长发展中，用脑习惯和学习习惯开始养成，只有这个时候打好了身体的“底子”，养成了健康习惯，将来学生发展所需的“健康生活”素养才有可能实现。在这个阶段，学生好奇心强、好问爱动，喜欢探索，乐于接触新鲜事物，是力和思维能力发展快速显现的时期，只有抓住了这个启蒙“科学精神和实践创新”素养的黄金时期，将来学生更高级的思维能力和创新能力才能更好地养成。在这个阶段，学生开始在学校生活，会遇到越来越多的道德问题，在应对这些问题的过程中，他们关于人生和世界的意识观念在逐步形成，“人之幼也，知思未有所主”。只有在这个阶段为他们正确的人生观、世界观、价值观，以及国家意识等打好了良好的“意识底色”，将来才有利于“责任担当”等素养的形成。

早在南朝时期，教育家颜之推就说：“幼而学者，如日出之光。”宋代大教育家朱熹也强调：“必使其讲而习之于幼稚之时，欲其习与智长，化与新成，而无扞格不胜之患也。”许多研究表明，在小学阶段，学生如果没有打好核心素养基础，日后更加高级阶段的核心素养的养成将会受到影响，以至于出现到“大学”还要来补“小学课”的奇怪现象，致使“扞格不胜”“勤苦难成”。如果错过了小学这个关键期，日后甚至有些核心思维和心理品质将无法补救，只有抓住这个时期，才能“无扞格不胜之患”。所以，从学生个体的发展来看，核心素养培养从小学抓起不仅应该，而且十分必要。

同时，小学教育是基础教育之基础。我国著名教育家陈鹤琴先生认为：“小学教育是国民教育，是造就人才的开端，是发扬文化的始基，所以比中学、大学教育更加重要，国家的发展，青年的前途，全在小学教育的改进。”的确，小学教育是“国民”教育，它的对象是所有适龄儿童，它是以提高全体国民的基本素质为目标而进行的非定向、非专业的教育，它为社会的所有领域和行业培养专业人才打基础。小学教育是“始基”教育，它为人的终身发展奠基，其主要任务是为学生身体体质、道德品质、智慧品质和个性品质打基础。小学教育还是国家义务教育，它既是每个公民自身发展的需要又是国家发展的需要，一个现代化国家需要有素养的现代公民来支撑，现代公民需要接受的是促进人全面发展的教育。核心素养正是我国全体公民在21世纪的社会生存和发展必备的基本素养，是我们培养全面发展的公民的基本目标，这个目标与小学阶段教育的目标是一致的。这种一致性决定了核心素养培养必须从小学阶段抓起。

（二）小学生核心素养培养的关键在于教师

雅思贝尔斯说：“教育是一棵树摇动另一棵树，一朵云推动另一朵云，一个灵魂唤醒另一个灵魂的事业。”学生核心素养的提升离不开教师核心素养的提升。习近平总书记在北师大讲话中倡导我们教师做“四有”教师时就谈到教师应当学识扎实，他说：“过去讲，要给学生一碗水，教师要有一桶水，现在看，这个要求已经不够了，应该是要有一潭水。”对于小学教师来说这意味着教师不仅要有扎实的专业知识，而且要具备宽广的知识视野，有丰富的通识性知识储备。

教育心理学的研究发现，小学教学内容启蒙性、基础性的特点，导致了小学教师的教学效能与其拥有的学科知识准备并不成正比。小学教师单纯学科知识的增加对教学效果的影响并不明显，而教师对学生的热爱程度，小学教师通晓多方面知识并且具有多种能力及综合素养的程度却会给他的教学带来意想不到的效果。

小学生喜欢什么都懂、什么都会的教师，需要老师满足他们超越课本和学科知识的好奇心与求知欲，需要老师对他们提出的问题有超越专业知识之上的引领与附会，所以对小学教师的知识结构的要求只能是“广而博”，而不是“专而深”。由此，我们应该加强通识教育，以通识作为小学教育专业课程体系建构的价值准则。培养小学教师进行教学活动的过程，绝不是简单的知识传承的过程。事实的确如此，教师在传授知识的实践过程中，必然会体现出教师对前人知识经验进行加工改造的创造性。教师会根据教学的具体实际情况巧妙地启发诱导学生不断生成教材中所没有的新知识，把学生与自己都推向新的创造性的方向。更重要的是，小学教师在教学过程中，若想取得理想的教学效果，必然会根据小学生不同的特点因材施教。在此过程中，无论是教学目标的确定、教学程序的设计、教学方法的选择等，都没有固定的模式供其使用，只能是教师自己根据小学生的实际情况进行精心的设计，巧妙的安排，随时调整教学计划以指向教学目标。整合教学实践进程的每一个环节，无不包含小学教师劳动的创造性，无不体现小学教师综合应用知识的学术水准。可以说，小学教师创造性劳动的本身就是其学术水平的一种特殊表现形式。

第二节　小学教师通识性知识建构

一、通识性知识建构的依据

小学教师“通识性知识”就是指小学教师为满足教育教学需要个人所需掌握的“一种广泛的、非专业性的、非功利性的基本知识、技能和态度”。小学教师专业标准这样阐述：“对小学教师而言，通识性知识是指有利于有效的小学教育教学工作开展、体现教师素质的普通文化知识。”那么小学教师需要的普通文化知识究竟是什么？究竟需要哪些通识性知识？也就是小学教师通识性知识建构的依据是什么？这可以从我国高等院校通识教育的课程中寻找答案。综合北京大学、清华大学、北京理工大学的通识教育课程，可以看到，通识教育课程包括公共必修课和通识选修课两大部分。公共必修课主要包括大学英语、思想政治理论课、数学课及自然科学基础、计算机、军训、体育；通识选修课主要包括历史与文化、哲学与人生、社会科学、经济与法律、语言学和文学、艺术教育、科技与社会。由此看来，通识教育课程主要涉及人文科学、社会科学、自然科学几大知识领域。这就是小学教师应该掌握的通识性知识的范畴，也就是小学教师通识性知识建构的依据。

二、通识性知识建构的原则

小学教师“通识性知识”的建构是为了使小学教师获得合理的知识与能力结构，以便他们日后能够在教育教学工作成为一名关怀学生、善于反思的教育工作者，进而能在专业上获得进一步的发展。建构小学教师“通识性知识”的标准是一项复杂的系统工程，通过对美国“通识教育”发展的经验以及我国教育教学改革的经验进行总结与分析，总的说来，小学教师“通识性知识”的建构需要遵循以下三条主要原则：

（一）全面性原则

美国大学“通识教育”所开设的课程基本都涉及以下几个方面的知识：“人文艺术知识、自然科学知识、社会科学知识”和“基本技能（包括写作技巧、批判性思维、定量推理、口头沟通、跨文化技能、道德推理、定量处理、研究技巧、整合学习、计算机技术等）”四个方面。这四个方面的知识可以进一步地概括为人文科学、社会科学和自然科学三个传统领域，这是因为这三个领域的知识在人类总体知识中占有重要的分量，并且代表着人类三种不同的认识世界的方法，其价值和作用是不可代替的。另外，一些跨学科的知识也应当被纳入“通识性知识”中来。美国大学通识教育本着“全人”的教育理念，目的在于拓宽学生的视野，使学生了解其他学科的视角和思维方法，培养全面发展的个体。这和我国建国以来一直到20世纪90年代明确提出的教育要培养“德智体美等方面全面发展的社会主义事业建设者和接班人”的目的是一致的。因此，旨在使小学教师获得合理的知识与能力结构的小学教师“通识性知识”标准的架构，要坚持全面性的原则，若不将人文科学、社会学科和自然学科这三个领域的知识纳入其中，就可能会在引导小学教师学习的过程中遗漏某些重要的部分，甚至不能帮助他们有效地享有人类主要的文化遗产，其观察和处理各种问题的能力也就难以得到训练和提高，最终对小学教师的专业化建设产生不利的影响。

（二）自由性原则

由于小学教师“通识性知识”的理念是让小学教师获得合理的知识与能力结构，而并非让他们系统地学习和掌握各个领域的所有知识，如“艺术欣赏”领域的知识，旨在培养小学教师的审美能力和水平等等。因此，在“通识性知识”标准的建构中，只需将大范围控制在人文科学、社会学科和自然学科这三个不同的领域当中，而具体的内容和基本要求可以不做统一要求，由各地区和小学教师根据实际情况自由选择，但其思路和宗旨都应“强调获得知识的方法和思考问题的能力”。知识发展的无限和人的精力的有限，似乎“通达多个知识领域”不可能，掌握所有新知识、新观点、新方法也不可能，那么，如何掌握通识性知识，“通识”自己呢？有研究者建议，“应该从个体和群体两个层面来理解，对个人而言，通识教育并不是指一个人绝对地通晓所有知识领域，而应该是根据个人兴趣和特点，在掌握必备核心知识的基础上，了解若干感兴趣的领域，深入掌握某一专业领域的技能。这样相对于狭窄的专业教育，一个人是‘通识’的。对群体而言，由于每个人的兴趣不同，必然形成个性化多样化的人才，经由‘个人通识’形成‘群体通识’，从而构成一个丰富多彩的社会”。这意味着教师尽管不能通晓所有知识领域，但至少应有若干个“学术根据地”，对若干学科感兴趣。唯有如此，才能尽可能为学生提供丰富多样化的课程，尽可能地满足学生多样化的需求。

小学教师“通识性知识”标准的建构在全面性和自由性原则的指导下，既可以满足“通识性知识”所要求的知识广度，又能在一定程度上保证小学教师在个性和创造性等方面的个体差异，这在教育学上也是符合教育规律的，有利于调动小学教师学习“通识性知识”的积极性，也有利于促进小学教师专业化的建设和发展。

（三）发展性原则

由此看来，小学教师通识性知识主要涉及人文科学、社会科学、自然科学几大知识领域。不过，这些知识是发展的、变化的。哈佛大学的前任校长萨默斯说过：“让我对知识进行一个总的评价，这就是，你根本没有办法说出最有用的知识从何而来，你无法设计一些程序来找到最有用的知识的形式是什么。……正因为我们不能预测到哪一类的知识会对我们的社会做出巨大贡献，我们才能有信心地预言，新知识、新观点、新方法和聪明的想法对我们的未来是很重要的。”

当今时代知识急速增长，世界已经从农耕时代、工业时代步入知识时代。据联合国教科文组织的统计，人类近三十年来所积累的科学知识占有史以来积累的科学知识总量的90%，而在此之前的几千年中所积累的科学知识只占10%，英国技术预测专家詹姆斯·马丁的测算结果也表明了同样的趋势：人类的知识在19世纪是每50年翻一番，20世纪是每10年翻一番，70年代是每5年翻一番，而近10年大约每3年翻一番。而未来人类社会的发展会以我们无法预测的态势向前发展。为什么现在差异化教育学校火爆异常？原因很简单，这一代小学生未来要从事的职业80%还没有诞生。越来越多的家庭开始认同：孩子需要学习的是迎接未来更有用的能力，而不是他们的80后爹妈亲历过的追求共性的教育方式。我们人类现有认知是无法预测未来的，这一代孩子必然要经历的机器人时代，独立思考习惯和鲜明个性无疑将是人类最后的优势……科学家将现今阶段，定义为弱人工智能时代。即便是简单的人工智能，其实已打败多数人类。美国亚马逊超级仓库内，无数机器人正在货架间疯狂奔跑；欧洲快餐店内，机器人端着汉堡和薯条24小时来去自如；而在南非矿井下，电脑正操作精密仪器，向幽暗处进发。在珠三角，富士康厂区外，那些多愁善感的年轻人，来不及抒发乡愁，就得争抢为数不多的机会。工厂流水线两侧，100万台精密机器人正逐步填满他们站过的位置。这只是革命的开始，随着智能飞速进化，AI已杀入世界每一个角落。面对步步逼近的人工智能，你要么积累财富，成为资本大鳄；要么积累名气，成为独特个体；要么积累知识，成为更高深技术的掌握者。然而，财富堤坝、个性堤坝、技术堤坝，能在人工智能狂潮下坚持多久，无人可知。

由此可见，小学教师在建构自己的通识性知识的时候必须时刻遵循发展性原则，时刻有危机意识，时刻用发展的眼光，只有这样才能在瞬息万变的知识时代找准自己的位置。

三、通识性知识的内容体系

（一）具有相应的自然科学和人文社会科学知识

今天人类的所有知识，大致划分为自然、人文、社会三大类。自然科学是研究无机自然界和包括人的生物属性在内的有机自然界的各门科学的总称；认识的对象是整个自然界，自然科学的根本目的在于发现自然现象背后的规律。人文科学主要研究人的观念、精神、情感和价值，社会科学则研究客观的人类社会。本质上，人与社会具有一致性，没有办法将两者割裂开来，所以人文科学和社会科学往往被人们看成一个整体来看待，也就有了人文社会科学的说法，那么，人文社会科学就是以人、人类社会为研究对象的科学。显然，自然科学和人文社会科学是从各自的角度、以不同的态度看待人和世界的。

面对浩瀚的知识海洋，我们应该思考的是什么呢？首先，我们应该认识到，作为一个人，不可能掌握人类文明的所有知识，但对人类知识的大体面貌有所认识却是可能和极为必要的。人们可以通过了解不同知识范畴探究的对象，探索未知与获得真理的方法以及所体现的价值判断，来理解知识的总体与基本类别，也就是说对人类知识的大体面貌有所认识。认识人类知识的大体面貌，了解不同学科的思维模式，不仅可以增强人的思维能力，培养人的科学精神，而且能增强人的人文素养。所以，培根说："读史可以明智，读诗使人灵秀，数学使人周密，科学使人深刻，伦理学使人庄重，逻辑修辞之学使人善辩；凡有所学，皆成性格。"如果一个人对于知识的学习和掌握只是局限一隅，是难以获得对人和世界的全面而客观的认识的，也不可能成为具有全面思维能力、博雅的精神和美好的情感的人。

其次，我们应该看到，当今世界，知识在急剧增长的同时也表现出日益显著的一体化倾向，自然科学、社会科学和人文科学在曾经高度分化的基础上重新走向高度统一。1984年，钱学森在北京首届思维科学讨论会上讲到："什么是知识，大家常常想到的是科学，这是很重要的知识。但是现代意义上的科学，还有一个约束，就是科学必须能够相互联系起来，构成一个体系。现在不但自然科学、工程技术是一个体系，还要与社会科学联系起来，整个现代科学技术要连成一个整体。"德国物理学家普朗克在《世界物理的统一性》一书中指出："科学是内在的整体，它被分为单独的部门，不是取决于事物的本质，而是取决于人类认识能力的局限性。实际上存在着由物理到化学，通过生物学和人类学到社会学的连续的链条，这是一个任何一处都不能被打断的链条，难道这仅仅是臆想吗？"教育改革以及广大的教师都应该顺应这种趋势，小学教师应成为具有丰富知识的人才。每一位小学教师的知识结构在具有各自侧重的同时，还应具有复合型和多样性，即小学教师应具有综合的知识储备，如，物理学、化学、生物等自然科学类知识，以及历史学、社会学、文化学、伦理学、地理学等人文社会科学类知识。只有将不同的学科的知识纳入视野范围之内，理解不同学科在教育功能上的差别，明白自己所教学科在整个知识体系的位置，打通不同知识间的壁垒，将所学学科的知识与其他学科知识相联系，融会贯通，建立整体认知，只有这样教师才有可能去帮助学生建立对知识的整体和全面的认识，实现不同学科知识对学生的教育价值，从而成就学生的全面发展。

（二）了解中国教育的基本情况

作为教师要了解中国教育的基本情况，比如，中国教育的历史和优秀传统，中国教育改革发展的状况，当今社会教育的热点、难点等。这些看似与小学教师的日常教育教学工作没有直接关系，却是教师作为传道授业解惑者、教学组织者、资源开发者、导学者、研究者及终身学习者等多重角色的复合体所必须具备的重要素养。教师日常对学生的教育，教师在教学中采用的教学策略，教师对日常教学活动的反思，教师对教育深层次的思考，教师与家长的互动，教师参与学校的建设与管理等等方面都离不开教师对中国教育的了解，对中国教育的深入思考。生活在一定文化中的人，一定要对自己的文化有自知之明，明白他的来历、发展趋势。

中国教育的传统是把教育作为立国立民之本。中国历来重视教育，视教育为民族生存、国家安定的命脉。因此中国很早就把教育纳入为国家的事业，建设国家首先开展教育。传说黄帝、尧、舜时代就十分重视教育，自舜开始已有专门教育机构出现。《尚书·舜典》中记载："夔，命汝典乐，教胄子。"可见当时已有专门的公职人员对贵族的子弟施教。到了春秋战国时期，孔子首开私学之风，各派名家也都设馆收徒，社会上形成了一种学习的风气。儒家文化特别重视教育立国。《学记》开宗明义说"建国君民，教学为先"，把教育摆在立国的首要位置。许多儒学思想家都提倡重视教育，希望通过教育，统治者能够成为圣明之主，臣民能够"化民成俗"，接受教化，成为良民。这种教育价值观一直影响到今天。教育兴国一直是中国人追求的目标。凡是中国人，都十分重视子女的教育，都希望自己的子女能多读几年书，接受更多的教育。国内升学竞争的热烈，广大群众对教育的关心程度，充分说明了这一点。许多旅居海外的华人，第一代大致都没有什么文化。但他们赚了钱以后第一件事就是捐资办学，在当地办华文学校，投资到祖国办学校。

中国传统教育中的优秀精华是我国教育资源中的宝贵财富，值得我们继承和发扬。比如"有教无类"的教育思想是孔子最早提出来的。"有教无类"在后世往往把它作为教育平等的代名词。从这个意义上讲，"有教无类"的思想今天仍然有着重要的意义。但需要根据时代的要求重新解读。首先，要加强普及教育的力度，使每个国民都有接受良好教育的机会，提高全民族的文化素质，才能实现全面小康。其次，要使教育得到均衡发展，使所有国民能基本上享受同样的教育，逐步做到教育公平。第三，在学校里教师对学生要一视同仁，切忌人为地把学生分成三六九等，教师要相信每一个学生，相信他们人人都可教，人人能成才。

再如，道德为先的教育思想。就是把道德教育放在首位。教育首先要教会学生做人，做一个人格高尚的人。儒家教育的培养目标就是"君子"。君子就是德才兼备的人。一本《论语》都是讲的人伦道德，讲仁、义、礼、信，讲什么人是君子，怎样成为君子。中国传统道德还重视向他人学习，把他人的品行作为镜子来对照自己。孔子曰："三人行，必有我师焉：择其善者而从之，其不善者而改之。"(《论语·述而》)。又曰："见贤思齐焉，见不贤而内自省也。"(《论语·里仁》)。就是说，看见了贤人，便应该向他看齐；见到不贤的人，便应该自己反省，有没有同样的毛病。

因材施教的教育原则。中国古代教育是很重视因材施教的，汉代以后，为了维护大一统的封建统治，才开始不断禁锢人们的头脑，抑制个性的发展。但是，因材施教作为传统教育的原则，一直被人们所重视。历代进步教育家都重视对不同的学生采取不同的教育方法。

学思结合的教育方法。儒家教育重视思考，领会事理的精神实质。孔子曰："学而不思则罔，思而不学则殆。"(《论语·为政》)。意思是，只学习不加思考则迷乱不明，只思考不学习则空泛而不实。好学和思考就要多问。孔子的学生子夏说："博学而笃志，切问而近思，仁在其中矣。"(《论语·子张》)。所以孔子说："不耻下问。"(《论语·公冶长》)，就是不以向学识、地位不如自己的人请教为耻。孔子还说："三人行，必有我师焉，择其善者而从之，其不善者而改之。"(《论语·述而》)也是这种意思，每个人都有优点，应该向每个人学习。与学思结合相联系的还有孔子提倡的启发式教学方法："不愤不启，不悱不发""温故而知新"等等。孔子这些话，都为中国人所熟知，成为中国传统格言，几千年来为广大人民所传诵和运用。

中国的基础教育经过了几十年的发展，取得了巨大的成就。但与世界发达国家相比还有一定差距，如：当前我国教育仍然存在发展不均衡的问题。沿海与内地、城市与农村、高等教育与基础教育、重点院校与一般学校等的教育发展有很大的差距，并且随着经济发展的不均衡，教育的差距也逐渐拉大。在《教育蓝皮书：中国教育发展报告（2018）》中提出，在升学教育模式下，城市和农村地区的基础教育出现了两极现象。城市中小学生“减负”多年，压力不降反升；而农村孩子难以与城市孩子比拼，变得边缘化，农村地区出现了新的读书无用论。

所以作为教师，在对我国教育发展改革取得成就而骄傲的同时，还应该对我国教育目前存在的问题和发展困境有一个清醒的认识。客观、全面地看待我国教育的现状，反思当前教育教学改革中的问题，让教育向更快更好的方向发展，让教学适应教育发展的要求，跟上教育发展的步伐。

（三）具有相应的艺术欣赏与表现知识

哲学家卡西尔认为，艺术是一种活生生的“生命形式”，艺术所要表达的是创作者内在的生命体验，“艺术使我们看到的是人的灵魂最深沉和最多样化的运动……我们在艺术中所感受到的不是那种单纯的或单一的情感性质，而是生命本身的动态过程”。由此可见，艺术教育的目的，不仅仅是丰富我们的情感体验，更重要的是洞见一种生命的形式，感受作者生命的运动，进而提升自身生命的境界。蔡元培先生也曾从生命的高度来评价美育，他说：“提出美育，因为美感是普遍性，可以破人我彼此的偏见；美学是超越性，可以破生死利害的顾忌，在教育上应特别注重。”

艺术素养是文明社会每一个人的基本素养。对于个人社会生活而言，通晓艺术的基本知识，懂得欣赏各种艺术作品，熟悉艺术创作的基本要求，掌握艺术创作的基本技能，具有不可忽视的意义。艺术是为整个社会和全人类服务的，历来不是艺术工作者的专利，《蒙娜丽莎》不只是为画家所欣赏，莎士比亚戏剧不只是为戏剧家所喜爱，意大利歌剧不只是为歌唱家所传唱。人的情感的表达和体验，人对真善美的颂扬和追求，对假丑恶的鞭笞和责罚，对理想、信念和信仰的寄托和守持，无不借助于艺术。艺术是文明社会每一个人生活的需要，不能给予每一个人享受艺术的社会，很难说是文明社会；同样，不具有基本艺术素养的人，很难说是人格健全的人。

我国传统上一直非常重视艺术教育。我国古代直接提出“六艺”教育，孔子要求教育“兴于诗，立于礼，成于乐”，说明艺术与教育最初是融为一体的。小学教师专业标准将“具有相应的艺术欣赏与表现知识”作为小学教师通识性知识中的一项内容是符合我国教育传统及教育发展理念的。

小学阶段是一个人学习知识和品质养成的重要阶段，也是各方面能力得到提升的关键阶段。这对教师的培养也提出了更高的要求，不再只重视其专业知识的提升和考核，而是要将艺术素养教育纳入教师考核评价体系中，使小学教师可以将艺术欣赏、创造和感受美的能力融入具体的教学过程中。艺术素养对小学教师而言意义重大，它是提升教师艺术感受力、鉴赏力和创造力的基础，也是丰富教师情感、拓宽教师教学思路的重要途径。教师在提升自身艺术素养的过程中会对学生产生一定的影响，为创造性的教学方法提供坚实的基础。当前，教师的角色转化和职业发展要求小学教师具备良好的艺术欣赏与表现知识，这样才可以使学生的文化、艺术素养得到提高和发展。

小学各门课程的教学不但是一门科学，而且也是一门艺术。教师的教学艺术会影响学生对知识的吸收、学习的积极性和兴趣。小学教师艺术欣赏与表现知识的提升，是当前教育环境所提出的要求，是适应时代发展的需要。学生自身综合素质的高低和教师综合素质的高低关系密切，只有综合素质过硬的教师才可以培养出高素质的学生。因此，对教师而言，不仅需要具备专业的文化知识、教学智慧，而且还需要具备相应的艺术素养。教师教学艺术和自身的艺术素养密不可分。教师的教学艺术体现在教学活动的各个方面，比如教材的处理艺术、教学的设计艺术、启发诱导学生的艺术、提问艺术等。总之，教师所具有的教学艺术最佳的状态就是教师可以将各种知识、方法和手段融合为一体。

这里需要指出的是，小学教师艺术欣赏与表现知识的建构并不仅仅是简单的艺术技能（诸如钢琴、声乐、绘画等等）的习得，而是应该强调艺术审美教育，这是由通识教育重在“融通”的特点决定的。具体而言，小学教师在日常的学习培训中要注重艺术欣赏知识的学习，可以包括艺术史论、艺术欣赏、科学美学等。

（四）具有适应教育内容、教学手段和方法现代化的信息技术知识

21世纪以来，云计算、大数据、无线网络技术、3D打印、物联网等诸多新媒体新技术对教育产生了革命性的影响，随着网络、科技的飞速发展，教育信息化日益成为时代发展的潮流和世界各国衡量国际竞争力、体现综合国力、提高国民素质和提高创新能力的重要标志。教育信息化是指运用信息与通信技术系统地提升和变革教育的过程，是一个运用信息技术优化教育领域，以促进教学变革为目标，以培养创新型人才与实现学习型社会为核心任务的动态系统过程。20世纪80年代以来，面对信息技术给教育带来的挑战与机遇，世界各国都进行了不同层面的探索，尤其是美国、英国、新加坡、韩国、日本等教育信息化起步较早、发展较快的国家。教育信息化规划与发展重心逐渐由基础设施建设的初始阶段转向到教学应用的深入发展阶段，不断加大对教育信息化背景下教师专业发展的关注。可以看出以中小学教师为代表的教师的信息素养与能力发展是教育信息化建设与发展的基础和核心。

基本的信息素养是信息时代每个公民的基本素质，作为信息时代的教育工作者，更应该跟上时代前进的脚步。充分认识到信息化时代教师的角色的转变。教育信息技术的使用和普及促使原来在固定时间、固定地点学习固定知识的传统教育模式发生变革。教育空间的拓展、信息化技术的普及使得学生随时随地都可以学习自己需要的知识与技能。学校只是学生学习活动产生的一个主要场所而非唯一地域。学生学习的“生态圈”已在不断扩大，学生获取知识的时空越来越不受限制，途径越来越多样化。信息技术的发展与应用还使得教学资源可以共享，教学内容更加丰富。学生可以通过信息网络获取多种学习内容以及答疑解惑，真正将社会、生活素材融入教育内容，实现“教育即生活”“教育即社会”。教学媒介的增多，多媒体、在线学习、网络公开课、微课、慕课、手机APP学习软件等在教育领域的应用，对传统教学组织形式也产生了巨大冲击。所有这些都要求教师必须具备快速适应信息化时代的能力，具备适应教育内容、教学手段和方法现代化的信息技术知识。有效地通过视听技术、

计算机技术、网络技术等多重手段开展教学，不断优化教学手段和方法，以适应现代化的教育教学工作。

四、通识性知识建构的途径

（一）高校要对接小学教师岗位需求，加大通识教育课所占比例，增强课程的文化内涵

纵观我国培养小学教师的师范院校，其通识教育必修课程基本包括四个模块：一是政治理论素养模块，通常开设了思想道德修养、形势政策和中国特色社会主义理论等课程；二是人文素养模块，通常开设了大学语文、应用写作等课程；三是教育素养模块，主要开设了教育政策法规、中外教育名著导读等课程；四是工具技能类，通常开设了外语、体育、信息技术、音乐、美术等课程。我们不难发现，这种通识教育课程模式尽管涵盖了政治、社会、人文和教育四大领域，但真正作用于“文化内涵”的课程还是开设得很少，尤其是课程实施中没有真正对接小学教师的岗位需求，难以满足小学生全面发展对教师专业化水平的要求。为改变这一现状，需要培养小学教师的师范院校对接广大的中小学，从小学教师职业应具备的专业知识、能力和素养出发，基于学生的现有知识基础，精心构建本校通识教育课程体系，融汇人文、社会、自然、艺术、美学等学科领域，使其特色化、深度化。与此同时，还要加大孕育文化内涵的课程或内容，如可以增开中国传统文学修养、中华民族精神概论、自然科学知识、艺术修养、通俗美学等选修课，或者举办专题讲座，为职前小学教师积淀通识性知识、文化底蕴和民族精神，历练文化品性，进而坚定其职业信念，并为改变小学教师教育观念、教育行为提供广泛的学习与实践机会。

（二）学校要重视校园文化建设，为小学教师搭建持续学习、交流通识性知识的平台

为丰富小学教师的通识性知识，提高小学教师的文化素养，培育小学教师美好的心性品质，就必须首先重视发挥小学校园文化的引领作用。校园文化的功效说到底是养成、浸润、生成与升华，故学校应坚持“以文立校、以文化人、以文育人”的办学思路，用“校园文化”引领小学教师专业成长，建立小学教师“学习共同体”，让教师在浓郁的文化氛围中丰富知识、提高素养、发展专业。其次，要发挥优秀教师和专家的引领作用，通过特色课程、专题讲座、知识论坛、外出培训等方式，让教师在专家的引领下，获取更多更广泛的通识性知识、人文精神资源和职业自信力，充实、替代或改变自身原有的一些旧知识、情感和行为，并自觉内化为高尚的人文精神，最终融化到教育教学实践中，提高自身的教育教学工作水平。再次，要拓宽通识性知识和文化习得的渠道，搭建小学教师之间、小学教师与家长、社会、高校研究者之间多元学习、分享知识、分享经验、分享智慧、取长补短、共同提高的沟通交流平台与互助平台，促进小学教师对通识性知识的学习，进而为小学教师的教育教学工作专业化水平的提升奠定坚实的知识基础和保障。

（三）小学教师要加强通识性知识的学习和反思

学习是现代人的第一需要，是每位中小学教师的人生必修课。教育部颁布的《教师教育课程标准》就明确指出："教师是终身学习者，教师专业发展是一个不断完善的过程，需要教师进行终身的专业学习"。而专业学习只有与专业需求和专业发展紧密结合，才能实现学习效果的最优化。小学教师如何在有限的时间内掌握支撑专业发展的广博的通识性知识，提高自身的文化底蕴，最关键的途径就是广泛的阅读。学会"读好书"和"会读书"。"读好书"是指小学教师在广泛阅读和学习各领域知识时，要多选读相关的经典作品，因为经典作品可以为人们搭起走向人文、科学、艺术和美学知识的阶梯，拓宽人们生命的维度，让人们触摸到人性的高度，这正是小学教师专业知识、专业品质和教育智慧形成、发展的基础，也是小学教师专业水平提升的必备条件。惟有如此，小学教师才能远离庸俗、平庸和世俗，才能真正地成长起来。"会读书"是指小学教师在阅读学习时，一要选用贴近小学教师生命样态和工作需求的著作或作品，这样可以增强作品的亲切性和可感性；二要注重把作品和生活结合起来读，重视与作品的对话和对作品的反思，并将其内化成自己对科学、生命、生活、艺术的独特理解、感悟和信念；三要将阅读感悟和反思渗透、融合进教育教学实践活动中，以便进一步深化理解，并在做、学、思的循环过程中，为学生创造一种真实、高雅、和谐的教育氛围和环境，以促进小学生健康和谐发展为最终目的。

第三节　小学教师通识性知识应用

小学教师通识性知识的建构最终要体现在教育教学中，一个具有通识性知识的教师他的课堂是艺术的，充满魅力的；他的教学是开放而多元的，教学手段是多样化的；他的日常管理是人文的，教学评价是全面的；并且最终这些会成为他个人专业成长的基石，使他成为一名知识渊博、视野宽阔、学养有素的教育者，使他成为一名促进文化传承，涵养学生智慧，塑造学生健全人格的教育者。

一、艺术的课堂

具有相应的艺术欣赏与表现知识的小学教师，不仅自身具有审美素养、艺术技能，在教学中还能对各种艺术形式灵活运用。小学教师往往身怀各种技艺，而名师则更是技高一筹。于永正老师就是一个说、读、演、写、画样样精通的人，他说："说话的艺术、朗读的艺术、表演的艺术、书法的艺术，还有绘画的艺术从哪里来？一句话：来自老师的艺术修养。艺术修养会对一个人的情操、品格、气质、言谈举止以及审美眼光产生重大影响，这是毋庸置疑的。一个具有一定艺术修养的人，一张口、一出手、一投足就会自然地流露出来。没有一定的艺术修养，连一篇课文都难读好，哪里还谈什么教学艺术呢？不懂一点书法，压根儿不知何谓'颜体'、何谓'魏碑'的人，怎么能为学生写一手好的板书呢？"上于老师的课，耳朵听到的是他字正腔圆、声情并茂的朗读，眼睛看到的是他活灵活现的表演、优美端正的板书、形神兼备的简笔画，那不就是最好的艺术享受吗？当然，我们不能要求所有的语文老师十八般武艺样样精通，更多的我们要看一个老师怎样在教学中借鉴、运用各种艺术形式，充分发挥自身的审美鉴赏能力，为提高语文教学的效果服务。

教学案例

孙双金老师在教《二泉映月》时，先播放了一曲《二泉映月》，又在大屏幕上显示了一幅幅阿炳卖艺的场景，然后问学生："你们看到了怎样的情景？"初步感知后，孙老师让学生再听音乐，思考"阿炳在二泉旁边听到了什么？"如此，学生边听边讨论，最终在音乐与课文的对话中，在阿炳的身世与学生心灵的撞击中，理解了二胡独奏曲《二泉映月》，理解了盲人艺术家阿炳，那就是"苦难给人们带来了什么？悲痛、哭泣、叹息，但是对于一个命运的强者，对于敢于和命运抗争的人来说，苦难是一笔巨大的财富，让我们勇敢地面对苦难吧！"这一堂课结束后，很多学生和听课老师还久久沉浸在孙老师所渲染的艺术氛围中。也许孙老师自己并不会拉二胡，但是他把自己对音乐的良好的鉴赏能力引入语文教学，同时引导学生打通音乐艺术与语言艺术之间的关系，在一种审美的融合中，取得了最佳的教学效果。

盛新凤老师上《卢沟桥的狮子》一课时，配以形态各异的狮子图片，在介绍卢沟晓月胜景时配以轻柔的音乐，在介绍卢沟桥事变时，则配以枪炮声。课后，听课的老师称赞说，这是一堂融绘画美、音乐美、建筑美于一体的精品课。至于一名语文老师所能达到的最高的艺术素养或者说最高的艺术境界是什么？赵景瑞老师的一段话是最好的答案："（我）把职业当成事业去完成，把事业作为专业去研究，把专业作为科学去探索，沿着科学朝着艺术去追求。"

由此可见优秀的教师与平庸的教师的重要差别可能不仅仅限于他们所具有的专业知识、能力或道德水平，还在于他们的艺术修养。优秀的教师由于具有较高的艺术修养，而且这种修养已经成为职业品质的有机成分，深深地渗透于他的教学理念和教学行为之中，所以，将教学工作看成是一门陶养灵魂的高尚艺术。他不光运用丰富的知识和娴熟的技巧，更重要的是能自觉地使自己的教学按照美的规律来进行，将教学提高到艺术化的境界。如果让他教语文，他会深入挖掘和充分利用每一篇课文潜在的美，并尽可能地使这些美得到丰富、充实和升华，使学生在美的沐浴下获取知识、发展能力、陶冶情操；如果让他教数学，他会把看似枯燥的数字、公式和定理讲得有声有色，学生从中可以感受到科学的简洁、和谐与对称的美，并且为数学方法的神奇和美妙所折服；如果让他教化学，他会向学生描绘元素符号的深刻寓意、分子结构式的严整风格与优美外形以及化学方程式的对称、统一、简洁与和谐，从而向学生展示一个奇妙无比、令人神往的化学世界；如果让他教生物，他会带领学生畅游绚丽多姿、精彩纷呈的自然王国……总之，在优秀教师的教学中，各个学科都有取之不尽、用之不竭的美的资源，它们都能充分地发挥其作用，使学生在掌握科学知识、培养能力和陶冶品格的同时，还能获得精神的愉悦和美的享受。

二、开放的课程

教学案例

2017年，微信朋友圈流传着一篇题为《当小学生遇见苏轼》的文章。文章源于清华附小六（4）班公众号。文章写到，“利用假期时间，我们进行了以苏轼为主题的小课题研究。本次班级共完成课题研究报告23份，研究主题各有不同。”在其中一份报告中，学生们通过电脑程序，对苏轼的3458首诗词进行了分析研究。研究发现，“子由”是苏轼诗词中出现频率最高的词语，在《苏轼诗词全集》中共出现229次，“足可见苏轼与弟弟子由之间的手足情深”。另外，“归来”一词共出现157次，“归去”则出现92次。学生随即展开思考，这样用词的原因是因为他总是到处云游吗？通过进一步分析诗词创作的年代，结合苏轼被贬谪的经历，学生发现，“苏轼一生三次被谪，每次被谪结束之后，苏轼诗中‘归来’出现的次数就会有所增加”。

看着文章里分享的5篇质量不低的研究论文，很多成年人感到惊诧。小学生做苏轼研究？是不是清华附小摆噱头、搞炒作？这些研究成果真的出自十来岁的孩子之手，还是由父母、老师捉刀代笔？基础教育是不是跑偏了……网上的质疑、赞扬、反思出乎学校师生意料。师生家长平时用来内部互通的班级公众号少有外人关注，怎么一下子点击量破了百万？清华附小的老师们也有点懵了。

这个案例曾经在网络上引起大的讨论，基础教育中的一些问题再次成为大家争论的热点。可透过这个报道的细枝末节，我们仍然能够意识到，信息时代，大数据时代，我们的学校教育应该何去何从，应该如何面对海量信息对我们学校教育的冲击，我们是没收学生的手机，还是直面互联网社会，提高广大中小学教师的信息素养，改变学习的方式，发挥大数据的作用，提高教师的数据生存技能。这些问题，清华附小的老师给出了很好的回答。

2015年清华附小全面启动育人为导向的包班制改革。长久以来，学生和家长都习惯了一个班主任，若干个任课老师的班级模式。从2015年9月的新学期开始，清华附小的一年级和二年级共16个班采取包班制度。班级里设两位班主任，分别是语文和数学老师。他们同时承担除了艺术、体育、英语外的所有学科教学，并互为助教。这也意味着语文和数学老师除了会教核心学科，还要能教思想品德、科学、书法等学科。

清华附小副校长王玲湘介绍，两个班主任就如同一个家庭的“爸爸”和“妈妈”。过去班主任的工作压在一个老师身上，现在变成两个老师共同分担，教学质量责任共担。在一位老师上课时，另一位老师就是助教，在班里协助辅导学生，这样能够关注到班里的每一个学生。

研究苏轼的六（4）班的班主任之一的易老师是一位教数学的老师。他说，类似的小课题研究在学校是一个常态化的教学项目。日常里孩子们做过的研究报告有：《共享单车的受欢迎程度和存在的问题》《关于无红绿灯路口的建议》《关于纸质书与电子书优缺点的调查研究》……。《当小学生遇见苏轼》之火并非刻意而为。“很多人之所以对我们有非议，只是因为我们的教育和他们的所见不一样。”六（4）班另一位班主任连老师说："国庆长假的'遇见苏轼'作业是为期一年研究的报告初稿。其实，苏轼研究早在今年春天就已经开始了。"上半年主要是对苏轼的静态学习，除了学习课本上的知识外，学生们阅读大量书籍，学校还请《百家讲坛》名师康震来学校做了3小时的讲座。下半年开始进行选题讨论，对选题不断修改后开始调查研究。学生利用国庆长假将这几个月的研究整理成报告，随后还将进行小组讨论、再次修改、答辩等多个环节。此次网上疯传的六（4）班《当小学生遇见苏轼》并非一蹴而就。这些孩子从三年级下半学期就开始接受课题研究训练。易老师回忆起第一次研究"种小苗"，他带着孩子们一点点记录着"小苗"的成长。孩子们结合语文课进行"种小苗"的日记写作，结合数学课进行小苗的测量，结合自然课学习"小苗"的分类……老师不断教授课题研究方法、报告书写规范等。易老师解释说，大家可能把这个研究想得太难了。其实在小学课程的统计里，已经接触了研究方法的学习，调查问卷法要求每位学生都要掌握，包括"信度""效度"等统计学知识也曾教授。老师坦言，某些研究能力孩子确实没有，需要家长和老师配合。有个孩子进行"高频词检索"研究，是老师和家长在网上帮忙找的搜索分析软件，"软件把高频词汇检索出来，剩下的事就是利用课上所讲的数学统计分析了。"易老师解释道。老师教给孩子做折线统计图，帮忙将问卷导入"问卷星"网站。老师对于学生的帮助是全天候的。两位老师表示"一般我都19时回家，当孩子有问题找我，就是我的上班时间。"国庆8天长假，用一个词形容两位班主任对学生的帮助就是"陪伴"。他们随时等着孩子们问问题，不断为孩子们打磨研究报告。

由清华附小的两位老师身上可以看出，作为现代教育环境下的一名小学老师应该具备怎样的通识性知识素养。正是两位老师身上深厚的全科知识背景，先进的适应教育内容、教学手段和方法现代化的信息技术知识储备和运用，才使得清华附小的学生的学习远远超越同龄的学生，走出自己的个性。老师在自己的教育教学实践中不断引导学生产生问题意识，学会收集、统整资料，并能利用工具进行比较分析……最后做出自己的判断，得出自己的结论。这正是小学老师适应信息化社会的挑战，将自己的信息素养应用到教学实践的很好例证，这也正是迫切要求学生应该主动适应"互联网+"等社会信息化发展趋势，具有数字化生存能力的具体表现。

三、人文的管理

教育的根本任务在于立德树人。小学班主任作为班级教育的核心人物，在立德树人中发挥了极其重要的作用。如何育人与管理班级是班主任工作的重要内容，它不仅仅是制定和执行一些班规，更重要的是营造和建构一种良好的班级文化。而这些与班主任广博的知识储备和人格魅力是分不开的。

首先，具有通识性知识储备的小学教师承担班主任工作时，会基于学生全面发展的观念构建自己的工作起点。新全面发展观，是指在德、智、体、美、劳全面发展基础上构建的学生的认知和情感发展、道德和公民性发展、个性和社会性发展、健康和安全发展、艺术和审美发展的全面发展观。从新生入学第一天开始，班主任就深入、全面了解学生，既要把握所任班级的整体概况，更要深入了解每个学生的特点。只有充分了解学生，班主任的其他各项工作才能井然有序且富有成效地开展。他会明白自己面对的是怎样的一群学生，这些学生需要怎样的班级教育和管理，如何全方位地了解他们、帮助他们，以此促进学生的全面发展。一个人文知识深厚的教师会明白自己面对的是鲜活的个体，是人，而不是商品，这就决定了他班级管理目标的制定和实现只能从学生的自身发展特点和需求出发，而不能简单粗暴地移植和套用企业管理模式。他会注意自己的一言一行，并且用发展的眼光去关注学生的变化。

其次，具有通识性知识储备的小学教师承担班主任工作时，会更善于与家长的沟通。真正良好的教育是多方协同合作的结果。班主任不是单兵作战，而是需要与多方教育力量沟通协作。与家长沟通的深度与成效，某种程度上取决于班主任的综合知识建构能力。班主任的综合知识建构得越合理、越健全，与家长的沟通也越深入、越有效。班主任的综合知识建构的维度，会直接影响与家长交流的维度。一个知识丰富的班主任不会只重视学生的学习成绩，与家长沟通交流是会倾向于学生的综合发展。学生的个性、学生的健康、学生的艺术审美、学生的情感，所有这些都会丰富与家长沟通的内容，拓展与家长沟通的深度，更有利于实现家校力量的整合，协力促进学生的自由、全面的发展。

再次，具有通识性知识储备的小学教师承担班主任工作时，会更善于与其科任教师的配合。学科教育是现代教育的基本方式，虽然有利于学生知识的纵深发展，但也存在一些局限和弊端，与学生的整体性自由发展需求有一定的矛盾性。而一名通识性知识储备丰富的班主任在这一矛盾解决中会发挥着重要的作用。这是因为“在基于学生立场的教师团队建设中，由于其特殊的角色，班主任是其中的关键人。”班主任是最有可能建构健全、合理的学生发展知识结构的主体。在与科任教师的沟通中，班主任的通识性知识建构会弥补学科教学内容的缺陷，促进学科教育力量对学生的整体性发展的帮助。班主任与其科任教师在沟通中优势互补，会更好地配合。例如，美术或音乐教师对学生的艺术发展了解更为深入、全面，而具有艺术素养的班主任会更加明了审美教育在学生整体发展中的重要性，他们之间的沟通和配合会更加容易和畅通。

四、个人的成长

小学教师通识性知识的建构是教师成长的基石。教师的个人成长，是指教师内在的知识、能力、素养不断积淀、更新、演进的过程。小学教师在广泛学习人类文化各个领域的通识性知识，并在融会贯通的基础上，逐渐形成自己对生命、生活、历史、社会的独到理解、感悟和信念，并在教育教学活动中加以实践。由此，对小学教师而言，通识性知识的多少、文化底蕴的厚重程度，决定了他们文化水平的高低和专业知识的多少，决定了其专业可持续发展的营养是否充足和将来专业持续发展的高度与持久度。只有根基深厚，才能枝繁叶茂。这些特点我们也可以从许多小学名师的成长轨迹中得到验证。

教学案例

于漪是全国著名的语文特级教师，是特级教师这个优秀群体的代表人物之一，是杰出的语文教育家。她不仅具有丰富的实践经验、精湛的教学艺术，而且具有深刻独特的教育理论，是一部活的“语文教育学”。她的实践与理论，在教育界产生了广泛影响，是中青年教师的良师益友。于漪对语文教师业务素质的要求就是“才、识、能”都很强，具体体现在教师的知识底蕴、教师的语言修养、教师的教育机智和教师的创新素养等四个方面。其中的知识底蕴正包括我们今天探讨的通识性知识，她的成长正是通识性知识在教育教学中得到很好应用的体现。

于漪说：“要教好课，教师的功底很重要。……一个国家没有实力，就要被人欺，一个教师，业务上也一定要有实力。”于漪还说：“万丈高楼平地起，要盖高楼大厦，基础一定要深、正、扎实。当教师也一样，要合格，要胜任，要有后劲，功底必须打得扎实。”

在大学读书的时候，于漪受到了良好的教育。她回忆说，视野开阔、语言幽默、才华横溢的曹孚教授，研究经学、治学严谨、学问深厚的周予同教授，讲课如潺潺流水、委婉动听、笔耕不辍的方令儒教授和对学生循循善诱、以身示范的刘佛年教授给她留下了难以磨灭的印象。这四位教授渊博的知识、开阔的视野、精湛的教学艺术对于漪产生了深刻的影响。从他们身上，于漪体会到丰厚的知识底蕴对一名优秀教师来说，是多么的重要。于漪认为，登高才能望远，居高才能临下，语文教师不仅要广泛阅读专业书，而且还要读国内外的教育著作、心理学著作以及与语文有关的学科著作，以提高理论修养。她指出，在某种意义上说，语文教师的知识仓库里的货物不能不“杂”，但要杂而有章。这就需要广泛地阅读，有选择地阅读，并且要善于在生活中学习，有条理地储存。因此，于漪认为，教师要博览群书，拓宽视野，丰富自己的知识底蕴，努力提高自身的业务能力。语文教学探索也是无止境的，需要的是百倍的勇气、非凡的毅力和孜孜不倦的精神。教师的知识量是没有限度的，越多越好。教师在教学的时候，对知识要精挑细选，把最精美的精神食粮奉献给学生。于漪以她深厚的知识功底和理论修养，孜孜不倦地进行着教学探索与改革，为无数青年教师树立了典范。教师只有不断提高，教学才会焕发出无穷的生命力。

“问渠哪得清如许，为有源头活水来”。只有不断学习掌握新的知识，让源头活水不断汩汩地补充进来，自己心灵的“半亩方塘”方能清澈如许，始终处在新的界位，与时俱进。于漪始终把“工作、学习、研究”结合在一起，“教书、读书、写书”一条龙，在教学、研究中不断取得新的成果，文思敏捷，著作等身。她曾说：“这些年来，我努力学习，注重知识的不断增进与更新，特别是在‘化’字上下功夫，融百家之长，借鉴国外先进的教育教学理论，试着创自己教学的特色。我的‘教文育人’的理论，是以兴趣为先导，以语言训练和思维训练为核心，坚持课堂教学立体化、多功能的风格，从语文教学的实际出发，针对学生的特点，不断探索的结果。”

问题解决案例

知识底蕴，就是对于人类的精神成就分享的广度和深度，就是学识的修养和精神的修养。一个教师的知识底蕴，不仅决定他理解、驾驭教材的能力，还决定他参与课程开发的能力。我国知名学者北师大的肖川教授认为，让心灵变得丰富和深刻，对教师来说，“首先教师自身应该有文化底蕴”。“只有教师具有丰富的文化底蕴，才能创造一个丰富的课堂，才能给学生以广博的文化浸染，才能让学生在广阔的精神空间中自由驰骋”。

上海市著名的小学语文教学名师戴建荣老师在教学中非常重视对学生给予广博的文化浸染。2006年9月，学校安排戴老师担任了整个学校7个班级的“古诗吟诵”校本拓展课教学。他认为，吟诵是中国的传统文化，文化要从小抓起，要让孩子自小就接触到自己的文化。于是，他又开发了低段诗话作文课《春天的歌》(二年级)，诗与文化课《赏鹅》(二年级)，低段诗与识字教学课《雪》(二年级)。就在不断的吟诵之中，就在摇头晃脑之际，学生学会了读诗，学到了我们的文化，更学会了做一个中国人。他认为，在当今的信息时代，东西文化发生冲突和大交融的今天，如何少一些浮躁，多一些务实，很值得我们深入地思考。特别是面对一些孩子说话动辄必“洋”，穿衣动辄必“名”，吃饭动辄必“西”，而他们对于我国的传统文化和习俗知之甚少，随着时间的推移，我国的传统文化和习俗就会离他们越来越远，他们就会越来越淡漠。因此，无论是从维护传统文化和习俗的角度，还是在东西文化角力的角度，还是从我国长远的发展角度来说，作为教师的我们都有着不可推卸的责任和义务。因此，浦东图书馆是戴老师常去之地，他也经常向上海师大、华东师大的语文专家请教。通过长期的勤学苦练，厚积薄发，用他的话说，叫“十年磨一剑”，终于把中国古代的思想文化——古诗之美，通过“读唱吟舞”的方式让学生受到传统文化的熏陶。

成长为一名小学名师，他有高超的教学艺术和独特的教学风格——即教学特色，这是名师与其他普通教师的明显区别，而这正是名师的人格、学识、才能、理念的综合反映，是他通识性知识在教学中得到很好应用的反映，也是教师在教学艺术上成熟的标志。名师的教学创新总是同自己的特有素质紧密联系。戴老师就是把其艺术方面的特长同语文教学有机结合，独创了古诗的吟诵教学。戴老师的语文教学充满着诗情画意，魅力无穷，课堂特别精彩，得到国内小学语文教师同行和相关专家的一致赞扬。

参考文献

[1] 刘黎明. 论通识型教师的素养 [J]. 教育现代化. 2015, (1): 15-23.

[2] 李会春. 通识教育的意义：一个话语分析的视角 [J]. 教育学术月刊, 2015, (9): 12-19.

[3] 王建平. “通识是贵”小学教育本科专业课程体系探析 [J]. 大学教育科学, 2016, (6): 57-61.

[4] 教育部教师工作司. 教师工作系列丛书：小学教师专业标准（试行）解读 [M]. 北京：北京师范大学出版社, 2013.

[5] 编写组. 小学教师专业标准：要点、行动、示例 [M]. 北京：北京师范大学出版社, 2013.

第九章　小学教师教育教学设计能力的形成与实践

问题引出案例

《我懂事了》是北师大版《品德与社会》三年级上册第一单元中的第三课。教科书首先出示了乐乐随父亲到单位一天的经历，然后通过一组对比的图画和照片，引导学生认识到在日常生活中要学会自理，并应承担一些力所能及的家务劳动；最后，介绍了母亲节的由来，并请学生探究父亲节的由来。新课标明确要求教学要力求达到使学生“了解自己的特点，发扬自己的优势，有自信心”以及“知道自己的成长离不开家庭，感受父母长辈的养育之恩，体会家庭成员的亲情，以恰当的方式表达对他们的感激、尊敬和关心，孝敬父母长辈”的内容标准。那么这节课该怎样设计才能更好地实现这些教学目标呢？

教师专业发展是教师作为专业人员，从专业理念、专业知识、专业能力、专业心理品质等方面由不成熟到比较成熟的发展过程。其中专业能力是教师能够胜任自己岗位的重要素养，而教学设计能力则是教师重要的专业能力之一。《基础教育课程改革纲要》中明确提出：教师在教学过程中应与学生积极互动、共同发展，要处理好传授知识与培养能力的关系，注重培养学生的独立性和自主性，引导学生质疑、调查、探究，在实践中学习，促进学生主动地、富有个性地学习。教师应尊重学生的人格，关注个体差异，满足不同学生的学习需要，创设能引导学生主动参与的教育环境，激发学生的学习积极性，培养学生掌握和运用知识的态度和能力，使每个学生都能得到充分的发展。教师教学设计能力的高低直接影响着教学质量，同时影响着基础教育新课程改革的推进和实施。因此，教学设计能力是现代教师必备的能力之一。

第一节　小学教育教学设计概述

一、教学设计的内涵及特征

（一）教学设计的内涵

我国学者对教学设计的含义有不同的看法。有人认为教学设计是“以获得最优化的教学效果为目的，以学习理论、教学理论及传播理论为理论基础，运用系统方法分析教学问题，确定教学目标，建立解决教学问题的策略方案、试行解决方案、评价试行结果和修改方案的过程。”[1]或认为“教学设计就是为了达到一定的教学目的，对教什么（课程、内容等）和怎么教（组织、方法、手段的使用）进行设计。”[2]教学设计“是对整个教学系统的规划，是教师教学准备工作的组成部分，是在分析学习者的特点、教学目标、学习内容、学习条件以及教学系统组成部分特点的基础上统筹全局，提出教学具体方案，包括一节课进行过程中的教学结构、教学方式、教学方法、知识来源、板书设计等。”[3]

尽管对教学设计概念的界定不同，但教学设计的过程实际上就是为教学活动制定蓝图的过程。已有的教材、学生、课程计划、设备、设施和资源都是进行设计的前提条件。教学设计的重点是充分利用已有的设施，选择或编辑现有的教学材料，选用合适的教学方法来完成目标。教学设计是实现教学目的的可靠保证，是连接教学理论和教学实践的桥梁；是使教学实现科学性与艺术性统一的主要途径。通过教学设计，教师可以对教学活动的基本过程有个整体的把握，可以根据教学情境的需要和教育对象的特点确定合理的教学目标，选择适当的教学方法、教学策略，采用有效的教学手段，创设良好的教学环境，实施可行的评价方案，从而保证教学活动的顺利进行。另外，通过教学设计，教师还可以有效地掌握学生学习的初始状态和学习后的状态，从而及时调整教学策略、方法，采取必要的教学措施，为下一阶段的教学奠定良好基础。从这个意义上说，教学设计是教学活动得以顺利进行的基本保证。好的教学设计可以为教学活动提供科学的行动纲领，使教师在教学工作中事半功倍，取得良好的教学效果。忽视教学设计，则不仅难以取得好的教学效果，而且容易使教学走弯路，影响教学任务的完成。

（二）教学设计的特征

①指导性。教学设计应对整个教学活动的安排与进程起指导作用。

②统合性。教学设计要对教学诸多要素进行综合的、整体的规划和安排。

③操作性。教学设计指导教学过程的实施，必须具有可操作性。

④预演性。在进行教学设计的过程中，教师一定要有身临其境之感，仿佛置身于实际教学情景之中，全面考虑实际教学可能要面临的各种情况。

⑤突显性。教学设计要有目的地突出某些教学要素。

⑥易控性。教学设计是教师对教学活动所进行的事先规划和安排，教师有充足的时间周密地进行教学进程安排，反复推敲；同时，教学设计要确定明确的教学目标，教学目标控制着教学的方向、进度、内容等，使教学活动按照事先设计好的目标和程序进行。

⑦创造性。不同教师的教学设计具有个人风格，教师在教学设计中要善于发挥自身的创造性。

（三）教学设计与备课

教学设计与传统备课既有区别又有联系，它们是继承与发展的关系。现代教学设计并不是对传统备课的全盘否定，而对传统备课无论在内容上，还是形式上都有着一定的继承性，二者都是教师为了提高教学质量，在课前的一种准备、计划，或者策划。

传统的备课一般包括钻研和组织教材、了解学生、选择教学方法、准备有关教具和设计板书等。传统的备课有如下特点：

①以教师为中心，以教学经验为备课依据，以教代学，强调教的设计。

②备课基于对教材知识点的传授，教案就是教学实施的脚本。

③备课是课前的准备，它的内容是预设的、静态的，课堂教学强调教案的忠实执行。

④重心在分析教材、梳理知识等方面，教师是“教教材”，其重要职能往往是实现和强化教材、缺失自己的教学创意。

⑤成果比较单一，主要是教案。无疑，其形式——教案就在一定程度上反映了教师的课前准备情况，记录着教师的教学轨迹，反映着教师的教育理念和教学策略。

教学设计不同于传统备课，它体现了教学准备的现代化、科学化和规范化，体现了新课程精神和要求，是教学上的一次深刻革命，具有以下特点：

①以学生为中心，以学论教，强调学的设计。

②立足于学生的实际需要，着眼于学生的发展。

③教学设计的主体工作需要在课前完成，但需要在教学过程中不断调整，教学设计贯穿于教育教学的全过程中。

④现代教学设计突破了传统的单向式的教学程式，真正体现教学相长原则，把教学过程看成一个多向的师生互动、实现教师自身发展和提高的过程。

⑤现代教学设计适用的范围更宽，运用的资源更丰富，手段更先进。教学设计不仅以教案等文本形式存在，更以教学软件、教学媒体等作为载体，大大地增加了知识容量，具有生动、形象的视听功能，整合了不同知识信息之间的内在联系，大大地强化了教学设计效果。

总之，教学设计可以定位于不同的层面，既可以定位于一门课程（课程教学设计），也可以定位于一个课时（课堂教学设计），亦可体现于一个教学片段。它的内涵与外延比传统备课要丰富得多。

二、教学设计的依据

（一）现代教学理论

进行教学设计必须遵从现代教学理论的要求，为了完成好教学设计，就要系统地学习教学理论。

（二）系统科学的原理和方法

运用系统方法分析课堂教学中各个因素的地位和作用，使各因素合理搭配，组成有机整体，从而优化课堂教学效果，是教学设计的一个基本特征及成功与否的关键所在。

（三）教学实际的需要

教学设计要考虑到教学实际情况，不能为设计而设计，教学设计方案要切实可行。

（四）学生的需要和特点

以学生为本的课堂教学的主要活动方式，是让学习者有可能从个人实际需要与可能展开学习活动。因此，学生的学习基础、学习兴趣及学习能力，是教师设计教学的出发点。

从学生这个角度说，所谓的备课，实际上就是备学生，就是了解学生的实际情况；所谓的教学设计，就是为不同的学生，起码是不同类型的学生，设计出符合他们需要的学习计划、学习方式与学习进度。随着学生年龄的增长、年级的升高，学生之间的差异会显著增大，进度统一、任务相同的课堂必然会让位给类似复式教学的课堂。不同组别的学生学习不同的内容、完成不同的作业、采用不同的学习方式，或许将会成为课堂教学的常态；而统一的讲解、答疑、点拨、指导，只能是学生自主学习讨论的必要补充，是应学生的实际要求而安排的活动。

（五）教师的教学经验

教学设计应该只是一个教学构想，而不是一份施工蓝图。施工蓝图要十分细致周全，不能留下任何空白死角，虽然在建设中免不了“洽商”修改的烦恼，但它毕竟要求按计划施工。教学则不然，教学设计是教师为学生规划学习过程，规划主要发生在不同学生头脑中的事情，即使教师进行了深入调查，教师也无法完全弄清所有学生的情况。所以，在教学中，改变甚至完全抛开事先写好的教学步骤，是常有的事，而且事先设计得越具体，越周详，有可能需要改变的就越多。教师上课前，依据自己对学生知识、经验以及思维习惯、学习方式等了解的基础上，对教学进行了具体的、充分的设计与构想，并能够在教学实践过程中，根据学生的问题，凭借已有的经验，在构想的基础上灵活地展开教学活动。

三、教学设计的程序和常用模式[4]

（一）教学设计的基本程序

教学设计作为对整个教学系统的规划，其程序也即教学设计的基本流程包括：规定教学的预期目标，分析教学任务；对教学对象的基本情况进行分析；教学主要内容的确定；教学方法和手段的运用分析；学生学习方法的指导；考虑如何对教学结果进行检测：测量与评价。

上述基本程序集中体现了教学设计的四个基本要素：

①教学所要达到的预期目标是什么？（教学目标）

②为达到预期目标，应选择怎样的知识和经验？（教学内容）

③如何组织有效的教学？（教学策略、教学媒体）

④如何获得必要的反馈信息？（教学评价）

（二）教学设计的常用模式

“模式”是对理论的一种简洁的再现。不论哪一种教学设计模式，都包含有下列五个基本要素：教学任务及对象；教学目标；教学策略；教学过程；教学评价。对象、目标、策略、过程和评价五个基本要素相互联系、相互制约，构成了教学设计的总体框架。

1. 系统分析模式

系统分析模式是在借鉴了工程管理科学的某些原理的基础上形成的。这种模式将教学过程看作一个“输入—产出”的系统过程，“输入”是学生，“产出”是受过教育的人。这一模式强调以系统分析（systems analysis）的方法对教学系统的“输入—产出”过程及系统的组成因素进行全面分析、组合，借此获得最佳的教学设计方案。

美国心理学家加涅和布利格斯提出了系统分析模式应遵循的十个基本步骤：分析和确定现实的需要；确定教学的一般目标及特定目标；设计诊断或评估的方法；形成教学策略，选择教学媒体；开发、选择教学材料；设计教学环境；教师方面的准备；小型实验，形成性评价及修改；总结性评价；系统的建立和推广。其中，前七个步骤是对教学的预先设计，后三个步骤则着眼于设计方案的验证、评价和修订。

这一模式的基本特点是将教学设计建立在对教学过程的系统分析基础上，综合考虑教学系统的各种构成要素，为教学系统“产出”的最优化寻求最佳的设计方案。

2. 目标模式

这一模式又称系统方法模式，是由美国教学设计专家迪克和科里提出的。目标模式与系统分析模式的设计程序基本一致，它也强调系统分析、系统设计，所不同的是它强调以教学目标为基点对教学活动进行系统设计，以达成教学目标为基本目的。这一模式的基本程序有九点，呈直线型：

（1）确定教学目标

即根据总目标确定教学的行为目标，行为目标应对学生学习活动的预期结果、课程中的重点难点及其他特殊要求有明确规定。

（2）进行教学分析

确定教学目标后，要通过对目标的进一步分析，确定学生应掌握的各种知识、技能和技巧，并确定掌握某种技能技巧的过程或步骤。

（3）分析学生的现实发展水平

准确把握学生的现实发展水平，是教学取得成功的重要基础。学生的现实发展水平主要指学生已有的知识、能力水平、学习准备状态和一般的身心发展特点，这些情况都是教师必须预先予以认真分析和准确把握的。

（4）列出操作目标

在完成前三项工作的基础上，教学人员要进一步列出具体的、可供操作的目标，亦即对已确定的教学目标作进一步分解和细化。

（5）确定测验项目的参照标准

这项工作要求以教学目标为依据，设立测验评价的参照标准。这些参照标准的好坏要用目标来衡量，并且测验项目的要求与目标所陈述的行为类型应有关联。

（6）确定教学策略

为达成预定的目标，教师必须考虑采用何种教学策略和方法来有效实施教学。

（7）选择教学材料

这项工作要求教师根据教学需要，合理选择和利用有用的资源，如教学材料、学生学习指南、教师指导书和试卷等。

（8）进行形成性评价

在构思了一个完整的教学方案之后，还需要做出一系列评价，以便对方案进行调整和修改。教师或教学设计人员可以从以下三类形成性评价中获得有益的反馈，即个体的评价、小组评价和学科评价。

（9）修正教学

根据形成性评价所得到的资料，可以发现教学中的不足之处，从而修正教学方案。

这一模式的基本特点是强调教学目标的基点作用，设计过程系统性强，具体的设计步骤环环相扣，易于操作。

3. 过程模式

过程模式由美国新泽西州立大学教授肯普提出。这一模式与目标模式的主要区别在于它的设计步骤是非直线型的，设计者根据教学的实际需要，可以从整个设计过程中的任何一个步骤起步，向前或向后。过程模式的设计步骤主要有以下几项：

第一，确定教学目的和课题，主要是解决在教学中想要完成什么样的问题；

第二，列出学生的重要特点，如学生的一般特征、能力、兴趣和需求等；

第三，确定学习目标；

第四，确定学习目标的主题内容，主要是将学习目标具体化和操作化，如列出所学的事实、概念、原理等；

第五，预测学生已有的学习准备状况，如已有的知识经验水平和学习能力等，以便为学生的学习导向以及对教学方案的内容做必要修改调整；

第六，构思教学活动，选用教学资源，主要是确定完成教学目标用什么样的教学方法和教学资源最合适；

第七，时间的安排；

第八，评定学生学习目标的达成情况，评价和修正教学方案。

这一模式的基本特点是灵活、实用，教学设计人员可以根据教学情境的需要有侧重地设计教学方案。

上述三种常用模式只是为我们提供了可资借鉴的一些设计思路和方法。在具体的教学实践中如何形成一个高质量的教学设计方案，还需要教师依据教学设计的一般原理，发挥个人的创造性，具体问题具体处理。

四、建构主义教学设计模式[5]

（一）建构主义对学习的基本解释

建构主义是由认知主义发展而来的哲学理念。建构主义认为，世界是客观存在的，但是对于世界的理解和赋予的意义都是每个人自己决定的。学习者并不是把知识从外界搬到记忆中，而是以已有的经验为基础通过与外界的相互作用来获取、建构新知识的过程。学生的知识是通过已有的认知结构（包括原有知识经验和认知策略）对新信息进行主动加工而建构成的。这种学习更加强调学习的主动性、社会性、情景性、协作性。

建构主义对教师与学生的作用进行了重新定位：

学生不再是教学内容的被动接受者，而是知识的主动获取与建构者，它要求学生：①在学习过程中用探索法、发现法去建构知识的意义；②在意义建构过程中去搜集并分析有关的大量信息和资料；③需要将新、旧知识联系起来，并对这种联系加以认真思考。

教师从以教授知识为主变为以指导、辅导学生的学习为主，由舞台上的主角变成幕后导演，成为学生建构意义的帮助者、指导者。这种帮助、指导作用体现在：①激发学生兴趣，帮助学生形成持久的学习动机；②通过创设符合教学内容要求的情景和提示新旧知识之间联系的线索，帮助学生建构当前所学知识的意义；③为了使意义建构更有效，教师应在可能的条件下组织协作学习，并对协作学习过程进行引导。

教学过程不再是一个同步的，而是一个异步的、发散式的思维过程，不同的学生沿着不同的学习路径，完全可以建构出相同的结果。获得知识的多少取决于学习者根据自身经验去建构有关知识的意义的能力，而不取决于学习者记忆和背诵教师讲授内容的能力。

（二）基于建构主义的教学设计模式

基于建构主义的教学设计以问题（或项目、案例、分歧）为核心，建立学习“定向点”，然后围绕这个“定向点”，通过设计“学习情景”“学习资源”“学习策略”“认知工具”“管理和帮助”而展开，他们共同服务于由教学目标、学习者、学习内容而决定的学习任务（问题、案例、项目、分歧）这一核心。结束部分的教学评价也是设计过程的重要环节，它是修改的基础，是教学设计成果趋向完善的调控环节。

1. 分析教学目标

分析教学目标是为了确定学生学习的主题即与基本概念、基本原理、基本方法或基本过程有关的知识内容。分析教学目标首先要考虑学习者这一主体。教学目标不是设计者或教学者施加给学习过程的而是从学习者的学习过程中提取出来的。

2. 分析学习者特征

建构主义教学设计中学生是学习的主体，是意义的主动建构者。学习者特征分析涉及智力因素和非智力因素两个方面。与智力因素有关的特征主要包括知识基础、认知能力和认知结构变量；非智力因素有关的特征则包括兴趣、动机、情感、意志和性格。对于学习者的分析，主要目的是设计适合学生能力与知识水平的学习问题，提供适合的帮助和指导，设计适合学生个性的情景问题与学习资源。

3. 分析学习内容特征

建构主义强调学习要解决真实环境下的任务，在解决真实任务中达到学习的目的。明确所需学习的知识内容、知识内容的结构关系、知识内容的类型（陈述性、程序性、策略性知识），这样在设计学习问题（任务）时，才能很好地涵盖教学目标所定义的知识体系，才能根据不同的知识类型，将学习内容嵌入建构主义环境中的不同要素中，如陈述性知识可以通过学习资源的方式提供，而策略性的知识，则可通过设计自主学习活动来体现并展开。

4. 设计学习任务

建构主义所阐述的学习就是基于真实问题情景下的探索、学习的过程，就是解决实际问题的过程，问题构成了建构主义学习的核心。提出学习任务，是整个建构主义教学设计模式的核心和重点，它为学习者提供了明确的目标、任务，其他辅助设计使得任务更加明确具体，使得学习者解决问题成为现实的可能。

学习任务可以是一个问题、案例、项目或是观点分歧，他们都代表连续性的复杂问题，能够在学习的时间和空间维度上展开，均要求采用主动的、建构的、真实的情景下的学习。

5. 设计学习情景

学习情景指为学生提供一个完整、真实的问题背景，以此为支撑物启动教学，使学生产生学习的需要；同时支撑物的表征、视觉本质又促进了学习共同体中成员间的互动、交流，即合作学习，驱动学习者进行自主学习，从而达到主动建构知识意义的目的。

建构主义的教学设计需要将设计的问题具体化。设计学习情景要还原知识的背景，恢复其原来的生动性、丰富性。同一个问题，在不同的情景背景中（不同的工作环境、社会背景），其表现是不相同的。

建构学习情景有三个要素：

①学习情景的上下文或背景：描述问题产生的背景（与问题有关的各种因素如自然、社会文化及背景的组织管理等）有利于控制、定义问题。

②学习情景的表述及模拟：具有吸引力的表征（虚拟现实、高质量视频）；它要为学习者提供一个真实、富有挑战的上下文背景，学习者在学习过程中自然会遇到各种锻炼机会。

③学习情景的操作空间：为学习者感知真实问题提供所需要的工具、符号等。

6. 设计学习资源

学习资源是指提供与问题解决有关的各种信息资源（包括文本、图形、声音、视频和动画等）以及通过互联网上获取各种有关资源。学生自主学习、意义建构是在大量信息的基础之上进行的，所以必须在学习情景中嵌入大量的信息。

为了了解问题的背景与含义、建构自己的智力模式和提出问题解决的假设，学习者需要知道有关问题的详细信息，并需要学习必要的预备知识，因此在教学设计时，必须详细考虑学生要解决这个问题需要查阅哪些信息、需要了解哪方面的知识，这些都可以以学习资源的方式为学生提供。另外还要注意怎样才能从大量信息中找寻有用信息避免信息污染，因此教学设计中要建立系统的信息资源库（或使用现有的资源管理系统），提供引导学生正确使用搜索引擎的方法。

7. 提供认知工具

在现代学习环境中，认知工具主要是指与通信网络相结合的广义上的计算机工具，用于帮助和促进认知过程。学习者可以利用它来进行信息与资源的获取、处理、编辑、制作等，并可用其来表征自己的思想，替代部分思维，与他人通信协作等。

认知工具可帮助学习者更好地表述问题（如视频工具），更好地表述学习者所知道的知识以及正在学习的客体（如图表工具），或者通过认知工具自动实现一些低层任务或代替做一些任务来减轻某些认知活动（如计算工具）。最终，认知工具帮助学习者搜集并处理解决问题所必需的重要信息。

8. 设计自主学习策略

自主学习策略是指为了支持和促进学生有效学习而安排学习环境中各个元素的模式和方法，其核心是要发挥学生学习的主动性、积极性，充分体现学生的认知主体作用。从整体上来讲，学习策略分为四类：主动性策略、社会性策略、协作式策略和情景性策略。常见的自主学习策略有：教练策略、建模策略、反思策略、支架策略、启发式策略、自我反馈策略、探索式策略；讨论策略、角色扮演策略、竞争策略、协同策略、伙伴策略、抛锚策略、学徒策略、随机进入策略等。

9. 设计管理与帮助

建构主义学习中，学习者是学习的主体，但并没有无视教师的指导作用，任何情况下，教师都有控制、管理、帮助和指导的职责。教师需要在学习环境中确定学习任务，组织学习活动，提供帮助和指导，引导学生正确使用认知工具。教师是教学过程的组织者、指导者，意义建构的帮助者、促进者。

但在建构主义学习中，教师由舞台上的主角变为幕后导演，对教师提出了更高的要求：学习过程是一种发散式的创造思维过程，不同的学生所采用的学习路径、所遇到的困难也不相同，教师需针对不同情况做出适时反馈。

10. 总结与强化练习

适时的进行教学总结可有效地帮助学生将自学的、零散的知识系统化。但总结时不能太细，应为知识体系串讲，简明扼要，否则会重蹈传统教育的覆辙，限制学生的思维。教师总结之后，应为学生设计出一套可供选择并有一定针对性的补充学习材料和强化练习，检测、巩固、拓展所学知识。这类材料和练习应经过精心的挑选，既要反映基本概念、基本原理，又要能适应不同学生的要求，以便通过强化练习纠正原有的错误理解或片面认识，最终达到符合要求的意义建构。

11. 教学评价

源于建构观的评价应该较少使用强化和行为控制工具，而较多使用自我分析和元认知工具。建构主义的学习并不是用以支持学习者像镜子一样反映现实的，而是支持对富有意义的解释进行建构。评价要包括学习任务的整体性评价、学习参与度的评价等。基于建构主义的教学过程评价主要是形成性评价。

建构主义教学设计强调学生是认知过程的主体，是意义的主动建构者，因而有利于学生的主动探索、主动发现，有利于创造型人才的培养，这是其突出的优点。但是，由于强调学生的“学”，往往容易忽视教师主导作用的发挥，忽视师生之间的情感交流和情感因素在学习过程中的重要作用；而且，由于忽视教师主导作用，当学生自主学习的自由度过大时，还容易偏离教学目标的要求，这是在建构新型教学设计模式时所需要考虑和注意的。

建构主义指导下的教学设计的应用范围是有一定限度的，它与行为主义、认知主义指导下的传统教学设计是一种并存的关系，而不是一种替代的关系，各自适用于不同的领域。对于同一类型的学习任务，可以依据不同的学习理论采用相应的学习方法。教学设计者的任务就是要在给定的学习任务、学习者和学习环境下，选择一种主要的学习理论，设计出最适合学生的学习策略。

五、教学设计的基本原则

（一）系统性原则

课堂教学设计就是应用系统的观点，从整体的角度出发，对课堂教学活动中的基本要素以及各要素之间的相互关系进行认真的分析，比较各种不同要素组合产生的效果，从而选择最优的教学方案，获取最佳教学效益的过程。教师在进行课堂教学设计时，必须运用系统的方法，分析教师、学生、内容和媒体、方法等要素在课堂活动中的地位和作用，明确各要素之间以及各要素和整个教学系统之间的相互关系，从而确定教学目标，选择教学媒体，制定教学策略，以求实现教学系统的功能最优化。

（二）发展性原则

“发展为本”不仅是基础教育课程改革的理念，也是新课程倡导的一个核心教学理念。为此，现代课堂教学必须关注学生和教师自身的发展，根据时代要求，与时俱进，坚持以人为本，以学生发展和教师自身发展为本。以学生发展为本，要求教师在现代课堂教学中要有与素质教育相吻合的学生观。其核心成分应该是通过最优的课堂教学设计和有效的课堂教学活动，使每个学生的潜能都能得到有效的开发，以及每个学生都能得到发展，实现教学与发展的真正统一。这就要求教师在课堂教学设计中要体现以下三种要求：①要面向全体学生。无论是优等生还是后进生，在课堂上都应受到关注。②要面向每个学生的全面发展。课堂教学设计关注的不只是学生对基础知识和基本技能的掌握，还要关注所学知识的过程和方法，更要关注学生的情感、态度和价值观方面的提升和发展。③促进学生的全面发展应该是具有学生自身特征的个性发展，而不是一种统一规格、统一模式的发展。

教师自身发展既是有效教学的目标之一，更是实现学生发展的基础和条件。可以说，没有教师的发展，学生的发展就会受到影响，甚至没有学生的发展。教师对教学材料的选择、对教学内容的理解、对教学过程的监控、对教学结果的反思，以及对教学投以满腔的热情、对学生发展给予的欣赏、对自己成功教学的肯定，如此等等，都包含着提升自己的认知能力、丰富自己的情感体验、增强自己的职业满意度和主观幸福感。因此，教学过程既是促进学生生命发展的过程，更是提升自己生命价值的过程。

（三）遵循学科特点原则

任何一门学科都有其各自不同的学科结构特点。因此，课堂教学设计也要遵循学科特点进行设计。如，语文课的设计要注意工具性和人文性的统一，决不可设计为单一的传授字、词、句、段、篇的知识课或思想品德课；数学课体现了数学与自然、人类社会的密切联系，教师应让学生了解数学的价值，增进对数学的理解和增强应用数学的信心，并学会运用数学的方法去观察、分析现实社会，解决日常生活和其他学科中的问题。为此，数学课的设计就不能简单地设计为模仿与记忆课，而应是动手实践、自主探索与合作交流等多种方式相结合的教与学的活动。总之，教师只有把握学科的基本特点，了解不同学科或者自己所教授学科对个体发展的价值优势，才能设计出适合本学科特点和规律的课堂教学，才能最有效地促进师生的共同发展。

（四）可接受性原则

课堂教学设计着眼于激发、促进、辅助学生的学习，并以帮助每个学生的学习和发展为目的。要想实现这一目的，课堂教学在设计上首先就要使学生保持高度注意和积极向往甚至期待的心向，以维持学生对学习内容的积极探索的认知倾向。而要做到这点，最有效的方法就是要增强学生对教学设计的可接受性，符合学生的需要，能调动、激发学生的学习兴趣，使其变被动为主动、化消极为积极，从而让课堂教学真正建立在学生自主活动、主动探索的基础上，形成有利于学生的主体精神、创新意识健康发展的宽松的课堂教学环境。

（五）反馈性原则

教学成效考评只能以教学过程前后的变化以及对学生作业的科学测量为依据。测评教学效果的目的是为了获取反馈信息，以修正、完善原有的教学设计。

六、小学教育教学设计的基本内容

小学教学是学校进行全面教育的一个基本途径。除教学外，学校还通过课外活动、生产劳动、社会实践等途径对学生进行教育。教学工作只是小学教师的重要工作之一，除此之外，还要做好德育、体育、劳动教育等其他一些工作。因此，小学教师不仅仅要进行课堂教学设计，其他所有教育活动都应进行事先的规划设计，以期取得事半功倍的效果。小学教育教学设计一般包括以下基本内容。

（一）教育教学目标设计

教育教学目标设计是对教学活动预期所要达到的结果的规划，它是教育教学设计的重要环节。

（二）教育教学内容设计

教育教学内容设计要遵循以下要求：

①要选择适宜贴切的内容。

②组织内容时要把逻辑顺序和心理顺序相结合。

（三）教育教学时间设计

教育教学时间设计主要考虑以下几方面：

①把握好整体时间分配；

②保证学生的实际学习时间；

③注意学生的专注学习时间；

④防止教学时间遗失。

（四）教育教学措施设计

在教学方法的选择与设计方面，首先，要明确选择教学方法的标准；其次，尽可能广泛地了解新的教学方法，以便自己选择；第三，对各种可供选择的教学方法进行比较，主要比较它们之间的特点、适用范围、优越性和局限性等。

在教育教学媒体的选择与设计方面，应注意依据教育教学目标、教学对象的特点、媒体的技术特性以及经济条件进行选择。

在课堂教学结构的确定方面，首先，选取教学环节；其次，具体设计课堂教学各环节的组织；第三，对各教学环节的设计进行“统调”，使各部分教学内容的组织有机协调，做到重点突出，兼顾全面。

（五）教育教学评价设计

合理设计教育教学评价，对于促进教学目标的达成和提高教学设计的科学性、有效性，都有着积极作用。教育教学评价的设计应包括对本节课学生学习效果以及教师自身教学效果的评价。主要围绕三维目标是否达到要求进行评价。评价方式应尽可能多元化，如纸笔测验、活动表现、观察记录等。

第二节　小学教师教育教学设计能力的形成

一、小学教师教育教学设计能力的含义

从教学设计能力的研究历程来看，教学设计能力最初是作为教育技术人员的专业能力之一而被提出的。20世纪80年代末，北京师范大学现代教育技术研究所对电教类专业人员应具备的能力素质进行了专门的调研，提出了以教学设计为中心的能力体系。但随着学习理论、教学理论以及新技术的发展，教学结构的要素发生了新的变化，技术催生了新的工具、新的教学环境、新的教师角色，以及对教师新的能力结构要求。关于教学设计能力的研究，渐渐从对教育技术人员的教学设计能力研究转向了对中小学学科教师的教学设计能力研究，人们也渐渐意识到教育教学设计能力应当是教师必备的一种能力素质。教师的教育教学设计能力逐步走进了教育科研的视野。

能力是一个具有多个维度的概念，在不同的学科其内涵和外延也有所不同。心理学将它界定为符合活动要求、影响活动效果的个性心理特征的综合。哲学将它界定为人的综合素质在现实行动中表现出来的正确驾驭某种活动的实际本领、能量，是实现人的价值的一种有效方式，也是社会发展和人生命中的积极力量。教育学界有的研究者从“教学设计解决的问题”角度来描述教学设计能力，如有学者提出“教学设计能力也就是运用系统方法来分析教学问题、设计教学问题的解决方案、检验方案的有效性并做出相应修改的能力”[6]。而职业能力开发视角的能力概念则是知识、技能和态度与具体的职位或工作情境的结合。综合考量哲学、心理学以及职业开发领域对能力概念的认识，可以认为“能力是决定工作绩效的持久品质和特征，可以利用这些特征将某一工作中的表现优秀者和表现一般者区分开来”。

研究教育教学设计能力的最根本目的就在于提高教师在教育教学设计方面的绩效，使教育教学取得最大成效。

据此，我们认为小学教师教育教学设计能力就是小学教师能有效完成教育教学设计的一系列个人心理特征，如知识、技能、情感、动机、自我概念等[7]。

二、小学教师教育教学设计能力的构成

中小学教师需要具备怎样的教学能力，才能培养出21世纪社会和国家需要的人才？国内外学者对教学设计能力构成的研究有不同的视角：

2009年12月6—8日，在美国得州首府奥斯丁举办的教师教育峰会提出，21世纪的教育者要具备以下特征："促进学生学习并激发他们的创造力，使其在全球化社会中都能够获得成就；无论是正规还是非正规的学习中，都能最大化地利用学生的学习潜能；鼓励学习形式的多样性；教师要在团队中发挥有效的作用；借助数字化时代的学习工具帮助学生学习，并提高其学业成绩；与学生一起合作，共同创造学习机会；能分析学生的个人资料，因材施教；要成为终身学习者；要成为全球化的教育者；会钻研教育政策，与同事、家长和社区共同发展教育系统。"这一思想为教学设计能力框架的构建注入了一种前瞻性的视角。

重庆师范大学的杜萍教授提出，教学设计能力是教师的基本教学能力之一。她参考了国外的研究，并结合"上海、重庆、浙江、河北、山东等地关于教师资格考试制度的规定和细则"，独创性地提出了理解分析学生能力、教学目标编制能力、教学内容重组能力、教学过程设计能力、教学策略选择能力和弹性设计能力七大类教学能力，每种能力又进行了内容的细分。

其中的"弹性设计能力"对教学设计能力具有创造性的发展，它考虑了课堂中可能出现的突发事件，要求留有空白和储备以便教师有自己发挥的空间。此外，在教学设计完成之后，并不意味着教学设计活动的真正结束，教师还要有"再设计"的能力，才能在教学实施中考虑学生的差异和变化，因材施教，发挥学生的主体作用。不过，作者所提及的教学设计能力只体现在教学过程实施之前的设计，没有覆盖到整个教学活动。而按教学设计的要求，除了对教学目标、学习者、学习内容、方法和策略的分析，还包括教学媒体的选择、设计教学评价，并对策略和评价进行再修改的能力。

当前关于教师教育教学设计能力的维度，国内研究大多是遵循教学设计流程来进行划分的。如国内有研究者将教师的课堂教学设计能力分为如下六个维度：①分析教学任务的能力；②分析教学对象的能力；③设计教学目标的能力；④选择教学策略的能力；⑤选用教学媒体的能力；⑥进行课堂教学设计评价的能力[6]。

根据小学教育教学的实际需要以及《小学教师专业标准》的要求，小学教师主要应具备以下几个方面的教育教学设计能力：

（一）合理制定小学生个体与集体的教育教学计划

小学阶段是人的思想品德的形成、知识能力的发展以及身体素质的增长的奠基阶段。小学教师要充分发挥学校、班级、家庭和社会等方面的作用，组织和策划小学生学校内外、课堂内外的各项教育教学活动，从而有效促进儿童的健康成长。

学校教育、课堂教学可以大规模地向全体学生进行教育和教学，为全体学生的发展提供基本的条件。但这种集体教育教学活动在强调统一性的同时，难以顾及每个学生的个性化需求。这就要求小学教师做到集体教育和个别教育相结合，尽可能地关注学生的个体差异和需求，合理制定兼顾小学生个体与集体的教育教学计划，力求实现每个学生潜能的最大释放。

（二）合理利用教学资源，科学编写教学方案

教育教学资源包括生活中可以为教育教学服务的一切资源。教材、报刊、网络、多媒体、教师、学生、课外书、电影、歌曲、社会新闻、地方习俗、校园、博物馆、其他课程等等。小学教师必须具有一定的资源意识，不断提高对身边各种资源的利用能力。一次活动或一节课使用什么设备？选取传统的纸质材料还是电子材料，或者是其他材料？选择在什么样的教学和学习空间进行？教师不但要充分挖掘身边的各种各样的教育教学资源，还应注意不同资源之间的关系，努力实现资源的有效整合。

科学编写教学方案的过程是教师对教学活动设计做进一步的系统化整理的过程，也是教师通盘考虑，进一步调整和深化教学设计的过程。通过教育教学计划的设计实践，有利于小学教师理清教育教学思路，抓住教育教学的关键，完善教育教学活动，同时促使教师自身业务水平的不断提升。

（三）合理设计主题鲜明、丰富多彩的班级和少先队活动

班队活动是以班集体为单位的全体学生参与的会议或活动，是学校教育活动的重要组成部分，是对学生进行教育的主要渠道和发展学生全面素质的基本途径。班级活动包括班级参与的社会活动和学校活动，班级开展的晨会活动、班会活动等；少先队活动是少先队组织的大队、中队或小队的队会，利用少先队活动阵地进行活动，以及少先队组织的各种社会实践活动。

小学教师一般都要担任班主任，还有的教师要担任少先队辅导员，这就要求教师能够在教育过程中做到以学生为主体，以培养能力为核心，以学生整体素质的发展为价值取向，合理设计班队活动，为学生的全面发展搭建平台，使他们能够拥有一个多姿多彩的童年。

三、小学教师教育教学设计能力的形成

教师的教学设计能力是影响教师教育教学效果的最直接和最基本的因素。这种如何才能形成呢？一些显性的知识和技能可以通过统一集中的培训和操练来掌握，一些深层次的能力问题则需要采用更为复杂的方法来解决，不能不加以区分，试图用一套方案解决所有的问题。而要形成和提高教师的教学设计能力，必须认清当前教师教育教学设计中存在的主要问题。

（一）目前小学教师教育教学设计中存在的问题

1. 偏重知识传授设计，忽视培养能力、智力、非智力的设计

当前，许多教师在教学设计中，仍用大量的篇幅仅仅从传授知识的角度详尽地描写教学过程，教师很少根据教材的具体内容去设计那些发现、挖掘、提炼教材中智力价值、潜在非智力价值的方案；很少根据教材的具体内容去设计那些挖掘、利用教材自身所具有的情感态度、价值观的方案。

2. 偏重教学内容设计，忽视教学目标设计

目前，一些教师的教学设计只是停留在完成“教学内容”的水平，而没有达到完成“教

学目标”的高度。“教学目标”和“教学内容”是两个不同的概念。虽然它们密不可分，但其内涵和层次存在明显差异。教学内容是完成教学目标的基础，教学目标是教学内容的升华。因此，教学设计中仅有让学生获得基本概念、基础知识、基本技能的方案还是远远不够的。

3. 偏重课内知识设计，忽视课外知识设计

一些教师在教学设计时，由于对课内知识研究得比较多，联系社会发展和学生生活比较少，导致教学设计的内容单调乏味，由于缺少知识整合而使教学容量不够。许多教师的教学设计缺乏与本次教学活动相关学科知识以及实践知识联系的设计等。

4. 无设计的意识

与传统的教学设计相比，新课程实施中的教学设计，教师的创造性劳动所占的比重越来越大，也越来越受到大家的关注。但新课程实施以来，有些教师完全按照或基本按照“教材内容和教学参考书怎样要求，我就怎样教”去备课；也有些教师钟情于《优秀教案选》等教学参考书，照搬别人的教学设计；还有些教师备课时从别人的教学设计中裁剪某些环节重新组合，粘贴成简单的教学思路等。这些现象说明许多教师自身缺乏设计的意识，教学时严重依赖教科书及参考书，并逐渐在依赖中丧失了独立性和创造性，导致有些教师离开教参无法备课，教学设计能力得不到提高。

5. 只重教学前的设计、忽视教学中的调整和教学后的反思

当前，大部分教师撰写的教学设计仅仅局限于教学前的预先设计，基本上由教学目标、教学内容、教学准备、教学过程等部分组成。教学设计中没有关注教学对象的存在，没有预测课堂教学中可能会产生的一些影响教学进程的因素。这样的教学设计只是教学准备的结果，不能反映课堂的复杂性，不能体现教师的专业性。尤其是伴随着课堂教学的结束，教学设计也就画上了句号。这种封闭的设计过程，阻碍了教师教学能力的发展，影响了新课程的实施。

（二）小学教师教学设计能力的形成

1. 接受专业机构的培训

教师教学设计能力的形成和发展可以采用集中培训（着力解决教学设计显性知识的问题）的形式。教师应积极参加教育主管部门举办的各种教育教学培训，通过专家引领，深入地理解教育理念，认真学习专业知识，开阔视野，不断掌握最新的现代化教学手段，提高自己的业务能力。每次培训学习都要带着思考、疑惑、任务去参加，培训后要带着收获回来，再把所得写成心得感悟与其他教师交流，产生辐射的作用，切实保障培训学习的有效性。

2. 积极参加校本培训

校本培训是建立在教师工作岗位上的一种案例分析式的培训，是由专家、同行们作为培训主体，共同对教学过程进行观摩、分析、改进的研究性学习过程，具有很强的实践性、可行性和针对性。它更加关注教师教学实践所在的具体学校、具体学科、具体课程和课堂，更加关注教师教学实践能力的发展，更加关注教师的个性和特殊性，使教师培训更具活力和效益。通过开展校本培训来提高教师教学设计能力是教师专业成长更有效的途径。目前许多中小学校建立营造了“研修场”以及科学的研修管理制度并组织开展多项校本研修活动。如：

专题研修，同伴研修，个体研修等。每个教师应有提高教学设计能力的主观能动性，认真参加每次的研究和培训，力求在研修中实践、反思、改变、提高、成长。

（三）善于总结和借鉴他人的经验

对于任何一名教师来说，都不可能一开始就把教学设计工作做得完美无缺，都是在一次次的实践中不断地吸取教训、总结经验，教学设计能力才得以慢慢提高。实践证明，在“做中学”是最好的提高教师各种能力的途径。教师要善于在“做中学”，积极创新教育教学设计，并付诸实践。进行教育教学活动后，要进行反思总结经验和教训。在总结自己经验的同时，也要借鉴其他教师的方法和经验，尤其是那些有着丰富教学经验、取得过优秀教学成绩的教师，他们身上有很多值得学习的地方。教师可以通过现场观摩名师示范课以及名师课堂教学视屏、同课异构、学徒制等多种途径，学习他人的经验。如对特级教师、优秀教师的教学设计案例进行分析与研究，学习优秀教师教学设计成功的地方，并对自己的教学设计方案与他们的差距进行反思，从而不断改进、提高自己。

借鉴他人经验是提高教师教学能力的重要途径，但借鉴不是临摹、效仿、照抄，而是从经验中悟出道理。借鉴不是借“标”而是要悟“本”。有许多教师听了一堂好课之后，高兴之至，虚心向他人学习，期盼自己也能达到如此水平，于是从头到尾地模仿，甚至连细节都追求一样，“照葫芦画瓢”。这样的学习，只能学到表面上的东西，充其量也只能学会一节课，“只供一餐”。这样的借鉴只能说是借“标”。

学习他人经验必须从根本上学，即透过表象看本质，在花团锦簇、精彩纷呈的景象中，感悟教学真谛。这是悟“本”，它能使人“终身受用”。如果不是这样，那么，学习的意义就不大。例如，一位教师看到某实验班上课时，四个人一个组，坐在由两个学生课桌拼起来的“方桌面”的周围上课。学生对面坐，研讨得很热烈，教学效果很好。于是，这位老师在自己的教学中也改变了原来的学生坐席，一切照搬，结果却与实验班的教学效果大相径庭。为什么都以“小小组”的方式上课而结果却不同呢？原因很简单，那就是只学外在的形式而没学实验班老师的教学思想。“小小组”学习的形式有利于学生参与教学，有利于探究发现类教学、多项质疑类教学、娱乐游戏类教学，但学习者仅临摹这种形式而不研究这些类教学目标，不注重教学思想的转变也是枉然。

借鉴是“他山之石”，探索是“自我发现”。前者重要，后者更重要。实践出真知，实践出智慧。要提高教师的教学能力就应当勇于在实践中探索，敢于吃别人没吃过的“馍”。

实践中探索强调的是教师要自信，强调的是教师要对未来充满坚定的信念。人只有在相信自己、坚信成功的思想指导下才能大胆实践。其实，教师在探究真知、发现规律、实践中提高自己的教学能力等方面有得天独厚的条件，因为每天都在实践中生活，每天都与教育对象打交道，每天都收到大量的教育信息，所以，教师教学能力的自我提高是完全可能的。

每一位教师都要构建自己的“战略进攻系统”，主动出击，胸有成竹地笑迎改革，而不是把自己锁定在“战略防御系统”之中，被动地等待社会筛选。学习包括教学实际经验学习和教学理论学习。前者的特点是：学得快，可以直接学习，省心省事，但学的成果不稳定，很难持之以恒。后者的特点是：学习速度慢，抽象难懂，有时“费力不讨好”，耗费时间很多，但一旦掌握了先进理论，就会使教师在每节课的教学中得心应手，“屡战屡胜”。因此，要想提高教学能力，教师既要学习实践经验，又要学习教学理论，两者兼顾，突出后者。

教师普遍有一种错误的认识，那就是认为学习理论太难，太费劲，得不偿失，不如学点“现成的”经验，学一点，用一点，日积月累就会成功。不能不说这是一种学习方式，但它的效果和效率要差得很多。一方面，因为它不成体系而支离破碎；另一方面，因为它没有正确理论做支撑而褒贬难辨。即使学到的一点东西是正确的，如果“知其然，不知其所以然”的话，那么，也只能机械地照搬，很难迁移。相反，如果学懂理论，而且能用理论去鉴别教学行为的正误，那么，它就会很容易再现和可持续发展。

教师的教学能力是后天形成与提高的，因此，教学能力形成与提高的渠道是否畅通就成了反思的首选课题。教师教学能力的形成与提高一方面来自外界，比如来自别人的直接经验，来自资料信息的间接经验等；另一方面来自本人，比如自己的创新，在原有能力水平基础上的提高等。反思的目的在于：分析教学能力形成的障碍，通过排除而“开源”；分析渠道梗阻的原因，通过打通而“助流”。

教学能力是一个庞大的能力体系，它由诸多单项教学能力组成。这些单项教学能力在一位教师身上表现的水平也不同，有些能力特别强，有些能力比较弱。反思的目的在于：经过分析、努力，让强的更强，弱的不弱，实行“扬长补短”的策略。

（四）善于自我反思

没有反思，便没有感悟，没有感悟，便不能提升自己的专业能力。教育教学反思，就是教师把自己的教育教学活动过程作为思考的对象，对自己的某种教学思想、教学行为、教学方法、教学决策以及由此产生的教学结果进行反复审视和分析的活动过程。反思是一个自我提升的过程，是教师通过反思自己的教育教学实践来重新定位的过程，通过这一过程来达到知识的更新、技能的提高。

教师要深刻认识反思的价值和作用，结合客观的标准来进行自我提升与自我完善，达到以反思促提升的目的。尤其是基础教育改革之后，教育教学内容涉及的知识面更加广泛，课程内容补充了大量的新的符合时代发展要求的东西，这就要求我们的教师要认真进行教学设计和实施后的反思，对课程标准、教材内容、教材中的重点、难点、弱点、疑点、易错点、易混点和盲点，都要进行认真的研究和反思，对教学设计的方式方法问题也要认真的考虑，这些思考和研究要结合学生实际，不能想当然地进行。

教师在反思中寻找自身课堂教学设计的优点与创新之处的同时，发现和认识到其中的问题与不足，从而能及时了解自身的缺失，积极弥补。还要在反思的过程中，与他人的教学行为进行对照，汲取他人的成功经验与做法，取人之长补己之短，形成反思与有价值思考的整合，从而不断提升自己的教育教学设计能力。

（五）树立终身学习的观念

著名的教育家苏霍姆林斯基曾说过：如果你想让教师的劳动能够给教师带来乐趣，使天天上课不至于变成一种单调乏味的义务，那就应当引导每一位教师走上从事学习这条幸福的道路上来。树立终身学习的观念对于一个教师来说十分重要。在新的历史背景下，教师应不断更新学习观、人生观、价值观、人才观，并以全新的观念指导教育教学工作。当今历史条件下，科学技术的进步超出了以往的速度，不断更新自身的知识体系与技能是适应社会发展与变革的需要，也是自身工作的需要，满足于一本书、一支笔的教学，势必会被历史发展的车轮所淘汰。教师从事的教育教学工作，不仅仅是一杯水、一桶水，而是源源不断的自来水，而自来水的获得是教师在从事教育教学工作的基础上，不断地进行知识的更新与完善，以适应不断发展的教育教学工作的需要。

教学设计能力的形成和发展既需要丰富的实践经验，又需要深厚的文化底蕴。良好的知识结构是顺利进行教学活动的基础，教师要将学科知识重新组织起来使学生容易接受，需要对教育对象及其学习机制的切实了解，没有综合文化素养的支撑，就难以将抽象的术语生活化，教学设计缺乏想象力，使得课堂教学枯燥乏味。学习是知识更新的有效载体，不断地学习与更新知识是实现自身发展的有效平台。教师在专业院校所获取的知识随着时间的推移会有相当一部分是过时的或是无用武之地的，因而把握目前的有效时间，开展好多种形式的学习活动，是通向成功的有效途径。每个小学教师要广泛读书，多订阅和浏览一些学科杂志、教学期刊和理论书籍。或通过网络学习包括教育理论在内的各种前沿知识，通过学习达到视野有宽度、知识有厚度、思想有深度的境界。同时注意积累读书卡片或用电脑汇集资料，交流专业学习的收获，从而促进个人专业成长。

（六）积极参与教育科研

教师不仅要善于教，而且要善于研究教；不仅要培养学生，而且要通过科研，促进自己专业发展，“教研相长”。一方面，教师研究的问题直接来自教育教学实践，是为解决具体问题服务的，它有极强的针对性和目的性。只有使科研与教学相结合，教师的科研活动才有价值。另一方面，教师的科研应体现在如何将已有的教育理论研究成果尽快地转化到教育教学实践中去，促进教育教学能力的提高。因此，教师应在教育科研中学习成长。一些实验学校的经验表明，基于课堂教学问题的行动研究是提高教师教学设计能力的有效途径，通过教师改进课堂教学设计的案例反思，使教师对新课程课堂教学设计有更为深刻的体验，从而产生积极改变自我的内在动力。教育科研是一个不断发现、探索、解决问题的过程，这正是“学习”的本质所在。教师作为自主式的学习者是贯穿教育教学过程始终的，只有学习行为日常化，教师的科研水平才能不断提高。只有这样，教师不再是一个只对教材做肤浅了解、按教案简单操作的工匠，而是能主动地创造的实践者、研究者、教育家!

此外，教师教学设计能力的形成和提高需要学校的积极支持。首先学校应加强组织教师对教学设计理论知识的学习，提高教师的理论修养，以便更好地指导实践。通过培训使每个教师具有三种意识：一是课程意识，即让教师意识到，课堂教学设计应当依据课程标准，能理解课程标准背后的理念思想，并且超越学科，站在课程的高度设计课堂；二是科学设计的意识，即掌握教学设计的理论原理与方法，进行科学设计的意识；三是生本意识，即从学生学习与发展的现实进行教学设计，具有为促进学生素质的整体和谐发展而进行教学设计的意识。

其次，要组织好多种形式的实践活动，促进教师设计能力的提高。如可以在具体的教学情境中对教师进行设计能力与方法的指导，通过教师相互之间的课堂观摩，发现教学设计中的不足及存在问题，更好地改进教学设计。还可以开展走出去与请进来相结合的指导活动。走出去是指教师可以通过走出校园，观摩专家课堂，听专家讲座等形式提高自己的教学设计能力；请进来是学校可以请专家来对教师具体的教学设计进行指导。在此基础上，学校可以组织教师积极参加各级各类的学科教学设计竞赛活动，通过竞赛活动提高教师教学设计积极性，认识到教学设计在教学中的重要性，并在具体的实践活动中形成和提高自己的教学设计能力。

第三节　小学教师教育教学设计能力的实践

根据《小学教师专业标准》的要求，小学教师教育教学设计能力主要体现在以下三个方面：能够合理制定小学生个体与集体的教育教学计划；合理利用教学资源，科学编写教学方案；合理制定班级和少先队活动计划。小学教师应积极实践，在实践中结合理论的学习、反思，不断提高自身的教学设计能力。

一、制定合理的小学生个体与集体教育教学计划

教育教学活动计划与安排，从宏观上说，要求教师设计某个学期（甚至学年）、某个班级（大到学校）的教育教学计划。要明确总体的目标是什么，包括每个时间段要完成什么任务，达到什么标准等；从微观上则可以理解为某个学科、某个单元、某节课某个学习活动的设计，要求更加具体细致。

合理制定兼顾小学生个体与集体的教育教学计划，要注意以下几点：

（一）教育教学计划的方向要正确

教师要充分了解党的教育方针政策、国家的法律法规、人才的培养目标以及课程标准等，从而制定出合理的教育教学计划。

（二）教育教学计划要具体、富有特色

教师在制定教育教学计划时，要围绕学校的总体计划目标和相关主题活动展开，力求将学校计划具体化、便于实际操作以高效完成学校的任务。同时还应根据自己班级的特点以及自身的特长进行创新，体现出自己的个性。

（三）教育教学计划要满足不同学生的需求

在制定计划之前，要全面了解和分析学生已有的知识水平、心理特点、家庭情况等方面，对学生整体进行适当分类。在制定计划时，尽量关注到不同类型学生的合理需求。做好同一目标下的多种措施预设以及同一措施下的不同操作形式预设，力求教育教学计划在完成

集体活动任务的同时，关注每个学生个性化需求，做到因材施教。

（四）教育教学计划应具有灵活性

教师在制定教育教学计划时不可设计的过于饱满，过于详尽，应适当“留白”，给自己在实际教育教学活动时留有修改调整的余地。

教学案例

小学教学中怎样做到因材施教？

一是充分了解学生，从实际出发进行教学。教师既要了解和研究全班学生的一般特点，如：知识水平、接受能力、学习风气和学习态度等，还要了解每个学生的具体情况，如：兴趣爱好、知识储备、智力水平以及思想、身体等方面的特点。了解学生可以通过多种方式和途径，如日常观察、谈心、摸底、测验、作业检查等。教师在广泛调查的基础上进行分析研究，做到对班集体和每个学生的特点、优势以及薄弱环节心中有数，以便从实际出发，有针对性地教学。在认真研究学生发展水平，把握学生正在形成或将要成熟的心理状况，提出既符合学生接受能力，又需经过刻苦努力才能完成的学习任务，以促进学生身心的发展。

二是正确处理集体教学和个别教学的关系，使每个学生都得到相应的发展。教师在教学时，要把主要精力放在面向全班的集体教学上，同时也要善于兼顾个别学生。教学的深度、广度、难度、进度，要从大多数学生的实际出发，使程度好的学生能有更大的提高，程度差的学生能掌握最基本的知识，跟上全班步伐。教师要善于在集体教学中发现个别学生的不同特点，无论是成绩好坏都要热情关照，要善于通过个别辅导找到全班学生的共同倾向，通过个别促进集体，即要把每个学生学习的经验、教训变成全班的财富，使集体和个别互相促进，教师不要独占教学时间，控制太死，在完成集体教学任务的前提下，要留有个人发展的余地。

三是针对学生的个性特点，提出不同要求。学生对待学习的态度和性格特点，是影响学习质量的重要因素。教师要本着扬长避短、长善救失的精神，使每个学生都能根据教学计划要求，形成独具特色的智能结构。在教学实践中，我们常常发现每个学生都有其各自的学习特点，有的思维敏捷，能迅速接受新事物，但往往失之贪多，粗心；有的仔细认真，学习扎实，但往往失之孤寡；有的擅长分析，有的擅长综合……。教师作为人类灵魂的工程师应充分掌握学生这些个性特点，区别对待，设计学生成材的最佳方案，对于学生在某些方面所表现的特殊才能，教师需及时发现认真培养，有的可以打破常规采取特殊措施，促使其迅速成长。

总之，一定年龄阶段的学生，他们心理的年龄特点既有一定的稳定性和普遍性，又有一程度的可塑性和特殊性，教师在教学中只有针对学生的共同特点和个别差异，因材施教，才能达到理想的效果。

二、合理利用教学资源

合理利用教学资源，要求教师具备解读和处理教材、筛选和整合教学资源的能力。死死地抱紧教材和丢开教材另起炉灶，都是在教学设计中应注意避免的问题。小学教师应重视教材的合理利用，将课标学习与教材分析结合起来，充分挖掘教材资源的价值。还应注意合理利用学生资源。学生资源是指来源于学生同时在教学中能够被教师所利用并促进教学的资源，包括学生已有的知识经验、思想观念、行为方式、生活环境等基础性资源和学生活动所产生的生成性资源。教师对学生资源的开发与利用是实现有效教学的必经途径。

合理利用教学资源要注意以下几点：

首先，要准确解读教材。理解所教内容的知识及其与前后知识的联系，以防止教学过程中出现知识性错误；明确所教内容的重点和难点；认识所教知识对今后学习的作用，分清是铺垫性知识还是核心知识；重视挖掘教材编者对所教内容的提示性文字和教材的练习；思考学生学会新知识所需要的程序、过程和方法。

其次，要灵活处理教材。根据学生的学习基础和预习时对教材的感受处理教材；根据教材重点和特点处理教材；根据不同课型的教学目标处理教材。

最后，要合理整合教学资源。善于把课内外的教学资源整合起来，是教师基本功的拓宽和深化。整合课内外教学资源的原则一是需要，即教学活动的需要：当教材的知识明显落后于社会进步、经济科技发展的新成果时；当教材的理论需要现实社会新鲜的成功实例佐证时；当教材上的间接经验和历史材料不能充分解答学生的困惑和突破教材的难点时；当课堂的学习必须向更广阔的空间拓宽延伸时……二是有机，即在学习教材的过程中适时引进，使课内外教学资源融为一体。引进课外教学资源要防止牵强附会、繁杂堆砌和不合时机。

教学案例

巧借隐性课程资源

老师在执教《卧薪尝胆》一课时，授课之前的开场白：同学们的英文歌唱的真好，可老师一句也没听懂。（生笑）同学们是三（3）班吧？“三”好啊！学校里要评选“三好学生”；取得一次冠军不稀奇，“三连冠”就了不起；小队长一条杠，中队长两条杠，你看大队长三条杠；俗话说“三思而后行”；古诗里也有“三”：“飞流直下三千尺，疑是银河落九天”，“故人西辞黄鹤楼，烟花三月下扬州”。“三”就是好，我想我们三班的小朋友肯定像杨戬那样有三只眼，第三只眼在心里，是会观察的眼。三班的小朋友肯定会思考。会思考，明亮的眼才会观察。肯定会想象，会想象才会有所感悟与发现。

评析

万事开头难。引课环节薛老师巧借隐性教学资源——三（3）班大做文章，看似夸张，幽默似的“吹捧”，消除了学生的陌生感、师生的距离感。学生在老师这样的“抬举”下，一定会油然而生自信，不自觉地会对老师产生愉悦感、亲近感。巧借隐性教学资源拉扯出的“情感纽带”真正使课堂生活充满了“诗情画意”。

教学案例

巧借地域课程资源

在教《鸟的天堂》一课前，广州新会的一位老师充分利用地域的优势，课前先布置学生进行目的性观察：观察中午和傍晚“鸟的天堂”是怎样的？你有什么感受？上课时，由于学生有了素材积累，他们便三个一群、五个一伙地交流，交流自己所观察到的景象，交流自己的感想……课堂教学收到了良好的效果。课后老师布置了这样的作业：以小组为学习单位实地观察，制定出一个开发和保护鸟的天堂的方案。

评析

这位老师充分挖掘地域课程资源，并且及时把它和课堂教学中的书本知识相结合。学生在这节课上所学到的就不仅仅只是书本上的知识！

教学案例

巧借网络课程资源

网络资源的开发和利用在很大程度上突破了传统课程的狭隘性，能调动学生多种感官参与活动，激发学生兴趣，使学生身临其境，在愉悦中增长知识、培养能力，这是传统教科书和其他课程资源所无法替代的。例如：在执教《迷人的张家界》时，教师利用网络强大的图片功能、数据功能、交互功能组织教学。①让学生检索与“张家界”有关的文章、图片、信息；②让学生交流汇报（包括信息搜索的方法、途径、网址等）；③教师总结，进行激励性评价，师生资源共享。

评析

教师把学科教学与信息技术相结合，使学生在信息技能得到培养的同时综合素质也得以提高。

三、科学编制教学方案

教学方案是教学设计中各要素分析和设计的终结性成果，是教师进行教育教学的主要依据。教学方案包括三个层次：学期教学进度计划、单元（课题）教学计划和课时计划。教学方案具有多种多样的表达形式，如叙述式、表格式、流程图式、框图式以及叙述式和表格式相结合、叙述式和流程图式相结合等不同形式。

（一）教案方案设计的基本原则

教学是一种创造性劳动。设计一份优秀教学方案是设计者教育思想、智慧、经验、个性和教学艺术性的综合体现。在编写教学方案时，应遵循以下原则：

1. 科学性

教师要认真贯彻课标精神，按教材内在规律，结合学生实际来确定教学目标、重点、难点，设计教学过程，避免出现知识性错误。一个好教学方案首先要依标合本，基本概念、基础理论、书面语表达科学、严密、准确、精练。

2. 创新性

教材是死的，不能随意更改。但教法是活的，课怎么上全凭教师的智慧和才干。在钻研教材的基础上，教师应广泛涉猎多种教学参考资料，向有经验的老师请教。而不要照搬照抄，对别人的经验要经过一番思考（消化、吸收），然后结合个人教学体会，巧妙构思，精心安排。

教师的知识、经验、特长、个性是千差万别的，而教学工作又是一项创造性的工作，因此教学方案也就不能千篇一律。

3. 艺术性

所谓教案的艺术性就是构思巧妙，能让学生在课堂上不仅学到知识，而且得到快乐的体验。教案要成为一篇独具特色的“课堂教学散文”或者是课本剧。开头、经过、结尾要层层递进，扣人心弦，从而达到最佳教学效果。

4. 可操作性

教师在编制教学方案时，一定要从实际出发，充分考虑方案的可行性和可操作性。该简就简，该繁就繁，简繁得当。

5. 变化性

由于学生的思维能力、对问题的理解程度不同，他们常常会提出不同的问题和看法，教师又不可能事先都估计到。在这种情况下，教学进程不可避免要背离方案的预想。教师在设计方案时应充分估计学生可能在什么地方出现问题、大都会出现什么问题，对出现的问题应怎样引导，要考虑几种有效的教学方案。

（二）教学方案的基本内容

教学方案一般包括：课题（说明本课名称）；教学目标（说明本课所要完成的教学任务）；课型（说明属新授课，还是复习课）；课时（说明属第几课时）；教学重点（说明本课所必须解决的关键性问题）；教学难点（说明本课学习时易产生困难和障碍的知识点）；教学过程（说明教学进行的内容、方法步骤）；作业处理（说明如何布置书面或口头作业）；板书设计；教学手段和教学方法；教学反思等。其中教学目标和教学过程是教学设计的关键。

小学教师在编写教育教学方案时应注意做到以下几点：

1. 充分研究学生

教师应确立“学生是学习的主人”的观念，充分了解小学生已有的知识水平、经验储备和心理状况。

2. 深入研究教材

教师要深入研究教材体系，把握课程标准的精神；仔细研究课本内容。还应充分利用其他各种相关课程资源来开阔设计思路，提高教育教学设计的实效性。

3. 创设良好的教育教学环境

教师要在教学设计时，善于选择合适的教学媒介，采用恰当的教学手段，创设和谐民主的教育教学环境，激发学生学习活动兴趣，优化教育教学过程，从而提高教育教学质量。

4. 编写完善的教育教学方案

教学目标既是教学的起点，也是教学的归宿。确立合理、适当的教学目标是教学设计最重要的任务。新课程的教学目标一般分为知识与技能目标、过程与方法目标和情感态度与价值观目标。任何一节课的设计都要有三维目标的表述，在一节课中所有的教学要素都要服从三维目标的定向安排，科学合理地制定好三维教学目标是课堂教学顺利进行的先决条件。

教学目标的陈述必须符合下列要求：

第一，教学目标陈述的是学生的学习结果，陈述通过一定的教学活动后学生行为的变化，不应陈述教师的教学行为。

第二，教学目标的陈述应力求明确、具体、可以观察和测量。

第三，教学目标的陈述应反映学习结果的多样性和层次性。

第四，教学目标陈述应用《课标》“关于目标要求的说明”中的行为动词。教师在表述“知识与技能”目标时可以使用：学会、理解、训练、明白、掌握、认识、了解、初步形成等词语来描述。比如：某老师做的《表格数据的图形化》教学设计中的“掌握表格数据中图形化的基本特征和操作技能；能根据数据的需要和统计图的特点选择适当的图表来表述数据”。

“过程与方法”目标中的关键词“过程”是指学生去探究、去实践、去思考等等的过程，“方法”是指能运用已有的方法去解决问题及学会去解决问题的方法，因此，这个目标带有很强的课堂生成性。比如某教师设计的某节技术课的“过程与方法”目标：“体验设计的过程，学会选择不同的方法和材料并做出符合技术要求和性能规格的设计方案，提高实践和创造能力。”从这个目标的描述可以看出其中的三个动态内容：一是参与设计；二是根据要求运用所学的方法完成方案；三是达到实践力和创造力的提高。

“情感态度价值观”目标：设计这一目标时要抓住一个关键词——心灵回应，课堂上能让学生产生心灵震撼，并且还能回应教师呼唤，就可以认为是情感态度价值观的内容，比如：意志毅力、好恶分辨、精神表现和价值取向，同时也包括最直接最浅层的教师仪容仪表给学生带来的心理反应等等都在情感态度价值观的范畴。

教学案例

小学数学“平移和旋转的教学目标设计”

一位教师设计如下：

1. 结合实例，使学生初步感知平移和旋转的现象，能正确区分平移和旋转现象。

2. 使学生学会在方格纸上数出平移的格数，能在方格纸上将图形按要求平移并画出一个简单的平移图。

3. 初步渗透变换的数学思想方法，使学生感受到数学与日常生活的紧密联系。

另一位教师设计如下：

1. 学生通过学习后，能够初步认识现实生活中的平移和旋转现象，能正确区分平移和旋转，能正确判断简单图形在方格纸上平移的方向和距离。

2. 学生借助工具通过观察、操作等活动，会在方格纸上数出平移的格数，能在方格纸上画出一个沿水平方向、垂直方向平移后的图形。

3. 感受数学在生活中的广泛应用，体会运用数学知识于日常生活的乐趣。

评析

以上两位教师的设计相同的是都要使学生能“结合实例”“正确区分平移和旋转”，都要求在格子上“数出平移的格数”，都提出了让学生“体会数学与日常生活的紧密联系”，提到了应用、运用，提到了渗透数学思想方法等。但第一位教师没有提出行为的条件，行为的主体不是学生。第二位教师则明确提出了行为的条件而且把学生作为行为的主体。

（三）设计好教学过程以及学习活动

教学过程设计包括问题或活动的安排、教学环节的设计、教学各个阶段、各步骤之间的过渡与衔接的设计以及教学活动情境化的设计、设计意图等。形式不限，既可采取表格式也可采取文字叙述式。教学过程的表述比较简洁明了的方式是教学流程图，教学流程图是教学设计成果的主要内容，是教学策略的集中体现。

教师在组织学习活动的时候，应该考虑活动主体——学生的特点和需要。创设的情境要符合学生已有的认识水平，激发学生的认知冲突，促使学生积极开展各种探究活动；教师在充分理解学生知识背景的基础上，围绕课程目标的实现，因地制宜地选择适合所教学生的学习活动，不能让活动流于形式。科学合理的学习活动应避免生硬的说教，尽量减少繁复的训练时间以达到事半功倍的效果。

教学案例

两位教师用“一起”造句的两种不同设计

设计一：

1. 出示范句，帮助学生理解句子的意思；
2. 独立准备；
3. 指名交流。

设计二：

1. 出示范句，帮助学生理解句子的意思；
2. 独立准备；
3. 小组长组织交流各人的句子，选出最佳句子；
4. 小组内修改、练说最佳句子，准备参加班级交流；
5. 各小组汇报交流，评出最佳句子.

评析

首先，两种设计都很重视学生个体参与言语实践。设计二学生的参与面更广，每个学生都有展示、交流、发展的机会，学生的参与更有效。其次，两种设计都重视教师的示范作用，引导学生在理解的基础上尝试言语实践。第三，设计二重视学生学习方式的转变，巧妙地将自主、合作学习融在一起。第四，设计二充分利用了合作学习的资源优势，使学生在相互交流、修改、练说的过程中提高语言表达的质量，获得语言的发展。

四、合理设计主题鲜明、丰富多彩的班级和少先队活动

一个良好班集体的建设离不开多种多样的活动。除了常规课堂教学活动外，班级活动和少先队活动也是小学生必须参与的主要活动。小学教师应充分重视这些活动的设计，为学生搭建展示自我的平台，促进学生的全面发展。

组织主题班会一般要经过确定主题、精心准备、具体实施、效果深化等几个阶段：①确定主题：这是开好班会的基础。主题不能过杂，一次班会应以解决一二个问题为宜。②精心准备：这是开好班会的关键。班主任要做好“导演”而不是“演员”。主题班会应以学生为主，教师不能包办。③具体实施：应注意心理环境与物质环境的创设；鼓励主持人临场发挥，调动全班同学的情绪；要善于处理意外情况。④效果深化：要有的放矢，立足于本班实际，要有鲜明的针对性。还应注意把班会的成果巩固与深化，把它推上一个新台阶。

少先队活动的设计可以围绕以下几个基本形式展开：队会，礼仪活动，阵地活动，参观、访问、旅游以及各种社会实践活动，夏（冬）令营等。作为活动的设计者，即少先队辅导员，还要认真履行有关政策文件以及上级领导部门对于少先队工作的要求，选取活动主题和具体的形式。一份少先队活动设计方案一般包括七个部分：活动名称、活动目的、活动时间和地点、活动参与人、活动的条件、活动的方式与过程（重点展开）、注意事项等。

小学教师在设计班队活动时应注意：

①从教育培养目标中选择活动主题。活动主题要服从国家的教育方针政策、学校的教学规划和年度、学期的教育教学计划。围绕学校德育工作的要点、少先队系列活动，设计本班级、本中队的特色主题班队活动。

②从学生日常生活中选择活动主题。教师要关注社会热点、主流舆论导向，及时捕捉关于社会进步、科技发展和国家发展的热点新闻，设计具有时代气息的班队活动，培养学生积极向上、热爱祖国、崇尚科学的良好品质。

③结合重大节日、纪念日选择活动主题。

④结合地区、学校班级资源选择活动主题。

⑤结合少先队传统活动和经常性活动选择活动主题。

教学案例

小学六年级毕业班会活动设计方案

一、活动背景

在这百花盛开的六月，孩子们即将离开生活六年的母校。最近，班上悄然流行的一本本同学录，让我深深地感受到孩子们对小学的不舍与和对即将到来的初中生活的

憧憬。的确，小学毕业才意味着真正地走完多彩的童年，走向如花的少年时代，具有里程碑式的意义。

二、活动目的

通过简单而又庄严的毕业仪式，激发毕业班同学对小学生活、学习的怀念，增强学生对母校的留恋、感恩之情，培养学生的光荣感、自豪感和使命感。

三、活动准备

1. 每个学生准备两种照片：一是刚读小学时的照片，一是现在的照片。

2. 准备相关的活动，做好成长纪念卡，邀请家长、科任老师、校长参加。

3. 制作课件，主持人做好准备。

四、活动过程

第一环节：照片引出父母恩

1. 小组内分享课前准备的两种照片：刚读小学时的照片和现在的照片。大家在笑声中感受生命神奇的成长，感激父母的养育之恩。

2. 采访家长说说自己看到小孩这种变化的感受

（设计意图：那张张小时和长大后对比鲜明的熟悉照片和灿烂的笑脸，让孩子一下子就沉浸在生命成长的神奇中，沉浸在六年来的往事中；而父母沉甸甸的爱和辛苦的养育之恩在采访家长的互动中自然会展露无遗。）

第二环节：游戏激活师生情

1. 游戏名为“猜猜我们的骄傲”，规则是，将班里孩子们的荣誉、班集体的荣誉写在纸条上，放在纸箱内。每组派一名同学举手，谁先举手，回答权就交给那一组。让同学们猜一猜，是哪个同学获得的荣誉，或者是我们班级在什么时候获得的荣誉。

2. 班主任寄祝福语

（设计意图：在轻松的游戏中，同学们六年来的成长足迹一点一滴地浮现在孩子们的眼前。曾经拼搏奋进、团结一心、“班级光荣我光荣”的往事定将平时深埋在大家心底的情感一一激活。）

第三环节：赠礼以表学子心

播放学校校园景观宣传片，浏览美丽的校园，感受校园迷人的景色。学生代表致辞并赠送纪念礼物给母校！

（设计意图：在优美的音乐中，那些平凡得可能被眼睛忽视的风景，从大屏幕里一一呈现时，活动气氛将会推向高潮，这就是我们一起生活六年的母校啊！而这一切美丽的景色将成为记忆被珍藏！）

第四环节：寄语激励我成长

1. 校长寄语后亲自为每一位同学颁发印有我校校徽的毕业章及成长纪念卡，全体合照留影（成长纪念卡就是课前师生一起将每个孩子最大的优点进行归纳分类并亲自制作的卡片）。

2. 全班集体朗诵《少年中国说》

（设计意图：空洞的说教永远比不上事实教育的力量。这一环节就是孩子们在庄严的氛围中，让师长们见证自己已经不再是无知懵懂的儿童，而已成长为光荣的少年！

而校长充满鼓励、祝福的寄语和成长纪念卡定能让孩子充满自信地迎接初中生活的到来。)

五、活动反思

有人说，童年是一个虚怀若谷的包袱，小时藏进什么，长大就能摸到什么。所以，我虔诚地希望我的学生们除了在童年收藏了知识、快乐，更要收藏感恩、奋进与梦想！这节主题班会就是让孩子们在铭记美好的童年时，学会感恩；在庄严的“毕业仪式”上，学会自信；而在师长面前集体宣誓般背诵《少年中国说》定能让孩子们领悟到自己肩上所担负的光荣感、使命感和责任感！

评析

上述班会活动主题鲜明，紧密结合六年级学生的心理特点；内容丰富翔实，形式生动活泼，构思新颖；结合本地实际，体现学校特色，视觉效果好；活动过程：首先体现出教育性，把教育贯穿在班会活动的始终，体现在活动的每个环节上，学生通过活动，深受感染。其次具有趣味性，贴近学生生活，没有一味说教，学生、家长以及教师都受到了感染，留下深刻的印象。

问题解决案例

《我懂事了》教学设计

教材分析《我懂事了》是北师大版《品德与社会》三年级上册第一单元中的第三课，通过对“温暖的家”这一主题前两课的学习，学生对自己的成长过程有所了解了，并且对于爸爸妈妈对自己的抚育也有了感情触动。在此基础之上让学生懂得尊重父母的劳动，理解父母的辛苦，学会关心家庭，增强自己对家庭的责任感，进而激发学生乐于分担家务，料理自己的生活，做自己力所能及的事情的情感。

学情分析 本课内容是从学生的生活实际出发，所以学生接受起来难度不大，主要是通过层层深入，步步引导让学生去感受体会，进而去指导自己的行动。作为三年级的学生，在各方面都有了较大的进步，学习习惯、行为能力方面都有了一定的提高，但是由于绝大多数学生都是独生子女，平时比较娇惯，不懂得去关心他人，因此，教师可以通过一系列正面的素材来引导他们从关心自己身边最亲近的人——父母开始，引导他们感悟父母对自己的爱，知道父母工作的辛苦，从而帮助他们树立关心他人的意识，懂得为自己的父母分忧，乐于承担家务，料理自己的生活，做自己力所能及的事情。

教学目标

1. 尊重父母的劳动，理解父母的辛苦。学会关心家庭，增强自己对家庭的责任感。

2. 乐于分担家务，料理自己的生活，做自己力所能及的事情。

教学重难点 尊重父母的劳动，理解父母的辛苦，做个懂事的孩子；学会关心家庭，增强对家庭的责任感。

教学方法 创设情境，开展灵活多样的教学活动，引导，启发，谈话交流，学生小组讨论等进行师生之间的互动。通过设置情景让学生提高解决同学之间矛盾的能力，学会如何相处。

教学准备 教师准备相关课件。学生调查父母一天工作情况的调查纪录单和通过各种方式（如翻阅书籍、网上查找等）查找古今中外父母关爱子女的小故事。

课时安排 1课时

教学流程

导入：

1. 大家喜欢听歌吗？让我们一起听一首好听的歌曲《人人叫我好儿童》。

2. 边听边想：歌中小女孩做了什么事？你觉得她个怎样的小女孩？学生听歌曲，会唱的可以跟着一起唱。

（汇报交流，说感受）

小女孩能体贴爸爸妈妈的辛苦，帮妈妈打水，帮爸爸捉虫，是个懂事的好孩子，四人小组互相交流父母的工作情况。

（小组派代表汇报）

小朋友们愿意和她交朋友吗？今天我们就来学习《我懂事了》一课，板书。

过渡语：怎样做才是懂事的孩子呢？

教学过程：

1. 播放课件录音《乐乐的感想》。

老师知道一位叫乐乐的小朋友，利用假期的几天，去了爸爸的工作单位，回来后，写一篇感想，你们想听吗？

2. 交流感悟，谈自己的感想。

听了乐乐的话，你有什么感想吗？能说说吗？

3. 调查反馈，小组交流汇报。

①你们不也和乐乐一样吗？对爸爸妈妈的工作情况进行了调查，请以四人为一小组，交流爸爸、妈妈的工作情况。

②展示自己的汇报："爸爸妈妈的一天"，介绍父母的工作情况。

4. 谈了解父母情况后的感受？

当你了解了爸爸妈妈一天的辛苦工作后有什么感受呢？

小结：

1. 回忆往事：是啊，我们的父母为了我们的健康成长而辛勤地工作着，他们多么辛苦啊！你们已经是三年级的学生了，已经长大了，想一想你们平时都帮助家里人做过哪些事情呢？（对比课本画面内容进行比较）

2. 自我评价：在家，能关心体贴父母就是懂事的表现，我们懂事了就是对爸爸妈妈最好的报答。（学生自我评价）让我们也来夸夸自己，和以前比，在哪些方面表现得更懂事了？

3. 知节日，知典故，知传统。

①了解母亲节的由来，由己及人，交流古今中外父母关爱子女的小故事，让学生

知道所有的父母都是值得尊重的，学会用自己的方式表达对父母的感激之情。

②播放课件《感恩的心》。

讨论交流：

1. 学生讨论与行动。

作为三年级的学生，应该怎样回报自己的父母呢？

2. 学生议一议。

①当我们这样做时父母有什么表现？（引导学生知道做这些事就是懂事的表现）

②还有哪些事情可以不让父母为我们操心？（引导学生知道勤奋学习和克服坏习惯也是懂事的表现）

③哪些事情已经做了？哪些事情还没做好？

3. 设计一周计划行动表

要求：

①一定是自己力所能及、经常需要做的日常家务劳动，而且一定要坚持下去，不能“三分钟热血”。

②直到现在为止还是爸爸妈妈在做的日常简单家务劳动。

③内容不要过多，两三项最好。

展示：

1. 学生展示行动计划。

2. 学生讨论评价。

拓展：

1. 课堂延伸：查找资料，了解父亲节的由来。

2. 教师总结：同学们通过对父母工作的调查，了解了父母工作的艰辛，从而更加体谅父母，关爱父母，表示要主动承担力所能及的家务劳动，这说明你们都懂事了，长大了。我相信：通过你们对爸爸妈妈的付出一定会得到父母的肯定，你们的父母一定会更爱你们，你们的生活会更幸福。

3. 播放课件结束课程：让我们用歌声来表达对父母的感谢之情吧：会唱的学生齐唱《小乌鸦爱妈妈》。

作业

1. 落实自己的计划、并了解家长的反应。

2. 落实计划一周后，完成教科书13页“我的感受”。

阶段目标

1. 通过听儿歌调动学生学习的积极性，激发学习兴趣。为下面的环节奠定感情基础。

2. 通过列举和自己的年龄相仿的小朋友亲身经历来实现迁移，激发自主探索和发现的兴趣。通过创设情境让学生感同身受而真正成为课堂的主人。通过自主合作探究的学习方式而自觉地去尊重父母的劳动，理解父母的辛苦，学会关心家庭，增强自己对家庭的责任感。

3. 用典型事例感染学生，用学生已有的情感体验进行迁移，更好地体验如何做一个懂事的好孩子。

4. 把主动权交给学生，让学生自己讨论，自己为自己出谋划策，更有利于学生切实落实自己的行动。

5. 通过展示、讨论、评价进一步促使学生落实自己的行动，真正实现让学生乐于分担家务，料理自己的生活，做自己力所能及的事情的目标。

6. 感情升华，回归主题。

板书设计 我懂事了

教学反思 ……

参考文献

[1] 王辉等. 学校教育技术操作全书 [M]. 北京：经济日报出版社，1999：577.

[2] 李伯黍等. 教育心理学 [M]. 上海：华东师范大学出版社，1993：297.

[3] 顾明远. 教育大词典（第一卷）[M]. 上海：上海教育出版社，1990：210–211.

[4] 全国十二所重点师范大学联合编写. 教育学基础 [M]. 北京：教育科学出版社，2008：209–212.

[5] 余胜泉，杨晓娟，何克抗. 基于建构主义的教学设计模式 [J]. 电化教育研究，2000，(12).

[6] 秦政坤. 浅析高师生的教学设计能力及其结构 [J]. 松辽学刊（教育科学版）2001，(4).

第十章　小学教师教育教学组织实施能力形成与实践

问题引出案例

这是一节数学课，内容是“三角形的内角和”。

老师选择学生常用的两种三角尺作为素材引入新课。三角尺作为常用的数学工具，三个角的度数是已知的，学生很快算出这两个三角形的内角和是180°。老师借此引发猜想：所有三角形的内角和都是180°吗？接着，学生围绕这个问题开始探索。

坐在我旁边的同学也不例外。这张照片记录了她对猜想的探索历程。她选择的方法是“量”，每一次探索过程都要经历三个步骤才能完成，先画一个三角形，然后再量出每个角的度数，最后再加起来。比起折、撕的方法，费劲，用时更长。

第一次探索的结果是：这个三个角的内角和是95°+45°+50°=190°。同学们仔细观察可以发现，她画的第一个三角形并不规范，而测量存在误差很正常，对于量角技能掌握不好的同学，甚至会出现错误也是可以理解的。

出人意料的是，在全班的反馈环节中，所有选择“量”的同学都得到了最理想的结果180°，另外两种方法，亦无一例外。小女孩一边听着，一边进入了第二次探索。

第二次探索的结果是：90°+41°+45°=176°，接近180°。就在这个小女孩正在进行第二次探索的过程中，全班已经就探索的问题达成了共识，小女孩很识时务地把“三角形内角和180°”这个结论同时记录在自己的练习本上。然而，小女孩并不气馁，也不罢休，紧接着，就在同学们进入练习的阶段，独自一人开始了孤独的第三次探索。

第三次探索的结果是：69°+57°+55°=181°，尽管非常接近180°，但还是事与愿违，功亏一篑。此时，下课铃响了，女孩小脸胀得红扑扑，起身和老师说再见。

以上案例，这位老师在课堂教学的组织和实施中，都给了学生很大的学习空间，让他们围绕学习内容展开充分的探索和合作，充分发挥了学习的主观能动性，促进了学习的深入。而欠缺部分，似乎也很像，那就是没有走到学生中间去，始终处于一个固定的站位，或坐在办公桌后面，或站在讲台上，有很多问题，因为没有及时发现，而隐藏下来。这也很有可能就是当我们真的做了老师，认真讲了三四遍，而学生就是不明白、总出错的真正原因。

小学教师教育教学的组织与实施能力直接关系到教育教学设计的落实、学生的学习效果及能力的提高。当前，我们国家大力推进素质教育，刚刚颁布《中国学生发展核心素养》，“六大素养、十八个基本要点”是教育的核心问题，提高青少年创新意识成为教育改革的重大课题，也是建设创新型国家的迫切需要。而学生的独立思考、个性化表达对创新思维的养成都至关重要。一位好教师，总会想办法努力，让学生因自己而受益，倒逼自己去思考如何提高、完善管理或教学，让小朋友幸福成长。

针对小学教师教育教学组织实施能力，我们可以关注的点有很多，比如：有效的教育教学组织实施方法有哪些？小学教师如何形成好的课堂教学组织实施能力？

课堂教学实施过程如何更好地做到面向全体，兼顾差异，收到更好的教育教学效果？

第一节　小学教师教育教学组织实施能力概述

一、厘清概念，明确目标

“怎样教的有效”讨论的是教师为实现教学目标或教学意图所采用的一系列问题解决行为，划分为三个阶段：教学准备、教师实施和教学评价。

教学准备发生在课堂教学之前，讨论教师制定教学方案所采用的策略，设计如何分解课程标准以便确定学习目标，如何设计与学习目标一致的评价以及如何设计学习活动，最后提供课程纲要与教案的一般类型。

教学实施发生在课堂教学中，讨论的是教师为实现上述教学方案所采用的策略。它又分为主要教学行为、辅助教学行为与课堂管理行为三种策略（表10–1）。主要教学行为是指教师作为教师角色在课堂中发生的主要行为，这种行为以目标或内容为定向，包括教师的呈示、对话与指导三类行为。辅助教学行为是指使主要教学行为产生更好的教学效果而在课堂中发生的教师行为，它是以学生或具体的教学情景为定向，包括学生学习动机的培养与激发、课堂强化技术的应用、教师期望效应的实现和良好课堂气氛的营造等。课堂管理行为是为教学的顺利进行创造条件，是教师实现教学所不可或缺的一种行为，它主要涉及课堂问题行为的管理与预防。

表10–1　教学实施行为

<table>
<tr><th colspan="5">教学实施行为</th></tr>
<tr><th colspan="4">教学行为</th><th rowspan="3">课堂管理行为</th></tr>
<tr><th colspan="3">主要教学行为</th><th rowspan="2">辅助教学行为</th></tr>
<tr><th>显示行为</th><th>对话行为</th><th>指导行为</th></tr>
<tr><td>语言显示</td><td>问答</td><td>自主学习指导</td><td>学习动机的激发与培养</td><td>课堂问题行为</td></tr>
<tr><td>文字显示</td><td>讨论</td><td>合作学习指导</td><td>课堂强化技术的应用</td><td>课堂问题行为的管理</td></tr>
<tr><td>声像显示</td><td></td><td>探究学习指导</td><td>教师期望效应的实现</td><td>课堂问题行为的预防</td></tr>
<tr><td>动作显示</td><td></td><td></td><td>良好课堂气氛的营造</td><td></td></tr>
</table>

课堂评价发生在课堂教学之后，讨论的是教师或他人获取与处理学习过程中的评价信息

并做出价值判断的策略。主要涉及如何基于“评价文化”开展学生学业成就的评价与教师课堂教学的评价。

这三个阶段不是相互独立和割裂的，而是一个密切联系、相互交融的有机整体，课前的教学准备越充分，课上的教学实施过程才能顺利且更具实效地达成目标；课后的课堂评价全面深入，则会促进教师反思教学准备与教学实施两个阶段的得失，从而优化教学经验，应用到下一步的课堂教学设计与实施中，进一步提升教师的教育教学能力。

我们本章节讨论“小学教师教育教学组织实施能力”，其实就是指向“小学教师怎样教才是有效的”第二个阶段，对教师教育教学行为进行一定的规范，并给教师提供一系列使教学有效的建议或处方。

二、明确要求，明晰含义

组织与实施能力是教师专业能力领域中的重要内容，由于小学生各方面的能力都较弱，因此，小学教师的组织与实施能力更显得尤为重要，直接关系到小学生获得各项能力的形成，体现在教育教学实践的各个环节上。小学教师要有能力驾驭课堂，必须通过有效的方法来组织和实施课堂教学，以指导学生的学习和保证学生的学习效果。在我国《小学教师专业标准（试行）》中的“组织与实施”领域，一共有九条基本要求：①建立良好的师生关系，帮助小学生建立良好的同伴关系；②创设适宜的教学环境，根据小学生的反应及时调整教学活动；③调动小学生学习积极性，结合小学生已有的知识和经验激发学习兴趣；④发挥小学生主体性，灵活运用启发式、探究式、讨论式、参与式等教学方式；⑤发挥好少先队组织生活、集体活动、信息传播等教育功能；⑥将现代教育技术手段整合运用到教学中；⑦较好使用口头语言、肢体语言与书面语言，使用普通话教学，规范书写钢笔字、粉笔字、毛笔字；⑧妥善应对突发事件；⑨鉴别小学生行为和思想动向，用科学的方法防止和有效矫正不良行为。

对这一领域的理解，需要老师们注意以下几点。

（一）良好的师生关系是教育的巨大力量

《专业标准》第40条明确提出，建立良好的师生关系，帮助小学生建立良好的同伴关系。

1. 师生关系

师生关系是指教师和学生在教育、教学活动中形成的互相关系，包括彼此所处的地位、作用和态度等。学校的教育活动是师生双方共同的活动，师生关系贯穿整个教育教学过程，是最重要的人际关系。

在现实的教学中，师生关系是多种多样的，从教师的组织管理方式来看，师生关系主要有专制型、民主型和放任型三种。在专制型中，教师主要依靠自己的权威，采用强制手段管理学生，只准学生服从，不许有不同意见，对学生不够尊重、不够热心甚至刻薄。学生对教师往往存在畏惧或敌意，或一味服从，或阴奉阳违，或当面抗拒。在放任型中，教师对学生既不苛刻、粗暴，也不热爱、关心，而往往采取不闻不问、放任自流的态度。学生对教师不敌视、恐惧，也不喜欢、尊重、信赖。在民主型中，教师尊重、热爱、关心、信任学生，靠自己的德和才来吸引和影响学生，发扬民主。学生钦佩、尊敬、热爱教师，师生之间不只存在教学活动中的知识技能方面的交互关系，也存在更多的情感的相互依赖。

师生关系具有十分重要的教学功能。主要表现在以下几个方面：

第一，它是教师教的活动与学生学的活动发生的前提，教与学总是在师生交往的背景下进行。如果没有师生的相互接触、相互沟通、相互作用，怎么能产生教与学的活动呢?

第二，它是制约教学效果的一个至关重要的因素。师生关系状况直接影响教师教、学生学的积极性，影响课堂气氛，从而影响课堂教学效果。例如，如果师生人际关系融洽，则往往会使教师热情高涨，使学生表现出好学、乐学，使课堂气氛积极、活跃。

第三，它对学生的人格发展起着重要的制约作用。社会心理学的研究表明，融洽、和谐的师生关系有助于学生人格的发展，并调适或消除心理健康问题；而冷漠、紧张的师生关系则不利于学生人格发展，久而久之甚至有可能造成人格障碍。

第四，它是师生进行交往活动从而满足情感需要的一个前提。教师和学生都有情感的需要，这种需要部分地是在教学过程中通过师生交往得到满足的，而师生交往是在一定的师生人际关系中进行的。融洽、和谐的师生人际关系能很好地满足师生的情感需要。

第五，师生人际关系从某种程度上是影响学校风气的一个重要因素。良好的师生关系有助于形成良好的学校风气，而不良的师生人际关系则对学校风气有消极影响。

2. 良好的师生关系

在良好的师生关系中，教师和学生在人格上是平等的，应当互相尊重，共同协助，在民主和谐的氛围中交流对话，通过积极的实践活动，不断完善彼此的个性，获得成就感和生命价值的体现。良好的师生关系是教育教学活动取得成果、提高学校教育质量的保证，是巨大的教育力量。

建立良好的师生关系对促进教育教学的和谐发展有着重要作用。当前，在中小学这块领域里，这种作用显得尤为突出，更具有现实意义。

第一，建立良好的师生关系，促进教育教学和谐发展，是新课改的内在要求。

在当前多元化的社会发展过程中，师生关系呈现出多元化的发展态势，出现了许多新的问题，提出了更大更新的挑战。诸如：学生对教师权威的否定，对现有教育模式的不满，师生之间商业化气息的渗透，师生之间怎样进行真诚沟通等一系列问题。总的来看，教师和学生平等互助、共同参与、合作交流、和谐发展的关系是主流，是新课改所倡导的新型师生关系。教与学的过程，实质上就是一种师生交往的过程，教学目标的实现不仅取决于传授知识的技能，而且更为重要的是取决于教学交往关系的好坏。只有当学生沐浴在和谐温暖的氛围中，感受到真正的平等时，他们才能真正地敞开心扉，诉说最真实的话语，抒发最诚挚的感受，当师生的真情得以交流，真心得以交换时，教师有针对性的教育教学才能真正发挥作用，教育也才有了真正的效果。建立良好的师生关系既是新课程实施教学改革的前提和条件，又是新课程改革与教学改革的内容和任务。

第二，建立良好的师生关系，疏通师生良好沟通渠道，是好管理的必然要求。

当今学生的自我意识越来越强，社会经验也日益增多，思维的独立性和判断性显著提高，受社会多元化思潮的影响，他们不再唯父母、师长之命是从，特别是受追求高收入、高消费、高享受的社会现象影响，他们对教师的正面教育表现出怀疑和不屑，而且对教师的权威性也表现出明显的不恭。比如在课堂师生言语交往中，如果教师只对少数优秀学生关注表扬，对大多数中差生冷言冷语，就会引发多数学生的反感，甚至产生敌意，公开与教师顶撞，有些学生还发生人格的变异。据国内有关调查资料显示：目前中小学生中约五分之一的人认为教师难以亲近，彼此之间无法进行正常的情感交流；只有五分之一的学生与教师相处感到十分愉快；当心中有了秘密时，只有3%的学生会告诉老师，“老师”排在“知心朋友”“兄弟姐妹”“父母”之后的最后一位（该数据来自《文摘周报》）。这一数据显示了师生关系存在较大的隔阂。国外有关研究资料也指出：学校暴力事件与缺乏师生交往也有一定程度关联。因此，这些新时代学生的新表现、新特点也就为教师的组织管理带来了更大挑战，教师要能从一个智者的角度出发，相信自己可以通过真诚的交往，准确地从学生那里了解自己，拉近师生之间距离。融洽师生关系，组织管理好自己的学生，是一个教师一生的必修课。

第三，建立良好的师生关系，促进师生教学相长，是好教学的强烈需求。

在师生交往活动中，教师有教的意图，学生有学的愿望。糟糕的师生关系只能使学生在教学过程中产生消极的情感，而良好的师生关系却能使学生在教学过程中产生积极的情感，构建起和谐的人际关系，使学生在没有压力情况下轻松愉快地学习，师生在教学活动中互相合作，无疑就有可能使学生更简捷有效地获取专门知识，也有助于教师了解学生的思想和学习情况，从而不断提高教师的业务水平。另外，良好的师生关系更能加深师生之间相互理解，融洽师生关系，从而提高教师在学生中的威信，也有助于教师认识自己、认识学生、认识教学与社会的关系，从而帮助教师去调整、完善自己，同时能更好地调动学生的学习积极性。

（二）在有效的教学实施过程中，学生是学习的主体

在学期末，微信朋友圈中常见一些调侃教师群体的段子，以自嘲的方式表达教师才能读懂的无奈。“这两周别惹当老师的，因为会随时炸毛！本以为复习是查缺补漏，复习了才知道需要女娲补天，补着补着才发现还是得请精卫来填海，最后才发现，都是徒劳，最好还是请盘古来重新开个天地！”“当讲过100遍的题，强调过101遍的知识点还是会错第102次时，心中的熊熊燃烧的火焰瞬间掩盖一切温柔！终于明白老师为什么会有一年两个假期，那是给老师疗伤用的……”看似不着调的吐槽，却暗藏深意，期末复习是最能检验一个教师平时教学实施效果的试金石。每一个教师都值得深思的是：在我们的课堂教学中，学生的学习是否真的发生过？

《专业标准》中组织与实施部分体现了小学生是学习的主体的理念。第41条基本要求：创设适宜的教学情境，根据小学生的反应及时调整教学活动。第42条基本要求：调动小学生的学习积极性，结合小学生已有的知识和经验激发学习兴趣。第43条基本要求：发挥小学生主体性，灵活运用启发式、探究式、讨论式、参与式等教学方式。

1. 主体和客体

主体与客体是认识论上的一对范畴：主体是指实践活动和认识活动的有目的的承担者；客体是实践活动和认识活动所指向的对象。主体与客体是一对关系范畴，是就具体的活动而言的，离开具体的、现实的活动，就无所谓主体与客体。

活动中的主体具有主体性，主体性包括自主性、能动性、主观性等。其中自主性是主体性的本质规定。所谓自主性是指活动的自我决定性，主要表现在三个方面：第一，活动者自己确定目的，为实现自己的目的而进行活动。换言之，个体进行的活动是有目的的，“这个

目的是他所知道的，是作为规律决定着他的活动方式和方法的，他必须使他的意志服从这个目的”。第二，活动者在活动中自己选择活动的方式方法，自己掌握活动的进程。第三，活动者在活动过程中进行自我监督、自我控制、自我调节。

活动的主体只能是人，而不可能是其他事物，但从事活动的人未必是主体，只有自主地进行活动的人才是主体。

2. “师生主客体关系”问题的观点

关于教师和学生的主客体关系问题，教育学界历来存在争议，观点各异。其中主要观点可以概括为以下四类：

（1）“教师主体，学生客体”说

这类观点认为，教学过程是教师教授、影响学生的过程，教授、影响活动的执行者是教师，而学生是作为教授、影响的对象而存在，所以主体只能是教师，学生是客体。教师通过教材来影响学生，所以教材是教师作用于学生的中介。这类观点可称为“教师中心论”。

（2）“学生主体”说

这类观点认为，教学过程是学生进行认识活动从而获得发展的过程，认识活动的承担者显然是学生，因此学生是教学过程中的主体；学生的认识活动所指向的对象是教材，因此教材是客体。持这类观点的人对教师在教学过程中的地位有两种不同见解：一是认为教师起辅助作用，即辅助作为主体的学生，围绕学生转，这就是“学生中心论”；另一是认为教师起主导作用，而学生所处的主体地位乃是教师主导下的主体地位，这就是在国内广为流传的“教师主导、学生主体”说。

（3）“学生双重地位”说

这类观点认为，在教学过程中，学生是教师影响、教授的对象，就这个意义来说是客体；同时又是学习活动的承担者，就这个意义来说是主体，因此学生在教学过程中既是客体又是主体，处于双重地位。

（4）“教师和学生都是主体”说

这类观点认为，教师和学生都是人，都是有目的地、能动地活动的人，都是教学过程中的主体；教材是客体。

3. 师生在教学活动中的角色定位

在教学过程中，教师的教与学生的学的活动之间有着复杂的关系，理解和处理好教与学的关系，是教学活动有序而有效地进行的一个前提。崔允漷在《有效教学》一书中对我国学术界长期流行的“教与学合为一体”的教与学的关系提出了新的解释，基本观点是：教与学是性质不同但又密切关联的两种活动。具体包含以下几层意思：第一，教与学是两种本质上的不同的活动，教的主体是教师，学的主体是学生。第二，学是教的依据，教依据于学。而目前我国正在进行的建国以来第八次基础教育课程改革，受建构主义、多元智能、脑科学等理论影响深远，建构主义学习理论认为，学习是学习者主动建构自己的知识、建构内部心理表征的过程，是在教师和他人的协助下，通过独特的信息加工活动，建构自己的意义的过程。由此可见，无论如何理解教师和学生的主客体关系，“学生是学习的主体”总是没错的。比如，《小学数学课程标准（2011版）》指出：“学生是学习的主体，教师是学习的组织者、引导者和合作者。”同时还指出：“学生学习应当是一个生动活泼的、主动的和富有个性的过程。认真听讲、积极思考、动手实践、自主探索、合作交流等，都是学习数学的重要方式。学生应当有足够的时间和空间经历观察、实验、猜测、计算、推理、验证等活动过程。”

“学生是学习主体”的课堂教学过程具有以下三个特征：

（1）从需求出发，关注个体差异

在传统的教学中，我们常常看到这样的情况，教师为了追求教学中的所谓高效率，总是希望尽快将学生的学习纳入自己预定的轨道而不顾及学生学习的实际状况，在应试背景下，又总是以统一的考试标准为基准，通过“齐步走”的方式实现教学目标，这就不可避免地抑制了学生学习自主性的发挥，也难以满足学生个性化学习的需求。从学习心理学的角度看，即使处于同一年龄阶段的不同学生在认知水平、认知风格和发展趋势上也存在差异。学生的智力结构也是多元的，有的习惯于形象思维，有的习惯于抽象思维。另外，每个学生都有自己的生活经历，家庭环境和一定的文化感受，这导致不同的学生在学习中有自己的思维方式和解决问题的策略。鼓励学生的自主性，发展学生的个性，能促进学生学习过程的开放、生动和多样，有利于学生创新意识的培养。就整个学习共同体而言，多重特征、风格的认知方式可以为学生间的交流提供有力支持，相互启迪，促进共同发展。

（2）从效果出发，变换学习方式

学生的学习只能基于自己的经验背景而建构起来，取决于特定情境下的学习活动过程。学生对知识的接收，只能由他自己来建构完成，以他自己的经验为背景，来分析知识的合理性。所以，教学不能把知识作为预先决定了的东西教给学生，不要以教师对知识的理解方式作为让学生接收的理由。在学习过程中，学生不仅理解新知识，而且对新知识进行分析、检验和批判。学生不是简单被动地接收信息，而是主动地建构知识的意义。因此，教学不能无视学习者的已有知识经验，简单强硬地从外部对学习者进行“填灌”，而是应当把学习者原有的知识经验作为新知识的生长点，引导学习者从原有的知识经验中，生长新的知识经验。

（3）从能力出发，丰富学习过程

立足学生全面发展的学习应该提供多样化的活动方式，让学生积极参与，并在这些丰富的活动中获得交流，积累经验。因此，探究式、讨论式、参与式、合作学习方式受到了广泛重视。只有通过学生自我探索、思考、发现，才能培养学生发现问题、分析问题、解决问题的能力，才能培养学生的创造思维。

“教师的主导性如何发挥”，可以从以下三方面着手：

（1）处理好教师主导与教师角色之间的关系

在教学中，教师主导和教师角色定位并不矛盾，落脚点都是如何更充分调动学生的学习积极性，使学生成为真正的学习的主人。作为学习的组织者，应当营造学习氛围，创设学习环境，组织学生参与一定目标下的多样化的学习活动，组织学生经历那些特定的教学环节；作为学习的引导者，最重要的是要通过恰当的手段去引发学生做有意义的数学思考；作为学习的合作者，则需要建立一个平等和谐的、相互交往的学习共同体。这一切都离不开教师的主导。

（2）面向全体，注重启发式和因材施教

注重启发和因材施教是中国古往今来很重要的教育思想，也是我国教师长期教学实践中的极具成效的教学经验，而面向全体和因材施教是一对在教学中需要特别处理好的关系。学生是学习信息加工的主体，是意义建构的主动者，而不是知识的被动接收者和被灌输的对象。教师创设有利于学习者建构意义的情境是最重要的环节或方面。

（3）处理好讲授和学生自主学习的关系

长期的实践证明，讲授法是一种在概念、命题教学中很有效的教学方法，当然，这里的“有效”应以启发学生思维、引导学生探索为前提。而实践证明，那些形式上的“合作”、无序无目的的“自主”，只能带来课堂教学的低效甚至无效。我们应当追求教师讲授给学生自主以启发、动力、灵感、方向，学生自主给教师讲授以反馈、分享、调控和反思。

（三）掌握一定的手段，适当运用信息技术

随着互联网络时代的到来，社会发生了非常大的变革，互联网+传统集市，淘宝出现了；互联网+传统银行，支付宝出现了；互联网+传统交通，滴滴打车出现了……“互联网+”被纳入国家战略，写进政府工作报告，目前它正以前所未有的速度席卷而来，“互联网+教育”也是大势所趋。《专业标准》体现了新时代发展的新需求。教师专业化对教师的专业发展提出了更高的目标和要求，面向信息化的教师专业发展更是当前的热点之一。第45条基本要求：将现代教育技术手段整合应用到教学中。以计算机技术应用为代表的信息革命正逐渐深入到社会生活的各个方面，小学教育仅仅依靠一支粉笔、一块黑板的传统教育方式已远远不能满足培养现代社会高素质人才的需要。将计算机技术应用于教育教学领域，正是现代化教育的重要手段，是当前我国小学教育教学改革的一项重要内容。

1. 运用信息技术辅助课堂教学的优势

（1）运用信息技术能节省教学时间、提高课堂效率

在课堂教学中，利用预先设计好的课件，我们能迅速地多角度展示教学内容，而改变以往先板书、后空泛讲解的低效程序。同时，在展示方式上一改过去只有抽象文字，取而代之以图文结合体，使同学们利用图片展示的鲜明形象深刻理解和记忆板书的重要内容。同时，还可更大程度地增加课堂教学容量，提高课堂教学效率。这种做法使课堂内容丰富多彩，在有限的时间内显现大量的信息，增加了课堂密度又节省了时间。学生结合以前所学内容来回答，在回答的同时操作演示，既增加了课堂容量，又节省了时间，学生学起来既感兴趣又加强了记忆效果。

（2）运用信息技术能激发学生兴趣、拓展学生思维

在教学中，教师根据教学内容，运用投影机、电子计算机等信息技术，构建成操作性强、效果好的教学设计新模式，把书本的静态描述变成动态的多媒体教学，使形、声、图完美地统一在一起，图文并茂，加强学生的直观感受，把复杂的问题简单化，把抽象的事物直观化，把枯燥的知识形象化。激发了学生的求知欲和学习兴趣，激活学生思维。改变了学生被动的学习状态，愉快地参与到课堂中来。通过不断地思考，学生的思维能力得到了锻炼和提高。

（3）“互联网+教育”能丰富教学方式、引发学习革命

一所学校、一位老师、一间教室，这是传统教育。“互联网+教育”以后，电子书包、电子白板进课堂，班班通、校校通，把实体课堂教学录像放到互联网上，大家随时查看……学习不只在课堂上才是，走在路上、乘车，只要你愿意，随时随地都可以开始学习。一张

网、一个移动终端，几百万学生，学校任你挑、老师由你选；微课、慕课、翻转课堂、手机课堂，教学手段、教学方法、教学过程到教学内容，乃至教育观念和教育目的都会发生全方位的深刻变革。未来的教育是线上、线下大融合，不存在互联网教育和非互联网教育之分，未来两者都是高度融合的。最终目的是为教育提供最好的解决方案。尊重教育规律，坚持教育本质，拥抱互联时代，专注服务学生。

2. 处理好信息技术辅助与教师主导的关系

信息技术在课堂教学中的运用优势多多，它辅助学生认知的功能要胜过以往的任何技术手段。但是，信息技术教学方式也难免存在有诸多不足之处。例如：课堂内容过多，运用多媒体呈现信息的速度过快，学生思维跟不上教师的讲解；过于夸大多媒体教学的功效，用屏幕来代替黑板的所有功能；滥用、误用各种媒体，分散了学生注意力，抑制了学生的思维；部分教师和学生对信息技术相关知识的不了解，出于种种原因而影响了教学效果。因此，不得不说，不是计算机用得越多越好，如果没有教师出色的作用，再好的课件也可能产生完全不同的效果。

计算机教学手段和传统教学的完美结合显得十分重要。计算机作为有效的辅助认知工具是为教学服务的，要把它用得恰到好处。传统教学的优势应该保留，如教师的示范作用、教师与学生之间富于人情味的及时交流，教师组织起来的探讨问题的活跃气氛等。教师的教学修养、教学经验、教育理论水平起重要的作用。同时，影响教学效果的多重因素中，教师对学生的热爱，高度的责任感、良好的师生关系又是任何先进的信息技术无法代替的，教师不是被计算机代替了，而是用新的方式工作，从新的视角考虑问题。理想的教学应该是教师与计算机的优势同时充分发挥出来，把计算机辅助教学与传统教学完美结合在一起。既要发挥信息技术的优势，又要发挥教师的主导作用。学生的活动不应理解为全堂上机，不应忽视书面表达和口头交流，不应忽视阅读、计算和操作，要讲究实效，最好的教师加最好的教育技术，这才是信息技术与学科教学整合的正确打开方式。

3. 教师应掌握的一些技能

首先，教师应学习并熟练掌握信息技术应用知识和技能。在实际教学实践中，教师对多媒体技术的应用越熟练，就越能发挥它的作用，从而提高教学的效率。反之则有可能因人为操作不当，或不能及时排除意外的非操作性故障而对教学产生负面影响，干扰了正常的上课秩序。因此，教师自身要加强对信息技术知识的学习，掌握现代教育教学理念和先进的教学设计思想和方法，在具体的实施过程中也要进行多次的实验，结合学生的活动情况，及时总结，不断创新，争取做到最好。

其次，信息技术的应用要和书本相结合，合理利用多媒体辅助教学。备课，就是要备教材、备教法、备学生。因此使用信息技术辅助教学，仍然需要以教材为主，深研教材，适时使用计算机、多媒体等现代信息技术手段。然而多媒体等现代信息技术的应用只是辅助教学的一种手段，而非主导，在运用的过程中要注意资料的选取得当，不能太多，太花，信息量也不能过大，否则将淡化重点难点，形成了为赶时髦摆花架子，喧宾夺主或画蛇添足的不良后果。这就要求教师要熟悉教材，吃透教材，紧扣教材选择多媒体资料，制作课件必须以课本的相关内容为依托，课件重点难点突出，考虑问题全面、周到，选取的信息技术教学手段和资料能够帮助学生更好地理解和解决书中的疑点、难点，使学生能够快乐的学习，并且学有所获。

再次，使用信息技术教学，要把教师的主导性与电教媒体的辅助性处理好。教学过程是一个师生互动的过程，课堂是师生情感交流的场所。教师的一言一行对学生都起着潜移默化的作用。而信息技术只是我们获取信息的一种工具，是我们多种教学手段里的一种。教师的人格魅力和课堂影响力以及整洁的板书等都是任何一种现代教学手段无可替代的。因而我们不能摒弃传统的教学模式，完全依赖于多媒体等信息技术教学方式，避免整节课单纯地去使用多媒体教学手段，避免教师整节课一味站在教师机前操纵鼠标，而应根据该堂的教学内容，恰当地选择教学手段，适时应用各种信息技术手段，创造出一套适合自己的教学模式，营造出富有生机、充满蓬勃朝气的课堂教学氛围，通过师生之间的情感交流与碰撞，熏陶和感染学生，激发他们的求知欲望和表达兴趣，从而达到课堂教学预期的目的。

（四）恰当处理突发事件与调控教学活动

在日常的教学活动中，教师为了上好每一堂课，总是会在课前做好充分的准备，课前认真的备课，钻研教材，分析学生的情况，考虑选择哪种教法，设想学生的哪种学法。然而，多彩的世界总是存在着多变的因素，因此在课堂教学中，教师难免会遇到这样或那样的突发状况，这些突发事件如果处理不当，往往会直接影响到整堂课教育教学目标的完成，有时甚至会师生之间的关系。小学教师专业标准中的“组织与实施”能力体现了对教师恰当处理突发事件与调控教学活动的初步要求。如第47条基本要求，妥善应对突发事件；如第41条基本要求：创设适宜的教学情境，根据小学生的反应及时调整教学活动。如何化解课堂突发事件，不仅是一种教学技术，更是一门教学的艺术。教师只有沉着冷静，才有可能找出解决问题的最佳方案。在妥善处理好突发事件后能迅速地集中学生的注意力，使学生的注意力迅速地转移到学习中来。

1. 课堂调控方法

（1）停顿休整法

当学生精神疲劳、无法集中精力学习时，教师可暂时停下来，让学生闭目养神休息几分钟，或做个小游戏，或唱上一支歌，或讲个幽默风趣的小故事……待学生精力恢复，注意力集中时，再讲课，效率会大大提高。

（2）巧给台阶法

对于那些好出风头或恶作剧的学生，在对他们进行批评教育时，要注意给他们台阶下，千万不能闹对立，避免把矛盾扩大。对偶尔犯错误的同学更应如此。一位教师兴致勃勃地走进教室，突然发现黑板上画了一幅自己的画像，引起课堂上一阵骚动，但是他平静而真诚地说：“画得多好啊，确实像我，希望这位同学以后为我们班上的‘黑板报’画刊头、题花，大家说好吗？”同学们对老师的态度很意外，整节课都认真听讲。从此以后，那位同学再也没有在课堂上出乱子。

（3）巧妙暗示法

个别提醒法、重点提问法、幽默调侃法，这些方法多用在那些上课注意力不集中、思想开小差的学生身上。教师可视情况用语言、眼神、手势等作暗示，如果暗示不起作用，教师可换用个别提醒法，可以边讲课边走到该生身边，或亲切地摸摸他的头，或轻轻地敲敲他的书本和课桌。如果以上两种方法都不见效，还可以尝试重点提问法，通过个别提问，强迫学生把注意力转移过来。

总之，宽容在处理偶发事件中的作用是极富艺术性的，宽容不是软弱无能，不是无原则的迁就，宽容是处理课堂偶发事件的心理基础。发现矛盾时，让自己蹲下来，站在学生的角度去思考问题，用学生能接受的方法进行处理。同时，教师也要使学生在心灵深处反省，要使学生体会到教师的仁厚和良苦用心，促使学生自我反省、自我教育。

2. 课堂突发事件及处理策略

课堂突发事件是指在教师课堂教育教学过程中突然发生的，在教师预设范围之外的事情。这些事情与课堂教学没有任何的因果关系，完全处于教师教学计划之外，具有突发性、多样性和不可预知性。根据发生的原因，课堂突发事件大约可以分为两类：第一类，外部干扰型。这种干扰，可能来自环境影响。如，教室内正在上课，几只麻雀作为“不速之客”飞进教室……也可能来自同伴影响。如，一些调皮的学生故意捣乱，提出一些不该提的问题，或者与同学打闹、嬉戏；同座位或相邻的同学发生口角引发纠纷大吵大闹……还可能因教师出现讲解错误、板书错误或实验操作失误等，影响课堂正常秩序。第二类，内部困扰型。这种主要集中在课堂学习中，学生对内容的理解超出教师的预设范围，出现与课堂教学内容不一致的观点。很明显，这是“良性突发事件”，教师要看准学生思想的症结，依据教材教法随时调整教学过程，因势利导，把这意外发“难”及时纳入教学中，让它成为教学中难得的资源，使学生成为课堂教学的中心，引导学生走向正确的轨道。这种动态生成式教学法，让学生感觉更真实和自然，对学生而言更具说服力和教育性，更能让他们形成正确的待人处事的态度。

课堂突发事件对每一位教师都是一个考验，对课堂突发事件的方法不是唯一的，而是灵活多样的，要想完美地处理好这些“突发事件”，就必须充分地利用和发挥好自己的教育机智，运用一定的策略，艺术地应对。不同的问题，不同的处理方法：整体问题，当场处理；局部问题，个别处理；“个性”问题，无声处理；课上问题，课下处理；特殊问题，特殊处理。不搞“事件”扩大化；不体罚学生；不过多占用教学时间，不影响当堂教学；不伤害师生感情；保证教与学始终在师生的最佳情绪与最佳状态中进行，如果解决好了，这实际上是一个很好的教育契机，化消极因素为积极因素，使学生自觉地改正错误，达到教育全体学生的目的。

（五）小学教师的基本功

《专业标准》十分关注小学教师在教学中组织与管理的基本功。教师基本功是教师从事教育教学工作必须具备的最基本的职业技能。它包括通用于所有教师的一般基本功，也包括学科教育和教育工作的基本。第46条基本要求：较好地使用口头语言、肢体语言与书面语言，使用普通话教学，规范书写钢笔字、粉笔字、毛笔字。随着教育事业的发展和教师队伍素质的提高，教师基本功训练的内容和要求也将相应地拓宽和提高。

语言是人类交往的工具，在教育教学中，无论是教师的口头语言，还是肢体语言，抑或是书面语言都不容忽视，发挥着不可替代的作用。

1. 口头语言

口头语言是教师在课堂中最常用的授课方式。口头语言相对其他语言来说最大的特点是它的时间和空间的灵活性强，通过口头语言，老师可以将知识和情感完整准确地传递给学生，同时还可以利用语言开导和开发学生思维并培养学生的能力，但口头语言的延续性差。课堂上，教师通过口头语言与学生进行沟通对话、传授知识，可以说，教师的口头语言是课堂教学能否取得高效的关键。教师使用口头语言应注意的要点主要有：

第一，教师的口头语言应具有科学性，也就是说，教师的讲解必须概念准确，条理清晰，系统严整。

第二，教师的口头语言应具有思想性，即要有教育性和启发性。教师的职业决定了他的一言一行都在对学生施加着影响作用。因此，教师必须有意识地注意语言的教育作用，将教育性渗透到各学科的教学中去。

第三，教师的口头语言应具有艺术性，也就是说，教师的口头语言要形象生动，悦人耳目，深入浅出，感人心灵。因此，教学语言应声调高低适度，节奏快慢合理，既不要用平淡的语言无表情地去讲授重大而有趣的问题，也不要用激昂慷慨的言辞去讲授那些本来平淡无奇的事实。

2. 肢体语言

肢体语言是口头语言及书面语言的有效补充及辅助，肢体语言运用得当，有助于教师搞好课堂组织教学管理工作，提高课堂教学魅力。

课堂上，恰当运用眼神能够帮助我们传情达意，让别人从眼神中获知我们的所思所感，起到“此时无声胜有声”的作用。手势也是教学活动中常用的一种肢体语言表达方式。随着教师手势的一起一落、一挥一晃，带动的是整个课堂的气氛，让课堂不显得呆板单一，使学生不因索然无味而情绪低落。

肢体语言在课堂上的运用并非越多越好，要适量适度。如果过于频繁夸张地运用肢体语言，喧宾夺主，使得整堂课流于肤浅，这样反而与我们运用肢体语言的初衷背道而驰了。

3. 普通话

普通话是以汉语言授课的各级各类学校的教学语言，掌握并使用一定水平的普通话是合格教师一项必备的条件和职业素质。普及和推广普通话是各级各类学校教育的重要内容，也是教师光荣而神圣的使命。教师需要在工作中不断示范规范的普通话，用普通话与孩子们交流，这就要求教师本身要有较高的普通话水平。

作为小学教师尤其要掌握好普通话，使用普通话进行教学，因为小学生正处于学习语言、规范语言的重要阶段。平时我们应该规范自己的语言，保证正确发音，遇到语音不能确定的字、词，就查字典，及时纠正错误，以确保在孩子面前运用正确的语言。并注重将口语化的方言转化成规范的普通话，使孩子们在语言发展的关键期中得到良好的规范语言熏陶和教育。小学语文教师普通话等级最低应达到二级甲等，其他学科教师最低应达到二级乙等。

4. 书面语言及三笔字的规范书写

书面语言是指以字和义结合而成，以写和读为传播方式的语言，是口头语言的文字符号形式等。最有代表性的书面语言就是教师的板书，除了使所要表达的意思更清晰、更条理，书写是否整洁美观也十分重要。

书法是中国传统文化艺术发展五千年来最具有经典标志的民族符号。它是用毛笔书写汉字并具有审美惯性的艺术形式。书法堪称中国的“第四宗教”，有着强烈的吸引力、仪式感和大众参与性。尤其是我国现阶段，十分重视传统文化的教育，书法也列入了小学阶段的一门正式课程。教师对书写的重视程度和书写水平直接影响着学生的书写水平，因此，作为教师应高度重视三笔字的书写，能够熟练地书写钢笔字、粉笔字，做到规范、工整、美观；会写毛笔字，做到匀称整洁、美观大方，语文教师应会指导学生写毛笔字，书写达到笔画清楚、正确规范、熟练有力，字体匀称美观。

小学教育是打基础的教育，小学教师基本功既是教师从事教育教学工作必须具备的职业技能，又会直接影响到学生的发展，小学教师基本功的提高将不断提高小学教育教学水平。小学教师口头语言的清晰、简练、完整，会影响到小学生的语言发展；小学教师书面语言的端正、正确、美观，会影响到小学生对知识的理解和思维的发展；肢体语言能够表达教师对小学生的感情，影响小学生的情绪。

第二节　小学教师教育教学组织实施能力形成

上一节，依据《小学教师专业标准》对小学教师教育教学组织实施能力的内涵以及类型进行分析，接下来，我们将重点探讨这些组织实施能力形成的主要渠道。

一、构建教学活动参与者之间的良好关系

（一）师生关系

面对新形势下师生关系存在的冲突和不良现状产生的负面效应，我们教育工作者必须充分认识到建立良好师生关系的重要性及紧迫性，积极主动地探索教育教学科学化的路子。就教育教学活动而言，我们可以从以下几个方面建立起良好的师生关系。

1. 了解并研究学生

有调查表明，现在教师对小学生的组织管理难度日趋变大，原因有二：首先，随着信息时代的来临，学生接受信息的渠道明显增多，家长在教育上的投入与参与度空前高涨，教师不再是知识的权威，教师传递的价值观念更容易受到社会和家庭的冲击。其次，随着生活水平的提高，小学生身心发育提前，尤其表现为独立自主意识增强、思想更加活跃，加之“独生子女”大多“养尊处优”，很少受到委屈、遭受挫折，容易形成执拗甚至过激的性格。因此，师生之间很容易因存在的分歧形成对抗和冲突。教师要与学生取得共同语言，使教育影响深入到学生内心世界，就必须了解并研究学生。具体包括学生个体的思想意识、道德品质、兴趣、需要、知识水平、学习态度和方法、个性特点、身体状况和班集体的特点及其形成原因。在此基础上，建立新型的师生关系，确保教育教学组织与实施的顺利开展。

2. 树立正确的学生观

所谓学生观即是指教师对学生的看法或所持的态度，它影响教师对学生的认识及其态度

与行为，进而影响学生的发展。不良的学生观有两种："专制型"学生观，主要表现为教师要求小学生对教师保持绝对遵从。"放任型"学生观是把小学生当作"完全成人"看待，让其自由发展，导致学生我行我素、随心所欲、缺乏集体意识，不守社会规范。因此，正确的学生观应当是遵循小学生的年龄及认知特点，相信学生都有巨大的发展潜力；学生的不成熟性具有成长价值；学生具有主体性，特别是创造性；学生是一个整体的人，是知、情、意、行的统一体。既注重学生个性的发展，又平等相待，因材施教。正确的学生观来自教师对学生的观察和了解，来自教师向学生的学习和对自我的反思。

3. 主动与学生沟通、交往

师生关系一般要经历生疏、接触、亲近、依赖、协调、默契阶段。在师生交往初期，往往出现不和谐因素，教师应紧紧抓住"动之以情、晓之以理、导之以行"这三个环节，对学生倾注爱心、尊重学生人格，尽力构建和谐的师生关系。如因为不了解而不敢交往或因为误解而造成冲突等，要求教师掌握沟通与交往的主动性，经常与学生保持交流；在学生面前不要盛气凌人，即使学生有什么过错，也切忌讽刺、训斥。同时，教师还要掌握与学生交往的策略和技巧，充分发挥教师的主导作用，如寻找共同的兴趣或话题、一起参加活动等，教育学生尊重教师劳动，体谅教师的艰辛。只有这样，师生关系的融洽性、亲密度才有基础。

4. 提高自我修养，健全师生交往

教师在课堂中的交往原则就是《中小学教师职业道德规范》和《教师法》，学生在课堂中的交往原则就是学生守则和日常行为规范要求。教师除了通过自己科学的世界观、人生观，丰富的学识、严谨的态度、开朗的性格、广泛的爱好等来吸引学生，还要严格管理和规范学生行为。人们常说："只有一流的管理，才能出一流的人才""严师出高徒"。所以在师生交往中，要注意培养学生良好的学习习惯，树立良好的道德风尚，努力发挥良好师生关系的有效作风。

（二）同伴关系

除了师生关系，学生之间的同伴关系也是我们日常教育教学中经常遇到的，影响教育教学效果的核心关系。如小学生中同性伙伴的关系和异性伙伴的关系。人本主义心理学家马斯洛认为，归属和爱及尊重的需要是人类基本需要的重要组成部分。与同伴的交往，可以满足小学生的这些基本需要。随着儿童年龄的增长，他们与父母交往的时间明显减少，而与同伴交往的时间明显增多，他们更愿意把自己的心里话告诉同伴，更愿意接受同伴的影响，与同伴保持一致，同伴关系是满足小学生社会交往需要，获得社会支持和安全感的重要源泉。良好的同伴关系有利于小学生自我概念和人格的发展，有利于促进小学生的心理健康。

但小学生的年龄尚小，在与人交往方面缺乏经验，还不能很好地与同伴进行交往，甚至会因为各种原因导致同学之间矛盾的产生，这就要求教师必须敏锐地发现学生在同伴交往过程中出现的问题，并积极地加以引导，及时地教给学生一些人际交往的技巧，从而帮助学生之间建立起良好的同伴关系。

第一，帮助学生正确认识人与人之间的关系，同学与同学之间的关系，克服同伴交往中的认知偏见，学会平等关爱、尊重他人。无论是小学生还是成年人，在人际交往中都要受到主观心理因素的影响。因此，要使小学生建立良好的同伴关系，教师首先就要从认知层面上帮助他们克服人际知觉中的主观偏见。教育学生在看待同伴时尽量摆脱第一印象的影响，让他们不要表面看问题，也不要片面看问题，这样才不会对同学产生错误的看法，才能增进同伴沟通，不断地改善同伴关系。不要根据刻板印象来认识同伴，在交往过程中，既要看到同伴的优点又要看到同伴的缺点。

第二，帮助学生掌握人际交往的技巧和礼仪规范，并利用多渠道，如心理辅导课、班队活动课、合作小组、课外活动等教给学生一定的交往经验，促成同伴交往技巧的形成。关注班级中与人交往有障碍的学生，及时伸出援手，通过恰当的方式给予帮助。

第三，教师要以身作则，处理好与同事、学生之间的关系，为学生树立榜样。

二、开拓多样的教育教学实施渠道

（一）少先队组织

少先队组织是具有鲜明政治属性的组织，其首要任务就是教育引导队员从小树立远大理想，树立正确的世界观、人生观和价值观。

1. 少先队组织的教育作用

（1）发挥德育引领的作用

少先队要用共产主义的远大理想激励队员，用爱国主义、集体主义、社会主义的思想教育队员，用全面建设小康社会的宏伟目标鼓舞队员，引导他们胸怀远大志向，不断积极进取，把正确的理想信念作为人生成长进步的动力。

（2）发挥实践育人的作用

近年来少先队开展的实践教育、体验教育是新形势下少先队组织育人思想的探索和发展。我们要加大宣传力度，组织“在校当一名好队员，在社会上当一名好公民，在家当一名好孩子”活动，开展专项实践活动。引导广大队员在家庭生活、学校生活、社会生活中，通过亲身经历和真实感受，明白做人做事的道理，养成良好的行为习惯，形成内化的道德品行。

（3）了解少先队教育的重要地位和不可替代作用，通过活动发挥少先队的教育功能

少先队组织要从关心爱护未成年人的角度出发，热情关注、解决未成年人学习、生活、成长遇到的问题，助未成年人辨别是非、美丑、好恶，把思想道德教育做到实处。积极营造有利于未成年人健康成长的文化氛围，通过各种文化阵地、多样的文化载体、优秀的文化产品、良好的文化环境，积极传播先进文化，防止有害文化的侵入，丰富未成年人的精神生活，不断促进其思想道德素质的提高。

2. 扎实开展少先队活动，使少先队教育在学校切实发挥作用

少先队组织教育作用的发挥，要靠各级辅导员倾心组织指导，搞好活动。

（1）开展丰富多彩的少先队活动，充分发挥少先队的教育基地作用

教师可以将活动主题与教育目标结合起来，全面提高学生的综合素质，培养学生良好的道德品质。例如，开展“革命传统代代传”活动，爱国、爱乡系列活动，“手拉手献爱心”等活动，为学生健康成长引路导航。教师还可以将活动内容与学生的生活实践相结合。在设计主题教育活动时，联系学生的生活，力求突破传统的以教师课堂说教为中心的模式，把学生置于一个信息丰富的环境中，让他们去寻找、选择、加工、运用，让他们的个性得以充分

自由的发展。例如，可以开展“敬老父母”“我是爸爸妈妈的好帮手”“我为学校、班级、同学做一件好事”“我有一双灵巧的手”等实践操作性强的体验活动。

同时，要注意扭转部分学生认为参加活动影响学习的观点，使队员们树立“主人翁”意识，并得到学校的支持和家长的理解与配合。无论在平时的班、队会还是少先队主题活动训练、竞赛等活动中，都要求全体参与，陶冶情操，开发潜能，培养能力和良好的心理品质。

（2）建立少先队的传统活动阵地“队室”

“队室”体现着少先队最基本的思想教育内容，在大队阵地教育中发挥着很重要的作用。它是辅导员和少先队干部学习和讨论工作的场所，是向少先队员进行教育的“有形”阵地。在建立“队室”的过程中宣传少先队的历史和作用，起到教育作用。队室建设要体现时代性、教育性、童趣性和特色性。

（3）将自我管理与集体荣誉相结合，发挥少先队组织和队员的自主管理的作用

自我管理是学校德育管理的重要方法，促进学生自我管理能力的形成，是学生品德塑造中的最高形式，也是学校德育管理的最高形式，少先队是学生自己的组织，自己的事情自己做，自己的活动自己搞，自己的干部自己选。少先队教育在发挥队员的民主管理、自我管理方面所发挥的作用是非常突出的。

我们可以根据小学生的年龄特点和心理特点，以生为本，以行为养成为目的的主题教育活动，开展“自我学习管理”“自我班级管理”“自我学校管理”等一系列探究性少先队活动。还可以在课外成立学习小组，互相帮助互相学习，培养合作精神，形成自觉学习、热爱学习的良好风气。同时在活动中树立“团队”意识，培养集体荣誉感。集体的力量是强大的，要让队员们明白个人的力量和智慧在集体中是渺小的，只有把自己完全融入集体中，发挥每个个体微小的力量和才能，才会使集体完成个体所无法完成的任务和工作。

（二）课堂教学

教学活动都是在课堂这一特定的环境中进行的，课堂永远是教师形成教育教学组织实施能力最好的平台与实践基地。

1. 为学生提供开放的学习空间

教学空间对教学的影响无时不在，无处不在，开放课堂活动空间，是生本课堂改革的一个重要方面。现在的课堂教学管理，不再追求课堂的绝对安静和学生的绝对服从。学生的学习方式悄悄地发生了变化。生本理念要求学习方式做到“五个放手”，即放手让学生做课前准备、放手让学生大胆想象、放手让学生提出问题、放手让学生亲自实践、放手让学生相互评价。这样，学生在学习的天地里更加“开放”，更加“自由”。以计算教学为例，完全可以放手让学生先学，然后再合作交流、集体反馈。有一部分学生通过自学课本就掌握了笔算的书写格式；有一部分学生能用多种口算方法完成计算；而有的学生上课时能当小老师，大胆上台，讲得头头是道。教师在实际教学中，只要善于凝练核心问题，学生自然就会带着思考深入探讨，自主形成能力，达成教学目标。

2. 为学生创造合作学习的机会

合作学习指的是学生以小组为单位进行学习的一种学习方式，对学生的认知活动和个性发展有积极的意义。合作学习，强调集体的智慧，比较和评价基于整个小组的表现，个体间的能

力差异弱化。教师应根据具体教学内容，给学生合作学习的机会，允许学生自己控制学习过程，促进学生自我反省与自我意识的发展。在这一过程，激发学生的创造力，增强学生的胜任感和自我效能感；增进彼此之间的了解与理解，培养其合作意识、合作技能及团队精神。

3. 为学生打开独立思考的路径

课堂教学的目的不只是传授知识，更主要的是发展学生的思维。鼓励学生合作学习，也不偏废独立思考。提问过多过滥、问后即答，对学生的思维发展极为不利。教师可以培养学生的“问题意识”，引导和鼓励学生“提出问题”，激发其乐于思考的欲望，营造处处遇问题、时时想问题、人人提问题的生动活泼主动学习的氛围。课堂上如果遇到了学生的“节外生枝”或提出了挑战性的问题时，教师应该热情地欢迎，冷静地倾听，认真地分析。如果是确有价值的意见，就应随机应变地将其转化为课程资源。如果学生的主张不对时，教师应引导他们继续深入探究。保证学生独立思考的时间，使学生在思考的基础上质疑、生成、整合。有了独立思考的时间，才能有思维的深度，也更有利于学生的思维发展。

4. 培养学生的创新意识

由于学生的生活背景和思考角度不同，因此，教师在课堂教学的内容和方式上更要注重学生的个体差异，有效实施有差异的教学。教师要具备整合教材的能力，选择那些现实的、有意义的、富有挑战性的教学内容，以满足学生多样化的学习需求。同时，内容的呈现也应采用不同的表达方式，鼓励学生独立思考，提倡方法多样化，激发学生强烈的求知欲和勇于创新的精神，让不同的学生得到不同的发展。

三、形成多样的教育教学实施策略

教师的创造和智慧就体现在课堂教学中。一个好教师就像一个指挥官，要善于观察学生在课堂上的思维表现，判断思考方向，整合学习过程；要善于抓住学生思维的闪光点，让他们的思维情感都活起来，让他们成为课堂的主人；让每个学生都有一个自主成长的空间，让他们的身心得到健康发展。

（一）读懂学生，以学为主

美国著名数学教育家波利亚曾说过：“教师讲什么不重要，学生怎么想比这重要一千倍。”由此可见，读懂学生非常重要，它既是教师设计教学的前提，也是教师上好课的必要条件。建构主义认为，“学习”不是简单的信息积累，而是新旧知识、经验的相互作用，及由此而引发的认知结构的重组。学生已经知道了什么，了解到什么程度，他们经历了怎样的先前学习历程，喜欢什么样的学习方式，这些都是教师在教育教学实施过程中必须注意的，实现高效课堂的依据。在读懂学生的基础上开展教学，才能更好地构建“以学为主”的课堂。

读懂学生的学情。学生的学情是教师确定教学目标、选择教学方法以及安排教学程序的重要依据。学生现有的知识水平、学习能力、学习习惯等都是教师教学之前应掌握的基本情况。教师不仅要深入了解班级的整体特点，还要尽可能多地了解学生的个人学习风格，这样才能收到事半功倍的效果。

读懂学生的兴趣。兴趣是学生最好的老师，教师要正确把握学生的兴趣，依据学生的兴趣特点施教，包括围绕学生兴趣点设置任务；依据学生的兴趣点进行提问；抓住学生的兴趣点选择教学内容。

读懂学生的需要。尊重小学生的各种基本需要，满足学生的合理需要是教师实施有效教学的基础。教师要洞察学生的言行，及时捕捉学生的细微的心理变化，解读学生的各种需要，根据课堂的教学实况调整教学预设。

读懂学生的困难。多元智能发展理论告诉我们，人的智力发展是不均衡的。教师用单一的学科视角来读懂学生，就容易产生误区。在课堂上读懂学生，需要教师坚持以学生的成长作为设计和实施一切教学活动的出发点和归宿，教师要全面了解学生的成长状态、细心解读学生的成长需求、寻找并确定学生发展的可能空间。

除此之外，教师群体之间、教师和家长之间要善于沟通合作，对于学生的学习和生活情况多交换意见；教师还要“走出去”，从社会流行思潮、多元价值、风俗习惯等方面，最大程度上去充分了解学生，以期形成学校、家庭和社会的教育合力。争取多一个读懂学生的角度，是当代教师的责任，也是对教师教育教学实施能力的挑战。当教师从读懂学生的过程中感受到教师职业的内在尊严和快乐的时候，“教学相长”才被赋予了其真正的意义。

（二）创设情境，激发兴趣

当前我们处在关注“学生发展核心素养”的时代背景下，“学生发展核心素养”是指在不确定情境中，运用知识、技能、情感和态度解决复杂问题的综合品质。可见，情境是学生素养落实的重要载体。福建师范大学余文森教授说：“情境之于知识，犹如汤之于盐，盐要溶入汤中才能被吸收，知识也要溶入情境之中，才能显示出活力和美感，才能容易被学生理解、消化、吸收。这就是情境的价值。”创设有效情境，教师可从以下几个阶段着手：

1. 学习新内容之前，创设情境唤起学生的兴趣

一般来说，在导入新课时激发学习动机，是学习新课的重要一步。教学的目的，只有通过学习者本身的积极参与、内化、吸收才能实现。教学的这一本质属性决定了学生是教学活动的主体，其能否主动地投入，成为教学成败的关键。有效的教学情境，一定能迅速激活学生思维，为学生提出问题、分析和解决问题起到切实推动作用。

好的教学情境，既要有背景材料，也要有教学问题，同时满足学生的需要与兴趣。在这一阶段，适合创设模拟生活的情境、游戏的情境、问题的情境、故事的情境等，具有启发性、问题性、形象性，帮助学生从情境中发现问题并获得学习新知识的兴趣。教师可以根据不同的教材，采用不同的形式：或创设问题情境，造成悬念，让学生因好奇而要学；或描绘画面，呈现形象，产生美感，使学生因爱美而要学；或出示实物，在观察中引起思考，使学生因探究而要学；或联系生活，使学生因贴近生活形成关注而要学……这种探究心理的形成，对具有好奇心、求知欲望的儿童来讲，本身就是一种满足，一种乐趣。其过程可简单地概括为：探究→满足→乐趣→内发性动机产生。这就保证了学生在接触新课时，带着热烈的情绪，主动地投入到教学活动中来。

2. 学习新教学内容的过程中，创设情境催化学生的兴趣

南京大学郑毓信教授说：“好的教学情境，应该是满足一个基本的要求：就相关内容而言，特定情境的设置不应该仅仅起到一个敲门砖的作用，也不仅仅有益于调动学生的积极

性，而应该在课堂的进一步开展中自始至终发挥一定的导向作用。”也就是说，情境创设，不只是激发学习动机，把学生带入探究；还应在连续的情境中，不断强化学习动机。若教学过程刻板、单一，学生会因失望而使已形成的动机弱化，以至消失。因此，在把学生带入情境后，教师要根据知识的发展、内容的需要，使情境成为一个连续的动态的客体。在这个过程中，创设的情境应该有利于学生的学习活动。比较适合创设操作的情境、猜测的情境、实验的情境等，具有可操作性、活动性、合作性。

例如，在小学语文课中，教师把学生带入课文描写的相关情境，使人物形象栩栩如生地再现在学生眼前，让学生感到其人可见、其声可闻、其景可观、其物可赏，此时，学生发自内心的微笑、忍不住的哭泣、争先恐后地表述自己的感受……儿童的学习动机在这种“情”与“境”相互作用的持续中得到强化。如果是科普类的常识性课文，可以让学生扮演向往已久的“科学家”“小博士”“潜水员”等角色，进行模拟操作，体验创造成功的愉悦，产生热爱科学、探求未知的情感。

3. 学习新教学内容之后，创设情境保持学生的兴趣

心理学研究表明：轻松、愉快的情绪可以使人的大脑皮层处于觉醒状态，能使大脑处于高效率的活动状态。在这样的情绪下学习，学生的思维敏捷而活跃。学习新内容之后，学生通常比较疲累，注意力容易分散，此时比较适合创设竞争的情境、联系生活实际应用知识的情境、操作的情境、游戏的情境等，具有应用性、竞争性、活动性，鼓励学生创造性地运用知识，引导学生的学习兴趣。

总之，有效的教学情境是真正为教学内容实施和教学目标达成服务的情境，是能真正促进学生发展的情境。好的教学情境应当是学生熟悉的、能理解的。好的教学情境的选材和呈现方式应适应小学生的年龄特点和认知特点。对于不具备鲜明现实背景的教学内容，可以引导学生通过必要的类比、推理或迁移，实现对知识的建构，则未必要创设现实情境。

（三）多样手段，善于调控

从“知识核心时代”走向“核心素养时代”，教师会“教”还远远不够，在教学中教师普遍感到为难的一个问题是如何管理课堂。有多项研究表明，在课堂教学中，教师用于教学的时间大约仅占一半，另一半时间用在课堂管理上，而后者中大部分时间又是被处理纪律问题消耗掉的。几乎所有关于教师效能的研究都指出，课堂管理技能足以决定教学的成败……一个缺乏课堂管理技能的教师，显然不会在教学上取得像样的成就。

课堂管理不是把学生的行为控制起来，而是教师用来创造有益于学习的课堂环境所做出的决策和所采取的行动。对教师来说，课堂管理主要指向如何处理和预防课堂问题行为。

1. 善用技巧妙处理

教师通过明确的指令信息对课堂教学主动控制，是常用而又易行的一种课堂管理方法，比如“请注意黑板”“不要随便讲话”等。直接指令的使用要适度，否定的指令不宜过多，要努力做到令行禁止。除此之外，教师还可以讲究一些技巧：

（1）恰当评价，树立榜样

教师根据课堂管理的现状，对学生的注意程度、守纪状况、作业优劣等及时恰到好处地点评，以引导学生在课堂上发扬优点，克服缺点。比如，有的老师在课堂上说：“好，现在

同学们都在认真看书，有的同学还动笔圈点，已经进入了学习的最佳状态。”这样，那些本来认真看书的学生更加认真，一些不怎么认真的也自动端正了态度。

进行评价，无论对全班、对小组或是对学生个体，都应当实事求是，客观公正，特别是对一些后进生的否定评价更要慎用，防止挫伤学生的自尊心，甚而发生课堂管理的僵局。

（2）语言引导，间接暗示

语言是组织教学的重要手段，对集中学生的注意力起直接作用。因此，教师要锤炼教学语言，说话清晰准确，善于运用声调的变化（包括语音的高低、强弱、速度、节奏、停顿等），使语言鲜明生动，富有启发性和感染力。

教师还可以利用动作、表情、姿态等体态语言来组织教学。比如：适当走近分神的学生，用温和的眼光提醒他；或用肯定的微笑鼓励不自信学生发言，用严肃认真的态度影响同学们的注意力等，都是管理课堂的有效方法。这种表达方式比较隐蔽地传达课堂管理意图，让学生在某种暗示情境中，自动遵守课堂管理要求，既有利于保护学生的自尊需要，又能做到对学生的严格要求。运用间接暗示必须洞察课堂情境，特别是了解学生的心理特点，力求准确而巧妙，淡化管理的“痕迹”。

（3）培养助手，自我管理

利用助手是教师在课堂管理中，发挥学生干部作用，培养学生自我管理能力的一种良好方法。这样做，学生既是管理的对象，又是管理者，自己教育自己、自己管理自己，有利于充分发挥他们的积极性。

当然，还有一些课堂的突发情况，需要教师的教育机智。教育机智是教师根据课堂教学管理的原则，运用自己的智慧，敏捷而恰当地处理课堂教学中偶发事件的方法和能力。教师对课堂教学偶发事件的处理情况，既关系到课堂秩序，又影响教师的教学威信，对教师以后课堂教学管理的效力产生连带影响。教师的教育机智是影响课堂教学管理十分重要的因素。教师若缺乏机智，就会在千变万化的课堂中束手无策，甚至由于自己的简单化处理而事与愿违。

2. “未雨绸缪”谈预防

遇到问题，处理问题，保证良好课堂教学秩序固然重要。但要大量减少课堂问题行为，教师须将更多的注意力从“亡羊补牢”转向“未雨绸缪”。

（1）树立教学威信

赞可夫说：“如果没有威信，那就是说，师生之间没有正确的相互关系，就缺少了有成效地进行教学和教育工作的必要条件。”有威信的老师，可以用轻轻的一句话、一个眼神使乱哄哄的课堂迅速安静下来；而威信不高的教师则很难有效地控制课堂教学秩序。因此，教师要努力提高学识、能力和品行修养，以此树立威信，增强课堂教学管理的影响力。

（2）制定教学常规

必要的课堂教学常规，既是组织教学的基础，也是学生遵守教学秩序的行为依据。如：上课铃起，学生应迅速归位，准备学习用具并安静等待；开始上课，教师走进教室，学生应起立致敬，教师要还礼；上课期间，学生不准擅自离位，更不准说笑打逗……这些常规能促使学生养成自觉遵守纪律的良好习惯，为创造活而不乱的课堂秩序奠定基础。

（3）关注学生心理

课堂上学生有一个共同的心理，希望自己得到教师的注意。教师的注意意味着对他们的重视、关怀和喜爱。注意有时比表扬更能触及学生的心灵和情感。对一个学生长期忽视，就等于抹煞他的优点，以至否定他的存在。对性格活泼而又敏感的学生来说，尤其难以忍受。有时这些学生就不甘寂寞，通过捣乱把自己变成注意的中心。如果在学生的心灵深处建立起师生关系的肯定情感，他就会把自觉遵守课堂管理的各种规范，同时看成是维护师生间友好情感的需要。读懂学生心理，构建良好的师生关系，有助于课堂管理的顺利进行。

教师采用不同的课堂管理方法，对学生的思想、情感等方面会产生不同的影响效果。只有当管理真正成为课堂教学的一种不可或缺的机制时，教学才会由多元性、散漫性和随意性向系统性、规范性和科学性转化，教学才张弛有度，疏密有致，也才能提高教学效益。

（四）关注情感，价值引领

面向全体与注重个别差异符合新的评价标准和学生的成长需要。新课程评价关注学生的全面发展，不仅仅关注学生的知识和技能的获得情况，更关注学生学习的过程、方法，以及相应的情感态度和价值观等方面的发展。

现代认知心理学的研究表明，认知与情感是紧密联系的，作为非认知因素的情感在学习活动中主要起动力作用，承担着学习的定向、维持和调节等任务。现代教学论认为，课堂教学除了知识传递这条主线外，还有一条情感交流的主线。教学活动是在认知和情感两条主线相互作用、相互制约下完成的。学生有了对学习的热烈情感，就会增强其学习的积极性、主动性。人本学派的一个观点是，脱离了感情的智慧是空虚的、无意义的。长期以来，我们的教育进行的是一种“颈部以上”的学习，它只强调记忆、思维等的训练和培养，却没有意识到学习过程不仅是一个认识活动过程，而且是一个情感活动过程，情感和情绪等非智力因素直接影响到一个人的学业成绩和智力发展。

教学中教师要要注意以下几个方面：第一，重视学习过程中情感的作用，努力实现认知过程的情感化。第二，将学生的学习活动与其积极情绪体验相结合，注重激发他们学习的好奇心，体会学习的趣味性和挑战性，获得成功的体验。第三，让每个学生在学习的过程中做最好的自己，建立他们的自信心，注意提供适度的困难，让他们“跳一跳摘果子”，当他们有些许发现后，及时给予肯定和鼓励，让学生体会成功的喜悦。第四，教师应尊重学生的人格，关注个体差异，满足不同学生的学习需要，使每个学生都能得到充分的发展。

在家庭、学校和社会的一些不良因素的影响下，小学生往往会形成一些不正确的认识，甚至产生不良的品德，如果教师不能及时发现，或者不能采取有效的引导措施，就很可能造成小学生道德认识上的模糊以及道德判断上的困难和随意性，从而影响小学生良好道德行为的形成。有的小学生虽然有着正确的道德认识，但因为缺乏自觉性、自制力，当面对矛盾时，往往不能战胜个人的私欲，会做出一些违反道德的决定，有的小学生犯错后虽然能够认识到自己的错误，并向老师和家长保证一定会改正错误，但也常常会因为道德意志薄弱，不能自觉坚持改错，特别是在遇到外界不良因素诱惑时，很容易再次误入歧途，二次犯错。

作为小学教师，一定要有一种对学生行为和思想动态敏锐的觉察力，及时发现学生思想行为中可能萌生的不良苗头，及时地加以引导，用科学的方法指导学生，帮助学生有效矫正不良行为的产生，从而让学生健康顺利地成长。

第三节 小学教师教育教学组织实施能力实践

本节我们重点讨论在实际的教育教学组织实施过程中，需要注意的几个问题。

一、课堂提问

教学过程中，提问是实现师生沟通的重要手段和途径。问题的提出者，可以是老师，也可以是学生。不同类型的问题，难度不同，对学生的思维要求不同，提问的对象不同，需要师生作出的回应也不同。教师应当关注课堂提问，提高提问水平和对学生参与的反馈能力，使问题成为课堂教学的纽带。

（一）讲究提问的质量

1. 服务于教学过程中的各项具体目标

好的提问，是为实现教学目标服务的。提问的设计、实施、反馈都必须服从服务于教学目标，促进学生对知识技能的理解掌握，提升思维品质，丰富学生视野，促进信息交流。教师设计提问时，就应对问题的目标、导向的活动、可能的结果做到心中有数。教师的提问如果不分主次，教学就容易游离主题，尤其是教学经验有限的教师，更应慎重即兴提问，避免画蛇添足。

2. 服务于学生

好的提问，必须基于学生学习的实际，能在模拟学生思维过程的基础上，预见学生可能遇到的思维障碍，使其真正处于学生的“最近发展区”，对学生富有挑战性、启发性，激发学生的思维和高水平的认知。太难或太易的问题，都会流于形式，而难以真正促进学生的发展。

3. 激发学生的问题意识

运用提问技能并不意味着提问只是教师的专利。美国人本主义教育家罗杰斯指出：应该让教师和学生共同分担教学的责任。教学要促进学生思维，就应当培养学生的问题意识。成功地使学生产生问题的教学才能调动学生学习的积极性。在新课程背景下的课堂教学中，教师需要关注和研究“如何让学生问”。教学水平高超的教师善于创设情景，以问引问，鼓励“敢问”，促进“会问”。问题意识的培养是创新能力的核心。

（二）把握好提问的对象

教师的提问，虽是指向全班学生，但要获得学生学习情况的准确信息，还是要让学生个体来回答。提问时要注意不要只是提问好学生，也要善意地提问差学生。根据问题的难度，选择答问的学生。教师应针对不同水平的学生设计不同难度的问题，或者为不同梯度的问题选择不同的回答者，只提问某一类学生结果都只会适得其反。

教师提出问题后，应给学生足够的思考时间，表现出对学生的充分期待和信任。在学生回答问题时，教师要看着学生或缓步走到学生身边，表达专注倾听的意向。切忌在学生回答时心不在焉和不耐烦：写板书、看教案、随意打断学生。

（三）提高对学生答问的反馈能力

提问技能的运用效果不仅取决于教师能否提出高质量的问题，还依赖于教师能否对学生的回答做出恰当的反馈。教师的反馈不同，教学效果可能相去甚远。在教学实施的过程中，教师要根据环节目标，灵活地反馈学生的答问，不必死等教学预设的答案。有时，未必是学生的答案不可用，而是老师潜意识里只是把提出问题作为引出教学内容的一个铺垫，等着自己的那个答案。如果长时间学生都得不出答案，教师要能适当地整合学情，提出新的问题，继续推进课堂教学的顺利进行。

二、对待错误

（一）对待错误的理念

教学的本质是发动学生不断寻找问题、发现问题并力图让学生自主解决问题的过程。尝试错误实质上是一种探究学习活动。新知识对于学生来说是一个全新的事物，错误的呈现、纠错、对策等成了教学的有机部分，学生在学习新知识中“出错”具有客观性。有效的教学是基于“错误”现实之上而不是回避“错误”而展开的。

错误具有可试探性，教学中需要创设让学生有机会犯错的教学情境，通过不断尝试、试验、探究，发现错误、积累经验，从中寻找避免犯错误的方法。粗暴地指责错误，将导致学生因惧怕犯错误而裹足不前，尝试新知识的冲动和激情会因此而消失。

教师要以开放的心态审慎对待学生学习中的错误，正确设计包含如何应对学生“错误”的教学方案，这也是对教师教学智慧的一种检验。真正有智慧的教育和管理，有时需要提供学生“犯错误”的机会，精心留存一些无关紧要的“死角”和不足，并由此设计相应的教育预案，比完美更有教育意义。

（二）对待错误的策略

小学数学界全国著名教师华应龙就追求“化错教育”，以“错出名堂”来“化育童蒙”。在教学过程中，追求“自然状态下的‘猎错’、明察眼光的‘辨错’、耐心等待中的‘完错’、错因里层的‘究错’、关键地方的‘焐错’”，他认为“化错及化人”，错误化开，成长自来。

1. 容错——错是错，温柔地容

错误，是一种反证，是对教师的一种提醒帮助。不管学生在课堂上的回答是正确还是错误，他们都该被尊重，教师要给学生创造可以出错的时空，包容、欣赏学生的差错。教师还通过讲数学家、科学家对待差错的故事，帮助学生认识到“错误是创造的开始”，让学生悦纳自己和同学的差错。

2. 融错——错不是错，智慧地融

错误作为教学资源，背后隐含极佳的教育价值。教师应敏于捕捉，从外在表现入手，暴露其思维过程，分析其内在机制，引领学生从错误中求知，在错误中探究。高明的老师总是善于从学生九十五分错误的解答中，发现那仅有的五分正确，给予热情的肯定，并积极引导，让学生一步步推倒那九十五分的错误，让正确在差错中生长。

3. 荣错——错还是错，自豪地荣

荣错是对出错过程的回眸，是对差错的育人价值的欣赏。学习不是为了解对一道题，而是为了做对一个人。对学生有价值的差错，师生应不吝掌声给予鼓励——为他不盲从的坚持，为他有根有据的说理，为他接纳他人观点后的修正，为他带给全班思考的贡献。这样，培养的就是学生做人、做事的好习惯。

当然，允许犯错，不等于鼓励犯错。只有在尽最大努力避免出错的前提下所犯的错，才可能最具有教育价值。

三、坚持自主、合作、探究的学习方式

自主、合作、探究是新课程改革所倡导的学习方式，是教学中落实核心素养的重要方式。自主、合作、探究是相互支持、相互包涵的关系，没有探究的自主与合作是无效的自主与合作，没有自主与合作的探究也是无效的探究。在自主与合作中进行探究，进行探究需要自主与合作。

（一）探究常态化

1. 探究学习教学策略

（1）设计情境，还原问题

学习分为三个层面：针对知识的接受学习；针对技能的体验学习；针对实践的探究学习。在“核心素养”时代，只把第一层的学习当成一切的学习，对学生的发展和需求远远不够。即使第一层的学习，是让学生记住那些知识，还是以知识为载体，掌握方法，提高能力？“三个层面”的学习，不是先完成第一层面的学知识再进入第二层，然后第三层，而是在全部教学中同时包含有三个层面的学习，所以，并不是学生的基础知识积累到一定程度才有探究能力，而是探究能力的获得就蕴藏在基础知识获得的过程中。因此，组织探究活动同样可以成为小学阶段的课堂常规。

探究性学习是通过设置一个问题、一种情境的方式去进入……设置也是假设，通过假设性思考去解决学习问题，是重要的学习能力的训练；通过假设性思考去解决实际问题，则是日后走向社会极其重要的能力。据有关资料，哈佛大学懂得用假设性思维去解决问题的学生也只有1/3。但哈佛出一个比尔·盖茨就惊动了世界。其实，比尔·盖茨没读完大学就去搞企业，并非不爱读书，而是渴望发挥自己的探索性创造力。

（2）把握火候，多问少管

探究学习强调学生的自主性，但并不忽视教师的指导。因为无论哪个阶段或水平的学生探究，都可能伴随着疑惑、阻力、障碍、艰辛，但都绝不只是轻松和愉快。应该特别强调教师适时的、必要的、谨慎的、有效的指导，从而使学生的探究在经历了一段努力之后有所结果，让学生体验到有所收获的喜悦和兴奋，包括增进学生对世界的认识和学生探究素质的不断提升，从而使学生的探究实践得到不断提高和完善。否则，总是探究不出东西，学生也会丧失对探究的兴趣和信心。教师要指导学生，但不要当领导，指手画脚，亲力亲为。教师要做朋友，对学生的探究活动，多观察，多了解，必要时提点建议和帮助，供学生参考。

（3）鼓励冒险，欣赏智慧

探究性学习并不神秘，也容易组织，就是“试误性学习”。错误是人人都会犯的，正确只能通过尝试和体验错误才能达到，这是探究性学习的特征。首先设置一个学生感兴趣的“问题”，明确探究“目标”，引发探究行为。在从问题向目标前进的过程中，不论走到“正”，还是走到“负”，那曲线都提示学生的思维在积极探索。此时的教师不必为学生的错误大喊大叫，面对他的错误，为之鼓掌，告诉他：“快了，你就快成功了！”

像这样经历学习和体验学习的过程，通过体验错误达到正确，与其说是科学的，莫如说是哲学的。经过探究性学习培育的这一代学生长大，会比父辈、祖辈都更科学地对待世间的万事万物，会更有能力来对待人间的正确和错误。

2. 组织探究学习应避免的问题

（1）避免为动手而动手

有的教师包办探究的问题和过程，学生只需按规定的过程操作，即可得出结论。学生提出问题、思考验证过程的机会被剥夺，造成了学生对教师的迷信和依赖性思考，泯灭学生怀疑的天性，消灭学生提出问题、思考问题的欲望，降低对问题的敏感度。

还有的教师忽视学生探究的精神和价值观的培养，给学生以错觉：只要按照教师预设的实验情景和方法就能得到与书本相同的结论，从而验证书本知识的准确性。这样的探究性学习必然使学生形成错误的科学观和探究性学习观。

只动手不动脑的探究与传统的灌输式教学并无本质区别，教师组织探究学习应避免为动手而动手。

（2）避免教条化

有的教师认为只有提出问题、收集有关资料和事实、提出猜想或假设、对假设进行实验验证和推理、发现规律得出结论等等都是由学生自主发现，由学生独立完成的活动才归为探究。这些过程体现了探究学习的完整性，但并不是所有的探究活动都要明确具备这几个阶段，也并不是这些阶段的顺序一成不变，有些环节，如“提出猜想或假设”，可能需要多次出现。探究学习有完全探究（让学生经历一个完整的探究过程）与不完全探究（学生只经历探究学习的某一个或某几个环节）之分。不完全探究也同样属于探究学习之列。有的教师虽然让学生经历了探究学习的各个阶段，但是在课堂气氛的烘托和学生兴趣的培养及在学生的体验性上却毫无建树，使探究走向程序化，脱离了探究学习的根本。所以，在设计组织探究教学时，关键还是要看教学活动的本身应该采取哪些步骤，这具有很大的灵活性。

（二）组织学生有效合作

合作学习是针对教学条件下学习的组织形式而言的，是学生在小组或团队中为了完成共同的任务，有明确的责任分工的互助性学习。组织学生合作学习的技能是指教师促进学生在异质小组中彼此互助，共同完成学习任务，并以小组总体表现为奖励依据的教学行为方式。

1. 合作学习教学策略

（1）选择适当的合作时机

并非课堂教学中的任何时候都适宜组织学生合作学习，它需要一定的情境、时机。通常情况下，当遇到问题难度较大学生思考出现困难时，当问题涉及面大、学生回答不全面时，当问题的解决方法多样，学生认识到自己所拥有的知识不足以解决或意见发生分歧时，甚至学生主动提出有探讨价值的问题时，都可以组织学生开展合作学习。这时，教师可以把问题交回给学生，进一步激起学生的探究欲望。即便不能最终解决问题，合作探究的过程本身也是学生学会求知、合作、成长的过程。

（2）合理设计合作任务

适宜采用合作方式完成的学习内容可以是某个课堂具体问题的解决，可以是课题式学习，可以是实验设计，可以是某个阅读材料的理解等。教师组织学生合作学习时，要注意任务明确，目标清晰，陈述简洁，难度适宜；应向学生说明合作的内容和要求，在学生进入合作之前，给学生留出足够的独立思考时间，利于大家在最近发展区，群策群力“跳起来能摘到果子”。

（3）灵活调控合作过程

合作学习是一个动态的过程。教师要承担好组织者的职责，通过冷静地观察，及时了解合作进程，掌握讨论的焦点和认知的难度。教师既能参与其中，与学生共同讨论，又能适时抽身了解各组的合作进展情况，并能根据实际情况灵活调控，如合作的时间是否需要延长或缩短，是否有跑题现象需要纠正，是否每个学生都在积极参与，讨论的声音是否过大需要提醒……

（4）采用多样的评价方式

恰当的评价是合作学习的重要环节，同时具有提供反馈、影响学生合作学习参与热情与效果的作用。评价时应注意个体评价与集体评价、结果评价与过程评价并重，既珍视每个学生的积极努力，又不忘记从集体绩效的角度看待个人的作用，始终把个体表现纳入集体业绩中加以考量；既关注学生合作的结果，又重视学生取得结果的过程与方式，以及这种过程与方式可能对学生产生的影响，使合作学习的效益最大化。

评价时可以教师评价，也可以学生互评。前提是真诚参与，尤其要纠正学生在组内讨论时不表达而在全班交流时单独表现的行为。

2. 组织合作学习应注意的问题

（1）分组分工不当

有的教师分组时不注意学生间的合理搭配，分工时又不能尊重学生的意见，过于依赖平时学习成绩优秀的学生，致使小组成员间发展机会不平等，极有可能使某些成绩相对落后的学生产生失落感，影响学习效果。需要明确的是，并非几个学生随意组合在一起以小组的方式进行学习，就属于合作学习。只有当小组的构成是异质的，且在实际运作中成员之间能够实现有效的角色互补的分组学习，才是有意义的合作学习。

（2）合作时间不足

课堂上的合作学习，最忌讳学习任务刚刚提出，学生的讨论或尝试才刚刚开始，教师就又喊停。合作时间的长短应立足于学生讨论或尝试的进展、目标是否达成等课堂的实际情况而定。

（三）塑造独立精神的学生

人的知识可以分为两大类：一是共有知识，二是个人知识。教材上的知识多是共有的知识，可传递、可复制、可迁移。个人的知识是自己实际经验的积累，是个性的，见仁见智的。

教学过程就是将共有知识转化为个人知识的过程。给学生一个探究性问题，知识不够，他可以去问家长、问社会……有的学生的邻居就是专家。这样一来，能使学生获得知识的就不止是一个老师。这就是个重要变化——家庭、邻居、专家、公众，以及报刊、图书馆、环境（自然的和社会的），都可以是教育者。如果教师照本宣科，就只是讲授课本里那些知识，且是多年前写进课本的知识。现在老师课前给出一个题目，40多个学生撒出去，带回课堂来的有40多个学生访问了更多人士得到的百十种知识亮点。这就使很多人的智慧在课堂里交流激荡，学生便在这样的海洋里学习成长。

过去，一个教师面对数十个学生授课，老师的精力要照顾到每一个学习进度有差异的学生，的确很不容易。那些跟不上的学生，常常是那么深切地感到孤独无助。现在，众多因素共同作用于每个学生。学生就在我与课本、我与课堂、我与老师、我与同学、我与学校、我与家、我与社会、我与环境、我与未来中认识我，建设我。这时的我，就不是一个孤立的我，而是一个独立的我在蓬勃成长。

教学的主体在这里发生了改变，学生真正成了学习的主人。在这里，不再是老师怎么教我就怎么学。因为老师说的与专家说的可能有很大分歧，专家说的与网上最新出现的也可能有很大不同。谁是正确的呢？学生完全可能发现：老师、专家、父母或其他人士说的，都有对也有错。那么，谁的见解更接近正确，接近可行？“我”从一个总是被动接受知识的对象，变成了主动对各种现象各种见解进行辨析、判断的主体，然后决定取舍或动手改造。

独立的自主思考状态，与那种孤独无助的状态，是多么不同。具有独立人格的人，与那种成年后人云亦云的人，也有天壤之别。如果一个学生的思维和视野不被几册课本束缚住，如果一个学生“我与世界”的思维被打开、被塑造，其获取知识的能力和创造力将不可估量！

（四）尊重差异，个性化教学

1. 由“教”到“导”

先与大家分享清华附小学生的成长故事。

教学案例

“小毁”的成长

王思维一直学不好数学，在她四年级时，新来的数学老师发现她一上数学课就开始画画。老师想了一个办法，让她用美术的方式来做数学题。在老师的帮助下，她发明了自己的手绘版连续剧，主人公“小毁”就是她自己，老师和学校都在其中。每一期连续剧都有一个主题，有可能是生活中的比，在生活中用最简单的方法理解百分比；也有可能是百分数的应用，在写写画画中发现数学成员之间的关系。三年后，在爸爸妈妈和老师的帮助下，王思维出版了自己的数学漫画图集《小毁成长记》，自信心也大大提高，快毕业时已经成为了女足的队长。

由“教”到“导”，不是云端的理念和空中楼阁，是教师以更宽广的胸怀去容纳学生，发掘学生的潜力，让他们以最适合自己的个性化学习方式，遵循兴趣，完成学习。

2. 跨界导师

教学案例

清华附小的副校长傅老师是一位一年级老师，不仅担任班主任，还是科学、数学和美术三门学科的老师，跨学科让他的教学大有特色。

第一节数学课都是从认数开始，傅老师不是跟大家摆小棍，也不是为在黑板上画三角形，而从数学史开始，讲数字的起源，让大家感受到数学的神奇。在数学课堂以外，傅老师又跟语文老师进行了合作，一年级语文也在学习数字，傅老师和语文老师将阿拉伯数字、语文数字和人民币数字放在一起，让家长帮忙学习。这样，孩子们就把数字的大写、小写和阿拉伯数字、特殊称谓的表达都学会了。在美术课上，傅老师继续引导孩子们根据各种色彩的值，把所学的数字画出来，孩子的表达能力得到了训练。在劳技课中，他鼓励孩子们把自己的画作用手撕出来——亲手触摸和亲近数字。在读书课中依然是关于数字的主题，大家一起阅读《过去的人是怎么数数的呢？》。

一人承担多科的教学，并非是清华附小缺乏师资，而是学校低年段特别强调小幼衔接，模糊学科边界。孩子在幼儿园环境里受到许多关注，在升入小学后，老师关注的减少会减低孩子的安全感，所以清华附小的幼升小衔接课程会选择综合性强的老师，让孩子有稳定安全的感觉。

透过这个故事，我们需要想一想：我们到底是学科教学还是学科教育？是学科教育还是学生素养？清华附小的使命是为聪慧与高尚的人生奠基，我们教育的目的就是指向学生素养。素养好比孩子的芯片，我们通过教育让孩子由自然人变成社会人，实现个人价值与社会价值的和谐统一。

3. 生活即课堂，情感即教育

再讲一个案例，基于当今学习压力从小学开始就很大，京源学校小学部策划了“心里话大声说”活动，中央电视台也记录了这场活动。

教学案例

活动现场，全体学生集中在大操场上，有心里话想要说的孩子先走到学校最高一层楼的阳台上，独自面对大操场上的同学，使劲说出最想说的话。

第一个男孩大声喊道：“同学们，你们好！我叫刘博远，是三（1）班的同学。我想对我们班的季然说，我跟你老发生矛盾，我想跟你说声对不起，希望你能够跟我和好！”话音刚落，楼下传来一个孩子更加使劲的喊声：“我—也—这—样—想—”

“我写作业很慢，我以后想当一名记者。我要有记者的本领，考试就不会来不及了。”

“我是二（1）班的，我想对刘小双说，刘小双谢谢你！我是新来的，你每次都对我特别好，我希望能和你做一生的好朋友。”

"大家好！我是三（2）班的张丰豪，那天竞选小队长，我觉得我能行，我就毛遂自荐，可是我没选上。我下学期一定要当上小队长，你们能选我吗？"

"我是二（2）班的鞠爱国，我想对我妈妈说，今天的作业我不想全部写完，能让我星期五、星期六两天写完吗？"

一对双胞胎兄妹，哥哥大妹妹一刻钟。哥哥先说："我是三（1）班的李仁杰，我想对我妹妹说，让我妹妹以后听我的话，我妹妹以前老不听我的话。"妹妹接着说："我是三（1）班的李仁笑，我想对我的哥哥说，我想当他的姐姐，不想当他的妹妹，让他听我的。"

孩子们的心里话各种各样，越说越大胆，越说越真切。一个女孩，当中央电视台播出她的心里话时，观众看到画面上的她孤零零地站在阳台上大声说："我想对我爸爸妈妈说，求你们以后别再吵架了，行吗？"女孩最后那句"行吗"，听起来像哭。

当今学生的心理压力是多方面的，学习压力是最直接的。教师既要努力提高学生的成绩，又要设法释放他们的心理压力，这个"心里话大声说"活动是其中一例。当我们赞扬这个活动时，这个活动的另一面，就是我们现行的教育需尽快改变。

新世纪的教育，即使在中小学领域，一个"教师"的时代正在成为历史；而一个从基础教育到高等教育全面呼唤"导师"的时代，正在诞生。

问题解决案例

徐长青老师的"多边形内角和"课堂实录

师：要证明三角形内角和是180°，谁有最好的方法告诉我？

（学生讨论，选择方法，理清思路，确定名称）

生1：用量角器量一下，这个三角形三个角相加是180°。

师：给这种方法起个名字？

生1：量角求和法。

生2：我不用量角器也可以证明三角形内角和是180°，我把三角形撕成三块拼起来正好是一个平角。一个平角是180°，从而证明三角形内角和是180°。

师：他们的胆子真大，居然把三角形撕开了。起个名字？

生：撕角求和法。

师：归纳得很好。（电脑演示撕三角形拼平角的过程）

生3：我们是把三角形的三个角折在一起。这三个角组成一个平角，180°。名字叫折角求和法。

生4：把三个相同三角形的不同的角拼到一起。叫三拼求和法。

师：他们组的同学多有合作精神！每人拿出一个三角形，省去了撕、折的过程。（电脑演示三拼求和）

点评：来源于学生的反复求证，不同的方法，同样的证理，在使学生获得属于自己"专利"的正确途径后，又为下面的研究积累了大量原始信息，对图形的个体现象的研究，最终将上升为对生成问题和图形组群的研究，特征、方法与规律不正蕴涵其中吗？

师：我们已知三角形内角和为180°，利用不同的方法进行了证明，大家猜猜看四边形内角和是多少？说说你的理由。（鼓励学生利用已有经验大胆猜测）

生：把四边形的四个角拼在一起组成一个周角，周角是360°，我们断定四边形的内角和是360°。

师：还有其他观点或方法吗？

生：我们组的方法是这样的：这是一个不规则的四边形图形，因为它可以剪成两个三角形，三角形的内角和是180°，所以剪成两个就是360°。

师：我们来动手做一下行吗？

生：可是四边形可以剪成三个三角形啊，难道可以说是540°吗？

生：因为你无意中多剪了两个角。

师：这多剪的两个角是多少度？

生：正好是一个平角，180°。

师：540°减180°等于多少？

生：360°

师：你们都把我说服了，但是得把不同意的同学说服呀。

学生仔细演示，最后说服了说是540°的同学。

师：你们握握手吧，谢谢你们！同时也特别感谢这位同学，你有着非常执著的精神，那么它的技巧究竟在哪里呢？我们这一刀应该切在什么地方呢？

生：角对角

师：那这条线我们称之为——

生：对角线。

师：那么我们沿着对角线将图形分成尽可能少的三角形。四边形可以分几个三角形呢？

生：两个。

师：我们给他取个名字。

生：一分为二求和法。

师：那我们就叫作一分为二求和法，我们比较一下一分为二求和法与前面的量角求和、折叠求和、剪拼求和有什么不同？

点评：本节课中充满了问题意识，教师不断激发学生产生问题，又引导学生去进行比较，在比较中鉴别、突出事物的本质特征，这是一种重要的学习方法。可见，教师在本课的设计中有意突出了方法而淡化了结果。

生：我们的一分为二求和法就是用了已经学过的三角形内角和知识。

师：这种方法不是对原来方法的重复，而是在肯定三角形内角和基础上利用已有知识解决了新的问题。这位同学真棒，有一种成果意识和工具意识。我们知道了三角形内角和实际上是多了一个工具，那么我们知道了四边形内角和之后又多了一个工具，你们猜猜我在想什么？

生：五边形的内角和是多少？

师：谁来猜猜？

生1：我觉得五边形的内角和应该是540°。

生2：420°。

生3：540°。

师：请你们用自己的小手来分一下！

生1：我用的方法和上一次一样，我分成了三个三角形。（演示）180°×3＝540°。

生2：我分成了一个四边形和一个三角形，四边形内角和是360°，三角形的内角和是180°，所以是540°。（热烈的掌声）

师：真不错！用了两个工具。这两种方法其实可以归到一种方法上去，也可以分成几份？

生：三份。

师：那这种方法叫什么？

生：一分为三求和法。

师：如果我还要问下去，还会问什么？

生：六边形、七边形、八边形……

师：知识是无穷尽的。我要这样不断地问下去，我也累，大家也累，那怎么办呀？能不能有好的方法让我们不累呀？

师：其实刚才我们做过的结论也是一个宝贵的资源，让我们重新审视一下这些资源。

……

师：同学们，刚才的问题都是来自老师的，但是我想通过这节课把这些问题转化为你自己的，不断地问自己为什么，怎么样，一个一个地问，一个问号你可能解决不了，但是当你把这些问号连成一串的时候，你就会发现，你会有办法解决它了。四边形一分为二，五边形一分为三，六边形一分为四，七边形一分为五，十二边形一分为——谁能告诉我？十二边形的内角和是多少？

生：180°×10＝1800°

师：我是不是给你一个十二边形去一刀一刀地剪？

生：不用，因为多边形所能划分的最少的三角形个数总比它的边少2。边数减2再乘180°就可知多边形内角和。

师：你们已经把一个个数学现象连接起生成了一个数学的规律，就让我们用这个规律去解决新的问题吧。

点评：这样的教学，是学生高兴参与的、有趣的、有意义的活动。他们禁不住挥动着举起的小手，向教师暗示："我知道""我会""老师，请让我讲吧"，这时学习已成为儿童的"自我需要"。在这里，没有丝毫沉闷的学习空气，没有强制，没有指令，完全摆脱了被动应付的状态。探究的乐趣，也绝不仅属于少数拔尖的学生，而是属于全体学生。在这种热烈的内驱力推动下，学生群体为求知而快乐，为探究而兴奋，达到了一个比预期教学目标还要丰富得多、广阔得多的境界。而当教师让他们下课时，他们又涌到教师的跟前，甚至自觉排好队，把上课没来得及提的问题、心里想说而未能有机会表达的感受，倾诉给教师。在教师听完了他们的表述微笑点头时，满足的平衡感会使他们感到无穷的乐趣，得到一种精神的享受。在此情境中的教师，自己的情感也禁不住升腾了，一种工作的乐趣驱动着他以更饱满的热情投入教学活动，进一步激发学生的学习动机，真正使学生变被动学习为“自我需要”，使学习动机稳定、持续，从课堂到课余，乃至延续到日后漫长的学习生活中。

参考文献

[1] 教师专业标准研究课题组. 小学教师专业标准：要点·行动·示例 [M]. 北京：北京师范大学出版社，2013.

[2] 教育部教师工作司. 小学教师专业标准（试行）解读 [M]. 北京：北京师范大学出版社，2013.

[3] 崔允漷. 有效教学 [M]. 上海：华东师范大学出版社，2009.

[4] 教育部基础教育课程教材专家工作委员会. 义务教育数学课程标准（2011版）[M]. 北京：北京师范大学出版社，2011.

[5] 王宏甲. 中国新教育风暴 [M]. 北京：北京出版社，2004.

[6] 张卓玉. 第二次教育革命是否可能——人本主义的回答 [M]. 北京：商务印书馆，2009.

[7] [德] 希尔伯特·迈尔. 怎样上课才最棒 [M]. 上海：华东师范大学出版社，2011.

[8] 李海林. 美国中小学课堂观察 [M]. 北京：教育科学出版社，2015.

[9] 常学勤. 教师课堂教学技能指导 [M]. 北京：新华出版社，2009.

第十一章 小学教师教育教学激励评价能力的形成与实践

问题引出案例

小张老师查背诵

小张是刚刚步入工作岗位的新教师，带五年级的语文。这两天她正带领学生学习老舍先生写的《草原》呢。老舍先生文笔优美，语言精妙，小张老师下了大功夫引导学生品析这篇文章。讲完之后，她才发现课文要求背诵呢。她马上留作业并发到班级群：背诵《草原》一、二段，签字，次日检查。

第二天课前，小张老师开始抽查背诵。整体情况并不是特别好，小张老师心里直嘀咕：可能是这两段话太长了，孩子们背起来太吃力了。正想着呢，她发现凯凯在她检测过程中始终不敢抬头，她料定，凯凯肯定就没有背诵，一抽查，果然如此。同样被查住的还有好几个孩子，红红努力背了几句，却怎么也背不下去了。心烦意乱的小张老师大手一挥，对这几个压根儿不会的凯凯之类的孩子，以及实在背不下来的红红之类的孩子提出惩罚：抄一遍《草原》一、二段，继续背课文。话音刚落，他人尚可，红红却忍不住地抽泣起来，声音越来越大，像是有什么委屈似的。小张老师倒是快人快语："哭什么呀？没下到功夫你还好意思呀。快赶紧抄写背诵吧。"红红一听，哭的声音更大了，她觉得自己委屈极了：老师上课并没有怎么多读课文。她前一天晚上花了快两个小时背这课，却怎么也背不好。老师非但不能体谅她，还要对她惩罚，这委屈的泪水怎么能忍得住呢？

当前教育改革一直都在进行着从应试教育到素质教育的各种尝试，但在学生评价中唯分数化仍是学校、教师、学生等评价的主要手段。这种评价过分强调了评价的终结性功能和选拔性功能，极大地挫伤了学生学习积极性、主动性和创造性，严重影响了素质教育的实施，偏离了我国的教育方针，已成为我国基础教育领域的"重灾区"。对此，学生疑惑，老师困惑，如何对学生进行评价，成了摆在每一位教育工作者面前亟待解决的问题。在新一轮教育改革的大潮下，以人为本的思想始终贯穿其中，以人为本的评价思想在评价过程中起着举足轻重的地位。

新课程以"为了每一位学生的发展"为根本宗旨，以这一宗旨为指导的评价有着全新的方法、标准、特点。合理构建和真正实施以此理念为指引的评价体系和运行机制，是我们实施新课程的一项核心任务。这一任务的完成不仅直接关系着课程改革的成败，而且关系着学生发展的方向和水平，关系着教育的效率、效果、效益，关系着国家和社会的发展。

第一节　小学教育教学激励评价概述

激励与评价是小学教师重要的专业能力。激励即激发、鼓励；评价是指多方面收集事实材料，并做出价值判断的过程。小学生是正处于不断发展、变化之中的未成年的孩子，教师作为学生成长中的重要他人，教师的评价具有鲜明的导向作用，对学生的激励与评价是学生赖以感受成长喜悦的主要参照物，可为学生提供心灵的呵护。激励学生品味成功，帮助学生树立自信，主动发展。

《专业标准》中对激励与评价这一专业能力的基本要求主要围绕评价能力展开。

一、评价的内涵

（一）评价

评价，就是评定价值的意思。在《现代汉语词典》中，“评价”是“泛指衡量人物或事物的价值”。评价既可用作名词，也可用作动词。评价作名词时，主要是指从静态的意义上表明对某一事物进行评判的结果。如果将评价用作动词，表明一种活动。从动态意义上理解，评价包含测量和评估两个部分：测量是指通过收集信息了解事物发展的状况；评估是指在掌握了事物发展状况的基础上，根据一定的标准对事物的发展状况做出判断。从性质上讲，测量是事实判断，评估是价值判断；测量是评估的基础，评估需要测量提供依据，同时，测量也需要评估赋予其意义。因此，评价是一种以测量为基础，并根据一定的标准，对事物进行估价的活动。通俗讲，评价是指多方面收集事实材料，并做出价值判断的过程。

评价不是一次性的活动，而是一个连续的、动态的过程。

（二）教育评价

纵观教育评价的发展历程，一般大致划分为古代传统考试、近现代的科学测试以及当代的科学评价三个不同时期。教育评价发展到现代涉及教育领域的方方面面，有以教育的全领域以及宏观决策为对象的宏观教育评价、以学校各方面工作为对象的中观教育评价、以学生为对象的微观教育评价。在现代教育活动中它主要包含学生评价、教师评价和学校管理评价等几个领域。并且，教育评价的理论与实践已成为现代教育改革和发展不可缺少的一部分，它与教育基本理论研究、教育发展研究共同构成了当代教育科学研究的三大领域。

由于对教育评价的方法、过程、原则、内容、操作、功能等有不同的理解，因而对教育评价的理解也是多种多样的。国内有一种比较认同的观点：教育评价是指通过系统地采集和分析信息，对教育活动满足预期需要的程度做出判断，以期达到教育价值增值的过程。这种观点把教育评价用公式表示为：教育评价=客观描述+价值判断+增值探索。

教育评价是一种价值判断活动，但这种价值判断不是单一性活动，不是对事物“优劣好坏”的简单判定，而是一个对特定教育现象复杂的、系统的考察与评判过程。

评价只是手段，而不是目的；教育评价只是实现教育增值的手段，而不是目的。为实现教育增值，教育评价应在发挥诊断作用的基础上，进一步发挥激励作用、管理作用、调节作用、发展作用。也就是说，要通过教育评价最终促成教育的发展、增值。

（三）学生评价

对于“学生评价”这一概念的界定，学术界至今没有一个统一的结论。吉普斯（C. V. Gipps）在其著作《超越测验，走向教育性评价的原理》中提到，“学生评价是一系列评定学生表现及成绩方式的综合，包括正规测试与测验、实践与口头评价、教师实施的基于课堂的评价、档案袋等”。

基于对教育评价的理解，把学生评价界定为：学生评价是指在一定的教育价值观的指导下，根据一定的标准，运用现代教育评价的一系列技术和方法，对学生个体成长发展情况与行为变化及其影响因素进行系统分析和价值判断的过程。它包括学生发展的各个方面，要对学生在知识与技能、过程与方法以及情感、态度、价值观等方面发展状况进行全面评价。这种评价既包括对学生的学业评价，也包括对学生非学业情况的评价；既包括对学生智力因素的评价，也包括对学生非智力因素的评价；既包括对学生发展结果的评价，也包括对学生发展过程的评价。

学生评价是教育评价的核心，也是学校教育中每一位教师都必须实际操作的一项重要内容。它是教育评价中历史悠久而又永恒的话题，有了学校教育就有了对学生如何评价的问题。因为促进学生发展是教育活动的本质追求，学生发展的水平和状况理所当然是教育评价关注的焦点。学生评价还在很大程度上决定着教师评价和学校评价的结果。所以，构建促进学生发展的评价体系、有效地实施学生评价、体现“为了每位学生发展”的基本精神，是教育的必然追求。

《专业标准》中和本章所论述的评价是指学生评价。

（四）发展性评价

发展性评价是20世纪80年代以后发展起来的一种关于教育评价的新理念。

所谓发展性学生评价，就是指依据正确的教育评价理念，运用合理的评价方法，在平等、合作与尊重事实的基础上对学生的素质发展进行价值判断，促使学生不断认识、完善与发展自我的过程。

突出评价的发展性功能，集中体现了“一切为了学生发展”的教育理念。学生处于不断发展变化的过程中，教育的意义在于引导和促进学生的发展和完善。学生的发展需要目标、需要导向、需要激励。发展性评价为学生确定个体化的发展性目标，不断收集学生发展过程中的信息，根据学生的具体情况，判断学生存在的优势与不足，在此基础上提出具体的有针对性的改进建议。发展性评价考虑学生的过去，重视学生的现在，更着眼于学生的未来，所追求的不是给学生下一个精确的结论，更不是给学生一个等级分数并与他人比较，而要更多地体现对学生的关注和关怀。不但要通过评价促进学生在原有水平上的提高，达到基础教育培养目标的要求，更要发现学生的潜能，发挥学生的特长，了解学生发展中的需求，帮助学生认识自我，建立自信。

二、评价的目的

评价的目的在于促进人的发展。这一结论不仅是国内外评价理论界的共识，

而且也在教育评价现实中得以凸显。《专业标准》中明确指出，评价的目的是为了考察教师的教学水平和学生达到学习目标的程度，了解教学各方面的情况，从而判断它的成效与缺陷、矛盾与问题，帮助教师改进教学，促进学生全面发展，保证课程目标的实现。

三、评价的标准

（一）评价标准的含义

标准是教育评价中的一个重要概念。

评价标准：是在实施评价过程中进行价值判断的准则，具有显著的社会性特征，并因评价对象和要求的不同而千差万别。

（二）现代的学生评价标准

学校教育工作以教育目标作为其出发点、依据和归宿，因此教育目标制约着学生评价标准必须与其相一致，它是教育目标在各个评价项目上的具体化。我国尚未有一个独立的学生评价标准，而主要依据教育目标并依托于课程目标，将抽象的目标具体化，分成不同的阶段水平，以此作为学生评价的标准。我国的教育目标由三个层次即国家的教育总目标、各级各类学校的培养目标、课程或者教学目标所构成。

现代的学生评价标准是以促进学生的发展为主题，不仅要关注学生的学业成绩，而且要发现和发展学生多方面的潜能，了解学生发展中的需求，帮助学生认识自我、建立自信。

四、评价的类型

经过长期实践的探索，目前有多种的学生评价类型，根据功能、用途、标准、主体、方法和任务等的不同，可将学生评价划分为如下主要类型。

（一）根据评价内容的复合程度，可将学生评价分为单项评价和综合评价

1. 单项评价

所谓单项评价，是指对学生某个方面的评价。比如对学生的学业水平、思想品德或个性特征等某一方面的发展水平做出的判断。

单项评价可以使我们对学生的某一方面有准确和深入的了解，以便因势利导，对症下药。

2. 综合评价

所谓综合评价，是指从整体上对学生的发展水平进行的判断。如学生综合素质评价。综

合评价一般是在单项评价的基础上进行的，根据学生多个方面的发展情况，对学生某一发展领域或整体发展水平做出整体性的判断。

综合评价有利于全面地把握学生的整体发展状况，促进学生全面发展。

（二）根据评价的功能和用途，可将学生评价分为诊断性评价、形成性评价和终结性评价

1. 诊断性评价

又称“事先评价”，是在进行教育活动之前进行的评价。两大功能：为教育教学提供依据；发现教育教学中存在的问题。

2. 形成性评价

又称“即时评价”或“过程评价”，是在教育教学活动过程中对学生的发展和变化情况进行的连续性评价。两大功能：有利于教师和学生及时调整教学活动；有利于教师和学生强化自己的行为。

3. 终结性评价

又称“事后评价”或“总结性评价”，是在教育教学活动告一段落时，为了解学生的学习结果而进行的评价。两大功能：为学校的学生管理工作提供依据；为下一阶段的教学工作指引方向。

诊断性评价、形成性评价和终结性评价的异同见表11–1。

表11–1　诊断性评价、形成性评价和终结性评价的对比

评价类型 项目	诊断性	形成性	总结性
职能	分班： —确认必要的技能具备与否 —确认现有的掌握水平 —确认源于教授方式的特点而造成的学生分类问题 —确认影响不同类型学生继续学习的因素	对师生做出关于学生学习进展的信息反馈明确单元结构的错误，以便明确地制定矫正教学的方针	在单元、学期、课程的终了，认定学分，评定成绩
实施时期	在单元、学期、学年开始时，在正常的教学活动尚未纳入轨道之前实施，以便分班	在教学开展过程中实施	在单元、学期、学年终结时实施
评价重点	认知能力、情感及技能、生理因素、心理因素、环境因素	认知能力	一般侧重认知能力，有的学科则强调技能和情感能力
评价手段的类型	摸底测验用的形成性 测验与总结性测验 标准学力测验 标准诊断测验 教师编制测验 观察和检验表	特别制作的正式测验	期末测验或总结性测验

（三）根据评价所依据价值标准的不同，可将学生评价分为相对评价、绝对评价和个体内差异评价

1. 相对评价

所谓相对评价，是指在团体内以自己所处的地位同其他人相比较而进行的评价。其评价标准是设在团体以内的。比如，根据学生的考试分数给学生排名，将学生成绩分为优、良、中差或A、B、C、D等级别都属于相对评价。

通过相对评价，可以使学生客观地判断自己在班级中的优劣情况，即自己所处的位置，有助于树立竞争意识，但它的弊端也比较突出：①由于其把重点放在个体间的比较上，不注重既定目标的完成与否，结果导致学生争分、争名次，忽略了自身素质的提高；②学业评价因有两头小中间大的比例限制，所以很难反映出学生的进步状态；③学生学业评价的优劣，是评价教师教学成果的重要依据。评定比例的限制同样也会挫伤教师的积极性。

2. 绝对评价

绝对评价是在总结分析相对评价的优势的基础上提出来的。所谓绝对评价，是指在评价对象的群体之外，判断完成既定目标的程度而进行的评价。绝对评价是以教育目标为基准，对每一个评价对象的集合以外确定一个客观标准，然后将每一个评价对象的发展状况与这一客观标准相比较，以判断其达到程度。

通过绝对评价，可以明确学生发展状况与教育目标之间有无差距，差距有多大，从而把教师和学生的注意力吸引到实现教育目标上来，避免学生之间、教师之间因为相互比而造成的无谓的时间和精力的浪费以及精神上的巨大压力。例如，各级学校的毕业考试，就是根据规定的标准要求，对学生达到标准与否做出判断，凡达到规定标准要求的，都视为合格，否则为不合格，就是一个客观的绝对的标准。但是，由于实施绝对评价首要的问题是制定客观的标准，而对于学生评价来说，客观标准的制定又是非常困难的，往往难以做到真正的客观、公正、合理、有效，因此，目前对学生进行绝对评价还存在许多问题，往往由于评价标准的不统一而造成“公说公有理，婆说婆有理”的局面。

3. 个体内差异评价

所谓个体内差异评价，是指以评价对象自身的发展状况为基准，就自身的发展情况进行纵向或横向比较而做出价值判断的过程。它既可以把评价对象的过去和现在比较，也可以将评价对象的某几个方面进行比较。例如，某个学生上学年的语文考试成绩是60分，这一学期增加到80分，一般来说教师可以认为该生已有进步。再比如，将同一个学生的不同课程的学习成绩进行比较，就可对他两门课之间的学习是否均衡做出评价。这都属于个体内差异评价。这种评价方法比较充分地照顾到了学生的个别差异，有利于减轻学生的心理负担和压力，增强自信心，强化学习动机。但是它的缺点也是显而易见的，由于它既不与客观标准进行比较，也不与其他被评者进行比较，因此无法给评价对象提供明确的参照目标，不利于培养学生的竞争意识，学生也没有危机感，因而不利于学生的发展。

（四）根据评价主体的不同，可将学生评价分为他人评价和自我评价

1. 自我评价

所谓自我评价，是指评价对象对自己所进行的评价。自我评价实质上就是评价对象自我认识、自我分析、自我提高的过程。评价对象积极参与到评价活动中来，不仅有助于评价对象及时发现自己的问题并及时改进，而且有利于消除评价对象之间可能出现的对立情绪，使评价结论更容易为评价对象所接受。所以在倡导评价主体之间双向互动、相互理解的当代教育评价中，自我评价越来越为人们所重视，特别是在以发现学生的问题、寻找解决问题的方法、促进学生的发展为根本目的的形成性评价中，自我评价显得更为重要。但是，由于自我评价一般没有一个客观的统一标准，其主观性比较强，容易出现对成绩或问题估计过高或过低的现象。因此，开展自我评价时要遵循：①基础性原则；②指导性原则；③注重形式与实效相结合。并把自我评价与他人评价有机地结合起来。

2. 他人评价

所谓他人评价，是指由其他有关方面的人员对评价对象所实施的评价。对于学生评价来说，外来评价的主体主要是指教师、家长和社会。他人评价最大的优点是比较客观，也就是常言说的“旁观者清”。他人评价也有缺点，如果在他人评价中，评价者与被评价者之间缺乏民主平等的气氛、没有良好的关系，那么，他人评价的结果往往受到被评价者的抵制和排斥，不能为被评价者所接受，也就不可能发挥激励、调节等评价功能。因此，在他人评价中能否在评价主体之间建立和谐的关系，是决定他人评价成效的关键。

（五）根据评价的方法不同，可将学生评价分为定量评价和定性评价

1. 定量评价

所谓定量评价，是指采用定量计算的方法，通过搜集数据资料，用一定的数学模型或数学方法，作出定量结论的评价。比如，运用教育测量与统计的方法等，对评价对象的特性用数字描述。

定量评价的最大优点是容易操作，评价结果比较精确，但定量评价容易把评价对象简单化，不易于对学生进行全面、真实的评价。

2. 定性评价

所谓定性评价，是指对不便量化的评价对象，采用定性的方法做出价值判断。如用调查法、观察法、系统分析法等搜集、处理有关学生发展情况的信息，对学生发展水平做出判断，进行定性描述，例如评出等级、写出评语等。

定性评价的最大优点是适用范围较广，对学生的评价也比较全面、真实。缺点是评价结果具有模糊性，不易于准确判断学生的发展水平。

五、评价的功能

（一）诊断功能

通过学生评价，教师可以较全面地收集学生的信息，对学生的学习状况、发展水平做出

分析与诊断，掌握学生的优势与不足，从而更有针对性地对学生进行指导，使学生对自己的学习有更全面的认识，避免在学习中盲目乐观，使他们克服自卑心理，找准努力方向。

（二）反馈功能

把学生评价与教学目标相对照，可以及时发现学生发展中取得的成绩、存在的不足和错误，为教师教学和学生学习提供大量的反馈信息。

（三）激励功能

通过学生评价，学生能够了解自己取得的成绩、存在的不足及在团体中的位置。

（四）鉴定功能

通过学生评价，评价者可以评定学生某些方面或各方面的发展程度，衡量其是否达到了规定的标准，发现其所取得的成绩与不足，为学校管理工作提供依据。

（五）导向功能

在学生评价活动中，评价者会以国家和社会的价值观及需要为基准，设计一套评价指标和评价标准，以此对学生的发展水平进行价值判断。被评价者为追求好的评价结果和达到其他目的，会致力于满足评价标准的要求，以评价标准来规范自己的行为，评价指标和评价标准就成为被评价者的努力方向。

（六）发展功能

通过学生评价，教师能及时发现学生发展、教师教学等过程中存在的问题，并根据反馈信息对学生行为进行适当干预，必要时调整自己的教学目标，改进自己的教学方法，完善自己的教学行为，提高教学效果，同时促进学生更好地发展。

六、评价的原则

（一）发展性原则

发展性原则有三层含义：其一，评价者要以发展的观点看待学生。其二，学生评价要以促进学生发展为宗旨。其三，学生评价应成为促进教师和学校共同发展的手段。

（二）全面性原则

全面性原则有两层含义：其一，学生评价内容要全面。其二，评价信息要全面。

（三）差异性原则

在评价中要根据学生不同的思想、文化背景以及身心发展基础，制定不同的发展目标、发展内容和发展标准，因材施教。

（四）多元性原则

多元性有不同意思，对各具特色、各有特征的学生进行评价，要求评价标准、评价方法、评价形式、评价主体必须多元化、多样化，从多纬度、多视角来综合评价学生。

（五）过程性原则

评价要关注学生成长历程，把日常评价、成长记录与学科测试结合起来，把书面测试与平时作业、课堂表现、情景测验、行为观察、实验操作等结合起来，实现平价方式多样化。

（六）激励性原则

评价要最大程度调动学生的积极性，肯定成绩，表彰先进，树立榜样，使学生发扬优点，改正缺点，让评价成为激励学生不断发展的动力。

（七）科学性原则

评价要遵循教育规律与学生身心发展规律，建立科学的评价体系，运用科学的评价方法，既反映学生学业成绩，又彰显学生个性、特长和发展潜能。努力获取学生德、智、体、美、劳诸方面素质的全面信息，关注学生个性差异及特长发展，扩大评价的涵盖面。

第二节　小学教师教育教学激励评价能力的形成

激励评价能力是指教师能依据教育教学目标及评价标准，运用科学的方法和正确的途径，多方面收集事实材料，对学生的日常学习及行为表现等做出较为全面的、体现差异性的、富有激励性的评价，引导学生形成积极的自我评价，并借此不断改善教育教学工作的能力。评价在课程改革中起着导向与质量监控的重要作用，也是课程改革成败的重要环节。可见，教师评价能力的形成在教育教学中起着至关重要的作用。

一、现行评价与新课程改革间的距离

长期以来形成的学生评价，过分强调评价的总结性功能和选拔功能，把学生评价局限于为学校管理服务，成为学校控制教师、教师管理学生的主要手段。这种功能上的偏差，严重影响了学生评价积极作用的发挥，也引发了一系列相关的问题。评价在现行的课程实施中，一直起着指挥棒作用。现行的评价与考试制度与当前实施的素质教育，推动基础教育的课程改革存在着一定的差距，具体表现如下：

（一）评价功能窄化：过分强调评价的鉴定功能，忽视了激励、发展功能

就评价功能而言，学生评价具有导向、反馈、激励、诊断、发展等功能，但是，长期以

来实践中盛行的学生评价却过分强调评价的甄别与选拔的功能，忽视评价的改进、激励和促进学生发展的功能，热衷于排名次、比成绩。在这种评价的“指挥”下，考试与测验具有至高无上的地位，几乎成了对学生进行评价的唯一形式。评价被窄化成考试，考试被窄化成纸笔测验，纸笔测验被窄化成客观测验，这就是评价存在的最大问题。同时，由于这种分数常被用来作为对学生分等鉴定的工具，从而使许多学生产生焦虑和沉重的心理负担，压抑了学生情感和个性发展，并成为学生抄袭、作弊等不良行为的诱因。在学校中流传的“分、分、分，学生评价的命根”的说法，就是这种消极影响的写照。

《基础教育课程改革纲要》中，对评价问题做出了明确的规定：“要建立促进学生发展的评价体系，要发现和发展学生多方面的潜能，帮助学生认识自我，建立自信，发挥评价的教育功能，促进学生原有水平上的发展。”这就要求我们学生评价由原来为“选拔适合于教育的儿童”服务，转变为“创造适合于儿童发展的教育”服务。实现“教育不仅仅是捧上一张张高一级学校的录取通知书，而是捧出一个个有鲜明个性的活生生的人；教育不仅仅是追求百分之多少的升学率，而是追求每个学生的生动活泼主动的发展；教育不仅仅是汇报时的总结、评比时的数据，而是教师和学生共度的生命历程、共创的人生体验”。

（二）评价指标单一：过多倚重学科知识，忽视实践能力、创新精神、心理素质以及情绪、态度和习惯等综合素质的考查

学生发展是多方面的，学生评价也应以学生多方面发展的各个领域为内容。

但是，长期以来的评价实践中，德、智、体的“三好”标准被简化为“智”好。只注重对智育的评价，特别是课本知识的机械记忆，忽视了学生在教育教学活动中体现和培养起来的实践能力、创新能力、心理素质以及情绪、态度和习惯等综合素质的评价。

新课程评价的功能定位在发展上，与之相适应的评价标准应体现学生多方面潜能的发展，尤其是创新精神和实践能力的发展，评价标准既要体现学生的基本要求，也要关注学生个体的差异以及发展的不同需求，提高学生的综合素质。

（三）评价方法单一：注重量化评价，忽视质性和量化相结合，评价方式多样化

在我国，评价方法的多元化格局尚未形成，对学生的评价仍然过多地依赖纸笔测验。不管是对学生进行哪方面的评价，几乎都是以考试和测验的形式进行，考查的重点大多是记忆、理解、简单应用等较低层次的目标，较少顾及综合、实践等较高层次的目标，并且采取标准化答案，过分注重量化评价，注重分数，注重等级和名次，不利于学生实践能力和创新精神的形成。

新课程评价方法要多样化，评价方式灵活、多样，除考试或测验外，还要研究制定具有科学性、简便易行、有实效性评价工具，探索便于教师普遍使用和有利于引导学生进行积极的自评和他评的评价方法，提高教育评价的有效性。

（四）评价标准单一：注重结果评价，忽视过程评价

学生的发展是一个漫长而复杂的过程，学生评价应是对学生发展全过程、全方面、长时期的评价。因此学生评价应该和教学紧密结合在一起，融合、渗透于教学始终。然而，在实

践中，由于评价功能的偏差性，造成教学与评价“两张皮”的现象，使学生评价成为在教学之外进行的一种孤立的、终结性的活动，其目的仅仅在于对学习结果进行判断，而忽视了对学生学习过程的评价。致使很多学生只关心考试分数，忽视了学习习惯的养成、情感、态度的培养和正确价值观的确立。

新课程学生评价，不仅关注学生发展的结果评价，更重视学生发展过程的评价；在对过程的评价中让学生真正参与到评价中来，把学生评价过程变成教育和指导的过程，变成不断促进学生发展的重要手段。

（五）评价主体“错位”：被评价者仍多处于消极的被评价地位，忽视评价主体多元化和评价信息的多元化

长期以来，评价被当作教师控制学生、学校管理学生的一种手段。学生评价的大权由教师独揽，学生没有参与的权利，同伴、家长、社区也无权插手。被评价的学生无法正常发挥作为人的主体性、能能动性，致使学生对评价活动及结果对立、反感和抵触。同时，评价主体单一化，使评价空间仅仅局限于学校，忽略了学生在家里和社会上的表现，久而久之，有的学生养成了双重或多重的性格。

新课程发展性学生评价是建立在评价双方平等、互融基础上，通过评价双方共同建构，实现主体间和谐发展的评价。

二、教师评价能力的形成

评价功能的发挥在很大程度上依赖于教师对评价的理解及自身的评价能力、水平。教师要形成一定的评价能力，应该做到“四明确”“两提升”。

（一）教师要明确新课程的基本理念

课程是教育评价的依据、基准，新课程要求有新评价；作为教育评价的主题和核心，学生评价也应有相应的调整。教师要适应新课程的学生评价，应以新课程的基本理念为指导。以“关注人”为主旨，新课程提出了全新的理念。

1. 课程功能要面向学生的全面发展

在课程发展的历史上，由于时代背景不同、人们的立场不同、价值追求不同、教育认识的差异，导致对课程功能的不同追求。新课程着眼于个体的全面发展、着眼于个体未来生存与发展的需要，在强调学生基本素质的全面提高的同时，也注重学生个性的培养、能力的提高。在《基础教育课程改革纲要（试行）》中明确指出：“强调课程要促进每个学生身心健康发展，培养良好品德，培养终身学习的愿望和能力，处理好知识、能力、态度、价值观的关系，克服课程过分重视知识传承的倾向。”这里强调的正是要实现课程的全面功能，促进学生认知、技能、情意、应用等能力的全面培养与提高。因此，新课程的功能是以“关注学生全面发展”为核心和宗旨的，它要改变以往课程在功能实现上的片面化、形式化、功利化倾向，促进学生的全面发展。

2. 课程结构要注重均衡性、综合性和选择性

我国长期以来形成的课程结构，存在着严重的不足：在学校课程中学科课程占绝对主导地位，经验课程、活动课程明显不足；必修课程几乎成为全部，选修课难觅踪影；国家课程备受关注，地方课程、学校课程成为“装饰”“陪衬”；考试科目在学分设置、课时安排、师资配备等各方面都比重过高，其他科目被挤占、轻视，不利于学生身心健康的全面的发展。新课程通过结构调整，力图扭转这种局面，实现课程的均衡性、综合性和选择性，以适应不同地区和学生发展的要求。

3. 课程内容要回归生活、回归学生

在应试教育的指挥棒下，“繁、难、偏、旧”和注重书本知识的原有课程内容，不仅成为压在学生身上的重担，也成为学生全面发展的阻碍。新课程精选了学生终身学习必备的基础知识和技能，加强了课程内容与学生生活、现代社会和科技发展的联系，关注学生的学习兴趣和经验，强调了自然、社会和人在课程体系中有机统一，使自然、社会和人成为课程内容的基本来源。这种回归生活、回归学生的课程具有明确的生态特性：课程向自然界开放，与自然界融为一体，使学生在与自然和谐共处的过程中，不断地认识、感受、探索自然，掌握知识、训练技能、培养情感；课课程向社会开放，与社会生活融为一体，使课程成为学生与社会沟通、联系的桥梁，成为学生社会化的可靠资源，为将来的社会生活打下良好的基础；课程向自我开放，与个人成长融为一体，使学生在“自我意识”和“自我能力”的不断生长中，逐渐学会关注自我、建构自我，进而学会关注他人、尊重他人，学会沟通、学会交流与合作。

4. 课程实施要关注创新、建构、发展

在“考什么教什么”的课程实施中，学生成为接受学习、死记硬背、机械训练的被动学习者，缺少了主动参与、乐于探究、勤于动手的积极性、主动性、能动性，甚至与老师站在对立面，学习失去了创新、建构，不能成为学生全面发展的动力与基础。新课程从调动学生主动性入手，使课程实施在理念上，倡导学生主动参与、乐于探究、勤于动手，知识与能力、过程与方法、情感、态度与价值观并重，培养学生信息素养、终身学习素养；在目标上，极力摒弃应试观念，推进教学方式和学习方式的转变，致力于重建适应素质教育的教学管理制度；在过程中注重师生交往、积极互动和共同发展，使课程实施过程成为师生成长的过程，成为师生创新意识与创新能力、实践意识与能力、探究积极性生成、发展的催化剂。

5. 课程评价要以发展为宗旨

强调甄别与选拔的课程评价和追求升学率的应试教育之间有着难分难解的关系，二者相互“触动”，恶性循环，成为学生片面发展、教师和学校片面追求升学率的“温床”。新课程志在改变课程评价过分强调甄别与选拔功能的弊端，全面发挥评价的功能，使评价成为学生发展、教师提高和教学实践改进的动力源。总体看来，新课程评价体现出以下特点：重视发展，淡化甄别与选拔，全面实现评估功能；重视综合评价关注个体差异，改变整齐划一的评价标准，实现多元评价；强调质化评价，使定性与定量相结合，将异化为“目的”的评价还原为“手段”；强调参与、互动，强调多种形式评价的结合，实现评价主体的多元化、主体的民主化、科学化；注重过程，使终结性评价与形成性评价相结合，在科学思想的指引下，

实施发展性评价，使课程结构与内容、课程实施、课程评价、课程管理相辅相成，促进学生的全面发展，发挥评价的应有作用。

6. 课程管理要民主化、科学化，要注重效率和适用性

以往课程“管得过多，统得过死”，地方和学校的课程自主性较低，课程在不同地区、学校、学生间的可变性、可选性较小，在一定程度上造成课程效率和适用性低的现实问题。新课程为保障和促进课程适应不同地区、学校、学生的要求，实行国家、地方和学校三级课程管理体制。与以往管理体制相比，这一体制有着明显的优势：①这一体制有利于改变课程管理过于集中的状况，增强课程对地方、学校和学生的适应性，能提高课程的使用效率；②这一体制要求各地、校在国家基本要求指导下，积极利用校内外各种课程资源、合理利用信息课程资源、充分调动各方力量，致力于教材的开发、管理和使用，在调动地方、学校积极性、主体性的同时，也成为国家课程不断发展的基础和源泉；③这一体制使地方、学校加强了对当地社会、经济发展具体情况的了解与结合，使地方、学校具有发展本地、本校优良传统和优势的机会与动力，有利于社会发展和经济发展。

（二）教师要明确新课程评价观的理论依据

《专业标准》中的评价理念的出现并不是空穴来风，而是有其重要的理论基础。教师要形成一定的评价能力，其理论依据对能力的形成是有一定的指导作用的。依据的主要理论有：

1. 多元智能理论与新课程评价观

（1）多元智能理论的内涵

多元智能理论是美国哈佛大学教授、发展心理学家加德纳于20世纪80年代提的。他认为人的智能由七种以上紧密相关但又相互独立的智力组成，它们是语言智力、数学逻辑智力、空间智力、音乐智力、运动智力、人际关系智力、自我认识智力。后来，加德纳还发现了第八种智力——自然观察智力，这是指人们辨别生物（植物和动物）以及对自然界的其他特征敏感的能力。

（2）多元智能理论对学生评价的启示

①评价的标准具有多元性。不同个体在八种智力方面拥有的量各不相同，而八种智力的组合与操作方式也不相同，因此，学生评价的尺度应该是多元的。

②评价的目的应该是为学生的发展提供契机。传统评价中，学生要尽力在他们可能并不擅长的学业领域中去适合评价的要求，从而不能发展自己的优势智能。而发展性评价的目的则在于通过识别学生的优势智能领域，为学生提供发展自己优势智能领域的机会。

③评价的来源应是学生活动。在传统评价中，决定学生优劣的往往是各学科分数的成绩单，而多元智能理论认为，只有在社会生活和与社会环境的联系中，在问题情境或特色文化背景中，才会有某种智能的体现。因此，评价应立足于学生的学习活动，引导学生扩展学习内容领域，开拓与多元化智能结构相匹配的学习活动。

④评价的核心是“全人观”。第一，每个学生都能获得成功，评价在于给每个学生找到并提供成功的支撑，使每个学生都获得成功的机会。第二，每个学生都有自己的优势智能领域，同时又认识到自己的不足，从而协调地发展自己，尽可能使自己在多方面得到充分发展。第三，学生的智力发展贯穿于生命的全过程，为此，我们的评价要用发展的眼光看待孩

子，善于发现他们的智力潜能。

⑤评价的方式尽量采用多种方法。单靠纸笔测验很难测出学生的多元智能，而档案袋和活动法则能从时间、空间两方面记录和观察学生的表现。

2. 建构主义思想与新课程评价观

（1）建构主义思想的内涵

建构主义已成为国际教育改革的主流理论。建构主义知识观认为，知识并不是对现实纯粹客观的最终反映。任何一种传统知识的符号系统只不过是对客观世界的一种解释或假设，它必将随着人们认识程度的深入而不断变革、升华和改写，出现新的解释和假设。

建构主义学习观认为，学习活动不是学生被动接受信息的过程，当问题呈现在他们面前时，他们会基于自己以往的知识经验和认知能力，形成自己对问题的解释、提出自己的假设，是一个同化、顺应的过程。同化是认知结构的量变，而顺应则是认知结构的质变。学习不是简单的信息输入、储存和提取的过程，而是新旧知识经验间的相互作用，是学习者主动建构自己知识经验的过程。

建构主义教学观认为，教学不能无视学生已有的认知结构，简单地从外部对他们实施知识的填灌，而应把学生已有的知识经验作为新知识的生长点，引导学生以自己已有的经验为基础，主动去建构、生成知识。这种知识的建构主要包括个人建构和社会建构两种形式。

建构主义评价观主张目标自由的评价，认为应在与探索真实学习任务相关的真实世界的背景中，在活动、表现、协商与合作中，评价能表现多种观点和看法。

（2）建构主义对学生评价的启示

①依据建构主义理论，评价学习者如何进行知识建构要比评价由此产生的结果更为重要。因而，评价应该同时关注学习过程和学习结果。

②有效的评价必须跟教学整合在一起，成为教学过程的一部分，从而使教师与学生利用评价作为有效教学和学习的指南。

③建构主义教学关注学习者的高级思维，因而应该更多地向学习者提供自我分析和元认知工具，以使他们能够自己反思和评价其学习过程和结果，从而成为一个自我控制的学习者。

3. 后现代主义理论与新课程评价观

（1）后现代主义理论的内涵

后现代主义在后工业化社会出现。在这个以创新为时代精神的社会里，科学技术日新月异，各种新鲜事物层出不穷，创新已成为社会、个人发展的动力源。承认开放性，也就为人充分展示生命的本真提供了大舞台。后现代主义这个概念最早出现在艺术中，随后出现在哲学中，是一个庞大的思想流派。后现代主义具有多元性、开放性、多重性、创造性、不确定性、流动性的特征。在后现代主义看来，这个世界是开放的多元的和具有可变性的。应用于教育领域就是要容忍每一个学生的奇思妙想，应该尊重个体的主体性、创造性、知识的持续发展性和个体的解释性，提倡兼容并包的宽容态度。反对传统过分的计划性和教条性。

（2）后现代主义理论对学生评价的启示

①每个学生都是独一无二的个体，评价不能以绝对统一的尺度去度量学生的学习水平和发展程度，要给学生的不同见解留有一定空间。

②评价不能把学生看作是单纯的知识的接受者，而更应看作是知识的探索者和发现者。

因此，评价不仅要注重结果，还要注重过程。

（三）教师要明确评价的价值取向

为了发挥评价促进学生发展、教师提高和改进教学实践的功能。《专业标准》中明确指出："发现和赏识每一个小学生的点滴进步；灵活使用多元评价方式，给予小学生恰当的评价和指导。"根据《专业标准》的指导精神，新评价的价值取向可以分解如下：

1. 在评价功能上，侧重激励、发展功能

《专业标准》中，明确规定："评价以激励和促进为主，为促进教学服务，为促进人的发展服务。"这就要求我们评价更要发挥它的改进激励功能和促进发展功能。由此出发，我们认为以促进发展为特征的发展性评价是评价的主要形式。

学生是发展中的人，有着无限的发展前景，对学生的评价应坚持"没有最好，只有更好"的指导思想。

2. 在评价内容上，更强调全面综合考查

《专业标准》中明确指出："评价内容多元化。"这就要求我们对学生进行评价时，既要评价学生的学业成绩，又要对学生进行人文精神、身心素质等其他综合素质进行客观综合评价。

学生综合素质评价，是指评价主体按照一定的价值标准，利用多种评价方法，对学生各方面的素质及发展变化进行的一种价值判断活动。一个完整的、科学的、发展性学生评价体系包括基础性发展目标和学科学习目标两个方面。具体还涉及知识与技能、过程与方法、情感、态度和价值观等三个维度的评价。

3. 在评价方法上，强调评价方式多样化，质性、量化相结合

《专业标准》中还明确指出："评价方式多元化。"评价方式多样化体现在多种评价方法的运用。新课程发展性学生评价主张质性评价与量化评价相结合，努力找各种有效评价学生的方法，形成多层次、多方位的评价体系。

量化评价和质性评价各有长处与不足，最好的做法是，以质性评价统整量化评价，将二者视为相互依赖、相互补充的统一体。这样，便能兼取二者的长处，既能评定事物质的规定性，又考察事物量的特性。

4. 在评价指标上，关注过程的评价

注重学生发展过程的评价，意味着学生评价要对学生的学习和实践过程给予更多的关注。评价的过程性，应体现在收集学生学习状况的各种数据和资料，采用日常检查（通过口头提问、板演、作业、课堂练习或检查）、课堂观察等方式及时了解学生的动态，依据学生平时学习状况的评价结果及相关资料，依据一定的标准，对其发展状况做出客观描述，及时给予学生反馈并提出改进建议；在过程评价中，要将学生的即时性评价与纸笔测验、表现性评价等有机结合起来。

5. 在评价主体上，强调评价主体多元化

《专业标准》中明确指出："评价主体多元化。"学生评价不仅仅是教师对学生的评价，它提倡多主体参与，在评价的操作过程中，要健全教师、学生及家长共同参与的评价机制。学生及同学之间、家长、教师都要承担一定的评价任务，教师负责统筹、协调，强调评价过

程中的人文因素，注重人与人之间的对话，特别是评价者与被评价者之间的交流与合作。可以采用学生自评、学生互评、小组互评、教师评价、家长评价等多主体评价，但在自评、互评、他评中要注意激励性、客观性和恰当性，要学会从不同角度、欣赏不同的学生。多主体评价能够从不同的角度为学生提供有关自己学习发展状况的多种信息，有助于学生全面地认识自我。

（四）教师要明确《专业标准》中凸显自我评价能力的重要意义

自我评价是自我意识的一种表现，它是激发人向上进取的内在动力。俗话说："人贵有自知之明。"正确的自我评价，不仅能使人全面认识自身的优点和不足，而且能使人在认识自己不足的基础上，制定新的奋斗目标，自我加压，奋起直追，实现更高的人生追求。

学生自我评价对其成长与发展具有重要的作用。

①自我评价是学生个体成长和发展中的一条主线。因为，在学生的学习过程中，他人的评价以及外部社会的评价最终要与学生的自我评价相结合，才会促进学生的主动发展，学生最终要靠自我评价来完善自己、发展自己，进而促进自我实现。

②有效的学生自我评价有利于激发学生的内在学习动力，使其养成良好的行为习惯，并对自己的行为进行不断地检查和调整，形成自我反思、自我调整的有效机制，进而主动地规划自我成长的历程。

③有效的自我评价有利于学生和教师共同承担评价的责任，使评价成为学生自己的事，帮助学生成为独立的终身学习者。所以，学生自我评价是学生自我认识、自我反思的基本手段，也是学生自我诊断、自我矫正、自我完善、自我实现的过程。

个人的自我评价能力的形成，往往起始于小学阶段。如果在这个阶段不注意对学生进行自我评价能力的培养，孩子的自我意识就得不到良好的发展，也可能影响孩子一生的成长。

（五）教师要提升自身的观察分析、判断力

《专业标准》强调评价时对小学生日常表现的关注，体现了形成性评价的基本理念。对教师而言，要得到专业能力的发展，尤其是评价能力的发展，离不开对学生日常表现的观察分析与判断。我们知道，医生、律师的专业发展是基于对案例和病人的不断研究分析。同样，教师如果离开对学生这一主体的观察研究和分析，很难想象其专业能力能有所提高。

对学生日常表现的观察虽然要面向全体，但学生行为表现千千万万，瞬息万变，教师不可能同时观察和记录所有学生的行为或者学生的所有行为，教师在观察时要有所选择。

1. 优先考虑那些用其他方法难以评价的学生行为

对于认知发展领域的许多学习结果如知识理解和思维等，教师可以运用纸笔测验或表现性评价来了解学生的发展，但对于学生技能领域的学习结果和情感的发展变化，教师却很难用纸笔测验加以评价，特别是情感领域的发展。教师要了解学生这方面的信息，就必须发展一种与传统的纸笔测验不同的方法：观察。

在日常生活和学习的各种场所中观察学生是怎样解决问题的；他们在完成任务过程中的毅力怎样；他们是否愿意听取他人的意见；他们是否愿意加入班级活动；他们们通常在课余时间从事什么活动；他们从图书馆借了什么书等，这些反映学生兴趣、态度、习惯和处事方

式的行为是教师进行学生行为观察时需要优先考虑的行为。

2. 优先考虑那些学生在特定年龄阶段容易出现的典型行为

学生行为受心理发展年龄特征的影响，在特定阶段往往会出现一些本质的、经常的行为表现，以学生社会化发展为标准，相关的典型行为有幼小儿童的依恋行为、小学低年级学生的模仿行为、小学中高年级学生的从众行为等。教师对这些典型行为的观察和分析不仅有助于教师掌握一类学生的基本行为特征，而且也有助于教师理解这类学生其他的行为表现。

3. 优先考虑那些需要特殊帮助的学生

教师的学生行为观察虽然要面向全体学生，但在全面中也要有重点，这些重点就是一些需要特殊帮助的学生，如学习阅读很吃力的后进生、被拒绝的学生、违纪行为严重的学生及具有严重退缩行为的学生等。除此之外，教师还应该关注那些变化明显的学生行为，比如一位从不迟到的学生突然出现经常性的迟到行为，一位成绩良好的学生突然出现成绩显著下降的现象或者一位胆怯的学生第一次主动要求公开演讲，等等，这些都应该是教师观察的重点。对这些学生的观察有助于教师理解学生学习生活的困难或变化，及时采取有效的教育措施。

（六）教师要提升自身评价的智慧

要发挥评价的激励作用，教师不仅要有一双善于发现的眼，一颗敏感的心，

还应具备一些评价的技能和智慧。比如：

1. 评价要及时

教师的评价，是否对学生起到作用，往往决定于教师的评价是否适时，教师的评价过早，很难把握评价的准确性；评价过晚，事情发生很长时间以后，教师才对事情进行评价，学生已经很不在意甚至已经忘了，评价就难以发挥作用。所以教师的评价要及时，当发现学生做对了，要及时进行鼓励，使他及时感受到老师对他的肯定；当学生做错了，教师要及时给以批评，便于学生改正。

2. 评价要准确

教育学家布莱克·威廉提出，有益的教师反馈中有一条是具体的、描述性的。教师不能总是用浮泛空洞的语言来评价学生。如果那样，久而久之，学生对教师的评价与奖励就会产生淡漠感。教师评价的词语可以多样化一点，不要老是“好”“真棒”“聪明”“能干”。评价也不一定只有用词语，竖起大拇指、鼓鼓掌、一个拥抱……偶尔也可以使用。教师还要清楚地告诉学生他们的进步。

评价学生要因人而异，不能用“一把尺”。评价要看对象、看场合，或直言不讳，或委婉含蓄，或严肃庄重，或热情洋溢。对差生，哪怕是微小的进步，也要给予肯定与鼓励，赞许是后进生心灵的甘露，他们更需要关切的目光和贴心的话语，教师切莫让他们产生被遗弃的感受；对学习成绩较好的学生，要求要严格，才有利于他们不断进取。当然，当他们的学习的确有水平或创见时、同样要给予热情的肯定，促进他们在学习上更加勤奋。

3. 评价操作要科学

为兼顾学生的差异和特长，调动每一个学生学习的积极性，较好地发挥评

价促进发展的功能，评价的操作方法一定要简明、有可操作性。采用多样化评价方式，刚刚开始会增加教师的工作负担，但是，我们必须关注，教师过重的工作负担是否与我们在

评价实施过程中的操作方式不当有关呢？例如，成长记录袋评价方式，应该主要由学生自己掌握，在长期的学习过程中收集资料、补充内容。如果全部由教师筛选装袋，必然会大大增加教师的工作负担。这也与成长记录评价的初衷是相背离的。

4. *书面考查要突破*

书面考查虽是一种结果性评价，但要根据新课标的理念，发挥书面考查的导向作用。书面考查应切忌只考死记硬背的“死知识”，要在体现基础知识基本技能的前提下，体现情感态度与价值观，体现开放性（条件开放、策略开放、答案开放等），体现与生产生活的联系性，体现教师与学生的平等性等。

学生发展是学校教育之本，自然也是学校教育评价之本，尤其是学生评价之本，离开了“促进学生发展”这个终级目的，评价都是毫无意义的，如果有悖于此，则是有害的。因此，我们在设计和实施学生评价的时候，必须牢牢抓住这个根本，以此来确定评价的价值取向和功能定位，决定评价的内容和标准，选择评价的形式和方法。

第三节　小学教师教育教学激励评价能力的实践

小学教师教育教学激励评价能力，一定需要在实践中才能得以形成、完善。《小学教师专业标准》在“激励与评价”的实践操作方面，提出了四条具体、明确的标准，为小学教师在实际教育教学工作中进行激励评价，提供了清晰的目标，指明了努力的方向。只要我们在实际教育教学中能牢牢把握这四条标准，我们就一定能做出有利于学生长远发展的好的评价来。

一、对小学生日常表现进行观察与判断，发现和赏识每一个小学生的点滴进步

小学生是正处于不断发展变化之中的未成年的孩子，他们的自我评价能力还不强，对周围人、事、物及自身的评价很多时候是以教师的评价参考的。教师作为学生成长中的重要他人，其对学生日常生活的关注、激励与评价是学生赖以感受成长喜悦的主要参照物，可为学生提供心灵的呵护，激励学生品味成功，帮助学生树立自信，主动发展。

对于教师而言，要得到专业能力的发展，离不开对学生日常表现的观察分析与判断。正如美国的费尔斯腾等人所言：“对于教师而言，适应学生的多样性是一项额外的任务，同时也是一种宝贵的财富，也会给予回报。”学生就如同一面镜子，透过这面镜子，教师可以充分认识到自己的成功和不足，并由此获得成长的动力和机会。

（一）多角度赏识学生的闪光点

世界上没有完全相同的两片树叶，同样，世界上更没有两个完全的学生。每个学生都有其独特的个性和特点，因此，作为教师，不能用一把尺子去衡量不同的学生，更不能把目光

紧盯在学生的学习成绩上。教师要学会从多角度发现学生的闪光点，并给予赞赏和鼓励。例如，学生文体才能，学生书写水平，学生自理能力，学生交往沟通等都是评价学生的重要因素。

教学案例

“不一样”的轩轩

说实话，五年级的轩轩在班上并不是一位好学生。在张老师眼里，轩轩既算不上天资聪颖，也不算刻苦勤奋，关键学习态度还不端正，学习成绩总在班里较后的位置晃荡。就拿上课来说吧，轩轩总是不能专注地听讲，只听“嗤拉——嗤拉——”把新新的一卷胶带拽开缠成了球，这课怎么能上到心上。再看看作业，字迹是龙飞凤舞，能完成已经不错了，更别提作业质量。张老师知道，轩轩的听课质量就决定了他的作业质量。再加上轩轩的父母也不是很重视孩子的学习，轩轩的学习成绩就这样一直将就着。这一切，同学们也看在眼里，把轩轩同“落后生”放在了一起。没想到，大家眼中这样的轩轩居然有一天会变得不一样。

清明节前夕，学校组织同学们外出活动，这是五年级学生第一次参加类似的活动，孩子们激动的心情溢于言表。车厢里，孩子们聊得兴高采烈，不知谁提议唱歌，车厢里立刻就成了歌的海洋。不知什么时候，车厢里只留下一人在唱歌，大家都动情地拍起手来。张老师仔细一看，原来是轩轩在唱最近很流行的歌曲《喜欢你》。伴着音乐，只见轩轩投入地眯着眼睛，晃着脑袋，满嘴的粤语竟是那样准确好听，仿佛就是原唱。许多同学不由地兴奋地跟唱，手都拍红了，眼神里满是对轩轩的惊叹，甚至是崇拜。就这样，一首接一首，轩轩应同学们的要求，唱了好几首，简直就像开专场演唱会。张老师也不由地大吃一惊，笑着对轩轩连声称赞：“轩轩，歌声真好听！你唱歌的样子帅极了！”在同学和老师的赞扬下，轩轩的眼神变得兴奋起来，腰杆仿佛也挺直了许多。平时在课堂上那个死气沉沉的轩轩不见了，取而代之的是一个鲜活生动的轩轩。张老师在车厢里笑着赞叹：“轩轩，你就是咱们班里的大明星。”轩轩开心极了，阳光、自信写满了脸上。再回到学校，张老师怎么也觉得轩轩变得活泼了许多。

分析

作为教师，最怕用固定的、不发展的目光看学生，也最怕只用学业来衡量学生。其实，五年以来，张老师心中可能早就认定轩轩是个差生了。可她却没想到，轩轩还有“能歌善唱”的一面，甚至超越了其他的孩子，充分展现了轩轩“不一样”的一面。当你仔细思考后，也许会发现，其实轩轩本身就是多面的，这个老师和孩子认识的“不一样”，其实在轩轩身上早已有之。只是借着外出活动，给了大家看到轩轩“不一样”的机会。作为教师，不能总是用一把尺子去衡量不同的学生，更不能把眼光紧紧盯在学生的学习成绩上。因此，教师要对小学生日常表现进行观察和判断，善于从多角度赏识孩子的闪光点，并给予赞赏和鼓励。这样，学生也不会唯成绩而歧视“落后生”，每个学生才能在班级中找到自己应有的位置，自信灿烂地完成学习生活！

（二）肯定学生的点滴进步

当学生在学习和生活中有进步时，教师要不失时机地给予表扬和夸奖，让学生感觉到自己的点滴进步，感受到教师对他的关注与希望，帮助他们形成积极的自我暗示，这样才能激发起学生学习的信心和兴趣。

教学案例

苔花如米小，也学牡丹开

小涵是一个很文静的小姑娘，一说话就脸红，腼腆得很。课堂对于她来说，仿佛发言都是其他人的事，和她基本上毫无关系。偶尔，她也会在老师检查预习时站起来读课文，声音是很甜美的，读起来也很流畅。语文老师及时肯定她的学习态度："读得很好，说明你课前预习很到位。"话音还没落，小涵已经不好意思地低下头了。

一天老师在讲季羡林先生的《自己的花是让别人看的》，这篇课文第一段很有逻辑性，老师请同学们试着用画图来阐释句子间的关系，霎时间课堂沉默了下来。过了许久，在两个胆大孩子破冰之后，小涵羞涩地举手愿意尝试。这真是大大出乎老师的意料。众目睽睽之下，小涵略显紧张地走上讲台，画了起来。画毕便开始讲述自己的思路。她的声音先是压低的柔声细语，大家仔细听才能听得到，而她在讲述时只是看着图，并不看大家。"你说得很清晰，能把声音放开一些吗？"在老师温柔眼神的鼓励下，小涵越来越自信了，声音渐渐放大了一些。在发言的最后一瞬间，她居然努力镇定地看了看台下的同学。老师对小涵大加赞扬："小涵很会听课，特别会思考！别看她发言不多，但质量却很高！会思考的孩子在课堂上才会有真正的收获！"她在同学们鼓励的掌声和赞扬的眼神中走回了座位。虽然她依然还是脸红不已，却似乎已悄悄发生了什么变化。

老师的赞扬仿佛是给小涵的身体注入了神奇的魔力。单单就是语文课，小涵慢慢变得活跃起来。课堂上她发言的频率高了一些，发言时，声音更亮了一些，状态更轻松了一些。连小涵的朋友都觉得不可思议，在作文中写道："小涵是个特别文静的女孩，你却想象不到，她在语文课上居然特别会发言。"

苔花如米小，也学牡丹开。在语文老师的帮助下，小涵不正像那微小的苔花一样，努力绽放出自己的精彩吗？

分析

在生活中，像小涵这样渴望被老师关注的孩子有很多很多，但真正时时处处能被老师关注的，恐怕不会很多。小学生是正处于不断发展变化中的未成年孩子，他们的自我评价能力不强，对周围人、事、物及自身的评价，很多时候是以教师的评价为参考的。因此，老师对学生的关注和激励评价，就成为学生感受成长喜悦的主要参照。案例中的老师深深明白这一点，她明明知道小涵是一个沉默寡言的孩子，却紧紧抓住小涵发言的优秀时刻，关注到小涵的点滴进步，为小涵提供心灵的呵护，帮她树立自信，主动发展。可以说，正是老师有一双敏锐发现的慧眼，让小涵感受到了老师对她的关注和希望，帮她形成积极的自我暗示，使小涵在自己原有的基础上，向前跨越出了一大步！因此，能发现并肯定学生的点滴进步，是作为教师在激励评价方面必备的基本技能。

（三）具体事情具体分析

教师在看待学生的任何问题时，都应尽可能从多角度去分析了解，避免以偏概全，笼统否定。这样，从不同的角度，不同的因素一一分析下，就会找到问题的根源，也就有了解决问题的办法。

教学案例

问题出在了哪里

我是一名一年级的语文老师，最近我关注到两个孩子，发现了一个很有意思的现象。

小江和阳阳是同桌俩，这两个孩子无论是学习习惯还是性格发展都大不一样。小江是个男生，思维非常活跃，每节课都爱发言，常常语出惊人，思维超于这个年龄孩子的思考。学完《四季》，他能即兴仿写一节："柳枝依依，她摇着婀娜的身姿，对小鸟说：'我就是春天。'"瞧，无论从思维发展，还是语言积累方面，怎么看也不像一位一年级的小学生。他总是慢悠悠地说话，不着不急，却知识丰富，总能一语中的。所有的老师都很喜欢他，他也抢着在课上流淌出自己的精彩见解。

阳阳是个小女生，情况却和小江截然相反。阳阳最讨厌发言了，除非老师主动叫她回答问题，否则你甭想在课上听到她的声音。阳阳也不喜欢读杂七杂八的书，只是无聊时翻翻几篇小故事，因此思维品质相对较弱一些。课堂上，她仿佛就是一台被动接收信号的收音机，只端坐在那里，貌似静静地聆听。按理说，按照两人的学习状态，小江考试成绩会更好一些。但事实却是，每一次阳阳都比小江要好，阳阳完胜。我就纳闷了，问题到底出在了哪里？

经过进一步了解与孩子成长息息相关的家庭情况之后，我终于寻找到了答案。

小江打小跟着爷爷长大，爷爷爱读书，爱听新闻，于是小江也跟着耳濡目染在爷爷的熏陶下变得见多识广，知识渊博。在上小学之前，小江也没有上过学前班，在书写工整方面很吃力，对生字也没什么感觉，出错率较高。而低年级的语文学习主要考察的就是识字写字。在这样一些以测查识字写字为主的考试中，小江的短板就清晰地暴露出来了。

阳阳是一个听话的小女生，他的妈妈在她上学之前就给她报了一个书法班，所以阳阳的书写既工整又漂亮，错误率也很低。阳阳不大爱看书，妈妈也对她没有太大的要求，因此，在以识字写字为主要内容的测查中就很占优势。

发现两个孩子不同的问题之后，我迅速与他们的家长取得联系，请两位孩子的家长在不同的方面下功夫，促进学习的均衡发展。小江需要夯实基本功，快速过好字词关，不给自己良好的思维发展拖后腿。阳阳则需要大量的阅读，来拓宽狭窄的眼界，提升自己的思维品质。

细致观察，准确判断，及时评价反馈，在家长的配合下，两个孩子均有了长足的进步和发展。

分析

孔子早在两千多年前就提出了教育观点，要“因材施教”。这样古老的教育理念，对于我们当下教育教学的指导，依然有着重要的意义。每一个人都是独特的、不同于他人的、鲜活的个体。作为教师，我们每天的育人工作不仅是繁琐的，更是个性化的，因此，看学生的任何问题都应尽可能地从多角度去分析了解，避免以偏概全，笼统否定。案例中，当教师发现，对两个孩子的观察与成绩测评结果有很大不同时，了不起的教师便依着表象顺藤摸瓜，通过深入的了解、寻访，探求到了问题的真相，对两个孩子做出了正确的评价。这位教师在对小学生日常表现进行观察和判断时，努力做到具体事情具体分析，能针对不同的个体进行个性化的评价和教育，真正实现了“因材施教”。

二、灵活使用多元评价方式，给予小学生恰当的评价和指导

美国心理学家加德纳的多元智能理论为我们重新认识学生提供了全新的依据。学生的能力是多方面的，每个学生都有各自的优势，每个学生都有发展的潜质，因此对学生的学习评价应该是多方面的。

传统的评价理论、方法和制度，还存在很多不足。例如：评价功能过于强调甄别与选拔，忽视促进学生发展；评价指标单一，过于关注学业成绩，忽视对学生学习过程和素质全面发展的考察；评价主体和评价方法单一。过于强调量化评价，对质性评价不够重视；在评价过程中，学生基本处于被动地位，自尊心、自信心得不到很好的保护，主观能动性得不到很好的发挥。

多元智能理论要求我们在评价时要以促进学生的发展为根本，从不同的层面去看待每一个学生，要指导帮助学生促进其优势智力领域的优秀品质向其他领域迁移。要以发展的眼光看待学生，不能以传统的文化课学习成绩和能力为唯一标准尺度去衡量学生。对学生进行评价时，既要评价学生的学业成绩，又要对学生进行人文精神、身心素质等其他综合素质进行客观综合评价。我们倡导评价主体多元化、评价内容多元化、评价方式多样化的多元评价方式，评价以激励和促进为主，为促进教学服务，为促进人的发展服务。

（一）评价主体多元化

在以往的评价过程中，学生往往处于被动局面，扮演一种被管理者的角色。学生对于自己的认知，往往只能依靠老师或家长的评价来获得，学生的主体地位难以得到真正体现，更谈不上被尊重。建立教师、家长、学生等多主体共同参与交互作用的评价模式，能加强评价者与被评价者之间的互动，既提高了学生的主体地位，又将评价变成了促进学生主动参与、自我反思、自我教育、自我发展的过程，形成了积极、平等、民主的评价关系。

教学案例

多角度认识自己的《素质评价手册》

又一个学期结束了，小飞拿着期末试卷、假期作业，带着她的《素质评价手册》奔向了爸爸。浏览了试卷之后，小飞爸爸更看重的是《素质评价手册》。你也许会纳闷，这是个什么东西呢？它其实是山西省教育厅统一印制下发的小册子，协助教师在每学期结束之后评价学生的。作为家长，除了试卷上鲜红的分数，其实更在意这样的文字性的评价，使得自己对孩子的认识更全面、更立体、更丰富。

这本小册子的评价主体确实很多元。

首先，针对不同的年级，册子上印有不同年级学生的行为规范标准。接着，册子上每一学期相对应地都印有“老师眼里的我”“我想对老师说”“爸爸妈妈想对我说的话”等小版块（图11-1），很好地诠释了自评、互评、家长评、老师评的多元主体评价的意义。

教师在运用时，只需组织学生进行自评、小组互评，完成教师对学生的评价，以及家长对孩子的评价，就能实现评价主体的多元化，帮助学生更准确地认识自己，改进自己。

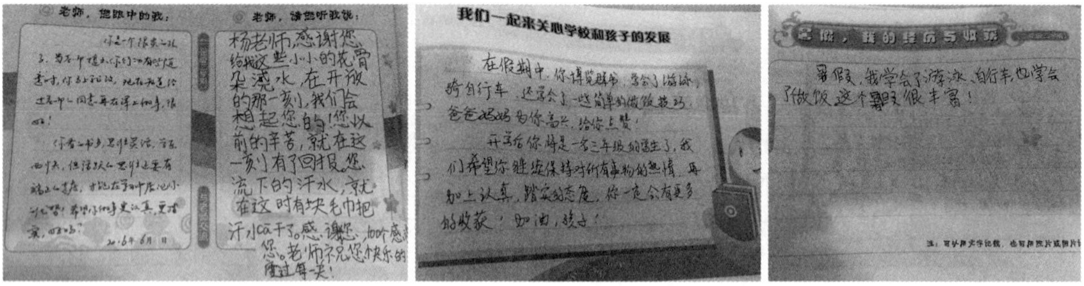

图 11-1 《素质评价手册》内容

▌分析▐

实现评价主体多元化后，学生通过自评和他评能够对自己有全面的认识，能准确地了解到自己的长处与不足，从而有针对性地加强某项品质或技能的学习与训练；家长、教师也能有效地对学生进行相应的指导，帮助学生不断改进，获得发展。在这个案例中，我们清楚地看到，飞飞正尝试着认识自我，在小组同学的评价中了解自我，在老师和父母的期望中努力完善自我。这样全方位的评价体系，对于学生成长与发展是大有裨益的。长此以往，学生通过自评和他评，能够对自己有全面的认识，能准确地了解到自己的长处与不足，从而有针对性地进行调整。同时，家长和教师也能有效地对学生进行相应的指导，从而帮助学生不断改进，获得发展。

（二）评价内容多元化

学生学业成绩一直是考查学生发展、教师业绩和学校办学水平的重要指标。但随着社会的发展，仅仅掌握知识与技能已远远不能适应社会对人发展的要求。所以我们在关注学业成绩的同时，还要关注学生个体发展的其他方面，如积极的学习态度，创新精神，分析与解决问题的能力，以及正确的人生观、价值观等。

教学案例

给力的作业加分

小飞最喜欢数学康老师了，因为康老师不仅课讲得好，还一向奖罚分明。瞧，这不又到期末了，小飞和班上的许多同学认为，康老师的假期作业简直留得棒极了！期末成绩90分以上的孩子没作业！80~89分的同学要做一套卷子。80分以下的除了做卷子，还要写一本口算书。事实上大部分孩子是没有作业的。

如果你认为康老师所说的分数是期末考卷上的分数那可就大错特错啦。在康老师那儿，平时练习册上的作业，10个优算1分，所以，数学最终成绩＝练习册分数＋期末试卷分数。因为能把平时作业成绩加到期末成绩上，所以孩子们认为，这样做不仅能让最终的成绩更好看，更有假期免作业的大好时机，因此这才是小飞和同学们爱死康老师的真正原因！

康老师一向就是这样评价学生的，所以孩子们从每学期开学之初，就努力认真完成好每一次作业，争取多“优”少“良”。无形中，学生就养成了认真做作业的学习习惯，成就了做事认真的良好品质。同时这一好的学习品质也辐射到了学生的课堂学习状态，因为只有上课听懂了，才能课下做得好。康老师只是在评价内容上做一个小小的调整，就带来了学生主动学习、认真做事的巨大教育效果，康老师的作业加分“政策”真给力！

分析

在本案例中，康老师作为一名数学教师，目光却不仅仅局限于学生数学知识与技能的习得，更将影响学生终身成长的学习品质纳入培养学生的目标。康老师眼里有“人”，才能不唯成绩论“学生”。学生看到的，也许仅仅是康老师能让他们假期无作业的巨大利好，而我们看得见的，是康老师对学生学习品质的长期培养。正是评价内容的多元化，让不同层次的学生都实现了在自己原有的基础上，有进步，有发展！

真正着眼于“人”的评价才是好的评价！

（三）评价方式多元化

评价方式多样化体现在多种评价方法的运用，包括书面测验、口头测验、开放式问题、活动报告、课堂观察、课后访谈、课内外作业、成长记录等。在条件允许的地方，也可以采用网上交流的方式进行评价。每种评价方式都具有各自的特点，教师应结合学习内容及学生学习的特点，选择适当的评价方式。“灵活运用多元评价”要求教师要根据评价的内容采用恰当的评价方式。

教学案例

浓浓爱意润童年　多彩评价助成长

多元评价润育多彩童年，2017—2018学年度第一学期，丽湖学校小学部期末party取得圆满成功。1月22日，深圳市南山区丽湖学校小学部校园内欢声笑语，一片浓浓的节日气氛！在老师们前期精心的策划准备下，学生、家长考官、老师齐聚一堂，愉快而有秩序地参加期末party评价活动。

本次期末party活动力求将生动有趣的情境与各学科知识素养相结合，不同年级各有主题，孩子们在老师创设的不同情境中主动思考，积极参与，完成闯关。比如一年级“疯狂动物城”的语文主题活动将拼音、汉字、偏旁、口语交际等学科知识与电影故事情节相融合，巧妙的设计深受孩子们的喜爱。孩子们在“动物警察学校”“追捕小偷”“失踪的水獭”“我的梦想”等游戏环节中边玩边考核，学科素养得到可视化的落实。

活动现场，不同年级学科新颖的游戏都极大地激发了孩子的兴奋点。在语文“诗词大会”“现场脱口秀”“小小播音室”“课本剧创编”等游戏中，孩子们迫不及待地踊跃参与，快乐地锻炼听、说、读、写能力，小组合作表演的方式让孩子们的协作能力得到提升。

在数学乐园中，孩子们或有序竞争比赛，或相互合作。在竞争机制的激励下，孩子们争先恐后地参与“我是口算王”“开心逛超市”“玩转聪明格”等游戏，挑战自我，气氛空前火热。在“对还是错”“疯狂21点”等合作游戏中，孩子们两两合作，共同挑战，体验成功的喜悦。众多刺激好玩的数学游戏，既培养了孩子们数据运算、问题解决、逻辑判断等数学素养，又引导他们学会竞争与合作。

“ladder climbing”“Yes I can”“story teller”等独具趣味的英语挑战项目，让孩子在轻松愉悦的氛围中体验语言的魅力。孩子们在游戏中与英语老师、家长考官亲切交流，用英语完成高频词朗读、情节表演、故事复述等各项任务。他们自信的姿态、熟练标准的发音、自然流畅的表达，无不让在场的老师与考官感到惊喜不已。

值得一提的是，此次期末party活动让高年级孩子以小考官的身份参与到低年级的评价考核当中，体现了对孩子主体地位的尊重，让孩子间的交流互动更为密切。

在活动现场，一张张稚嫩的小脸绽放出灿烂的笑容，孩子们收获的不仅仅是知识和能力，更多的是快乐与成功的体验。家长们感言道：“一所高标准、高规格的学校，能在办学中重视孩子们的身心发展规律，第一次的期末检测让孩子们在玩中学，学中玩，玩中测，测中查，不知不觉掌握知识，锻炼能力；整个闯关过程孩子们安静有序，体现出良好的教养和素质，为丽湖和丽湖的老师们点赞！”

自丽湖学校小学部创办以来，学校始终秉持“Only One”的教育理念，关注每一个学生的全面发展、持续发展和终身发展。在丰富多彩的期末party中，各科教师积极行动，根据自身学科特点，制定了详细的测评方案，布置活动场地。美轮美奂的场景布置，使学生情不自禁地排队等候，各具特色的闯关设计，既与平时所学知识息息相关，又充满了趣味和挑战。

期末party评价方式新颖有趣，在全体老师和家长考官、孩子们的共同配合下，活动开展得有条不紊。在热闹轻松的气氛中，孩子尝到了展示自信和成功的喜悦。在丽湖，相信孩子们会得到更可持续、更幸福的成长！

分析

你是否觉得丽湖小学的期末测评理念好先进啊！你是否已经开始追悔莫及：为什么我的小学考试不是这样子？你是否已经由衷地发出感慨：这所小学的孩子好幸福啊！确实，丽湖小学的评价方式让我们感到耳目一新。那么，这样的期末测评方式到底好在哪里呢？

这样的期末评价方式很独特，因为它的评价内容非常多元化。既有对于学业知识技能的测查，如拼音、生字、口算的测试；也有对合作学习、创新精神、分析解决问题的能力、学习态度的测查，如即兴演讲、课本剧创编、疯狂21点等测试题目……从评价内容来看，非常全面，维度很广，这是仅靠卷面测查所完全达不到的结果，因此从这个意义上来说，这样的测评活动特别有助于每个学生全面认识自我。

这样的期末评价方式很独特，还因为它的评价方式也非常多元化，突破了传统的仅以考试成绩作为评价学生的唯一标准，体现了形成性评价的基本理念。丽湖小学多样评价方法的运用，令人眼花缭乱：有书面测评、口头测试、开放式问题、合作答题、角色演绎……这花样繁多的测评方式肯定让学生感觉特别有趣，学生一定特别喜欢。整个测评是在玩儿中测，玩儿中评，寓测于乐，令人仿佛觉得这不是在考试，而是在游戏，这样的评价方式谁能不喜欢呢？

三、引导小学生进行积极的自我评价

自我评价能力的形成是一个长期系统的过程，因此教师在教学中要有计划、有目的、有步骤地逐步培养学生的自我评价能力。对学生自我评价能力的培养可以从以下几个方面进行。

（一）教师要为学生自我评价创造机会

要让学生学会自我评价，教师就要为学生创造自我评价的机会，并要做出适当的指导，对于学生大胆的自我评价要给予发自内心的欣赏，使学生感受到自我评价的喜悦和乐趣。例如期中或学期结束的时候，要让学生及时总结在前一阶段的学习和成长中，取得了哪些成绩，自己的差距在哪里，下一步应该怎么做等。

（二）教师为学生树立良好的评价榜样

自我评价往往以他人评价作为重要参照。学生通过教师一个个评价的范例吸取一定的评价标准，逐步掌握评价方法，掌握评价结论的表述方式并积累评价经验。因而，教师的评价应为学生树立榜样。例如教师对课文的评析、对一个问题或一节课的总结性评价、对学生的评价等，应做到全面、客观，重点突出，观点正确、鲜明、深刻，语言简洁、准确、有条理，使学生从评价角度、评价方法、评价观点、评价依据、评价语言几个方面学有收获。同时，教师应引导学生对所学内容，积极进行梳理评价，检查作业、试卷，同学之间进行相互评价。

（三）帮助学生正确认识自我、正确对待自我

在培养学生进行自我评价的过程中，教师要帮助学生正确认识自我，实事求是地对自己做出恰如其分的评价，不要过高或过低评价自己。在正确认识自我的基础上确定恰当的自我期望值，确定适合自己的学习目标，所确定的目标最好是近期的、具体明确的、能够完成的，以便于目标的实现。另外，还要帮助学生正确对待自我，正确对待已取得成绩，不要自我陶醉，停滞不前。教师可以培养学生从自我与他人的比较中了解自己、评价自己。

（四）培养学生对学习过程进行小结与总结

古人说“吾日三省吾身”，就是经常检查自己的思想、言行。教师要教育学生通过自己检查作业、分析考试情况、回顾自己的学习过程、总结经验教训等，认识自己的学习情况，实事求是地、科学地分析评价自己，逐步养成自我评价的习惯。教师要教育学生，那种怨天尤人，把失败原因归之于客观因素，自暴自弃，认为自己能力差，无论怎样都无济于事的态度都是不可取的，而因客观分析影响成败的原因，学会先从自己内部找原因，并尽量找自己可以控制的原因。

教学案例

卷子是到底是用来干什么的

童童妈正开会呢，手机短信提示音响起，尴尬之余她还是瞟了一眼短信内容，读罢火气腾地一下上头，便再也下不来了——您的孩子在本单元语文测试的成绩是78分。随后这一整天，童童妈都觉得过得浑浑噩噩的，只是巴望着快点下班，看看到底是什么情况。

下班进门，童童妈就没给童童什么好脸色，只是看到卷子右上角鲜红的78分，她就觉得整个人不好了，满腹怨气脱口而出：“怎么搞的？这才是一个单元测试就考成这样，等到了期末考试，那还会有分吗？……”决堤的河坝只有在洪水全部消退之后才能有安宁。童童吓得不敢言语，只有等妈妈全部说完后才鼓起勇气小声道：“老师让家长不能光看分数，还要和孩子一起做试卷分析，完后我们自己写小结。”说完怯生生地看着妈妈。

带着怨气，童童妈没好气地准备开始看卷子。看着看着，她不由地就一些题目询问起童童来，一会儿便把孩子的情况了解清楚了。原来童童这二十来分是四下里到处丢分。3分在字词上，3分在课文默写上，5分在仿写上，7分在阅读理解上，4分在习作上。这下童童妈心里可是清楚了：字词背诵和默写关就没有给孩子把好。仿写和阅读理解的丢分，很大程度上是没有读懂题目到底要让干什么，这糊里糊涂拿起来就写的状态不就和今天自己不闻不问拿起来就骂的状态一样吗？卷子到底是用来干什么的？是自己用来出气的吗？当然不是，正确的打开模式，应该是了解孩子学习状况并

及时调整学习策略的窗口。想到这里，童童妈满是惭愧，赶紧和孩子一起分析起卷子来。

童童只记得老师说一定要做好试卷小结，因为它能帮助自己发现问题，让下次考得更好。本来童童考砸了，挺发憷做总结的，没想到妈妈能与她一起细致分析。于是，童童今天的卷面小结写得很具体：

问题		改进办法
阅读理解	共扣7分	多多练习
没有回原文找答案	3分	读了题不急着下笔，再回原文看看
理解句子含义少要点	2分	多几个角度想想是不是写全面了
比喻的好处不具体	2分	要结合句子回答
……		……

就这样，童童和妈妈一起把每个失分点做分析，查找失分的原因，用这样的办法梳理了整张试卷。童童发现，做完总结，她也知道这张卷子自己丢分的具体原因是什么了，也明白下次考试复习重点该往哪里放了。童童告诉妈妈：“我平时会多多注意这些问题的，这样总结的办法我是不是还可以用到其他科目呢？”童童妈肯定了童童的想法：“当然可以！”童童妈不由地感慨：让孩子自己做试卷分析所收获到的，可要远远比比看分数重要得多！

分析

一个人的自我评价能力的形成，往往起始于小学阶段。如果在这个阶段不注意对孩子进行自我评价能力的培养，孩子的自我意识就得不到良好的发展，也可能影响孩子一生的成长。在本案例中，童童的老师就是在有意识地训练学生自我评价、自我反思、自我调整的能力，可以说，童童老师的做法非常棒，她能最大限度地利用试卷的评价指导功能。对于试卷，童童老师更关注的是改进学习的功能，但更多的家长和童童妈最初的反应一样，更多的是关注试卷甄别、选拔的功能。许多家长只是通过考试成绩来定位孩子的学习位置，只关注分数而不关注形成分数的原因，可想而知这样的评价方式怎能有利于孩子的发展？因此，我们可以预测，如果童童在学习成长的过程中，让评价成为她自己的事，能一直学习运用这样的自我小结和反思，那她一定会在不断地自我诊断、自我矫正、自我完善的过程中，最终实现自我的长足发展！

四、利用评价结果不断改进教育教学工作

评价的结果是一种反馈信息，这种信息可以使教师及时知道自己的教学情况，也可以使学生得到学习成功和失败的体验，从而为师生调整教与学的行为提供客观依据。对于评价结果，教师不仅要看学生在多大程度上实现了教育目标，而且还要分析解释其背后成功或失败的原因，根据评价结果修订教育策略，指导学生改变学习策略，改进学习方法，增强学习自觉性。教师要学会正确利用评价结果，不断改进教育教学。

（一）能正确解释评价结果

课堂教学评价结果的解释在实际应用中常习惯性地将测验分为传统的标准化测验和替代性测验。

标准化测验是指对一个既定小组内所有成员在相同条件下以相同方式进行的考试。一般来说，考试分数所能反映出来的信息很少，要深入、全面地了解所测量的学生的实际情况，就要对这个“分数”进一步阐释。对测验分数解释时，常模不同，对分数的含义所做的解释也就不同。

对标准化测验结果进行解释时需要注意以下问题：第一，要选用恰当的常模，在选取或制定常模时，一般来说常模的团体代表性越强越好，容量大的更好。第二，考虑测验本身的信度和效度。如果测验本身存在问题，即使测验结果的解释非常客观科学，也会有误差出现。第三，从发展的角度考虑测验结果的解释。一般说来，标准化测验的结果都是一个分数，因为是参照常模解释，从某种意义上说，分数对学生是一种终结性的评定。而对于学生发展进步情况以及努力情况却不容易反映出来，但这些对于学生以后的进步确是很重要的。所以，教师在对标准化测验结果进行解释时，要尽量去平衡这些不足，全面考虑，选择恰当的用语，从发展的角度去解释测验分数。

替代性测验，是指除标准化测验外的所有课堂教学评价测验，如表现性平价，成长记录袋等。替代性测验与标准化测验有很大不同，它强调个体差异，突出学生主体性，不要求一致性。替代性评价测验中学生表现不一，多数测验任务没有固定答案，所以其解释的方法一般运用参照“标准”解释法。

在解释替代性测验结果时要注意以下问题：第一，注意解释的客观性。第二，注意体现学生的个体差异，促使学生在发展过程中扬长避短。在具体解释时，避免笼统的解释。例如：合格分数确定为65分，如果教师对测试成绩为75分和90分的学生都解释为“达到合格要求了”，那么，就没有体现出学生的差异。

对评价结果的解释，可以多种方式综合运用，这样既可以了解学生已经掌握的知识、获得什么样的成绩，又知道学生各自在团体中的位置。教师在进行测验结果解释时，要全面综合地考虑各方面因素，给出一个尽可能客观恰当的解释。

（二）能合理反馈评价结果

评价如果没有信息反馈，那么评价也只能是为了评价而评价，失去评价的真正意义。教师对评价结果进行反馈时要注意以下几个方面。

1. 反馈信息要全面

对评价结果的反馈并不只是对评价结论的反馈，而是对评价中肯定信息和否定信息的全面反馈。这样可以帮助被评者了解自己的成绩、优点、长处，清楚自己的不足和弱点，从而发扬优点，克服不足。

2. 反馈信息要准确

评价者在反馈、传递评价信息时，一定要认真、准确地向有关当事人反馈评价结果及有关情况的分析。不能只给笼统结论，更不能含糊不清地反馈信息，使被评者无所适从。

3. 反馈方式要多样

评价结果的反馈方式影响评价结果作用的发挥，因此要根据不同的对象采取灵活多样的方式，以平等的态度反馈评价结果，尤其对否定评价所做的反馈。反馈方式很多，例如期望式反馈、启发式反馈、个别反馈、会议反馈、讨论式反馈等。

4. 反馈和指导要统一

评价的目的在于指导改进工作。虽然评价结果反馈对工作的指导和改进不像评价过程中的信息反馈那么及时，但是评价结果反馈对被评者的指导和改进比过程更具有综合性，对被评者的问题认识得更深入、全面，因此对于指导和改进工作是十分重要的。评价和指导统一，反馈评价信息的同时兼有指导的任务，这是对评价活动的必然要求。

教学案例

陶行知先生的四块糖果

陶行知先生当校长的时候，有一天看到一位男生用砖头砸同学，便将其制止并叫他到校长办公室去。当陶校长回到办公室时，男孩已经等在那里了。

陶行知掏出一颗糖给这位同学："这是奖励你的，因为你比我先到办公室。"接着他又掏出一颗糖，说："这也是给你的，我不让你打同学，你立即住手了，说明你尊重我。"

男孩将信将疑地接过第二颗糖，陶先生又说道："据我了解，你打同学是因为他欺负女生，说明你很有正义感，我再奖励你一颗糖。"

这时，男孩感动得哭了，说："校长，我错了，同学再不对，我也不能采取这种方式。"陶先生于是又掏出一颗糖："你已认错了，我再奖励你一块。我的糖发完了，我们的谈话也结束了。"

分析

《陶行知先生的四块糖果》是教育界流传的经典案例。

评价的最根本的目的是激励与改进，从学生的角度看，这种作用的发挥是以学生能否接受、认同教师的评价并将其转化为自身的行动动力为基础的。因此，全面、正确地评价学生，引导小学生进行积极的自我评价，将外部评价转化为内部评价就变得非常重要。在这个案例中，我们貌似看到的是男孩在不断地自省，自我检讨，但实则仔细观察我们会发现，陶行知先生四块糖的作用在男孩自省的过程中功不可没。和其他老师揪住错误不放的做法不同，陶行知先生只是在不断地激励，无限地放大男孩的优点，貌似夸张过激的激励，实则是在暗示男孩是一个值得信任的好孩子。在这样外部评价的暗示下，男孩马上对自己进行了积极的评价，相信自己是一个好孩子，从而立刻自我反思自己做的错误的地方，实现自我改进。

从教师的角度看，正确运用评价结果，有助于教师不断改进教育教学，持续地促进学生发展。透过对学生的评价，教师可以清楚地了解教学效果，通过自我反思，发现自己教育教学中的优势，诊断自己的问题与不足，在此基础上及时调整教学安排和教学措施，从而更有针对性地施教，实现改进教学，促进自我发展的评价目的。在这个案例中，男孩由“将信将疑”变成“感动得哭了”，由此可以证明陶行知先生的评价是有效的，效果是良好的，说明以鼓励、肯定和表扬等正面强化为主是对的，学生是喜欢接受的，而一切轻视、为难、伤害学生的评价方法是错误的，学生难以接受的。只有正确利用评价结果，才能不断地改进我们的教育教学工作。

问题解决案例

刘老师查背诵

刘老师在讲完《草原》后，也留了背诵《草原》一、二段的作业，家长签字。

第二天课前抽查时，刘老师并不着急，而是先请同桌互查家长签字。没签字的孩子现场背诵，只要能过关，就不追求没签字的责任了。

刘老师还抽查了几位已签字的孩子。抽查背诵后，刘老师顺带问学生背诵用时长短。速度快的学生，才用了二十分钟就完成了。背诵慢的孩子却用时一晚上。刘老师大力表扬了用时较短的孩子，称赞他们课上会听课，课堂效率高，因此课下背诵任务就显得很轻松。刘老师还鼓励背诵慢的孩子注意提炼作家的思路，把课文背成一条线，而不是摊成一胡片。在刘老师快速的点评中，孩子们更明确了背诵的方法，努力在自己现有的水平上继续前行！

刘老师还发现，所有抽查的孩子第一段背诵得特别顺畅准确，第二段却出错较多。刘老师根据测评学生背诵的情况，马上反思：什么原因造成了这种状况？经过深思后，刘老师意识到，在课堂上，第一段的内容反复读，顺便背。而在教学第二段时，刘老师只重点讲解了两个重点句，其余内容没怎么多读，所以学生才背诵得吃力。于是刘老师马上调整自己的教学：再用十分钟时间，带领孩子们再好好熟悉下第二段。评价不就是为了促进教学吗？刘老师深深明白这一点。在“查背诵”这一环节，刘老师的目光不仅仅只盯着是否“背会”这项指标，还盯向了学生背诵方法是否掌握、课堂听课效率的高低，以及自己教学效果是否达标等方面，真正让评价为学生的发展服务，为改进教育教学而服务。

分析

评价所追求的不是给学生一个精确的结论，不是给学生一个等级或分数，也不是要拿这样的等级或分数与他人进行比较、排队，而是要通过对学生过去和现在状态的了解，分析学生存在的优势和不足，并在此基础上提出具体的改进建议，促使学生能不断地在原有水平上获得提高，实现“最近发展”，逐步达到基础教育培养目标的要求。这样的评价才是发展性评价，才是符合教育规律、符合学生身心发展、符合社会发展规律的评价。

参考文献

[1]《新课改教师发展与教学新方法》编写组．教学评价与教学管理．北京：人民教育出版社，2004.

[2] 严红．促进学生成长和教师发展的评价改革［M］．天津：天津教育出版社，2004．
[3] 单志艳．如何进行教育评价［M］．北京：华语教育出版社，2007．
[4] 龚孝华．新课程评价［M］．北京：首都师范大学出版社，2004．
[5] 马玉玺．基于新课程的学生评价［M］．太原：山西春秋电子音像出版社，2010．
[6] 张敏．学生评价的原理与方法［M］．杭州：浙江大学出版社，2011．
[7] 教师专业标准课题组．《小学教师专业标准：要点·行动·示例》［M］．北京：北京师范大学出版社，2013．
[8] 教育部教师工作司．《小学教师专业标准解读》．北京：北京师范大学出版社，2013．

第十二章　小学教师教育教学沟通合作能力的形成与实践

问题引出案例

W同学师范大学毕业以后，顺利竞聘到一所小学任教，而且还接手了一个继任班级，成为五年级某班班主任。刚刚走上讲台的她，生怕自己因教学经验不足、教学内容不熟而出状况，所以将大量的时间用于钻研教材和认真备课，并没有抽出太多的时间管理班务，只是心里默默祈祷：但愿班里不要出现什么麻烦。一天下午，W老师正在办公室备课，突然，音乐老师闯了进来，“小W老师，你们班这课真是没法上啦……”说完音乐老师甩上门扬长而去，W老师顿时血往上涌，气不打一处来，真是怕什么来什么，这些孩子真是不让人省心，刚说这几天他们挺乖，虽然小毛病不断，但并没有做太出格的事情，怎么今天……W老师定了定神，决定找音乐老师点出的几个“闹事王”狠狠教训一番，于是她快步走到本班教室门口，但是科学老师已经在教室准备上课了。W老师不得已压了压心中的火，悻悻地回到了办公室。她想继续整理完成了一半的教案，但是心乱如麻，怎么也进入不了状态，哎——，好心情都被这帮调皮鬼破坏了，她无奈地呆坐在办公室里，刚才的一幕和音乐老师放下的狠话在她眼前和耳边不断重复……

终于下课了，她冲出办公室，径直走进本班教室，刘洪、潘宇、周宇翔（化名）……跟我到办公室，快点！W老师自己都能闻到自己话里夹杂的火药味。

几个被点到名的同学蔫头耷脑跟着她进了办公室，站成一排，低头不语。聪明的他们自然能感觉到老师今天的火气非同一般。

“你们怎么搞的，看把音乐老师气成什么样了……怎么这么不争气！”W老师一顿劈头盖脸的数落。

几个学生你看看我，我看看你，谁也没有敢言语，但脸上似乎流露出几分不服气。

W老师察觉到了他们表情背后的异样，故作不解地问道：“怎么？难不成音乐老师和我还冤枉你们了。”

“哦，没有，我们知道错了……可是，老师怎么能骂人呢？”潘宇声音不高，但语气却够坚决。

“什么意思？有理就大声点说，难道错在老师，我不该批评你们，是吗？”W老师强硬地说道……

办公室里一时间寂静得令人窒息，挂在墙上的时钟发出的滴答声显得格外刺耳……

“这样，今晚每人写一份深刻的检查，明天上课前交给我。”W老师只好打破僵局，结束这场尴尬的谈话。她突然觉得需要一些时间来缓冲。

以上的故事，来自真实的教育场景，相信许多一线教师都有过类似的经历。故事给我们提出了班主任和科任老师之间的合作问题，以及老师与学生之间的沟通问题。故事带给我们的思考是：教师如何进行有效的沟通，如何开展有效的合作。

第一节　小学教师教育教学沟通与合作概述

一、沟通与合作概述

（一）沟通与合作的概念

沟通是人与人之间、人与群体之间思想与感情的传递和反馈的过程，以求思想达成一致和感情的通畅。而合作就是个人与个人、群体与群体之间为达到共同目的，彼此相互配合的一种联合行动方式。

由概念可知，“沟通”也好，“合作”也罢，都是与人际关系密切关联的人类社会活动。马克思曾经有过著名的论断：“人的本质不是单个人所固有的抽象物，在其现实性上，它是一切社会关系的总和。”人是一种社会存在物，每个现实的人都必然处于一定的社会关系之中。正如伟大先哲荀子所说：“人之生也，不能无群。”

因此，个体生活在现实世界当中，必然要和他人进行沟通交流，必然要和别人合作共事。人类从诞生的那天起，为了生存和发展，就开始了必要的沟通与合作，随着人类社会的不断进步和发展，顺畅的沟通变得越来越重要，有效的合作更是不可或缺。

（二）沟通与合作的意义

1. 沟通的意义

（1）沟通具有交流信息的功效

社会就是一个信息流动的场域，人类的生活需要信息的支持，因此，获取信息就显得至关重要，人际传播是信息流动的主要形式和快捷模式，人与人之间通过沟通能够实现信息的共享，个体能够通过与别人沟通获得自己需要的信息。

（2）沟通具有增进感情的作用

人是感情动物，和谐人际关系需要情感的维系，因此，建立良好的人际氛围十分必要。人际沟通能够以内容的丰富性和形式的多元性拉近沟通双方的心理距离，提升彼此的信任指数，从而，实现情感的共鸣。

（3）沟通具有化解危机的价值

人是社会的人，又是有多种需要的现实的人，因此，由于各种利益的纠葛，难免会产生意见的分歧、观点的相左甚至彼此的误解。没有沟通，人际间的沟壑就会越来越深，利用沟通的技巧就可以消除误会、达成共识、化解矛盾，增进理解。

总之，沟通在现实的社会生活中必不可少，它是建立和谐美好社会生活环境所必需的润滑剂和催化剂。

2. 合作的意义

（1）合作有利于复杂工作的顺畅完成

现实生活中的每一个人都扮演着不同的社会角色，承担着许多社会责任和工作任务，简单工作凭借个体的力量足以完成，复杂的工作头绪多、难度大，涉及的知识领域广泛，对能力要求也更加综合全面，个体的力量明显不足，一个人的思维也难以应付，因此需要相关人员组成“团队”，协同完成。时下流行一句话“要想走得快，一个人走；要想走得远，一群人走”，形象地说明了合作的重要性和必要性。

（2）合作可以巧妙借力、实现共赢

即便个体能力强大的人，也应该清醒地意识到与他人合作的特殊意义。所谓尺有所短寸有所长，金无足赤人无完人，再强大脑也有力不能及的地方，善于主动寻求合作，就可以充分利用别人的资源和优势弥补自己的短板和不足，就可以实现共同利益的最大化。“在失败的团队没有成功的个人”，每一个人的发展和进步都离不开团队的支持。

（3）合作是一种独具魅力的学习和成长过程

合作的原初动因是共同完成一项需要协同完成的任务，但对于每一个合作者而言，参与团队工作的机会也是共享经验和智慧、取人之长、补己之短的过程，只要善于抓住机会主动学习，每一次合作的经历都不仅让我们收获成功完成项目的喜悦，也同样可以让我们感受到知识增长和能力提升的快乐，这是一种生命拔节的愉悦，一种淬火加钢的历练。

（三）沟通与合作的类型

1. 沟通的分类

按照分类学的惯例，分类标准不同分类结果就不同。沟通的分类方式也很多，这里重点介绍常用的两种。

以沟通方式为标准。用此类标准划分，可以将沟通分为语言沟通和非语言沟通两种。语言沟通又包括口头语言和书面语言沟通，非语言沟通包括声音语气、面部表情和肢体动作等。大量实践证明，最有效的沟通是语言沟通和非语言沟通的有机结合。

以沟通有无预先安排为标准。据此可以将沟通分为正式沟通和非正式沟通两种。正式沟通一般会提前确定话题或主题，有人员上的选择和安排，沟通场所通常要事先布置。而非正式沟通一般没有事先安排，是临时性的、随机展开的，而且话题也有很强的即时性。但这两种沟通在现实生活中的意义都十分重大，且具有无可替代性。

2. 合作的分类

按合作的性质划分。可分为同质合作与非同质合作。同质合作，即合作者无差别地从事同一活动，如无分工地从事某种劳动。非同质合作，即为达到同一目标，合作者有所分工，如按工艺流程分别完成不同工序的生产。

以有无契约合同为标准。合作分为非正式合作与正式合作。非正式合作发生在初级群体或社区之中，是人类最古老、最自然和最普遍的合作形式，这种合作无契约上规定的任务，也很少受规范、传统与行政命令的限制。正式合作是指具有契约性质的合作，这种合作形式明文规定了合作者享有的权利和义务，通过一定法律程序，并受到有关机关的保护。

按合作的参加者为标准。分为个人间的合作和群体间的合作。个体，作为社会的一分子，拥有自己合法的权利和义务，而且多数个体都从属于某一社会组织，为了更大限度谋求个人的发展，个体之间会形成各式各样的合作关系。群体之间也会以合作的方式展开行动，已达到互利共赢的目的。

合作是人类社会一种极其普遍的生态样貌和活动方式，无论何种类型的合作，就合作本质而言，双方具有平等的地位，在自愿、互利的基础上展开多元化的联合作业。

二、小学教师教育教学沟通概述

在我国现行教育制度体系中，义务教育是重要的一个版块，既是基础教育的基座，也是整个教育大厦的基石。义务教育又分为小学和初中两个教育阶段，小学教育又是基础的基础，承担着普及国民教育和提高国民素质的重要责任。在小学教育过程中，有几对主要的人际关系，即，师生关系、教师同事关系、教师与学生家长的关系和学校与所在社区的关系等，沟通也相应地在这几对关系中展开。

（一）小学教师教育教学沟通的意义

学校教育就是教育者（教师）有计划、有目的、有组织地对学习者（学生）施加影响，以促进学生获得知识、形成技能、提高能力、强健身体并逐步形成良好道德品质和健全人格的活动。

从教育的概念我们可以明确这样的基本逻辑，学生的学习和成长应该是全面的、和谐的、统一的，而且是一个渐进的过程，更重要的是在教育活动中，教育者作为职业教育家在中间发挥着不可替代的影响作用，是促进学生健康快乐成长的关键因素和重要他人。因此，教师和学生就必然地构成了一组关系——师生关系，以此为基点和圆心，凡是与教师教育活动相关的人以及和学生学习成长相关的人就会形成一个错综复杂的人际关系网，从而对学生的发展产生多重影响。实践证明，学龄早期孩子的成长受到来自学校、家庭、社区各种力量的交错影响更多于年长的学生。有人际关系就必然会衍生出人际沟通，因此，小学教师的教育教学沟通既普遍存在，也必不可少。

1. 沟通有利于教育信息的及时交流

孩子的学习和成长是一个循序渐进的过程，也是一个多方面因素交替影响的过程。孩子身上每一个细小的变化都不是单方面因素作用的结果，而是多种因素的合力使然，因此，学校教育特别是小学教育过程中，加强相关人员之间的沟通是十分必要的。教师认识孩子，孩子了解老师，教师教导孩子，孩子获得指导，需要彼此顺畅的沟通，从某种意义上讲，教育活动就是一个特殊的沟通过程；老师了解孩子的家庭情况和居家表现，可以更加科学地把握孩子的教育尺度，家长知道孩子的在校情况和变化规律，能够及时调整家庭影响策略，家校双方就可以做到心中有数、配合默契；教师之间相互沟通，交流教育心得、彼此交换意见，就可以相互借鉴经验、携手共育良才。

总之，沟通是一种重要的粘合剂，它可以有效地将各方教育力量紧紧联系在一起，聚集成为强大的教育合力。

2. 沟通有助于增进各方感情

教育活动是一种用生命影响生命的事业，而人作为一种高级生命，有着丰富多样的情绪情感体验。和谐顺畅的人际沟通有助于人与人之间的情感交流，教育活动既然是在人与人之间展开的，就必然有情绪和情感的参与，师生之间有效沟通就可以建立起良好的师生关系，家校之间顺畅沟通就可以形成良好的理解和尊重态势，教师同事之间充分沟通就能够获得互相支持的团队力量，学校和社区之间积极主动的沟通，就可以形成互利共赢的局面。而积极健康的正向情感必然有利于教育活动的顺利进行。

因此，沟通是一种特殊的调节阀，它可以增进相关个体间的彼此了解和友谊，满足个体的社会心理需求，营造和谐愉悦的教育氛围。

3. 沟通可以有效化解各方矛盾

社会活动中出现矛盾，人际交往中存在隔阂，都是在所难免的，教育活动也不例外。在小学教育中，师生之间，由于各自的角色和立场不同或信息传播有误等原因，误会和矛盾时有发生；同事之间，由于态度和观点不一致或利益纷争、意见分歧，误解和摩擦也不可避免；家校之间，更是由于职业背景和利益诉求的不同，难免意见相左、各执一端。有效的沟通机制则能够让这些在所难免的问题和矛盾得到及时有效的化解。

总之，沟通在小学教师的教育教学活动中是不可或缺的重要组成部分，而且，教师往往还要充当其中重要的角色，为了下一代的健康成长，为了教育事业的顺利展开，每一位教师都应该善于运用有效沟通策略。

（二）小学教师教育教学沟通内容

小学教育虽然是基础教育，但其运行机制却并不简单，既关系到每一个儿童的健康快乐成长，也牵动着每个孩子背后一个家庭的神经，更关乎国家和民族的未来，涉及方方面面，折射到千家万户。

1. 教师与学生之间的沟通

如前文所述，教育过程实际上就是一种特殊的人际交往过程，是受过专业训练、拥有专业知识的成年人与身心正处于快速发展过程中的未成年人之间的交往，沟通则是他们交往的一种最为常见的形式。

（1）班主任与学生群体和个体之间的沟通

班主任是学校中全面负责一个班学生的思想、学习、健康和生活等工作的教师，是一个班的组织者、领导者和教育者，也是一个班级中全体任课教师教学、教育工作的协调者。班主任在日常的教育教学和管理过程中，必然会以一对一或一对群的方式和学生展开沟通。可以说，沟通是班级教育和管理的基本内容。

（2）科任教师与学生的沟通

不承担班主任职责的教师需要承担一个或多个班级的学科教学任务，在教学活动开展过程中，科任教师和学生的沟通同样十分重要。这其中既有为了学习专门知识而展开的沟通，也有为了引导学生如何做人而进行的沟通。

（3）学校其他老师与学生的沟通

即便在正式的班级生活和学科教学中没有交集的师生，也可能会在校园的某一个场景中、某一次大型活动中或一次偶发事件中不期而遇，及时展开的沟通也十分重要，这也是教育沟通的重要组成部分。

2. 教师同事之间的沟通

在任何组织中，同事关系无疑都是交往密切的一种人际关系，由于空间距离近、交往机会多特别是工作有交集，必然需要大量的沟通。

（1）同一学科教师之间的沟通

同一学科教师在职业活动中交往的机会更多，联系也更密切，因此沟通也比较频繁。这个群体自然会形成一个学习和成长的共同体。

（2）同一班级任课教师之间的沟通

由于班级授课制仍然是小学教育教学活动的基本组织形式，对于每一个小学班级而言，班主任和所有的学科任课教师自然组成了一个工作联合体，沟通自然是普遍存在的。

（3）与学校其他教职工之间的沟通

学校是一个正式组织，即便没有工作上的直接联系，同事关系同样需要借助沟通来维系和加固。况且，由于参与临时性的学校教育教学研究或改革项目，大家还会实现跨学科跨部门的合作，沟通当然也是必不可少。

3. 教师与学生家长之间的沟通

小学教师和学生家长之间的关系是源于他们共同关心的学生，而且由于小学生的年龄特点和身心发展水平，他们对于成年人的依赖性较强，致使教师和家长之间的互动频率会更高，沟通也更多。

（1）班主任与本班家长之间的沟通

班主任与本班学生家长之间属于高相关度的关系，相互沟通也是最为密集的。定期开展的制度化沟通、随机展开的个别性沟通都是班级教育和管理过程中必不可少的。

（2）科任教师与所带班学生家长的沟通

虽然科任教师与家长的联系远远没有班主任频繁，但由于教学任务的有效完成或家长的特殊需求以及因材施教的客观要求，沟通也是必要的。

（三）小学教师教育教学沟通的基本形式

沟通的形式与活动和交往的场域有着密切的关联，也和教育教学的任务和内容紧密联系，因此，小学教师的教育教学沟通可以根据场景的不同、任务的差异来观察和分析。

1. 师生沟通的形式

（1）教学活动中的沟通

教学工作是学校的中心工作，教学活动是学校教育的重要载体，教学场景中的师生沟通是占比最高的活动。课堂教学、布置与批改作业、课下辅导、学业成绩检测等活动中都需要有效的沟通。

（2）班级活动中的沟通

班级是学校教育的最小单位，班级既是基本的教学实体，同时也是主要的管理实体和德育实体。班级是小学生学习和成长的主要场域，相关教师特别是班主任需要在班级活动中与学生展开沟通。晨会、周会、主题班（队）会、班级活动、突发事件处置和个别教育等教育过程中都伴随有师生间的沟通。

（3）校内外活动中的沟通

由于学校教育展开的需要，学校会定期或不定期开展全校性的大型活动，师生沟通会在更大范围和场景中展开。如，一年级学生入队仪式、六年级学生毕业典礼，大型节日活动、大型主题活动、大型表演或竞赛等。

2. 教师同事之间的沟通形式

（1）教学研究中的沟通

由于教育工作是一项专业要求较高的工作，又是一种极具创造性的复杂劳动，因此，教育教学研究活动需要经常开展。如，集体备课、观摩教学、主题教研等“校本研修”活动都需要同行之间的沟通。

（2）工作协作中的沟通

学校教育和教学工作又具有集体劳动和个体劳动相结合的特点，需要老师们之间紧密配合，沟通交流自然必不可少。班主任与本班科任教师的“横向教研”，大型活动中的策划和协调等。

（3）同事相处中的沟通

学校内部有效的人际沟通，可以优化组织的心理气氛，提高员工的工作士气，保持员工的心理健康，具有特殊的重要意义。如，教师节茶话会、新年联谊活动等。

3. 教师与学生家长之间的沟通形式

父母是孩子的第一任老师，小学教师是孩子童年成长经历中的重要他人，出于共同呵护孩子的健康成长，学校教师和孩子家长之间需要建立持续性的顺畅沟通。

（1）有关班务工作中的沟通

班级是孩子成长的重要组织环境和微型文化场，孩子在班级的学习生活情况直接影响孩子的发展，因此围绕班级教育、教学和管理展开家校沟通，十分必要。如，家长会，教师家访，家长访校等，都是常见的沟通形式。

（2）有关学生成长的沟通

针对一类学生或个别学生的成长特点，需要教师与孩子家长个别约谈，深度交流，认真磋商，达成共识。

（3）问题解决过程中的沟通

在正常的教育教学过程中，也会发生一些意想不到的事件，突发性问题或特殊情况，需要进行专题交流，并针对问题协商解决策略。

4. 教师与社区相关人员的沟通形式

现代小学教育离不开社区的支持和协助，如综合实践活动的组织，需要社区进行联络和安排，社区的大型活动如慰问孤寡老人，需要学校安排表演等，有效的沟通自然是十分必要的。

三、小学教师教育教学合作概述

孩子的教育是一项系统工程，尽管学校作为正规教育机构必然地承担着主要的责任，但同样需要相关力量的支持和配合。小学阶段又是孩子身心快速发展的阶段，更需要多重力量的协同施教。因此，合作就成为小学教师必须高度重视的策略之一。

（一）小学教师在教育教学过程中开展合作的意义

合作是人类与生俱来的活动方式，从远古时代人类始祖的集体狩猎、结伴采摘到当今时代人类命运共同体的构建，都是合作的范例，由此可见合作的意义和价值。小学教育过程中，合作的意义同样不可忽视。教师工作具有集体性和个体性共存的特质，劳动形式的个体性和劳动成果的集体性统一在教师的日常工作中，因此，合作是教师职业的应有之义。

1. 合作可以快速地聚集工作能量

每一个教师都有自己独特的优点和长处，也有短板和弱项，而合作能够达到优势互补的效果，发挥出1+1>2的作用。因此，学校教师根据教育教学和管理工作的需要在必要时展开富有实效的合作，就可以最大限度发挥每一个人的优点，使资源得到共享、能力得到优化、智慧得到叠加，团队迅速凝聚的强大合力足以改变工作的运行状态。

2. 合作能够有效地提高工作效益

为了共同的目标和任务集结起来的工作团队，实现了力量和资源的重组和优化，大家在共同协作的过程中，极易产生思想的碰撞和情感共鸣，从而改变着工作场景中的微循环，实现工作积极主动性的提升。团队成员互相点燃和引爆着彼此，从而促成了工作能力的倍增和潜力的外溢，工作效率和效益的提高成为可能。

3. 合作能够有力地促进大家的共同成长

“同伴互助”是小学教师专业成长的重要支持力量，而合作的过程其实就自然形成了互助的格局。在共同的工作场景中，大家在围绕相关任务讨论着，针对需要解决的问题探讨着，就不同的完成任务策略争论着，在经验的分享过程中，在意见的交换过程中，在观点的阐述过程中，既完善和梳理着自己的思想，又影响和启发着别人的思想，共同成长当然就是水到渠成。

（二）小学教师教育教学合作的形式和内容

在小学教育环境中，教师的教育教学合作主要体现在教师和学生之间的合作，教师与教师之间的合作、教师与学生家长之间的合作以及相关教师与社区的合作等方面。

1. 师生之间的合作

在传统师道尊严文化背景下，师生关系往往是不平等的，而在崇尚民主平等的当今时代，在建立新型师生关系的语境中，师生之间的合作不仅成为可能，而且还是必需的。

（1）教学活动中的合作

在新课程背景下的学科教学活动中，学生必将成为学习和发展的主人，教师作为平等中的首席，负有引导、指导的责任，学习成为师生共同构建意义的过程。

（2）班级活动中的合作

班级是学生学习和成长的重要场景，班级教育和管理过程中，同样要体现师生的合作。比如，共同商讨建立“班级公约”，共同制定班级专项活动方案，合作完成一次主题班（队）会的组织等等。

2. 教师与教师之间的合作

（1）教学活动中的合作

为了更好地完成教育教学任务，教师之间需要广泛而深度的合作。比如，制度化的“集体备课”，备课组成员之间的“观课议课”，同学科教师共同研究制定“赛课方案”等。

（2）班务活动中的合作

在小学班级教育、教学和管理过程中，不应该也不可能是班主任一个人在战斗，相关科任教师和班主任会自然构成合作团队，甚至还会以正式或非正式的程序设立“副班主任”岗位，协助班主任开展工作。以班主任为核心，定期开展“横向教研”，共研学情，共商班务。

3. 教师与家长之间的合作

“家校合作”是一个有着悠久历史传统的教育合作机制，随着时代的进步和教育的发展，这种策略也在与时俱进，其内涵更加丰富，外延也更加广泛。从古老的“家长会”到“家长学校”再到“家委会”，“家校联手”成为现代小学教育的一大亮点。

（1）教学活动中的合作

为了尊重学生家长的知情权，班级开放日邀请家长观摩教学，现场感受班级学习气氛，直接了解孩子的学习情况，并留下宝贵意见。定期展出学生的作业和作品，让家长了解孩子的进步和成长。邀请学生家长为全班同学做专题讲座，开阔学生视野。综合实践活动课程请家长协助并指导孩子完成。

（2）班务活动中的合作

班级活动是小学生全面发展的重要“支点”，也是“家校合作”的重要契合点。大型主题活动由“家委会”参与管理，校外主题教育请家长随班参加等。

四、互联网+时代的沟通与合作新模式

从20世纪后半叶开始，人类社会逐步进入了“网络时代”，互联网不仅改变了我们的工作方式，甚至影响着人们的生活观念。网络时代的学校教育也融入了很多“e”元素，小学教育中的沟通和合作也搭上了信息快车，呈现出鲜明的时代特征。

（一）网络平台上的师生互动

与传统的面对面沟通相比，利用网络平台进行师生交流不受时空限制，更加便捷高效，比如，“校讯通”普遍的使用，班级“微信群”的建立，“人人通”的逐步推广，大大拓展和延伸了师生之间的互动交流合作。作业的布置和检点、重要事情的通知、就学习问题的问询和回应等都成为无障碍沟通的快捷模式。

（二）网络空间里的教学研究

网络时代的小学教研活动同样也更加丰富多样，校园网络平台上的资源共享，“网络晒

课”“教研博客”“学科教研群”以及由此延展开来的跟帖、点赞、评论、交流等，掀起了小学教研的一股“现代风”。

（三）随时在线的家校联系

传统意义上的家校联系一直受困于时间和空间的限制，开展起来有诸多不便，许多学生家庭因此也成为家校合作的空白点。信息技术的快速发展，彻底改变了家校沟通合作的被动局面，迅速拉近了学校与家庭的距离，教师与家长的沟通与合作可以随时展开。

学校“公众号”是发布学校教育教学和管理信息的重要平台，家长可以随时了解孩子所在学校教育教学动态。“微信群”则是家长和班主任、科任教师日常沟通交流的有效工具。

第二节　小学教师教育教学沟通合作能力的形成

沟通与合作是人类社会一种常态化的普遍行为，具有鲜明的操作性和实践性等特点，其能力的形成既需要知识的学习和掌握，也需要理论的研究和思考，但更需要亲身实践和持续性锻炼。

一、沟通与合作的理论基础

沟通与合作在人类长期的实践过程中不断总结和提炼，逐步形成了丰富的经验总结和多样化的理论体系，而且呈现出多学科交叉研究、互为补充的格局。社会学、心理学、管理学和传播学等学科领域的专家学者，各自从独具特色的视角出发，展开了持续不断的研究和思考，积累了丰厚的成果，对人类的实践活动起到了积极的指导作用。

（一）社会学的视角

社会学理论体系包罗万象、博大精深，涉及人类社会活动的方方面面。以美国社会学家霍曼斯为主要代表的社会交换论主张从经济学投入与产出关系的视角研究人类的社会行为。认为趋利避害是人类行为的基本原则，人们在互动中倾向于扩大收益，缩小代价或倾向于扩大满意度、减少不满意度。该理论主张应尽量避免人们在利益冲突中的竞争，建议通过相互的社会交换获得双赢或多赢。

这一思想为沟通与合作提供了合理而务实的理论支撑，在社会学界产生了极大的影响。

（二）心理学的视角

心理学作为“人学”更是广泛涉及人际交往和交流等问题。美国人本主义心理学家马斯洛的需要层次理论将人的需要分为由低到高的若干层级，其中“交往的需要”是一种普遍意义上的需求。因为，通过人际交往，可以有效获取信息，能够获得精神支持，能够优化情绪情感体验，能够完善个体的自我形象，能够拥有和谐人际关系，能够获得归属感，这些是人所共有的心理需要。而“尊重的需要”是较高层级的精神需要，它能够让个体在群体中展示才能，体验到存在感、自尊感和成就感。实践证明，交往和尊重的需要，很多时候要靠有效的沟通与合作得以满足。

而社会心理学和管理心理学在“群体心理”专项研究中更是将沟通作为重要课题加以研究，细致分析了人际沟通的特殊性，即，人际沟通以语言沟通为主；不仅是传递消息，更有情感、思想、态度、观点的分享；心理因素在人际沟通过程中有着特殊重要的意义；人际沟通会因为心理原因而出现障碍。

这些理论研究成果都从一个侧面揭示了沟通与合作的内在机理和社会意义，值得我们学习和借鉴。

（三）管理学的视角

在现代管理学的研究领域，“领导科学”是重要的组成部分，在领导科学的视阈里，领导的本质就是影响力，而沟通与合作恰恰是领导者发挥影响力的重要手段。扮演“沟通者”角色的领导者应该清楚地意识到，信息沟通是领导活动的瓶颈，如果组织的沟通不畅，或者发生堵塞现象，则任何领导活动都将无法有效展开。

管理学的重要分支——公共关系学更是以其独特的视角全面系统地阐述了沟通与合作的现代价值及其策略艺术。就公共关系的基本特征而言，以经营形象为工作目标，秉持互惠互利的原则，注重长远利益的获得，以沟通协调为基本方式，以真诚交流为一贯信条。这些思想和行动准则同样值得我们效仿。

（四）传播学的视角

人际传播指个人与个人之间的信息交流。人际传播的形式可以是两个人面对面地直接传播，也可以是以媒体为中介的间接传播。前者主要以语言表达信息，或用表情、姿势来强化、补充、修正语言的不足，它可以使传者与受者直接沟通，及时反馈信息，并共聚一堂，促膝交流，产生亲切感，从而增强传播的效果。后者使用的媒体主要有电话、交互电视、计算机网络、书信等，它可以使传者与受者克服空间上的距离限制，从而提高了传播的效率。企业管理研究认为，人际传播是CI（注：CI=Vi+MI+SI+BI，VI即视觉传达识别系统，MI即理念识别，SI即店内设计布置，BI即企业行为识别）传播的主要形式，表现在企业内部成员之间的沟通和企业的外部公众之间的沟通。传播理论在传播手段和途径、沟通技巧和策略等方面为我们提供了许多操作性极强的参照，对有效开展沟通与合作具有指导意义。

（五）教育学的视角

现代教育学理论就“师生关系”形成了全新的思想体系，对“一日为师，终身为父”的传统观念给予了历史唯物主义和辩证辩证唯物主义的理性分析，指出这种关系缺乏平等的交流和对话，主张人格平等、民主和谐的新型师生关系应该是当代师生关系的主旋律，特别强调民主合作的师生关系有利于教育教学活动的展开[1]。就“教师专业发展”的途径，也特别强调了教师同事之间的“同伴互助”，在共研共享中共同成长，是教师核心素养持续提升的必由之路。而“家校合作”更是现代教育理论不断拓展的新领域，小学教师与学生家长建立良好的沟通机制，开展全方位的合作共育行动，已成为教育界的共识。

以上所介绍的理论观点连冰山一角都谈不上，只想起到抛砖引玉的作用。沟通与合作并非简单随意的行为，而是有着深刻社会意义和厚重文化意蕴的行动。如果我们不希望自己的教育教学沟通与合作流于平庸甚至陷入盲目，而愿意逐步形成良好沟通与合作的鲜明个性和独特魅力，建议大家有计划地涉猎这些领域甚至拓展到更加广阔的现代理论背景下，汲取丰富的理论养分和思想精髓，涵养自己的内在品质和外在气质，进而外化为优美的沟通与合作姿态。

二、教育教学沟通与合作的原则

小学教师在教育教学活动中，有效开展多元化、多角度、多层次的沟通与合作，需要遵循一些基本的准则。原则是理论体系、思想观念的具体化，是引领具体行动的规范、标准和指南，是衡量相关行为是否合情合理合规的价值尺度。

（一）平等原则

平等是人和人之间的一种关系、人对人的一种态度，它是人类的终极理想之一。现代社会的进步就是人和人之间从不平等走向平等的过程。人和人之间的平等，主要是指在精神上互相理解、互相尊重。平等原则是人类文明进步的标志性成果，“人生而平等”的思想经历了曲折艰难的不懈探索终于成为全人类的共识。平等的思想需要也应该在人类社会生活中实现全景式体现。教育是连接人类的今天与明天的伟大事业，小学教师的教育教学活动中，无论是沟通还是合作，都必须以平等为前提和基石。遵循平等原则，需要从以下方面体现：

第一，确立尊重他人就是尊重自己的基本态度；第二，坚持以对等的姿态与他人进行沟通和合作；第三，力戒傲慢和俯视别人的神态、言语和举动；第四，修炼富有亲和力的沟通与合作品质；第五，面对有失风度的人时仍能坚持谦逊与友善；第六，以良好的品德修养和人格魅力赢得他人尊重。

（二）有效原则

有效意指能实现预期目的，有效果或有成效。小学教师的教育教学沟通与合作是承担着重要教育使命的行动，有着明确的目标和任务，因此，努力追求有效甚至高效是十分必要的。遵循有效原则需要从以下几个方面体现：

第一，正式沟通与合作之前需要有预案、有规划、有准备；第二，善于把控沟通的节奏和进展，必要时及时微调；第三，在沟通与合作中力求争取主动；第四，善于巧妙地引导沟通与合作的方向；第五，尽可能多地分享自己的经验和想法；第六，最大限度释放善意，促成沟通与合作各方达成共识，形成合力。

（三）互惠原则

社会心理学把互惠定义为“构筑给予帮助和回报义务的道德规范”。互惠原则简而言之就是：一方为另一方提供帮助或给予其某种资源时，后者有义务回报给予过其帮助的人。

互惠互利、合作共赢，是时下流行度极高的热词，也是不同层面的沟通合作努力追求的理想境界。既然沟通与合作都不是单方面的行动，就不能只站在自己立场上考虑问题，而应该兼顾各方的利益诉求。

小学教师所开展的教育教学沟通与合作涉及至少学生、家长、同事和社区等相关方，而不同个体或群体，由于社会角色、身份背景、人生阅历各不相同，必然持有不同的物质和精神需求，教师在沟通和合作过程中，要重视各方的利益关切。遵循互惠原则需要从以下几方面体现：

第一，分析和认知沟通与合作各方的合理诉求；第二，在沟通与合作前期主动释放积极的互利信号；第三，在平等的基础上追求学校教育利益的最大化；第四，在各方的利益博弈过程中善于做出理性妥协；第五，即使未能达成共识实现合作预期，也要留出未来的合作空间；第六，坚持将学生的成长利益置于首位，尽可能避免庸俗化的利益交换。

（四）连贯原则

连贯意指相互连接贯通。可以理解为时间维度上的前后关系。有人讲，教育是“慢”的艺术，人的身心发展是一个循序渐进的连续过程，教育的影响作用也是一个相对缓慢的润物无声、潜移默化过程，不可能一蹴而就。因此，为了有效开展教育教学活动而进行的沟通与合作也不应该是点状分布的，更不应该是偶尔为之，而应该是一条完美的流程线，持续不断的沟通与合作才能形成多方协同的教育力量，才能为学生的健康快乐成长保驾护航。遵循连贯原则可以从以下几方面体现：

第一，制定沟通与合作的长远规划和近期目标，做到未雨绸缪；第二，建立定期互访、密切联系的良好沟通与合作机制；第三，注重各方沟通与合作的前后连贯，力求善始善终；第四，主动拓展和延伸合作领域和内容，实现深度联手；第五，加强宣传、扩大影响，营造积极沟通与合作的良好环境。

（五）系统原则

系统，原指按一定关系组成的同类事物的整体。系统理论是一种全新的思想，其核心就是整体性。学校是一个大系统，学校教育的各要素之间是密切联系、相互影响的，小学教师的教育教学沟通与合作，也要体现系统的整体性、相关性和联系性。遵循这一原则的基本要求如下：

第一，用系统的思想和联系的眼光看待相关个体和群体之间的沟通与合作；第二，师生之间、教师之间和家校之间的沟通与合作要统筹协调；第三，师生之间的沟通和家校之间的联系相互照应、同向同步；第四，以教师之间的有效沟通与合作促进师生之间的顺畅沟通与合作；第五，以师生之间的积极沟通与合作助推进家校之间的联手合作；第六，以家校之间的有效配合润滑和催化师生之间的成功合作。

以上的原则是理论总结与实践探索基础上概括而成的，为小学教师的教育教学沟通与合作提供了更为具体而明确的导向，可以产生积极的思想提示和行为导引作用，能够形成积极的心理暗示和行动指导的力量。原则对于个体而言，不是知道就行，而是需要在精神层面不断强化，最终达到具有文化自觉的程度，更需要在实际操作层面形成习惯化的行随心动的境界。

三、教育教学沟通与合作的策略与技巧

所谓沟通策略和技巧，是指人利用文字、语言与肢体语言等手段与他人进行交流使用的技巧。沟通技巧涉及许多方面，虽然拥有沟通技巧并不意味着成为一个有效的沟通者，但缺乏沟通技巧必然会让我们遇到许多麻烦和障碍。合作也同样有许多在实践中总结概括而成的策略和技巧，有效地借鉴和运用这些经验就能够减少合作的阻力，增强合作的实效。

作为一个教育工作者，小学教师的日常工作是一个需要与人打交道的职业，更是一个用生命影响生命、用生命唤醒生命的事业，因此，沟通和合作是必须拥有的重要能力。经典的理论和名家的思想为我们理解和认识沟通与合作的社会价值和现实意义提供了精辟论述，也对沟通与合作的心理机制和工具使用提供了权威式的建设性意见，极具精神的冲击力，可以帮助我们调整观念、校准方向。因此理论的学习对实践的指导意义无疑是十分重要的，它是一种高端引力和宏观指导。

在理论思考和实践摸索的基础上总结提炼而成的沟通与合作的原则，是抽象理论与草根实践交互作用而形成的实践原理、行动准则和操作规范，它建立起一座理论与实践相结合的桥梁，帮助我们找到理想与现实的对接点，并引导我们按照正确的方向积极行动。

策略、方法与技巧则是在理论和原则基础上建立起来的操作体系和实践模板，它是将理论构想落在实处的有力抓手和最为直接的引导。

（一）沟通的策略与技巧

沟通与合作的策略与技巧是一个开放的范畴，更是一个动态的系统，有限的文字不可能穷尽其内涵和外延，现有的理论更是无法追赶上其实践的步伐。这里只能择其要点加以梳理，以供参考。

1. 有效运用语言

大量的实践证明，人际沟通的至少80%是通过语言符号完成的，言语能力的提高显得十分关键。有人形象地比喻教师职业是“张口吃饭”的职业，语言表达能力是教师的看家本领。

（1）普通话水平要不断提高

“推普”既是国家层面的明确要求，也是教师职业的刚性需要，一口标准而流利的普通话，能够为教师多种场合的交流提供积极的支持，教学过程中良好的“语言面貌”优化着教学过程并有利于教学效益的提高；教学研究中清晰而精准的观点阐述，能够有效提高经验分享和研讨交流的质量，增强教研活动感染力和影响力，提高对话的实效性；家校沟通中规范而客观的事实陈述，坦诚而真挚的态度表达，能够营造互信互谅的沟通氛围，避免产生不必要的误解和矛盾，润滑和催化良好家校关系的形成。

（2）语言运用能力要持续提高

具体表现在：语言表达简洁流畅、用词准确，层次清楚、逻辑严谨；善于运用多种语言技巧，提升语言的感染力和表现力，如俗语、谚语、成语的恰当使用，修辞手法的灵活使用等都可以为有效沟通加分；注重表达的条理性和论理性，提高语言表达的影响力和说服力，

如因果分析、相关分析等，条分缕析、透彻剖析，晓之以理、言简意赅，必然提升沟通的有效性。

2. 善用倾听技巧

倾听是沟通的核心艺术，离开有效倾听作支撑，有效沟通很难实现，沟通风险会明显加大。

首先需要拥有积极的倾听态度。态度决定一切，习惯成就事业，“倾听”既是重要的态度，也是良好的习惯。要最大限度尊重他人的表达权利，给对方表达的机会，即便是作为主导者展开交流，也要适当把握交替表达的节奏，主动邀请对方发言或抛出话题给对方以机会。切忌独揽话语权，把沟通交流异化为“演讲”，更不能够随意打断对方的讲话。

其次需要有专注倾听的表现。任何态度和观念都可以通过外在的行动加以显示和证实。在任何交流场合，都应该用表情和眼神证明你在认真听，通过点头微笑表达首肯，利用简短的语词表达认同，偶尔运用惊讶和赞赏等表情回应对方，让对方看到你的诚意和素养，这都是沟通态度的外显和传达。要避免左顾右盼、面无表情、翻看手机甚至有不耐烦的神态等表现。

3. 重视及时反馈

沟通是一种双向的行为，只有相互支撑才能够持续展开，沟通的有效展开需要同步理解对方所表达的意思、愿望和态度，在内心进行梳理和预判，并适时进行回应或反馈。正因为有沟通各方交替进行反馈，沟通才得以持续有效展开，最终达成沟通目标。

首先，要及时表达你对别人意见的态度。是认同、赞赏还是存疑甚至反对。明确表态可以让对方及时了解你的立场，避免误解或误判，还可以及时影响对方的态度，避免沟通各方的逆向而行。

其次，要巧妙引导沟通的方向，有效把握沟通的主动性。沟通的目的不外乎交换意见、达成共识和解决问题，因此，及时反馈就可以向对方发出明确的信号，使对方及时充分了解你的意图，最终让合作双方始终围绕核心议题充分交流，实现沟通目标。

再次，要善于带动沟通的节奏，将沟通引向深入。通过向对方发问亮明自己思路，通过表达自己的疑虑引发对方的警觉，引导沟通各方聚焦核心问题展开对话，避免旁逸斜出、游离主题的无效交流。沟通最严重的失误就是放弃了反馈的权利，一任对方信马由缰地满嘴跑火车，最终无功而返。

4. 学会调动情绪

人是感情动物，情绪和情感总会伴随我们生活的左右，促进或干扰我们的思考和行动。同样，情绪情感因素也是沟通活动中如影随形的存在，忽视它的存在，不利于高质量沟通的展开，有效利用它的作用，则能够收到意想不到的效果。

首先，调整好自己的情绪，以最佳状态出场。情绪饱满、态度真诚、热情友好、积极主动，这些都是沟通过程中的基础性情绪表达，应该贯穿沟通过程的始终。为了展现出最佳的沟通状态，得体的着装和恰到好处的妆容可以为沟通活动增加一抹亮色。

其次，适时适度地用情绪情感传达信息。伴随沟通活动的徐徐展开，情绪的调整必须紧紧跟上。当对方的思想和意见恰好与你的想法不谋而合时，要用赞赏的微笑加以回应；当对方表达出理解、包容和尊重时，要用开心的微笑表达感激的心情；当对方提出不合时宜的要求时，要用坚定的目光和不容置疑的神态表明立场。

再次，把握好情绪情感的基调。无论沟通主题和主体怎样，沟通都应该是善意的和建设性的，沟通的基本色彩应该是温暖亮丽的，因此，情绪的调动还应该体现在对负面情绪的克制。虽然沟通活动中令人不愉快的场景和氛围难免出现，但作为沟通的参与者都必须要学会做情绪的主人，极端化的情绪表达要尽量杜绝，善于掩饰有碍和谐沟通气氛维护的“小情绪”，用淡定的笑容化解沟通过程中的不和谐因素，促成沟通目标的有效达成。

（二）合作的策略与技巧

1. 培育合作的意识

当今社会是一个高度融合时代，组织间合作、部门间合作、同事间合作甚至跨行业跨区域合作，是寻求更好更快发展的重要助推力量。善于发现合作机遇，主动寻求合作机会，创造条件促成合作，是现代小学教师应有的基本理念。每一个老师都应该坚信，帮助别人就是在成就自己，融入团队就是在壮大自己，多做工作就是在展示自我，甘于付出就能够收获成长。

2. 主动寻求合作机会

合作意识敏锐就能够及时发现机会，并牢牢抓住机会。当学校推进重大改革项目时，申报研究课题时，遴选参加赛课的选手时，组织大型学生活动时，都需要有人以积极姿态做出回应，根据自身的优势条件和平时积累，自觉加盟到适合自己的项目团队，主动投身于相应的工作中，让人生价值在团队中绽放光芒。瞻前顾后、患得患失只能是坐失良机。

3. 积极参加合作活动

既然选择融入团队，就要树立有所作为的意识，不能成为可有可无的存在，而要用实力和努力证明自己的价值，用踏实和勤奋为团队项目贡献智慧，这样，合作伙伴就能够互相成就。在共同协作完成的项目中，赢得别人的认可，不仅在当下的合作中获得好评，也为今后的持续深入合作奠定人脉基础。

4. 维护和拓展合作平台

事业发展永无止境，专业成长永不停步，就需要合作共事持续不断。因此，利用现有的合作机会不断拓展合作空间，主动建立更广泛的合作关系，寻求更具有挑战性的合作项目，有意识地形成或培育相对稳定的合作群落，同样也是每一个教师应有的现代意识和主动行为。

5. 善于利用合作获得成长

合作的直接目标是完成合作任务，获得同行或社会的认可，但合作还有更为高远的目标追求，那就是把合作看成一次成长的经历和学习的机会，这样，收获就会更加丰富和多元。一方面要全力以赴投入合作项目，为项目的顺利完成贡献自己应尽的力量，更主要的是，把握每一次合作机会向团队里的每一个人学习，最大限度实现成长。

四、新媒体时代的沟通与合作

随着互联网时代的到来，传统的人际交流与合作形态发生了重大的变革，现代技术手段的运用深刻改变着沟通与合作的时空环境和展开路径，对此，我们需要有积极的心理准备和主动的应对策略。多元化社交平台、手机或QQ邮箱、公众号、朋友圈和微信群等的介入，为人际沟通提供了便捷的渠道，让时间和空间的阻碍不再是问题，让合作过程中的交流、互动和共享可以随时随地进行。

（一）强化使用新型沟通方式的意识

社会的进步日新月异，需要现代人能够增强紧随时代步伐的意识和能力，主动了解并善于运用新的工具和手段改进和丰富自己的生活和事业。

从公众场合递送名片到面对面建群，也不过只有20年的历史，老办法的悄然隐退和新方式的层出不穷，时刻提醒我们，不进则退是需要牢牢记住并付诸行动的法则。

要有选择地主动融入相关的沟通交流网络，营造与相关群体及时在线交流的良好环境。比如，主动融入和扩大朋友圈，主动建立和维护特定的工作群，不断扩充和修复相关的信息交流空间，发挥各种交流渠道的叠加互补作用，为全方位的获取信息、发布消息、展示交流、维护关系奠定技术支撑。

要认真和超前规划个人的沟通思路，以便未雨绸缪做好预案，学会选择在恰当的时间节点发布重要信息，以达到最佳沟通效果；增强互动意识，及时回应来自重要合作者的消息，保持双向交流的畅通，树立良好的沟通者、合作者形象。

（二）增强使用新媒体开展沟通合作的能力

要最大限度发挥新媒体的功能，为连续不断的有效沟通和互利共赢的合作保驾护航。

第一，要养成定时查收和回复邮件、信息的习惯，避免产生不必要的误会或中断重要的联系甚至影响沟通与合作的顺畅，要增强及时发布消息和通告的意识，让自己的声音和态度保持在线，要强化持续维护良好合作伙伴关系的意识，利用特殊的时间节点，比如重大节日，唤醒、激活和维护与相关受众的亲密关系。

第二，要提高运用新媒体沟通合作的能力，以规范专业的形象为沟通与合作加分。新媒体大多是语音和文字功能兼备的设计，具有可选择性，每一个使用者都可以因人而异，视情况而定。面对面沟通中口头语言的使用已在前文谈到，这里重点强调一下书面语言使用的技巧：①简洁规范、精准表达，斟酌词语、避免错误，最好检查确认后再行发送；②注意礼貌用语、敬语谦辞的使用，不能因为怕麻烦而省略；③特别说明给对方的要求，需要回复、完成任务还是知道即可，需要转发还是应该保密等等。

切记，网络平台上的信息传播速度很快，一旦发出，所造成的结果就已经产生，补救措施经常很难挽回损失，因此，越是重要的沟通和合作内容，越需要慎之又慎。

第三，要注意新媒体与传统手段的相互配合，努力实现沟通与合作效益的最大化。新型通信方式有便捷高效的显著优点，但也有其弱点和短板，比如，面对面交流更有助于沟通各方情感的交流就是传统方式的一大优点。因此，综合运用各种方式，才能扬长补短，多点开花。重要的、复杂的、情感因素占比多的沟通与合作，应该考虑近距离深入交换意见；时间紧、需要快速做出决定且文字难于表述清楚的事情则采用通话交流更合适；而考虑到对方接听不方便又不急在一时的事情，则通过语音留言或文字短信更加稳妥。

（三）增强主动更新沟通与合作手段的能力

从人类日常生活和工作进入互联网时代，短短的几十年当中，其更新换代的速度非常快，从E-mail到QQ群再到微信群，从博客到微信公众号，各种更为便捷的交流平台相继出现，让人际沟通和团队合作越来越丰富多彩。如若不及时了解和掌握新平台的使用，就会在一定程度上对必要的沟通与合作人为设限，导致沟通的迟滞甚至阻断。因此，不断学习新知识、掌握新技能、运用新手段，是现代小学教师专业成长的一个重要组成部分。班级微信群、学科组教研平台，相关合作工作群等的建立、维护和有效运用非常重要。

总之，我们生活在“互联网+”时代，必须全方位跟上时代的步伐，在沟通与合作的工具与手段的使用上更应该注意与时俱进，从而争取主动。

五、提高沟通与合作能力：我们永远在路上

能力是直接影响活动效率，并使活动顺利完成的个性心理特征。能力总是和人完成一定的实践活动联系在一起的，离开了具体实践活动既不能表现人的能力，也不能发展人的能力。

心理学研究中对能力有多种分类方式，其中比较普遍的是将人的能力分为一般能力和特殊能力两种。一般能力属于基本能力，也是我们通常所说的智力，其核心是思维能力。而特殊能力是指个体在某种专门活动中所表现出的能力，人际交往能力就属于一种特殊能力。

（一）沟通与合作能力形成概述

小学教师在教育教学工作中的沟通与合作能力的形成是一个循序渐进的过程，需要持续学习、不断实践和经常反思。相关知识和理论的学习是形成能力和发展能力的基础，没有必要的知识积累和理论积淀，能力的形成就如同空中楼阁；而实践探索则是快速提高能力的重要载体，不主动参与沟通和合作实践，不经历各种情景下沟通与合作的实战，再多的道理也仅仅是纸上谈兵；而实践以后的反思，则是不断形成理论和实践有效链接的桥梁，更是能力提高过程中量变到质变的重要转换枢纽。

因此，学习，学习，再学习；实践，实践，再实践；反思，反思，再反思。这是每一位教师有效提升教育教学沟通与合作能力的基本路径。

需要特别说明的是，学习、实践和反思之间并非简单的线性关系和累加关系，而是错综复杂的交互作用关系，相互影响、相互制约、相互促进、相得益彰，是各要素之间动态平衡和相互转化的基本格局。

另外，对于每一位教师而言，无论是有志于从事小学教育的未来教师，还是已经入职成为小学教师一分子的在岗教师，就沟通与合作能力而言，都不是零起点发展，而是都具有不同程度的知识积累和实践体验的，既往获取的基础知识、成功经验包括失败教训都是一笔不可或缺的财富，必须加以合理利用。

当然，学习、实践和反思的顺序也并非简单排列和固定不变，能力的培养与提高应该呈现出多开端性特质，以系统知识的掌握和学习作为切入点，先理论再实践可以少走弯路高起

点发展能力；从实战出发直接大胆探索积累经验，再回到理论中汲取养分，有针对性地补充知识，更容易获得感悟；而理论学习以后紧随其后的反刍和实践摸索之后的积极主动的反省，都能够让我们茅塞顿开、豁然通达。

（二）沟通与合作知识的积累与理论的积淀

在人类社会已进入“终身学习”时代的今天，学习对于每一个人而言都是贯穿一生的重要任务，提高沟通与合作能力，持续而有效的学习是重要的支点。

首先是向书本学习。随着心理学、管理学和传播学等学科领域研究的快速发展，视角各异的研究成果相继问世，具有广泛影响力的力作和名著也越来越多，这是我们汲取理论养分、充实思想内涵的重要源泉。同时，侧重普及和推广的畅销书中也有为数不少上乘之作，这些出版物一改理论书籍的晦涩难懂，采用深入浅出、通俗简洁的表达方式为我们提供了便于理解和掌握的知识，而且很多还具有极强的可操作性，可以帮助我们快速集结有指导价值的知识。

《沟通的艺术》——看入人里，看出人外。

这是一本中文版销量数十万的畅销书（简明版本），寓教于乐的沟通学教材，极具操作性的健康关系指南。由美国沟通大师罗纳德·B·阿德勒和拉塞尔·F·普罗科特著，黄素菲、李恩、王敏译。一位在校大学生这样评价此书：

作为一名大学生，我已经习惯了枯燥粗简、令人昏昏欲睡的教科书，但《沟通的艺术》是一个例外。书里的绘画、诗歌以及故事，甚至卡通，都是美丽而有趣的，内容则经过精心组织，文本读起来让人忍俊不禁……如果您是一位沟通学者或心理学教授，正在为新课程挑选教材，请帮您的学生一个很大的忙：使用这本书吧！

类似这样的普及性书籍，目前市面上有很多，大家可以根据个人的阅读习惯和偏好进行选择，不必拘泥，只要有启发和借鉴意义，就可以作为案头读物。

其次是向社会学习。沟通与合作是人类社会极其普遍的活动，因此，我们的学习更应该体现开放性。如，电视节目中的访谈类节目、讲述类节目都很好地展示了沟通的技巧和艺术，可以借鉴学习。还有一些嘉宾参与点评的节目，在语言表达能力提升方面也有极强的指导意义。

案例

贝影远去，传奇依旧（节选）

他是宠儿，也是弃儿，他被追逐，也被放逐，他在失重后赢回尊重，他在尊重中赢来更多的尊重。他在离开时已经没有离开，他叫大卫·贝克汉姆，一个总是牵动世界的人，这一次，他是一个动人的球员！

在足球场上，他，不是天才，没有上帝的眷顾，他只是默默地奔跑，静静地等待。美丽的弧线，让他集万千宠爱，却也让他背负了太多的本不应该属于他的责任。直到曾经的倔强变成今天的执著，直到贝影渐行渐远，只留下一声叹息。

我们可以说，他，没有老，因为青涩的微笑记忆犹新。我们可以说，他，正在老去，因为岁月无情，唯有时间永恒。从那条美慕的中场弧线到法兰西的红牌，那种从天堂坠落的痛楚让他明白——人生若无缺憾就不会完美！

于是，转过身，贝影越来越清晰。是浮华退去，他变了，变得成熟。

这是CCTV5《历史今天看》栏目一期节目的片段，语言简约而不失华丽，情绪饱满而且厚重，既有艺术的美，又有哲理的美，回肠荡气，意境深远。

再次是向生活学习。现实生活不期而遇的场景中，也会展示出现实版的沟通与合作典范，甚至还会有“教科书”式的精彩现场，对于一个善于学习的人而言，处处留心皆学问，我们可以及时捕捉这样的瞬间，让它定格为一个经典的案例，仔细揣摩和玩味其中折射出的深刻道理和智慧光芒，在理解、领会和感悟的基础上创造性地运用。

西安开往太原的高铁列车即将驶进太原南站，身着简单干净工装的勤杂人员忙着整理车厢卫生。

“各位旅客，大家好！列车马上就进站了，请大家收起小桌板，拉开窗帘，调直椅背，收拾好自己的随身物品，准备下车，谢谢配合！”她不紧不慢地发出指令，声音坚定而温和。

看到部分旅客仍没有行动，她又及时补充一句：“你看啊，咱们乘坐的是高铁列车，如果收拾不干净、乱七八糟，那不是又成了绿皮车了么，你们愿意吗？”

一句话触动了所有的乘客，大家开始按要求动起手来，车厢里面顿时焕然一新。

平凡的工作，朴素的话语，但非常得体，恰到好处，既达到了让乘客积极配合的目的又没有引发不必要的反感和矛盾，算得上是一个成功沟通与合作的经典，我们可以从中看到草根的智慧。

（三）沟通与合作技巧的训练和改进

对于想要提高沟通与合作能力的每一位教师而言，每天的生活、学习和工作，同时也是沟通与合作的习练。

首先，要养成“备课”的习惯。重大沟通活动前都要做好尽可能充分的准备，对于年轻人而言，最好有一个“文案”，把重要的事项甚至关键性的沟通内容罗列出来，仔细斟酌、认真修改，力求形成最佳方案；合作项目的团队活动也一样，要明确自己在其中扮演的角色，提前“设计”好符合自己身份的出场形象，以尽可能最得体的方式参与活动，贡献自己的智慧和力量，展示自己的实力和魅力，树立良好的沟通与合作形象。十分重要的沟通与合作活动，在出席之前最好要进行“沙盘推演”或“心理演练”，以达到胸有成竹，应对自如的效果。

其次，要提高现场的应变能力。沟通与合作的具体活动往往变数很多，由于各方面的原因，事先准备好的交流内容、表达形式和展示策略需要及时调整。因此，需要具备快速反应的意识和随机调整的能力。实践证明，应变能力的提高，要靠自己平时的文化积淀，所谓厚积薄发，而要凭借参与尽可能多的活动历练自己，临场发挥能力主要来自经验。当然，特别重要的场合最好提前备有应急“预案”，即便情况有变也能做到从容应对。

再次，要强化事后及时纠偏的意识。再完美的方案也很难做到100%发挥，忙中出错、顾此失彼，在真实的沟通与合作场景中在所难免，其实不必太过纠结，但是，如果是出现了对未来进一步沟通与合作可能会造成负面影响的失误，就必须想方设法加以弥补。比如，活动结束后马上当面道歉；及时通过电话、短信或微信等方式解释说明、表达歉意；重要人物或重大失误，最好择机专门进行真诚的当面致歉，以示诚意。

第三节　小学教师教育教学沟通与合作的实践

一、小学教师的教育教学沟通实践

（一）教学活动中的沟通

《小学教师专业标准》（以下简称《标准》）明确要求教师：要使用符合小学生特点的语言进行教育教学工作，要善于倾听，做到和蔼可亲，与小学生进行有效沟通。关于这一点，学者们也有精辟的阐述：教师的“语言能力不只是意味着丰富的词汇、合乎逻辑的表达方式，还在于教师要熟练地掌握学生最易接受的教育教学语言，这种语言能力是一种难以言表的高超艺术”[2]。

教学活动是小学教育中处于中心地位的活动，也是师生之间密集交往的时空环境，而教学活动本身就是一种特殊的沟通行为。

1. 蹲下来和孩子对话

尊重孩子是与孩子沟通的必要前提和观念基础，以平等的身份与孩子沟通和交流，才能让孩子敞开心扉勇敢表达，才能实现“亲其师而信其道”的教育理想。比如，用“孩子们，早上好！现在我们开始上课！”“小朋友们，今天，老师希望看到一个快乐的你，开心的你和自信的你，我们一起加油！”对于小学低段学生而言，就会更加亲切温暖。而“同学们，你们今天回家给我把课文抄写两遍”，就会显得生硬而有距离感。

2. 做好各环节的沟通

用妙趣横生的语言导入学习，引发学生浓厚的兴趣，唤醒学生的学习热情，如，故事导入、话题带入、情景引入、游戏植入等；用符合学生年龄特点的语言组织教学，如，配合课堂纪律编创的童谣、儿歌、口令，特别是低段教学时，一节课当中还需多次重复使用，以保证良好学习秩序贯穿始终；学习重点和难点内容时，要有意识放慢节奏，提高音量，重复强调，并配合以文字或图片强化策略（板书、多媒体），以保证教学目标的有效落实；学生课堂练习时，要轻手轻脚巡视全场，必要时给学生以提点和纠错，但切忌语言过多过碎；结课时，要善于用简洁明快的语言梳理学习内容，突出重点难点，强调易错问题，让一堂课成为一条美丽而清晰的流程线。

3. 别急着告诉结论

新课程背景下的小学教学，特别强调开发学生智力，培养学生的核心素养，因此，老师要善于创设情境激发学生的独立思考。教学中的互动对话、小组合作和展示交流等环节，老师要舍得给学生思考的时间，要有意识地进行“等待”。

例如：“这是一个十分有趣的问题，老师也还没有想明白，希望你们能够给老师一些帮助。”“同学们，你们想知道这是怎么回事吗？开动脑筋思考一下，以小组为单位讨论一下，老师看好你们哟！”“别着急，老师知道你很有想法，只是一时不知从何说起，来，掌声鼓励一下！”

4. 要善于运用激励策略

综合运用语言和非语言沟通手段，营造充满活力的学习氛围，不断为学生鼓劲加油，让每一个孩子都能够在鲜花与掌声的簇拥下持续进步。

在赞赏中带有明确的导向性，让受到表扬的学生和其他同学都能在原有发展水平上，向更高的目标看齐和迈进。

教学案例

在低段语文课上，老师请学生复述作品中的故事，小明流畅地讲述了课文里的故事。老师显出十分惊讶的表情：“咦，奇怪，你怎么会说‘五光十色’这个词啊，一定是课外的故事书中看来的，那可是作家用的词呀！”

表情和语言结合，又有明确的引导，肯定了当事同学喜欢看课外书的好习惯，也提醒其他同学要积极开展课外阅读。

客观公正地评价学生，赞赏中也有委婉批评，肯定成绩和优点的同时，也要提出善意的批评，当然一定是建设性的。

教学案例

美术课上，老师在教室里巡回，观赏着每一个孩子的作品，并不时做出评判，要知道，孩子们很看重老师的意见！

“哦！你的色彩感真好，这个配色老师喜欢，而且着色很均匀，如果你能不让彩色跑出圈外，那就更好啦！”老师俯下身子，点评着小冉的习作，小冉点了点头，涂得更加细心了，其他孩子也得到了提醒，仔细审视自己的画作。

直接说出孩子受到赞赏的原因，准确描述你所看见的和你感受到的。避免用抽象的字眼如，好，棒，乖，否则孩子无法理解和学习到正确的行为要求，不知道什么样的行为才能得到这样的赞赏。

教学案例

下午两节课后，同学们都离校了，值日生留下来清扫教室，李老师走进教室，对孩子们的表现十分满意。她笑盈盈地说："教室打扫得很干净，桌椅摆放很整齐，让人感觉很舒服。"

把孩子值得赞赏的行为总结为一个词，让孩子确切地知道老师赞成或不赞成的行为和习惯是什么。如，给出作业评语时，老师可以这样写："面对这么有挑战性的问题，你没有退缩和放弃，而是开动脑筋认真思考，这叫'有决心'""昨天的数学作业量很大，你居然全部完成，而且没有错误，这就叫作'有毅力'"。课堂教学过程中，当老师看到令人满意的一幕时，可以这样夸学生："你做完游戏，把卡片，彩笔都收拾好，这就叫作'有条理'。"

作为互联网时代的小学教师，我们还要善于使用网络热词及流行语和学生沟通，以有效缩短师生间的心理距离，营造轻松愉悦的沟通气氛。

教学案例

数学Z老师条理清楚地总结了今天刚刚学习的新内容，然后布置了课堂作业，让孩子们通过及时的动手练习加固和夯实新知。同学们静静地做题，Z老师悄悄地在教室里巡视，逐个查看孩子们的做题情况，刚刚绕了多半圈，就有同学隔空喊话，

"老师，我做完啦！"

老师循声望去，又是坐在前排的浩远同学，老师心中暗喜，但嘴上却说："细心点，知不知道什么叫忙中出错。"

"嗯，那我检查一下。"浩远同学放低声音说道。

Z老师巡视全场以后对学生们的作业情况有了大致的了解。

她走到浩远身边说："来，让大家看看你的作品可否顺利通关。"

实物投影在大屏幕上展示了浩远的作业，书写整齐，没有涂改，师生仔细梳理了他的解题思路和步骤，全对。

Z老师抑制不住内心的喜悦，开心地说："厉害啦！我的娃！"

全班同学哈哈大笑，课堂气氛更加融洽。

老师顺势补充一句："做得又快又好，这速度，这质量，你这也是没谁了！"又是一阵开心的笑声。

"哦，忘了向大家通报，刚才我巡视的时候，发现好几位同学的水平都不在浩远之下，还有像林阳、高放等同学，进步神速，大家一起为他们点赞！"Z老师边说边带头鼓掌，孩子们脸上洋溢着幸福的笑容。

85、90后新锐教师，由于年龄差小和文化认同度高，与学生之间具有先天的沟通与合作优势。它们恰到好处地运用幽默风趣俏皮甚至非主流的沟通与合作方式，有时能够达到独特的教育效果。只要避免讽刺挖苦等负向语言和行为，就不失为有效的教育教学沟通策略。有人把教师队伍中的这一新生代群体称为"麻辣教师"，他们和学生之间天然的亲和力无疑是一种特殊的教育资源。

5. 要关注基础薄弱学生

在课堂互动交流过程中，不要总是把目光锁定在所谓"好学生"身上，相信每一个孩子

都有闪光点，有意识地将机会留给不够亮眼的学生，尽可能给更多学生以机会。

教学案例

“今天，老师发现咱们班有一个同学表现非同寻常，肯动脑筋、积极思考，所以老师很想请他来就这个问题和大家分享一下他的看法，这个同学就是……”老师故意拖着声调，同时把赞许和鼓励的目光投向了坐在后门边上的李铁。

“大家给他点掌声，好不好！”热烈的掌声在教室回荡，李铁在大家期待的目光中勇敢地站了起来。

教育公平是一种具有普遍适用价值的理念，在学校的教学过程中，老师的关心和爱护应该属于每一个学生，这本身就是一种支持学生成长的力量。

有些孩子比较内向，不善于表现自己，不敢大胆展示自己，老师要主动沟通、精准扶持。

教学案例

一年级的语文课上，今天的学习内容是三个双韵母，老师讲解发音要领和书写规则之后，领读数遍，然后问同学们：

“怎样才能牢牢记住这些字母呢？”

“编顺口溜。”同学们异口同声回答。

“好的，现在就请大家开动脑筋编起来。”

教室里变得很安静，同学们都在心里默默地构思着。

“好，时间差不多啦，看哪位同学率先和我们分享一下！”

小手一只一只举了起来，小朋友们大声朗读自己的作品……老师和大家一起欣赏着，不时点评一两句，还郑重地颁发着“奖品”（小红花）。在这期间，老师发现一位长相清秀的小女生犹豫不决地举起小手又放下，放下又举起，老师若无其事地走到孩子身边，悄悄问了一句：

“孩子，你编好了吗？”

“好啦！”

“悄悄给老师读一下，好吗？”

老师俯下身子，伸过耳朵还将手握成喇叭状贴在耳边。听了孩子小声读完自己的作品，老师瞪大眼睛故作惊讶地说：

“编得这么好，应该让同学们欣赏欣赏呀！”

女孩儿鼓起勇气大声朗读起来，同学们报以热烈的掌声，女孩儿脸上绽放出幸福的笑容。

教学活动不仅要学习知识，还要培养能力，还得关注学生的个性发展，有智慧的老师总是有一双敏锐的眼睛，能捕捉到学生的细微变化和与众不同，然后因材施教促其发展。

6. 要发挥语言的示范作用

斯霞老师在论及教师的语言沟通行为时说过：“教师的语言应成为学生的楷模。要使学生会说普通话，说话口齿清楚，咬字正确，声音响亮，简短扼要，用词确切，那么教师自己首先要做到这些。”

她也总结了自己职业生涯中积累的许多经验：“低年级的教学语言，力求通俗浅显，具体、形象、生动，儿童化一些；高年级的教学语言，要随着年级的提高适当加深，便于他们接受和模仿。”[3]

30多年前总结概括的做法，至今听来仍觉不落俗套，自成一派，言简意赅，入情入理。

（二）教育活动中的沟通

这里的“教育”是狭义的教育，主要指道德品质教育或者叫“做人”方面的教育。

教育孩子时永远不忘尊重、理解、包容。对于基础教育而言，爱心与耐心是基础。平易近人的语言风格如春风化雨一般，和蔼可亲的音容笑貌如灿烂的阳光，有时动作比语言更容易让孩子理解。教师的微笑、点头、抚摸、搂抱、俯下身子与儿童交流、看着孩子的眼睛、倾听他们说话的态度等等，远比语言更能表达教师对学生的尊重、关心、爱护、肯定等。对小学低段的学生和新来的孩子，老师亲切地拉着小手，亲拍肩膀，那么孩子就会较快地和老师亲近，师爱可以温暖每一个孩子的心，它是沟通过程中最好的润滑剂。

集体教育时，如，主题班（队）会，每周例会和每日晨会，要用热情洋溢的语言感染和激励全班同学，要用语重心长的态度劝诫和引导学生，要用职业教育家应有的人格魅力感召和引领学生，要善于借伟人的事迹和身边的榜样带动学生。

个别教育时，如，解决学习问题、处理违纪行为或突发事件，尽可能选择相对隐蔽的空间，以保护孩子的自尊心，语言要严厉但不能粗暴，态度要坚决但不可冷漠，一般是就事论事不轻易翻旧账，克制负面情绪不讽刺挖苦，允许孩子表达自己的观点和态度，和颜悦色与孩子交换意见，在此基础上因势利导。

大型活动中，要围绕活动主题，适时地对学生进行正确的引导，潜移默化润物无声，让积极向上的种子牢牢地埋在学生心里。如，升旗仪式、入队仪式、开学典礼、毕业典礼等活动，应该用适合孩子们的语言，生动活泼但又不失庄重典雅。

教育孩子离不开与家长的联系和沟通，因此，机智而有效地展开与家长的交流十分重要。

与家长沟通要善于运用心理学的知识和原理指导行动。

首先要做到因人而异。面对外向型的家长，教师应以包容的心态耐心倾听家长的诉说，与之充分交流；与内向型的家长沟通，教师可以适当放慢讲话节奏，营造宽松的交谈氛围，引导和鼓励家长表达看法；遇到开朗豁达型的家长，教师可直接、坦诚地与之探讨孩子的问题；而与容易担忧焦虑的家长沟通，则要考虑孩子的问题可能会给家长带来压力，要用委婉的方式与家长讨论孩子的问题；对于话少且比较拘谨的家长，教师可另辟蹊径，通过网络交流方式（QQ、邮箱、微信等）进行，避免面对面的尴尬和局促。

其次，要善于艺术地“约”家长。在根据需要开展个别教育时，教师要考虑家长爱“面子”的心理，保护其自尊心，选择适宜的时机和地点，以尽量让家长感觉轻松安全为原则，如家长来接孩子时，与孩子的家长先沟通一下：“有点小事想和你交流一下，你看你能否留一下，等孩子们走得差不多了，我们再交流好吗？”如通过电话约见家长，也要礼貌委婉地做好铺垫，以免造成不必要的压力，为后续的教育活动埋下隐患。

再次，要学会倾听，用心体会家长的意愿。作为教师，我们应该要学会暂时放下自己的想法，努力去体会和理解家长，要学会“延后”发表自己的观点，给家长充分的表达机会，甚至适度宽容家长的情绪宣泄，要善用非语言沟通方式支持家长的表达，专注的神情和适当地点头表示自己的认真、理解和信任，也是对家长的尊重和鼓励。

最后，要留心观察，多分享正面信息。教师在平日多加留意，注意和每位家长分享孩子的各种正面信息：孩子取得的点滴进步，发生在孩子身上的趣事、孩子的兴趣和喜好等都要小心“收藏”，根据每一次沟通的主题和时机，恰到好处地分享和展示给家长，让家长得以时常感受到老师对孩子浓浓的爱，从而更乐意与教师交流，形成对学校充满信任和理解的积极心理。

（三）教研活动中的沟通

新课程背景下，充分发挥“校本教研”的基础性作用已在业界达成共识，小学教师的教研活动内容更加丰富，形式更加多样，集体备课、观课议课、说课论课、评课研课、磨课辩课、主题沙龙等等，这些都是时下流行的小学教师同伴互助的具体做法，无论何种组织方式，就形式而言都是同行同事之间的沟通活动。教研活动就是围绕教学活动的不同主题或课题展开交流研讨，从而为有效提升教学品质奠定良好的理念和策略基础。教研活动的目的不外乎交流信息、分享经验、探讨问题、寻求最佳方案等。

新时代的小学教师开展教研活动，要充分凸显其开放性、学术性、前沿性，不要拘泥于狭小的教学天地里，不能简单地就事论事，没有思想冲击力的集体教研，很容易流于形式，使大家尽兴而来扫兴而归。

首先，每一位参与者都要有备而来。围绕提前告知的研讨主题，及时了解相关的最新资讯，搜集整理富有新意的素材，归纳总结有价值的案例，带着丰富的新思想和新信息融入研讨活动中，在分享过程中，用思想的锋芒激活在场的每一个人，用翔实的事例点燃整个活动，用条分缕析的阐述引发大家的思考。如果每一个参与者都能努力做到这一点，那么，教研活动一定会是一次愉快的精神旅行。

其次，每一位参与者都要善于倾听。教研活动就是向同伴学习的机会，要认真聆听每一个发言者的交流，善于从中捕捉有价值的元素和值得学习的点滴经验，并记录独特做法和精彩观点，必要时向发言者提出问题、互动交流，甚至可以坦诚地提出质疑、探讨交流，这样的教研活动更有学术张力，更能够激发大家的深度思考。

再次，每一位参与者都要学会为别人喝彩。赢得别人的赞赏和好评，得到同行的肯定和认可，是人所共有的心理需要。教研活动中，不仅要善于抓住机遇展示自我，还要对别人的发言给予积极的回应和反馈，在发表自己的观点前先由衷地赞赏先于自己发言的同事，最好有具体指向，说明自己是很认真地听了别人的分享，恰到好处的点评可以让整个教研活动互为支撑、高潮迭起，也使整个团队更加具有凝聚力。

另外，如果是以课例为载体的教研活动，一定要认真观摩作课老师的课，你的提前到场、专注的眼神、认真地聆听和飞速的记录，既是自身良好职业形象的展示，也是对同事最好的支持和鼓励，这都是有效沟通的重要组成部分。

二、教师的教育教学合作实践

（一）师生间的合作

学校的教育教学活动是师生之间的特殊交往行为，本身就包含了合作的元素，但对于多数一线教师而言，师生合作还仅仅是偶尔为之的随机性行为，而没能上升为先进教育理念指导下的理性行为，更没有成为坚定教育信念支撑下的文化自觉，可以说，提升和拓展的空间还很大。

建构主义教学理论特别强调：教学过程就是教师和学生对世界的意义进行合作性建构的过程。我国新课程背景下的课堂教学恰恰也凸显了这一思想，合作应该也必将成为小学教学活动的常态。

1. 强化师生合作的理念

“合作”首先是一种观念和态度，没有发自内心的思想认同，就很难成为一种自觉的行动。而合作的姿态和举动本身就具有教育意义，它可以有效缩短师生之间的心理距离，为民主合作的新型师生关系建立奠定基础；它能够营造互相支持共同进步的教育文化氛围，为教育教学活动的顺利展开铺平道路；它可以有效培育学生的合作意识和精神，为孩子们参与未来的社会生活做好铺垫。因此，新时代的小学教师应该重建自己的职业观念系统，真正树立师生平等合作共同成长的现代价值观，并自觉地付诸行动。

2. 优化师生合作的实践

无论是班主任还是科任教师，都应该将合作视为贯穿教育教学活动全过程的重要元素，并在教育教学实践中灵活有效地运用。

学科教学过程中，从备课环节开始就要将切实可行的合作设计进去，如，课程内容的基础知识部分，老师不必大包大揽，可以招募或遴选一些基础扎实的学生作为“小老师”讲给其他学生，对承担了“讲课”任务的学生来说就是一个知识学习和能力培养的双重锻炼；语言类课程学习中的分角色朗读和对话交流，老师可以和学生组团共同完成展示任务，既起到朗诵表演和口语交际的示范作用，又最大限度激发了学生的参与热情；科学课堂教学中，老师的演示实验可以安排一些“小助教”，师生共同完成实验演示，在实战中提高学生的动手操作能力。

班级教育和管理过程中，大型活动中老师可以扮演班级中的普通一员，这对增强班级的凝聚力无疑是巨大的推动力量；主题班（队）会，班主任老师可以和学生共同策划，老师做谋士，学生协商制定方案，老师做幕后，学生自己主持完成活动，学生出现卡轮，老师及时补台。合作并非老师偷懒，而是给学生创造历练和成长的机会，有效增进师生的亲密关系，让教育活动更加顺畅。

教学案例

说起运动会的入场式，呈现在人们眼前的总是整齐的队伍，响亮的口号。但是这对刘老师的班级来说可成了一大难题。且不说一年级的小豆包们从整体上在动作、声音方面都比不上高年级的大哥哥、大姐姐，更重要的是班里的小羽是一位动作缓慢的孩子，在训练中，他即使是连跑带颠也跟不上队伍……但刘老师却有她的设想：我们就是要展示一年级小豆包们的天真烂漫、活泼俏皮以及第一次参加运动会入场式的新奇与兴奋。她设计了“大马戏团巡游”的方式，孩子们头戴花环，手里挥舞着各种动物的道具，悠闲地走在入场的跑道上。那天，当这支“不整齐”的队伍走过主席台时，全场响起热烈的掌声。走在队伍前面的是刘老师和小羽，刘老师手牵着打扮成天使的小羽，小羽依偎在刘老师身边，自豪与娇羞洋溢在脸上……

这则故事从多个角度彰显了刘老师的教育智慧，关爱学生、平易近人，敢于创新、巧思妙想，特别是以“班妈”的身份参与到入场队伍中间，与自己的孩子们共同展示了一年级的班级风采，令人感叹！

教学案例

我和学生有个约定

学校在新学期推出了阅读竞赛活动，以评选“星级班级”为推手，L老师在班会上与同学们商量如何在活动中胜出，部分同学对阅读量提出质疑，觉得有难度不易完成，但“硬指标”是不能够打折的，全班同学为此展开激烈的争论……突然，张鑫同学向班主任L老师发问：

“学校要求学生完成规定的阅读任务，老师们能做到吗？”

“是呀，要求我们做到，老师们是不是应该首先做到？”同学们附和道。

L老师沉吟片刻说道：“同学们是在挑战我吗？行，我积极应战！要求同学们读多少，我也照样读多少。”

全班同学一下子激动起来，七嘴八舌，议论纷纷。

“这样，从下周起，午读时间我来班里和大家一起读书。”

“好！”全班同学欢呼雀跃，大声喊道。

……

时间跑得飞快，一晃两个月过去了，同学们已经习惯了坐在教室静静读书的生活，阅读量也超过了学校规定的下限，似有一路领跑全校的态势。L老师暗自喜悦，更重要的是以前以时间不够为借口从未认真读过的教育论著被她啃下了好几本，还做了读书笔记，突然觉得大脑一下子丰富了许多。

和孩子们一起读书，真好！

总之，只要教师心中有“合作”意识，合作在教育教学活动中就可以随机展开并发挥出意想不到的教育效果。

（二）教师同事间的合作

同一所学校的老师既是同行又是同事，合作的范畴和空间都很大，但同时又是竞争对手和利益相关方，因此处理好彼此间的关系是一项需要智慧和胸怀的高超艺术。

当今时代，人们越来越清晰地意识到，组织与组织间，部门与部门间、人与人之间，合作重于竞争，合作优于竞争，过度强调竞争极有可能两败俱伤或者成为“零和游戏”，而真诚而有效的合作可以兼顾各方利益，实现互利共赢的局面。因此，每一位新时代的小学教师，需要拥有更大的格局和视野，主动与同事建立良好的合作关系，靠团队的力量成就自己。

同一学科的老师，在学科教学中相互观摩，共同切磋，在学科研究和教学实践中精诚合作、成就彼此，在重大的教学展示活动中，凝聚成强大的团队力量，集思广益、群策群力，在成就团队的同时成就每一个自己；同一个班级的任课教师，为了每一个同学的健康快乐成长，加强协作、互相补台，让班级成为孩子们童年的一段美好记忆，任课教师可以以“副班主任”的身份在关键时刻助班主任一臂之力，让班级教育和管理工作永不掉线；大型的年级或校级活动，更需要每一位老师投入全部的智慧，通过分工协作，通过资源共享，高起点策划，高水平推进，用团队的力量促使大型活动的教育效果最大化。

教学案例

两年一度的学科教学竞赛即将拉开帷幕，S小学作为本区的一所大规模老牌名校，正在积极准备参赛团队，希望能够延续学校一直以来的教学优势。今年又有几位脱颖而出的年轻新秀将代表学校和他们自己与来自全区各校的优秀选手同台展示，各学科按年级分成了合作团队共同研课磨课，一遍又一遍修改完善教学方案，有时候甚至研讨到深夜，但大家没有抱怨、没有叫苦，每一个人都愿意陪同伴到赛课结束……此情此景，让教务主任想到自己年轻时候的参赛情景，年轻教师在老教师托举之下成为教学骨干和能手，他们再继续支持更年轻的老师走向辉煌，这就是传承的力量，这就是合作的力量。每一个参赛的选手接过沉甸甸的获奖证书时，都在心中提醒自己，它不属于我一个人，它是集体智慧的结晶，正因为背后有一个强大的团队，才成就了我的今天。

（三）家校间的合作

家校合作是小学教育中具有传统色彩的教育方式，从定期召开的“家长会”到具有特定时代烙印的“家访”，应该是几代人心中抹不去的记忆。来到信息时代的小学教育，“家校合作”又有了更加鲜明的新时代特质，“家长委员会”制度的兴起，“家长学校”的诞生，“家校联系册”的使用，“班级微信群”的建立以及“学校开放日”的有效组织，让学校教育和家庭教育的联系更密切，合作更广泛。

“家长会”虽然是传统的合作形式，但我们可以不断给它注入新的内涵，改变以往“单向式”情况通报甚至“告状式”倾向的合作偏颇，给家长谈想法提建议的机会，主动征询建设性的意见和合理诉求，更多展示孩子们的进步和成长轨迹，让家校合作更加温暖。有效发挥“家长委员会”的教育功能和管理作用，特别是在综合实践活动课的实施过程中，主动争取家长的支持和配合，充分利用来自家长方面的资源，发挥家长在组织和管理方面的优势，确保大型户外活动的安全和高效，的确是可行的思路，如，社会实践、社区服务、研学旅游等。定期开展的“学校开放日”，家长必然是重要的公众群体，他们深入班级和课堂，全方位了解学校和孩子的发展情况，班主任与科任教师应该借这样的机会，主动赢得家长的信任和支持，放下姿态诚心实意征求家长的意见，为多方面的深度合作做好心理准备。“家校联系册”是一种通过书面语言建立合作关系的有效形式，许多成功的经验证明，扎实有效地利用好这座沟通与合作的桥梁，教育教学过程中的许多问题便可以解决于无形。需要注意的是语言的规范和恰当，应该以正面激励和建设性意见为主，给家长以期望，给孩子以信心。“班级微信群”是互联网时代的产物，它以沟通快捷方便的优势被教师和家长普遍认同，成为家校合作的快捷模式和绿色通道。在线合作一定要约法三章，工作群要杜绝与工作无关信息的推送，教师推送的每一条内容都要再三斟酌，充分考虑家长的感受以及由此可能带来的后续影响，确保合作的愉快和有效。

教学案例

S小学近年来十分重视“家校合作”，也在实践中开掘了很多富有创意的合作形式。这不，全区的现场交流会正在该校举行。作为东道主，学校派出6位班主任组成团队，代表学校集体亮相，与来自兄弟学校的同行分享他们的经验。三年级的Q老师讲述了清明节全班同学一起前往东山开展爱国主义教育活动的故事：考虑到安全问题，我们特邀班级家长委员会代表与孩子们一同前往活动目的地，扫墓活动和新队员入队仪式结束后，孩子们在老师和家长陪伴下参加了体验战争生活的“实景演出”活动，并全程录像。大家分头扮演不同的角色，穿梭在树林里，隐蔽在战壕中，奔跑、射击、掩护同志，在开心的游戏中学习和感悟。

当今社会，中小学校的安全压力越来越大，出于安全的考量，有些学校因噎废食，不得已取消了很多本应该开展的课外校外活动，致使学生的学校生活日益单调和封闭。S学校邀请家长参与大型活动的组织，增加了活动的安全系数，更让教育活动有了不一样的色彩和内涵。

（四）与社区的合作

学校所在社区是学校外部环境中距离最接近、关系最密切、影响最深远的空间环境。《义务教育学校管理标准》中明确提出：构建和谐的家庭、学校、社区合作关系，主动争取社会资源和社会力量支持学校改革发展[4]。

积极主动、良性互动的学校与社区关系不仅有利于学校教育教学工作的健康有序开展，更有助于在校学生的健康快乐成长，营造和谐而具有可持续发展能力的双边合作关系势在必行。小学与社区合作关系建立可以是多层面的网状结构，校级层面与社区建立长期的合作伙伴关系，极具战略发展意义，各年级有效利用社区资源建立稳定的合作关系，能够实现互惠互利，班级充分利用社区家长资源实现共建共育，也可以获得双赢效果。因此，每一位一线教师都可能代表学校与社区展开形式多样、内容各异的合作，这就需要我们有效提升自身的对外合作与交往能力。

问题解决案例

太原市晋源区W中心小学，坚持与服务村建立良好的互动交流关系，通过积极努力和多方协商，邀请了本村几位资深的民间书法家作为学校的客座指导老师，指导学生习练软笔书法技艺。老同志们不图回报风雨无阻指导学生，学校的每一位老师和每一个学生都十分尊敬这些义务服务的“编外老师”，几年如一日的合作，不仅让学生终身受益，而且还使学校声望不断提高。

学校与社区的合作关系应该是对等的，这样才能更加持久和稳固。学生的综合实践活动将社区作为重要的校外基地，社区有重要的社会教育活动需要学校配合，学校应该积极参与，这才是新时代和谐美好的社会关系应有的状态。

让我们把思绪再返回到本章的开篇部分，带着我们一起学习和分享过的相关知识、原理、原则和策略，走进W老师的故事中。

放学了，W老师特意悄悄留下了班长、学习委员和刘洪同学，在干净整洁的教室里，师生围坐成一圈，谈论着班里的事情，话题不知不觉又转移到了音乐课的风波上。

“我们随意换座位是不对，老师批评我们没问题，但老师不应该骂人呀！而且那么难听！”刘洪一吐为快地说完这番话，长长地嘘了一口气。

W老师向两位班干部询问了当时的一些情况，然后就让大家先回家了。

第二天下午，时间已经是周末了，W老师在放学前来到教室，说要开一个临时班会，安排一些近期的工作。一是请大家利用周末写一篇专题周记，就“音乐课风波”发表自己的看法，周一交回；二是已经约请了一位心理学专家在下周三下午围绕“做情绪的主人”这一话题和大家进行分享。

随后的一周里，老师认真阅读了每一位同学的周记，并且摘抄了重要的观点，利用周一、二下午活动时间和大家作了分享交流。周三的活动如期举行，同学们和专家的互动十分热烈，W老师能够感觉到同学们已经受到了触动。周五下午，全班同学在班主任W老师组织下进行了讨论，最终达成共识：课堂上擅自换座位的行为是严重的错误，老师生气和批评都是可以理解也应该接受的；要理解老师的良苦用心，不计较老师的言语和行为细节；学习委员代表全班同学向音乐老师真诚道歉。

至此，这起突发事件应该是得到了比较圆满的解决，但是，W老师却感觉到还不能画句号，毕竟我作为班主任还要和音乐老师共事呀，但又不便直接去办公室找音乐老师，于是，W老师要等待一个时机！一天，在教学楼走廊里，W老师看到音乐老师刚下课正往办公室走，看上去情绪很好，于是笑容满面迎了上去。

“老师您好，这些天尽顾着教训这帮不省心的孩子了，没有来得及给您道歉，这周上课他们表现怎么样？”W老师用轻松舒缓的语气问道。

“哦……没事了，挺好的，嗨，孩子嘛，一时淘气，再说我的态度也欠冷静，没事没事！”音乐老师笑着解释道。

“那就好，以后有什么情况，您还是要严格管哈，我还需要您的支持呢！”“没问题，其实这个班的学生还蛮可爱的，我不会计较的，你放心吧。”

一件意想不到的偶发事件总算圆满地处理完了，W老师庆幸自己没有在简单粗暴的路上走得太远，师生关系和同事关系都没有因此受损，学生也真正从心里明白了道理。

这则案例给我们的启示应该是多方面的：首先，在解决学生的问题时，与学生的沟通要

冷静理性，不能意气用事，肯于俯下身子与学生平等对话，老师就能赢得有效解决问题的先机。其次，要从根本上解决问题就不能就事论事，而要抓住契机展开系统性教育。W老师的“组合拳”应该是成功沟通与合作的经典之作，通过小范围聊天，写周记，了解情况、关注民意，做到有的放矢；通过邀约心理专家借力打力影响和感染学生；通过学生和班主任分头道歉，及时修复师生关系和同事关系，为今后的沟通与合作夯实感情基础，每一步都做得很扎实，又不突兀，值得借鉴。再次，W老师的机智之处还在于，不急不躁，循序渐进，既然事情来了就要敢于面对，调整好自己的心态从长计议，决不急在一时草草了事，特别是她亲自给音乐老师道歉，要等待一个机会，自然随意、轻松自如。

参考文献

[1] 任仕君等. 教育学基础 [M]. 北京：北京师范大学出版社，2013：265.

[2] 王道俊，王汉澜. 教育学 [M]. 北京：人民教育出版社，1989：572.

[3] 斯霞. 我的教学生涯 [M]. 上海：上海教育出版社，1982：114-115.

[4] 中华人民共和国教育部教基. 教育部关于印发<义务教育学校管理标准>的通知（【2017】9号）第86条，2017年12月4日.

第十三章　小学教师反思发展能力的形成与实践

问题引出案例

"没时间"与"我不行"

G老师，30岁，研究生非英语系毕业，小学英语教师，参加工作四年。平时工作兢兢业业，勤勤恳恳。注重上每一节课，注重学生的期末成绩，注重家长、学生和同事、领导对其的评价。最发愁讲课，发愁有人听课。对于专业学习，不太重视，认为自己日常工作较多，没有时间学习，反思。四年中，遇到学校领导听课，借上同组老师的已有的课件，不向老教师请教，美其名曰"没时间"备课，平时的备课仅仅是为了完成学校的常规检查。2015年讲的公开课，在2018年还是这节课。讲完课后，自己也感觉效果不太好，目标落实不到位，学生未充分调动起来，上课气氛沉闷。所以在教研组的教研会上听到其他老师的反馈和意见后，情绪较为低落，她的反思就是"我不行""我不会讲公开课"，对讲课极为排斥。

这位教师的职业信念潜伏着危机；教师的专业能力结构与新课程不相适应；心理疲惫与职业倦怠；缺乏教育科研的意识和一定的研究能力；教育教学观念滞后；已有的观念、习惯、思维、经验经过长期的教学实践已经积淀成为教师的惯常生活，形成了行为定势。

那么，我们怎么才能帮助她们解决潜在的职业危机，怎么才能解决"我不行"与"我迷茫"的困扰呢？我们可以试着从教学反思的途径帮助她们形成教师的专业化发展，最终领悟教师的真谛，真正实现人生的价值。

第一节　小学教师反思发展能力概述

一、反思与教育教学反思

（一）反思的内涵

"反思"是对自己周围或内心的观察和思考，通过严密、审慎的思考，进而形成新的想法、见解。20世纪80年代以来，欧美教师教育界出现了一股"反思"的思潮，提倡以教育教学反思促进教师的发展。国际教师教育节公认教育教学反思应该成为教师教育的重要组成部分[1]。我国新一轮基础教育课程改革倡导教师对自己的教学行为进行分析和反思，提高教师的教育教学水平，促进教师的发展。教育教学反思已经成为教育界研究与实践的新趋势，通过教育教学反思促进教师发展，进而提高教育质量成为当代教育领域的一项重要课题。

（二）教育教学反思的内涵

教育教学反思是指教师在教育教学实践中，批判地考察自我的主体行为表现及其行为依据，通过观察、回顾、诊断、自我监控等方式，或给予否定、思索与修正，将“教学”与“学习”结合起来，从而努力提升教学实践的合理性，提高教学效能的过程。简而言之，教育教学反思是以探究和解决教学问题为基本点，以追求教学实践合理性为动力，不断提高教师素养和教育教学效能的过程。

北京师范大学博士生导师申继亮教授认为，教师的教育教学反思是教师教育教学认知活动的重要组成部分，是指教师为了成功实现教学目标对已经发生或正在发生的教学活动以及支持这些教学活动的观念、假设，进行积极、持续、周密、深入、自我调节性的思考。教师的教育教学反思是一个能动的、审慎的认知加工过程，也是一个与情感和认知密切相关并相互作用的过程。在此过程中，不仅有加工，而且需要有情感等动力系统的支持。

二、发展与教师专业化发展

（一）发展的内涵

发展是事物从出生开始的一个进步变化的过程，是事物的不断更新。是指一种连续不断的变化过程。既有量的变化，又有质的变化。

（二）发展的阶段性

发展分三个阶段——初级阶段；渐变发展阶段；质变或部分质变阶段。

教师专业化发展是教师人生价值实现的过程，是教师在充分认识教育意义的基础上，不断提升精神追求，增强职业道德，掌握教育规律，拓展学科知识，强化专业技能和提高教育教学水平的过程。新的课程理念、新的教材、新的课程评价观，强烈冲击着现有的教师教育体系，对教育工作者提出了新的更高的要求。教师在充分认识教育意义的基础上，不断提升精神追求，增强职业道德，掌握教育规律，拓展学科知识，强化专业技能和提高教育教学水平的过程。小学教师专业发展具有阶段性，处于不同专业发展阶段的教师应有不同的期望与要求[2]。按照发展的三个阶段，教师的专业成长，一般来说，也可以分为三个阶段：

①初级阶段——职前教育阶段。它主要在于使教师成为合格公民，保证教师职业道德的底线达标，即先为人，后为师。

②渐变发展阶段——职业实践阶段。它是教师职业道德养成的根本保证。教师在上好每一节课或在带好每一个班的过程中，教师须要讲求教育教学的科学性，同时需要探索其间的艺术性。在整个教育教学活动过程中，教师总要面对各种各样的复杂问题，教师在解决各类问题中，教师总被要求与现在有所不同（不断创新），即要超越昨天、超越自我。由此，教

师不断提升专业成长水平，包括提升职业道德素养。

③质变或部分质变阶段——终身追求阶段。教师在职业生涯中，要进入为师最高境界，必须志存高远，终身学习，持续发展。只有这样，教师才能保持强劲的动力和充沛的活力，达成“学为人师，行为世范”。当然，教师追求职业理想也是无止境的，但教师必须不断努力，力求成为理性的典范、道德的楷模、文化的权威。

三、教育教学反思与教师专业化发展

反思是个体或群体走向成熟的标志。教育教学反思是教师专业发展，特别是教师走向专业自主，确立起主体性的标志。从教师专业化发展理论来看，教师的专业知识主要是一种实践性知识，需要通过对教师自身实践经历的描述进行诠释；教师的教育教学反思知识作为教师的专业知识，也应从对教师的反思实践活动的分析中获得[3]。教师的反思活动对其专业化发展有着重要影响。

教学案例

“三个关注　两个反思”

中国首批语文特级教师、当代著名语文教育家于漪老师有句名言：“我上了一辈子课，教了一辈子语文，但还是上了一辈子深感遗憾的课。我做了一辈子教师，一辈子在学做教师！”六十多年的教学生涯，于漪留下了无数经典教案和闪烁着智慧与人格魅力的教育思想，有着难以计数的各种荣誉，但在于漪心中，教育不是一个结果，而是面向未来的生命展开过程。教师要做到诲人不倦，先必须学而不厌。她说，一个人一旦选择了教师这个职业，就同时选择了高尚。首先要“知如泉涌”，而且要有伟大的人格力量，你的思想言行要能够做别人的榜样。一个教师想要通过自己的言行举止影响学生和身边的人，没有底蕴和底气是不行的，而底蕴和底气要靠善于学习。于漪的教育教学经验是学来的，她把每一次听课，都当成一次学习的机会，抓住一切机会向他人学习，弥补自己的不足。

从锦瑟年华到耄耋老者，于漪在教育岗位上一站就是67年。语文教育家张志公说，“于漪教书教得‘着了魔’”；学生说，“于老师对教育有着‘宗教般的虔诚’”。于漪就是这样把自己对教学的热爱浸入了骨髓。

1951年，于漪大学毕业走上讲台，在上海工农速成中学工作了7年，沉淀了7年。1958年，她被调往上海市第二师范学校。为了打牢基本功，于漪从汉语拼音开始，一点一点地钻研，一点一点地学习，把中文系的主要课程吃透，还独立钻研了上百篇教材。为了备好一堂课，于漪常常花上十几个小时。“一丝而累，以至于寸；累寸不已，遂成丈匹。”于漪一直用《后汉书·列女传》中的这句话鞭策自己。她不断向高手求教，广泛阅读，回忆自己求学时的学习经历……这些方法都成为于漪迈入语文教学之门的指南针。

不重复自己才能成就经典。于漪在教学上从来不重复自己。即使是同一篇课文反复地教，于漪也绝对不重复。教育没有彩排，每一天都是现场直播。于漪说自己上了一辈子深感遗憾的课，正如维纳斯的美在于她的不完美：遗憾是因为不完美，不完美预示着还有提升的空间。

于漪常说，汉字是世界上少有的“双脑”文字，不仅锻炼逻辑思维，同时还锻炼形象思维；在语文学习过程中，要激发孩子对祖国语言文字的热爱，让孩子知道文字从古至今的发展对中华文明所起的重要作用，激发孩子的学习兴趣和热爱的感情。

三个关注，两个反思。于漪把每一次讲课都看成一次生命的绽放，每堂课都要经过三次备课的过程。第一次备课就是“读白文”，不看任何参考书，全凭自己的理解对教材进行一次整体把握，静下心来反反复复阅读文本，不断给自己提问题；第二次备课广泛收集各种参考文献资料，看名师、教育专家对教材的分析，同时不断思考；第三次备课是在上过平行班之后总结经验，教学反思之后再备一次课。她说：“我在阅读教学中试图引领学生通过咀嚼语言进入文本的深层结构，读出文本结构深层的文化密码，引导学生透过语言的表层进入语言表达的深层世界，力求将阅读课特别是经典阅读课上出点深度和难度，上出点文化味。”这里的“引领”与“引导”展现的都是语文教师扎实的备课功夫。在教学中，于漪贯彻着“三个关注”（关注自己、关注理念、关注学生）与“两个反思”（理念反思和行为反思）。

于漪精通教学艺术，对于一堂课怎么开头，选择什么突破口以带起全局，怎样展开教学进程，怎样收尾，都有独创的整体设计。听她的课，所感受到的是：起承转合，环环紧扣；节奏鲜明，抑扬顿挫；波澜起伏，引人入胜。由于她的整个教学能“和学生的心弦对准音调”，所以能取得最佳的教学效果。

让学生感受文字之美。于漪心中有着一份解不开的汉字情结，在她眼里，有的字就是一幅画，山、川、鸟、鸣；有的字就是一个故事，国、家、善、思；有的字声像俱全，诗、词、歌、赋。于漪老师对祖国语言文字的炽热情意，浓烈、执著地反映在了她的教学中。她的课堂，充盈着诗意与情趣，带有浓厚的文学色彩。德国诗人荷尔德林说：“人，诗意地栖息在大地上。”于漪诗意的语文课，如同高山流水，春雨缠绵，情景交融，自然流放，充满着灵魂的飞升和投入生活的热忱。

于漪的全部教学改革活动，贯穿着一条鲜明的红线，就是“教文育人”。于漪所上的语文课，充分地体现着“文道统一”的精神，在听说读写训练中，结合着思想教育，似春风化雨，渗入学生的心灵深处，真可谓教养与教育的和谐统一。

“反思”一词，最早源于佛学，是指人对照佛祖的规训，对照自己的行为，在内心自我剖析、自我谴责、自我慰藉、自我律戒，以达到灵魂升华的境界。悟空、悟静、悟能、悟心、悟道，都是反思的至上结果。于漪老师一辈子都执著于专业的提升，虚怀若谷，始终保持着一颗谦卑、反思的心。她用汪曾祺的一段话勉励自己：“人总要把自己的生命精华调动起来，倾力一搏，就像干将莫邪一样，把自己炼到剑里去，这才叫活着，这才是生命的意义和价值所在。”她从不满足于眼前的成绩，时代在进步，学生在进步，于漪的教学也在进步，她不断地反思发现自身的课堂之不足和遗憾，因遗憾而改进，因遗憾而创新，凭着过人的勇气和智慧，营造了一个真实、生动而又令人心醉的教育行动画卷，迈向了教育的至高境界。

第二节　小学教师反思发展能力形成

一、教师教育教学反思的必要性

教育改革和课程改革都已表明：教师发挥主体性，对实践新课程和实现教育变革是至关重要的。教学反思不仅仅是教师确立主体性的标志，还是教师自我发展的立足点。教育教学反思最能够让教师体会到自我更新、主动发展所带来的变化、成就感[4]。

（一）教育教学反思是新课程改革的需要

小学教师的教育对象是处于生理和心理成长期的未成年人。小学的课堂教学既是知识的学习，也是对生活的观察和分析，同时还是对思想观念的分析、批判和重新建构。这就要求教师对社会热点问题、学生生活和思想上的困惑，具备良好的观察能力和批判反思能力。

（二）教育教学反思是教师角色转变的需要

新课程对改革的关键——教师提出了更多更高的要求。新课程下的教师自身也成为学习者，积极学习、自主学习、不断发展、终身发展。教师要主动更新自我，积极学习实践，并结合自身的教育教学实践进行研究，提升个人教育教学能力，适应社会的发展，满足当代教育对教师的角色期待。除此之外，新课程下的教师还应该是自我评价活动的积极评价者。教师的主动反思，自我调整贯穿于自身整个教育教学活动以及各个教学环节，实现自我能力和自我价值的提升，进而在自我评价中自觉意识到作为人的生命意义和职业的生命价值，不断获得自我超越和自我实现的动力，已经成为教师发展的内在诉求。

（三）教育教学反思是弥合理论与实践之间分离的需要

教师是理论工作者和实践工作者融合的角色，需要弥合理论与实践之间分离。教师不单单成为理论工作者的传声筒，而首先应该是一名具有相当理论素养的教师，然后才是带着理论并面向实践的教师。对于从事教学职业的教师而言，“在做中学”“在做中思”显然已成为教师以“反思性实践者”为发展目标，不断提升自我，促进自我完善、自我发展的主要路径。教师进行教育教学反思既是一种“做”，也是一种“思”，能够将行动与反思结合起来，弥合理论与实践的分离。

二、教师专业化发展的必要性

（一）教师的专业化发展是教育改革行动的起点

一次次教育改革和课程改革改革之所以最终走入形式主义的老路而成效甚微，根本原因在于教师专业素养的不足。作为课程、知识的传递者，教师自身专业化程度不高往往成为了教育改革难以实现、难以为继的瓶颈，成了整个系统中最难突破、最难改造的部分，从而使整个系统的其他地方的改进劳而无功。教师的态度和专业素养在教育改革中举足轻重，只是拎着一桶数十年不变的死水，是不可能实现任何的教育理想的。

（二）教师专业化发展体现终身教育的要求

教育应当是个人一生中连续不断的学习过程，终身学习将成为一种不可阻挡的趋势。而作为为社会、为国家培养合格人才的教师，更应要求以终身教育为目标，将终身学习贯穿于自己的一生，不断完善自己的专业知识、专业能力，不断汲取本领域和相关领域的知识、研究最新的科研成果，提高自己的科研能力，使自己跟上时代发展的步伐，并在教育教学过程中，教会学生学会学习，学会认知。

（三）教育所承载的社会期望转嫁于教师

随着人们对教育期望的提高，对教师的期望也越来越高。在传统的认识中，教育一般被定位于“传承”社会文化。因为教师是教育活动的实施者，所以这些期望又转化为对教师的素质要求。现代教师不仅要有广阔的知识视野，良好的道德修养、健康的心理素质，还要有开拓的创新精神、精湛的教学艺术等等。

三、教师教育教学反思的内容

教师的教育教学反思包括教育教学前反思、教育教学中反思、教育教学后反思。

（一）教育教学前反思

教育教学前反思的内容包含反思确定内容、阶段及具体实施方法对学生的需要和满足这些需要的具体目标，以及达到这些目标所需要的动机、教学模式和教学策略。还要对本学科、本册教材、本单元、本课时进行教学计划时列出反思的关键项目。如：第一、需要教给学生那些关键概念、结论和事实；第二、教学重点难点的确定是否准确；第三、教学内容的深度和范围对学生是否适度；第四、所设计的活动那些有助于达到教学目标；第五、教学内容的呈现方式是否符合学生的年龄和心理特征；第六、哪些学生需要特别关注；第七、哪些条件会影响课的效果……

教学案例

周长

不同的教学观，必然造就不同的预设教案。其中，比较鲜明地体现设计者的教育理念。例如，小学数学新、旧教科书分别是这样呈现“周长”一节的有关内容的：

旧教科书首先呈现八张图形，这里面既有规则图形也有不规则图形，既有生活中的图形，又有从生活中抽象出来的几何图形。通过八张图这样一个简单的情景直接引出周长的概念，即封闭图形一周的长度。

新教科书借助情境图，向大家展示了三个小朋友用不同的方法测量不同图形周长的画面，其背后暗含的意图是想让学生学会不同的测量图形周长的方法，并经过亲自动手，感知数学的美。

一位小学数学教师是这样理解新旧教科书对这节课的编排的：原来的教科书没有呈现叶子这样的不规则图形，直接导入长方形、正方形的周长公式。而现在的新教科书一开始并没有引入这个公式，而是让学生选择自己喜欢的方法，通过自己动手测量，计算出不同图形的周长，然后在慢慢的练习中逐步体会这个公式的简明性。我认为，新版教科书的改动稍微大了一点，如果保留老教科书上的一些基础知识，在此基础上再让学生通过测量计算生活中不同图形的周长，会更符合学生的认知水平。我认为，可以保留旧教科书中的很多内容，八张图片、定义、小组讨论的编排挺好的。如果再把周长公式拿出来，放到周长定义之前加以呈现，（学生的接受）效果可能会更好。（我认为，）在实际的教学中，如果不把公式拿出来的话，很多学生虽然最后用自己喜欢的方法计算出了圆形的周长，但是，并未掌握最简便的图形周长计算方法。

不难看出，这位教师并没有理解新教科书（及其课程标准）编排的真正意图，教科书编写者其实是期望学生“从一般的不规则图形引入周长，并在具体的操作活动中经历周长概念的形成过程和自身的自我建构过程”。

在实际教学中，为了有效避免上述问题的发生，一方面，需要切实提高教师的能力和水平，尤其是诸如课堂教学素材解读的实际能力、教科书的使用水平等等。另一方面，需要给教师提供同伴互助、专业引领的时间和空间，通过开诚布公、推心置腹式的交流，解决观念理解、实践操作等方面上的偏差。

实践表明，课前教育教学反思并不仅仅是一个人的单独活动，集体的反思性活动往往是必不可少的。这是当前开展课前教学反思尤其值得注意的一个策略。

（二）教育教学中反思

教育教学中反思是教师在教学过程中，对不可预料情况发生进行的反思以及教师在和学生互动作用中，根据学生的学习效果反馈，对教学计划进行的调整。不可预料情况发生时，教师要善于抓住有利于教学计划实施的因素，因势利导，不可让学生牵着鼻子走。根据学生反馈对教学计划的修改和调整要适当，不可大修大改。

教育教学中反思要求教师全身心地投入到教学活动中，调动各种感官捕捉反馈信息，快速、灵活地做出调整和反应。教育教学中反思教师可运用录音和录像技术，与观察手段一起为以后的教学后反思提供信息。

教学案例

《记一辆纺车》课后反思

上海著名的语文教师于漪在《记一辆纺车》的课堂上曾经遇到这样的意外：

老师：今天学习第十一课《记一辆纺车》。昨天我请大家预习了。现在说说看，你们喜欢这篇文章吗？

学生（异口同声地）：我们不喜欢！（随堂听课的二十几位老师惊讶，于老师也感

到意外）

老师：不喜欢？那就说说不喜欢的原因吧！谁先说？

……

对此，于漪老师进行了认真总结。她在教学后记中，是这样分析当时的心情和真实想法的：备课时考虑欠周密，原以为学生喜欢散文，想由此激发兴趣，引入课文，未考虑到叙事散文与抒情散文的差异。课堂上发生了意料之外的情况，当即因势利导，先听取学生的意见，然后强调该篇叙事散文的特点，培养学生的学习兴趣。对学生的实际应做充分的了解和估计，不可再犯闭着眼睛捉麻雀的毛病；要继续提高驾驭课堂教学的能力，力争做到运筹帷幄，成竹在胸。

围绕教学环节的反思，既需要反思原来设计的成功之处，也需要反思不成功的教学案例（甚至是片段），寻找教学设计与学生实际的差距，促使新课程理念向教学行为方式的转变。而针对教学细节的反思，集中围绕着这样的问题常常是有效的：这节课的教学步骤如何规划，这节课怎样起始，这节课怎样结束，教学之中如何过渡，提问设计如何做到既有铺垫又突出主要内容，媒体手段如何有效有序地发挥其辅助功能，在某个教学片段中运用什么样的手段与策略，等等。

其实，细节决定成败。在教学过程中，如果能及时敏锐地发现这些“细节”，让它成为教学中巧妙的切入点，那么，就可以通过对这些细节的准确把握，让它成为教学中的生成性资源，进而成为教学活动的亮点。这除了需要教师拥有深厚的文化底蕴和教学修养外，一个最有效的途径就是认真备课、多积累有关教学细节把握的一些案例，多一分感悟，就会多一分收获。

在上面的例子中，任课教师恰当地处理了课堂中的生成性资源，而这一结果的出现，是她课前预设之外的。可见，一堂好课，预设与生成兼而有之，不能弃其一而不顾，同时，也足见教师教学功底的多重性、复杂性。

（三）教育教学后反思

教育教学后反思围绕教学内容、教学过程、教学策略进行。具体为：

1. 教学内容方面

确定教学目标的适用性；对现目标所采取的教学策略做出判断。

2. 教学过程方面

回忆教学是怎样进行的；对教学目标的反思：是否达到预期的教学效果；对教学理论的反思：是否符合教与学的基本规律；对学生的评价与反思：各类学生是否达到了预定目标；对执行教学计划情况的反思：改变计划的原因和方法是否有效，采用别的活动和方法是否更有效；对改进措施的反思：教学计划怎样修改会更有效……

3. 教学策略方面

感知环节：教师要意识到教学中存在问题与自己密切相关。

理解环节：教师要对自己的教学活动与倡导的理论，行为结果与期望进行比较，明确问题根源。

重组环节：教师要重审教学思想，寻求新策略。

验证环节：检验新思想、新策略、新方案是否更有效，形成新感知，发现新问题，开始新循环。

教学案例

李吉林的情境教育课后反思

1978年暑假，为全面探索语文教学真知，李吉林主动放弃早已驾轻就熟的小学中高年级教学工作，毅然从一年级教起。不久之后，她便发现一年级教学存在的重大弊端：高耗费低效能。小学一年级开始学汉语拼音，教师教得极为详细，一课就教一个字母，且对所教字母反复指导发音，孩子们便鹦鹉学舌地跟着念。教学内容的单调枯燥和教学方法的落后呆板严重降低了教学效率。最为关键的是，长达两个月的汉语拼音教学几乎消磨了一年级学生原有的好奇心和求知欲。

对于当时教学发展严重滞后于学生发展的现实情况，李吉林陷入了沉思。"我清楚地看到'单调、呆板、低效'是当时小学语文教学的弊端。'弊端'必然是教学发展的障碍，是桎梏。我对自己说：有志改革者，应该大胆地切中时弊，跨越它。"于是乎，她从发现的教学问题为切入点，开始思考如何丰富课程内容和创新教学方式[5]。

教师教育教学反思的过程，是教师借助行动研究，不断探讨与解决教学目的、教学工具和自身方面的问题，不断提升教学实践的合理性，不断提高教学效益和教科研能力，促进教师专业化的过程；也是教师直接探究和解决教学中的实际问题，不断追求教学实践合理性，全面发展的过程。

四、教师专业化发展的内容

教师的专业化发展包括：专业知识、专业能力、专业理想、专业思想、专业品格和专业智慧。

（一）专业知识

总的来说，就是与任教学科相关的专业知识。就其核心而言，自然是任教学科的系统知识，是任教学科的教学理论。正因为这样，一方面要巩固以前所学的专业知识，并将它们转化为活的知识，转变为能动的知识。另一方面，要不断更新已学的专业知识，使之能跟上时代的步伐。因为随着时代的高速发展，专业知识也在不断地更新，不停地发展。不仅如此，还必须突出其核心知识。具体地说，一方面要不断更新已有的学科知识，不懈地充实自己的学科知识，并将其用于教学实践；另一方面，要不断学习先进的教学理论，更新自己的教学理念，用新颖的教学理论来武装头脑。

（二）专业能力

教师不光要发展教学专业知识，更要发展教学专业能力。具体一点，就是要不断地将教学专业知识转化为教学专业能力，将教学专业理论升华为教学专业技能。因为不是有了教学专业知识就能上课，有了教学专业理论就能辅导。也就是说，不论是上课还是辅导，都需要教学专业能力，都需要教学专业技能，因为教学不仅是一门科学，更是一门艺术。要想完善上课，就必须按照科学规律来进行设计；要想完美辅导，就必须按照艺术要求来进行构想；而要想进行科学设计，就需要教学专业能力；要想进行艺术构想，就需要教学专业技能。

（三）专业理想

就是当教师的追求，就是做教师的理想。换句话说，教师应当为什么样的目标去奋斗，为什么样的梦想去拼搏；应该当一个什么层次的教师，做一个什么品位的教师。人们常说，不想当将军的士兵，不是一个好士兵。似乎也可以这么说，没有专业追求的教师，不会成为一个好教师；没有专业理想的教师，不会成为一个名教师。正因为这样，许多教师为专业追求而活着，为专业理想而拼着：他们有人追求做学者型的教师，有人追求当艺术型的教师；有人追求做奉献型的教师，有人追求当智慧型的教师；有人追求做改革型的教师，有人追求当创新型的教师。因此，只有发展了教师的专业理想，才能提高教师的档次，提升教师的品位。

（四）专业思想

概括起来说，就是要通过各种教育体验，产生先进的教育理念；要通过多样的教育总结，形成科学的教育思想。具体地说，主要包括以下两个方面：一是在学科教学中，你以什么样的教育理念来组织教学活动，你以什么样的教育思想来活跃课堂教学。二是在教育活动中，你以什么样的教育理念来开展教育活动，你以什么样的教育思想来从事教育工作。由于教育专业思想不是静止不变的，而是动态发展的；不是固定不变的，而是不断演变的。所以，每个教师都必须产生自己的教育专业理念，形成自己的教育专业思想，而且还必须不断更新自己的教育专业理念，发展自己的教育专业思想。进而，使自己的教育专业思想不断向前发展，并永远走在时代的前列。

（五）专业品格

就其内容而言，可能有许许多多，但其核心部分，也只有以下三点：第一是终身从教。因为教师职业是个崇高的职业，是个灿烂的职业；它关涉到国家的前途和命运，关系到人类的发展与未来。因此，作为教师，不仅要热爱教师职业，更要立志终身从教。第二是育人为本。也就是说，教师的本职工作不光要教书，更要育人；不光要尽心尽力教好书，更要不遗余力育好人；不光要为人民教好书，更要为国家育好人。第三是为人师表。具体地说，要求学生做到的，教师首先要做到；要求学生带头的，教师首先要带头。

（六）专业智慧

教育是一门科学，更是一门艺术。而艺术是最讲究智慧的，是最需要智慧的。所以，教育是最讲究智慧的，是最需要智慧的。而教育智慧不会凭空产生，不会从天而降；它只能来自先进的教育理论，源于坚实的教育实践，源自先进的教育理论与坚实的教育实践的融合。

教学案例

陶行知喂鸡

有一次，陶行知先生在武汉大学演讲。他走向讲台，不慌不忙地从箱子里拿出一只大公鸡。台下的听众全愣住了，不知陶先生要干什么。陶先生从容不迫地又掏出一把米放在桌上，然后按住公鸡的头，强迫它吃米。可是大公鸡只叫不吃。怎么才能让公鸡吃米呢？他掰开公鸡的嘴，把米硬往鸡的嘴里塞。大公鸡拼命挣扎，还是不肯吃。陶先生轻轻地松开手，把鸡放在桌子上，自己后退了几步，大公鸡自己就开始吃起米来。这时陶先生开始演讲：“我认为，教育就像喂鸡一样。先生强迫学生去学习，把知识硬灌给他，他是不情愿学的。即使学也是食而不化，过不了多久，他还是会把知识还给先生的。但是如果让他自由地学习，充分发挥他的主观能动性，那效果一定好得多！”台下一时间掌声雷动，为陶先生形象的演讲开场白叫好。

教学案例

苏格拉底——用“庄稼”覆盖“杂草”

一天，苏格拉底带他的学生来到一片杂草地，然后问他的学生：如何除掉这些杂草？学生有的回答用手拔掉，有的说用镰刀割掉，还有的说用火烧。然而，苏格拉底告诉大家：除掉杂草的最好方法是种上庄稼，让庄稼来占据杂草的生存之地。

日常生活中，谁都可能有过彷徨、烦闷、苦恼、寂寞、忧愁……这些“杂草”覆盖了我们的心灵，那里不再是一片净土，若不能及时清除这些内心的“杂草”，心灵就可能变得荒芜。拔、割、烧都不能彻底有效地除掉心灵的“杂草”，只有在心田上种上“庄稼”。什么是这种“庄稼”呢？是豁达，是宽容，是乐观，是一切积极向上的思想。

面对心灵的“杂草”，我们可以努力增加自己的积极情绪，具体方法有三：一是多交朋友，在交往中得到快乐；二是树立一些人生的小目标，并通过努力奋斗去实现，每一次成功都能给你带来愉悦的满足感；三是学会辩证地看待挫折和失败，遭遇挫折和失败的时候，不要伤心绝望，要看到挫折与失败背后蕴藏的积极东西。

在教育教学研究中，教师需要站在巨人的肩膀上，并且要对提供“肩膀”的巨人、前人、他人表示敬意和谢意。更重要的是，教师要担起比巨人、前人、他人站得更高、看得更远的责任，勇于创新，敢于超越，敢于研究具有挑战性的问题，不断提升自己。

五、教师以教育教学反思促进专业化发展的观念重构

教育教学反思是否能够促进教师发展，成为自我发展的有效之路，教师要努力实现教育教学、自身价值、职业角色和行为模式四个方面的观念重构。

（一）教育教学的观念重构

由于“成绩标准、教学目标、能力要求”居于优先地位的观念影响，师生共同成长体验之旅的教育氛围受到破坏，教师在缺乏以激情进行教学，缺乏关于培养创造力、想象力的思考中逐渐丧失自我，成了简单传播知识的工具。教师无法体验成长的快乐，失去了自身发展的向往和追求，不能与学生共同构成互动的平台。可见，实施教育教学观的重构，需要改变对学生成绩、能力等标准的认识。教师需要重新认识教育教学，即充分认识到教学不仅是知识传播，促进学生知识建构和能力培养的过程，也是教师和学生共同交流，情感互动，价值协商，伴随着价值生长和生命生长的过程。

（二）自身价值的观念重构

教师现在所持有的自身价值观可以分为生存型、享受型和发展型三种。

“生存型”教师。主要是从生计出发，工作中存在功利心态，以被动和消极的眼光看待自己的职业，如把教师看成是知识的搬运工，把教师的工作看成是无可奈何的选择，将教师职业当作寻找“更好”职业之前的跳板等。由于从事这一职业更多的是出于无奈，因而感到困惑和痛苦。在这些教师身上我们看到的是对职业的厌恶和疏远，教师与职业是分离的。

“享受型”教师。处于体验人生和品位幸福的状态，即教师主要是从兴趣出发，站在非功利的角度，以对教育事业和学生的热爱来对待自己的职业，如把学生的成长当成教师最大的快乐，对平凡的工作充满热爱，在付出与给予中获得内心满足等。他从事这一职业是因为自己喜欢，因而感到快乐和幸福。在他们身上我们感受到了其对教师职业的热情和积极的态度，教师与职业是融为一体的。

“发展型”教师。处于服务社会和完善自我的状态，即主要是从自身和社会需要出发，站在超功利的角度，以完善自我、为社会做贡献的立场看待自己的职业，他从事这一职业是为了过一份更有意义的人生，因而感到崇高而有价值。如把教师看成是教育活动的反思者和研究者，以终身自我教育作为教育生涯的推动力，视教师职业为不仅给予也在收获的有意义活动等。在他们身上我们体会到了其对提升自己的迫切愿望和富于创造性的教育智慧，教师是超越于职业的，是以“教育家”为发展目标的。职业价值观念的不同使得教师对其职业的含义和意义有不同的理解，也使得教师有不同的职业理想和职业行为选择，最终导致教师有不同的发展水平。

教师的自身价值包括作为人的生命价值和职业的专门生命价值。教学反思是教学过程中教师主体价值得以实现的重要方式和路径。只有在反思中发挥自主性、主动性和创造性的作用，在探求新的发展空间的过程中，获得成就和发展的体验，并将这种体验与学生共同分享，教师作为人的生命价值和职业的专业生命价值才能得以实现。

1. 职业角色的观念重构

重新定位教师在只是社会中的学习者角色，重塑教师的主体地位，是当代社会教育改革和教师发展的要求。教师仅仅作为学生学习成长的促进着和引导者的角色，已经不能满足知识社会发展的要求。教师应该属一个不断追求发展、进步的学习者。教师不仅作为知识的传播者，而且要能独立思考、判断和选择，成为知识的创造者。

2. 行为模式的观念重构

在传统社会向现代社会的转变中，人们的行为模式由指定性行为变为选择性行为。采用指定性行为模式而进行简单知识传播的教师已经逐渐向善于独立思考、批判反思、建构多种可能性方案的教师转变。采用指定性模式而进行简单的知识传播，会使教师在这种单调、重复、封闭的教学生活中，激情泯灭，个性与自我缺失。采用选择性行为模式，有更多的思考空间和选择余地，将促进教师积极的成长[6]。

第三节　小学教师反思发展能力实践

教师的教育教学反思对于教学能力的提升，教学水平提高，教师专业化发展具有重要意义，是提高教学水平以及促进教师专业化发展的有效途径。教师个体和组织机构是教学反思的两个方面。

一、教育教学反思促进教师专业化发展的个体实践策略

波斯纳提出一个优秀教师专业化成长的公式：优秀教师=经验+反思。教师专业化是指教师个体专业水平提高的过程以及教师群体为争取教师职业的专业地位而进行努力的过程。教师专业化是一个漫长的变化、发展的过程。在这其中教师的态度、价值、信念、知识、技能等，需要不断地调整、修订、重新审视评估和接受考验。因此它需要教育教学反思理念的支撑来完成这种漫长的发展过程。

（一）常见的反思性教学的方法和实施策略

反思的基础是教师对自己教学实践的认识和分析，这一切不是空中楼阁、凭空杜撰的，需要有长期的课堂观察、记录和经验的积累等。作为教师，如何进行这些必要的准备，下面是一些常用的方法：

1. 日记

教师在一堂课后，用教学日记的形式记下自己对课堂教学过程中的感受和体会，作为反思基础。教师可与自己的同事在这一基础上展开讨论。

2. 课堂观察

这主要是以相互听课为主的形式，观察和分析同事的教学活动。

3. 教师评价

这种评价与听课相似，要求听课者关注课堂教学的全过程。而在课后相互交换意见时，焦点是在整个教学过程的教师行为，而不是教学对与错的问题。

4. 录像

观看和分析自己或同事的课堂教学录像，是教师培养自我意识能力的手段之一。

5. 教学行为研究

由于教学实践过程是教师个体独立地、自觉地从事和管理自己的过程，那么教师教学行为研究的发生就建立在个人的积极性和主动性的前提之上，对于个体阶段性差异较明显的细节部分要善于发现、客观接纳，仔细深入地挖掘研究可能存在的潜在价值，通过分析、比较、归纳、整理、总结，找到存在的一般规律，为指导今后教育教学提供依据。

6. 教学博客

每节课、每天或每周在网上记载自己的教学心得，并提出自己的反思，供网上的其他教师探讨，自己从中得到启发和得到教诲。这是一个大范围的讨论，可以听到不同领域、不同流派、不同学校、不同学科等的意见。他山之石可以攻玉，网络的兴起提供了新型的现代化的反思方法，为我们提供了广泛的思路。

（二）其他相关策略

1. 理论思考与教学研究

常规教学依赖于教师在教学过程中不断积累起来的经验，因此不能超越原有的教学传统；反思性教学注重对原有经验的批判性反思，这样才能不断体现出教育创新。但是，教学是一种复杂的社会活动，对教学行为和教学经验的反思需要根据一定的理论而进行。这里就要强调“两次反思”，将教师已有的经验上升为先进的理念，或凭借先进的理论依据加以完善；将教师的课程理念转化为教学行为。

教学研究可以在教师的个人的自我反思中进行，教师集体的同伴互助中进行，以及在专业研究人员的专业引领下进行。从而使每个教案，每节课都经过深思，具有实践操作价值，又有理论探讨意义。

2. 观摩与讨论

观摩与讨论的目的在于通过同事之间的相互观察、切磋和批判性对话而提高教学水平。教师在反思自己的教学实践时往往局限于个人的思维而难以发现问题和缺陷，而同事之间的观摩和讨论可以为教师反思个人的教学实践提供新的思路和借鉴。

新课程强调多向互动、智慧共享、同伴互助和合作。观摩别人的课也可以引发听课者的反思，看到别人的优点，反思自己的不足，认真做好笔记进行资料收集。在讨论所观摩的课时各抒已见，听课者和开课者都能产生若干的反思。

同时我们也不要忘记与学生进行讨论，他们是直接的课堂参与者，课堂的优缺点他们很有发言权。课后的问卷、谈心或检测都是很好的反思的依据。

网络博客的讨论是广泛的，思路是发散型的，我们一定要有辩证的思维去理解和吸收，不能为别人的不切实际的想法所左右，要一切从自己的学校、学生、教材出发，从而制定行之有效的反思教学行动计划。

3. 体验与撰写反思札记

为了让教师更清楚地理解自己的教学行为和工作环境，反思性教学强调教师的思考与体验。体验意味着作为教学主体的教师对教学行为的自觉体悟和反省，体验使得反思性教学超越单纯的技术或方法论层面，而成为教师的存在方式和专业生活方式。我们教师要发现问题，寻找问题相关的理论，制定对应的方法，体验自己的理念，及时做好笔记，尤其要学会研究分析收集到的资料，通过反思自己的思想行为，或通过专家的指导等对问题进行界定，进而上升到课题的研究。

教育教学反思的教学实践并不是一蹴而就的，也不是一劳永逸的，它是一个螺旋上升、不断发展的过程。正如前面的反思教学步骤所说，真正的教学难题不可能一次性得到圆满解决，当再次进行探讨、分析时，新的一轮反思就又开始了，更高层次的反思由此循环下去，推动着我们的教学实践改进和教师的专业发展。

二、教育教学反思促进教师专业化发展的组织实践策略

作为教师，必须仔细审视自身的教育教学实践，对已经习惯的行为方式和思维方式认真检查。另外，还需要能够支持反思实践活动开展的组织条件，考虑反思实践的途径。反过来，这也有助于形成学习型的组织[7]。

（一）革新教研组功能，营造教研组反思氛围

①改变教研组长的传话筒角色，承担其教学反思实践的引领者和促进者的角色，做好反思实践的表率，指导不同层次的教师对教学实践进行反思，促进教研组成员共同发展。

②定期举行以特定反思内容为主的学科活动，注重对教育改革、考试制度改革、学科课程发展历史等方面的讨论，深入了解教育发展和课程改革。

③经常性地开展课例分析反思，发挥专业团体的力量，深入、透彻、多维视角地剖析教学实践中的问题，形成多种解释和问题的解决方案，深化教师对相关问题的认识。

④设计主题研讨活动，对教学反思所涉及的不同内容或方面划分为不同的主题活动，有针对性地进行活动设计，增强主题活动的研讨性，为教师思考和研究提供机会。

⑤以课题形式，提倡教学反思的理论研究和实践紧密结合。以课题所涉及的理论审视教学实践，通过在实践中的理论运用深化理论认识，提高教师素质。

⑥注重教研组隐性文化建设。倡导教师以自我反思为基础，发挥专业引领作用，重视交流对话的平等性，保持反思对话的经常性。

（二）建设学习型组织，打造学校反思场所

学校领导是学校改革和学习型组织建设的重要动力，他们应该弱化自身行政等级和行政权力，逐渐转变成为教学反思实践提供服务和培育反思文化的倡导者和支持者。

①加强学习教育改革的理论，更新管理理念，坚持“以人为本”的管理理念，关注教师的反思实践，尊重教师反思的情感需求。

②支持全员参与反思实践，强调对教师自主发展的关注，调动教师反思的主动性，发挥

教师的潜能。

③积极建立促进教学反思实践的制度。如：建立资料搜集和交流制度，鼓励教师善于观察，发现问题，收集并交流课程资料、教学经验和教研资料；建立有效的教学反思激励机制，为教师的理论素养提升提供积极的支持；建立教学反思发展规划制度，将教育教学反思实践纳入教师的发展规划过程中，享受个人与学校共同发展的快乐。

教学案例

“新教育实验”和教师的专业化发展

教师的发展是“新教育实验”的起点，“新教育实验”成就了一大批教师。新教育实验之所以取得这样的成就，是因为它的行动和理念切合了目前世界上最深刻的教师专业成长的三个模式，即专业引领、行动反思和同伴互助。

教师的发展始终是我们关注的最重要的一个方面，它被看作是新教育实验的起点，因为没有教师的发展，就永远不会有孩子的发展；没有教师的成长，就永远不会有学生的成长。同样，如果教师不能享受教育过程的幸福和快乐，孩子们也不会去享受教育带给他们的快乐和幸福，所以，教师是新教育实验关注的一个基点。

新教育实验成就了一大批教师。在新教育实验中，我们看到，一大批优秀教师、年轻教师成长起来，新教育实验成为有一定规模的中国教师“继续教育学院”。在我们的团队中，有一批过去名不见经传的老师，而今已开始走上舞台，成为名师，成为专家。

新教育实验之所以能取得这样的成就，是因为它的理念和行动切合了目前世界上最流行的教师专业成长的三种模式。关于教师专业成长，目前国际上有三种主要模式：第一种模式是学术模式，就是教师发展要有学术基础，要有学术背景，我们国内把它称为专家引领或专业引领模式，认为教师的成长要依靠专业背景；第二种模式是反思模式，或者叫实践模式，就是把在行动中反思作为一个最重要的取向；第三种模式有人把它翻译成生态模式，就是强调一个氛围、环境，教师组成一个学习共同体，我们国内把它称为同伴互助模式。新教育实验的行动也努力与这三种模式相契合。

第一种模式：专业引领。

专业引领的最重要的成长方式是阅读，是书香校园的建设。专业阅读观念必须回到根本书籍研读当中来。所谓根本书籍，也成为原典型书籍，是指奠定教师精神及学术根基，影响和形成其专业思维方式的经典书籍。此外，那些在童年至青年期出现过的，深刻地影响人的生命以及精神气质的书籍，也被称为根本书籍。

专业阅读的根本任务是构造一个合宜的大脑，它需要在教育教学生活中，包括对心理学的经典思想，教育哲学的基本观点，人类最好的教育经验，他所教学科的知识精华，他所教学科的成功案例，人类的基本价值，中国文化的精髓等等，有一个丰富的了解，再逐渐上升到透彻的理解。

专业阅读需要专家引领。不同学科与发展阶段的老师，需要阅读不同的专业书籍，一个教师的专业知识，是应该有其合理结构的。

阅读应当是一种习惯，它伴随我们终身。对于教师而言，专业提升、素质提升最重要的引领就是阅读。阅读是站在巨人的肩膀上、站在大师的肩膀上成长的一种方式。

第二种模式：行动反思。

新教育实验提出了在阅读基础上师生共写随笔。写作过程就是一种反思过程，必须通过写作才能进入反思过程。新教育强调理解与反思，强调与实际相关联，强调客观呈现平时表达，也就是他写的东西就是记录日常的教育项目，甚至是鸡毛蒜皮，甚至看上去好像不像一个高大上的东西，但是就是那些持之以恒的记录才能真正改变。而一个人的专业写作史就是他的教育史。我们的教育生活是由无数的碎片组成，这些碎片往往会形成破碎的未经省察的经验，使教育教学在此较低的层面上不断重复。通过专业写作，就能够有效地对经验进行反思，从碎片中提取有意义的东西并加以理解，形成我们的经验融入教育生活，使之成为我们专业反应的一部分，使我们的教育实践更加富有洞察力。

新教育专业写作的特点，强调理解与反思。专业写作是为了对教育教学现象进行反思研究，因此调动专业积累，理解教育教学现象是非常重要的。理解的过程同时也是反思的过程，反思意味着对教育教学现象以及教师的应对情况进行基于教育学、心理学以及学科理论的专业评估，对其中的复杂因素以及因果关系进行梳理。而专业阅读也是专业写作的前提。

在新教育实验初期，我开过一个朱永新成功保险公司。我的“保约”只有一条：每天坚持记录自己的教育生活，坚持写一千字。我对老师们承诺：欢迎投保，保证成功。不成功，以百赔一。我的博士生李镇西老师做班主任的时候，每天都写班主任日志，写了一年的班主任日志，后来出了两本书，上下两册，叫《心灵写诗》。

第三种模式：同伴互助。

专业发展共同体。让教师与同行对话。新教育主张学生共读、共写，构成了学校老师和学生的凝聚力。一个人可以走得很快，但一群人才能走得很远，打破教师与学生之间隔膜，形成对话的传统。在专业阅读、专业写作的基础上，借助专业发展共同体提升教师的专业化水平，是教师成长的必由之路。

新教育认为，教师专业发展共同体必须建立在自觉自愿、积极主动的基础之上，这是形成一个良好共同体宽松氛围的土壤。如果只是利用行政命令，强行杂合在一起，共同体就会流于形式。共同体成员的共同愿景非常重要，在生活中应体现其整体性的目标及阶段性的目标。每个成员都能在心中明白共同体的价值与方向，在团体活动中不断证明自己存在的理由与意义，在活动中体验成就感。

2002年新教育实验启动，开办了教育在线网站，温州几个年轻教师在网上组成了一个研究共同体。有人发一个帖子，后面就有人跟帖。这群人聚集起来，在两三年的时间里，每个月自己聚一次，轮流做东，讨论问题，自主成长。这个团队撬动了整个温州、苍南的新教育实验。

再比如，现在网上很活跃的一群毛虫团队，就是去研究帮助教师、学生、父母怎样在共同阅读中拥有共同的生活理念、生活密码，能够共同成长起来。他们专门开通了一个“毛虫和蝴蝶”的专业博客，以问题博客群来带动专业研究，成为教师成长的很有特色的一个共同体的研究方式、研究范例。

从心理学讲，共做效应就是共同来做的效应。一个人做事情容易疲倦，大家一起做事情，就有了共做效应，效率就会大幅度提高。比如说阅读《儿童发展》这本书，这本书我认为是全世界研究儿童的书籍中最完整、最细致的一本。全书一千页，每个老师读一章，每个老师介绍他读的那一章，然后其他人帮他读其他的十几章。这个过程诱发了老师的阅读兴趣。这样互助的方式、共同体的方式是今后教师专业化发展得非常好的一个路径。

教师要善于跨出校门，跟大师交流，跟其他优秀的教师交流，这种沟通和交流非常重要。苏州有位数学特级教师徐斌，他的网名叫“冰山来客”，开了个主题帖叫“为学生学习数学服务”。沙洲小学的一位数学老师就不断地在他后面跟帖，与他讨论问题，向他请教问题。在这个意义上，他跟她组成了一个研究共同体。所以，《中国教育报》要写介绍徐斌老师的数学教学艺术的时候，常常也会采访报道跟帖的这位教师。

以上就是新教育在教师成长当中三种模式。教师专业发展三个方面，都是建立在反思性实践的基础之上的，而这种反思性实践又是以三专支撑的。专业引领，阅读是一种吸纳；行动反思，专业写作是一种梳理表达；同伴互助，发展专业发展共同体是一种境域。从生命叙事角度来说，每个教师都会不断遭遇这些问题，有可能解决不了或者解决得不够好。这个时候他可能要通过围绕这个问题的阅读来协助解决，需要通过与共同体成员对话或者协作来解决，并要通过有意识书写对问题进行树立反思。而每一个问题解决，都增进了他的个人经验，丰富了他的个人知识[8]。

问题解决案例

可怕的圆周运动

毛毛虫有一种天生的习性，就是第一只到什么地方去，其余的都会依次跟着走。它们整整齐齐排成一行，后边的一只跟着前面的一只，不论前一只怎样的打转或歪歪斜斜地走，后面的都会照它的样子做无一例外。这是因为第一只毛毛虫边走边吐一条细丝，第二只毛毛虫就踏着这条细丝前进，同样也会吐一条细丝加在上面，以此类推就成了一条毛毛虫大道。每一队毛毛虫不管队伍长短总有一只做首领。为什么能做首领这完全是偶然的，不是大家选举的，也不是由谁来指定的。今天可能是这只，明天可能是那只，没有一定的规则。

有一位生物学家做了个有趣的试验。他把十几条毛毛虫放到花盆的边上，花盆的四周布满了菜叶，花盆的中央是一株枝叶茂盛正在盛开的鲜花。毛毛虫队伍形成了一个封闭的圆环。它们自动地等距离分布，速度相同，步调一致，就像一支训练有素的士兵绕着花盆边沿做起了匀速圆周运动。

一小时过去了，二小时过去了，三小时过去了……它们的队伍还是那样严紧，没有一只掉队的，也没有一只偏离轨道的。它们走得那样认真，那样整齐真让人称奇。八个小时过去了，它们可能是太劳累了，先进的速度有些放慢，队伍开始走走停停。

晚上天气逐渐变凉，又饥又渴的毛毛虫们只好停顿下来卷作一团昏昏欲睡。

第二天气温逐渐变暖，它们慢慢地苏醒过来，又自动排好队伍开始在那里绕圈子。就这样它们日复一日地重复着如此简单的运动，竟没有一只发现这是一个严重的错误，没有一只能离开这个可怕骗人的怪圈子而闯出一条新路。数天的奔波它们不吃不喝，这些可怜的毛毛虫最后无一幸免地累死在花盆的边沿上。

点评：其实很简单，只要它向里一拐就能吃到嫩绿的叶子和芬芳的鲜花；向外一拐掉在花盆下就能吃到丰盛的菜叶，应能逃脱这可悲的下场，但它们就是做不到。可能是生理原因或智商太低，这无可厚非。但作为万物之灵的人类也会上演如此循规蹈矩、盲目从众的闹剧，这就耐人寻味发人深思了，说明人们的从众心理严重，缺乏创新意识。

参考文献

[1] Zeichner, K M, Liston D P. Reflective Teaching: An Introduction [M]. Mahwah: Lawrence Erlbaum Associates, 1996: 60.

[2] 胡定荣. 教师的教学反思为何不见效 [J]. 教育科学研究. 2013, (1): 74–77.

[3] 教育部教师工作司. 小学教师专业标准解读 [M]. 北京：北京师范大学出版社，2013：123.

[4] 全守杰，尹子龙. 教学反思与教学发展的探索 [M]. 北京：光明日报出版社，2016：27–35.

[5] 张婷. 李吉林教师专业发展个案研究 [M]. 扬州：扬州大学出版社，2014：19–26.

[6] 赵昌木. 教师的教学生活及追求 [J]. 当代教育科学，2006,(6)：33–35.

[7] Karen F. Osterman, Robert B. Koltkamp，郑丹丹. 教育者的反思实践 [M]. 北京：中国轻工业出版社，2007：1–2.

[8] 朱永新. 朱永新教育之旅 [M]. 太原：山西教育出版社，2013：10–15.